e-기술경영전략

e-Technology Management Strategy

서의호 | 홍대근 지음

홍릉과학출판사

PREFACE

달빛 창가에서

"달빛 창가에서" 라는 음악을 좋아하던 시절이 있었습니다. 한참 유학생활을 하던 80년대라고 기억됩니다.

이 책을 달빛 창가에서 애인에게 사랑을 호소하는 마음으로 출판하였습니다. 원래 전공이 MIS 였던 필자가 새로운 분야에 사랑을 갈구하는 심정이었습니다. 이러한 심정을 함께 나누고 책을 만들기 위하여 정말 수고한 연구실 연구원들에게 박수와 감사를 보내고 싶습니다.

89년 오클라호마 주립대 교수생활을 접고 포스텍에 온 이후 여러권의 MIS 관련 책을 내면서 결국 정보의 활용도 큰 테두리에서는 "기술경영"의 한 분야가 아닌가라는 데 착안 하였고 기술경영에 대한 관심이 시작되었습니다.

그래서 2000년 중반 연구실도 POMIS(POstech MIS)에서 POSMIT (POstech Strategic Management of Information & Technology)로 바꾸고 정보와 기술의 전략적 활용이란 융합형명제에 뛰어들었습니다.

사실상 21세기 융합기술 및 창조경제의 시대가 도래하면서 '기술'은 기업 및 국가의 경쟁력을 결정하는 중요한 요인이 되었습니다. 또한, 새로운 기술을 기반으로 창업하는 벤처기업들도 많아지고 있는데, 경쟁자에 비해 수준 높은 기술을 보유하고 있음에도 불구하고 시장에서 실패하는 사례도 빈번하게 발생하고 있습니다.

즉, 수준 높은 기술을 보유하는 것만으로는 시장에서의 성공을 보장할 수 없기 때문에, 기업은 경쟁력 확보를 위해 기술을 어떻게 획득할 것인 지, 획득한 기술을 어떻게 관리 및 활용할 것인가에 대해 관심을 갖게 되었다. 이러한 관점에서 '기술경영'은 정말 중요한 개념이 되고 있습니다.

이 책을 내면서 가장 힘을 기울인 부분은 사례 발굴이었습니다. 기술경영에 대한 전반적인 이해를 돕고 기업의 경영활동 측면에서 기술의 전략적 활용을 보다 쉽게 설명하기 위해 각 장마다 포스텍 학생들과 연구원들이 수집한 실제 사례를 삽입하였다는 점이 이 책의 강점입니다.

이 책이 나올 수 있도록 물심양면으로 도와준 여러 사람들에게 깊은 감사의 말을 전합니다. 자료수집 및 원고정리에 많은 역할을 한 POSMIT 연구실의 석·박사과정 학생들(이수철, 이기원, 이재영, 이모듬, 박지혜, 신소현, 장홍석)에게 우선 감사합니다. 또한 이 책의 공저자인 홍대근 박사의 끈기에 높은 찬사를 보내며 항상 연구실을 응원하고 있는 사회각계의 80여명의 연구실 졸업생들에게도 고마움을 전합니다. 계속 20여년 간 필자의 책의 출간을 맡아 수고하는 홍릉과학출판사에도 감사를 드립니다.

아울러 포스텍을 비롯한 국내 각 대학에서 기술경영분야에서 교육과 연구에 매진하시는 교수님과 이 분야를 공부하고 있는 학생들의 성원에도 깊은 감사를 보내고 싶습니다. 그분들이 있기에 이러한 책의 출판에 용기를 내었습니다.

가족들에게도 전하고 싶습니다. 미국에 일찍이 이민을 가서 항상 필자를 격려하시다가 영면하신 부모님과 포스텍에서 경제학을 가르치시는 큰형님을 비롯한 형제자매 가족들의 성원에 감사를 드립니다.

오랜 세월을 미국과 한국을 오가며 살아야 했던 사랑하는 아내와 외국에서 조국인 한국을 위해 일하고 공부하고 있는 네 아이(영은, 영경, 영의, 성의)에게 아빠와 같이 보내 지 못했던 많은 시간들을 이 책으로 보상되길 바란다고 전하고 싶습니다.

큰 딸 영은이는 이중 언어를 구사하면서 소설가의 꿈을 꾸던 작가 지망생이었습니다. 그 아이와 서로 진심으로 사랑했던 시현군을 (http://cafe.daum.net/sihyunyoungeun). 오늘도 가슴속 깊이 안아주면서 이 책 출판의 기쁨을 함께 하고 싶습니다.

2013년 12월

포스텍연구실의 달빛창가에서

CONTENTS

PART 01 기술과 기술경영 / 11

PART 02 기술과 기업분석 / 45

CONTENTS

CONTENTS

PART 01

기술과 기술경영

Chapter 01

기술과 산업발전

21세기 지식기반 시대가 도래하면서 '기술'은 기업 및 국가의 경쟁력을 결정하는 중요한 요인이 되었다. 또한, 새로운 기술을 기반으로 창업하는 벤처기업들도 많아지고 있는데, 경쟁자에 비해 수준 높은 기술을 보유하고 있음에도 불구하고 시장에서 실패하는 사례도 빈번하게 발생하고 있다. 즉, 수준 높은 기술을 보유하는 것만으로는 시장에서의 성공을 보장할 수 없기 때문에, 기업은 경쟁력 확보를 위해 기술을 어떻게 획득할 것인 지에서 나아가 획득한 기술을 어떻게 관리, 활용할 것인가에 대해 관심을 갖게 되었다. 이러한 관점에서 '기술경영'의 개념이 등장하였다. 따라서 본 장에서는 기술, 기업, 그리고 기술경영에 대해 살펴보고자 한다.

1-1 기 술

(1) 기술의 뜻

현재 우리는 '기술'이라는 단어와 밀접한 관계를 가지면서 살아가고 있다. 정보기술, 생산기술, 보안기술, 산업기술, 교통기술 등 수많은 '기술'을 포함한 단어들이 각종 매체를 통해 수없이 등장하는 것이 이를 반증한다. 이처럼 현대 사회는 '기술'을 빼고서는 설명하기 어려우며, 이 '기술'을 통해 인간의 삶이 윤택해지고 있는 것은 분명한 사실이다.

'기술'은 종종 '과학'과 혼동되어 사용되기도 하며, 때로는 '과학기술'이라는 합성어가 쓰이기도 한다. 하지만, '과학'과 '기술'은 그 개념에서 분명한 차이가 존재하는데 그 차이는 어원을 통해 쉽게 이해할 수 있다. 먼저, '과학'은 영어로 'science'로, 이 단어는 라틴어 스키엔티아(scientia)에서 유래하였다. 스키엔티아는 지식(knowledge)이라는 의미로, 즉, 과학은 자연현상에 대한 일반적인 진리나 법칙을 체계화하여 확립한 지식을 뜻한다. 반면에 '기술'은 영어로 'technology'로, 그리스어 테크놀로지아(technologia)에서 유래하였는데, 테크놀로지이는 '기예(skill)+연구(study)'를 의미하였다. 따라서, '기술'은 과학을 활용하여 인간의 효용을 증가시킬 수 있는 물건을 생산하는 데 활용될 수 있도록 응용된 지식을 뜻한다.

이 외에도 기술은 다양한 관점에서 설명되고 있는데, 예를 들면 기술이란, 산업에서 실질적인 목적을 위해 응용된 과학적 지식, 인간에게 유용한 제품이나 서비스를 만드는 수단이나 활동, 과학을 실제로 응용하여 자연의 사물을 인간 생활에 유용하도록 개발 및 가공하는 수법, 인간이 스스로의 욕구나 필요를 충족시키기 위하여 자원의 형태를 변화시키는 수단이나 활동, 과학적 지식을 활용하여 인간 혹은 사회생활에 가치 있는 재화 또는 서비스를 생산하게 하는 지식, 제품과 서비스를 생산하기 위해 이용되는 모든 노하우, 물리적인 실체, 절차, 공정 또는 제품설계 그리고 새로운 지식탐구에 적용될 수 있는 과학·공학적 지식의 본체 등으로 설명된다. 이와 같은 다양한 정의들은 기술이 과학을 기반으로 하고, 인간을 위해 응용된 지식임을 설명하고 있다.

(2) 기술의 분류

게이너(Gaynor)는 기술을 기능적 관점에서 10가지로 분류하였다. 10가지는 첨단기술(state-of-art technology), 독점기술(proprietary technology), 보편기술(know technology), 핵심기술(core technology), 보조기술(supporting technology), 생산지원기술(leveraging technology), 조절기술(pacing technology), 태동기술(emerging technology), 탐색기술(scouting technology), 미지의 기초기술(idealized unknown basic technology)이다.

먼저, 첨단기술은 매우 수준이 높고 선구적인 기술로 경쟁자를 능가하는 수준의 기술을 의미한다. 독점기술은 특허와 같은 지식재산이나 라이선싱과 같은 계약에 의해 보호되어 경쟁이익을 제공하는 기술을 말하며, 이에 반해 보편기술은 보편적으로 널리 알려진 기술을 뜻한다. 핵심기술은 제품의 품질과 경쟁우위를 유지하는 것에 중요하고 없어서는 안될 가치 있는 기술을 의미하는 반면에, 보조기술은 핵심이 되는 기술은 아니지만 핵심기술을 개발하고 활용하는 데에 도움이 되는 기술을 뜻한다. 생산지원기술은 제품 생산에 있어 그 생산성을 높이기 위해 생산라인에 적용되어 지원하는 기술을 말하며, 조절기술은 특히 제품 개발 및 생산 공정 속도를 조절하는 기술을 의미한다. 태동기술은 현재가 아닌 미래의 제품 또는 미래에 적용할 공정을 위해 현재 검토되고 있는 기술이며, 탐색기술은 미래의 연구 또는 기술적 활용을 위한 기술을 말한다. 마지막으로 미지의 기초기술은 아직 명확하지는 않으나 그 기술이 개발되어 활용될 경우 큰 편익이 기대되는 기술을 의미한다.

이와는 다르게 기술은 기술활동 관점에서도 분류될 수 있다. 기술활동 관점에서 기술은 크게 제품기술, 공정기술, 정보기술로 구분된다. 제품기술은 제품개발 및 기능향상에 적용되는 제반 기술로 제품계획, 제품설계, 응용기술, 실용 및 서비스 기술 등을 포괄한다. 즉, 새로운 제품 개발에 있어 필수적으로 요구되는 기술을 의미한다. 공정기술은 제품 생산과정에 필요한 기술로 생산성 향상이 목적이다. 따라서, 재료의 취급, 장치 및 공구 활용, 생산시스템, 품질관리, 장치 및 공구의 유지보수 기술 등이 포함된다. 정보기술은 정보를 신속, 정확하게 그리고 효율적으로 입수하고, 입수된 정보를 목적에 따라 처리하고 전달하기 위한 기술을 말한다. 정보통신, 정보처리, 정보보안, 표준화 기술 등이 이에 해당되며, 따라서 정보기술은 제품기술 및 공정기술 개발을 위한 기반이 되는 기술을 뜻한다.

1-2 산업발전

(1) 지식기반 시대

자본주의 경제는 17세기 상품 화폐 경제의 전면화로 비롯된 상업혁명을 시작으로 지난 400여년 간 혁명적인 변화를 겪어왔다. 18세기에는 증기기관이 발명되면서 증기기관과 같은 다양한 기계가 산업적으로 활용되면서 1차 산업혁명의 시대였다. 19세기는 철강 및 화학 산업이 주도적인 역할을 하였던 2차 산업혁명의 시대였으며, 20세기는 전기모터 및 내연기관이 산업적으로 활용되었던 3차 산업혁명의 시대였다. 현재 21세기는 정보혁명의 시대로 불리며, 정보기술의 상품화 및 산업화가 전면적으로 진행되고 있다([그림 1-1]).

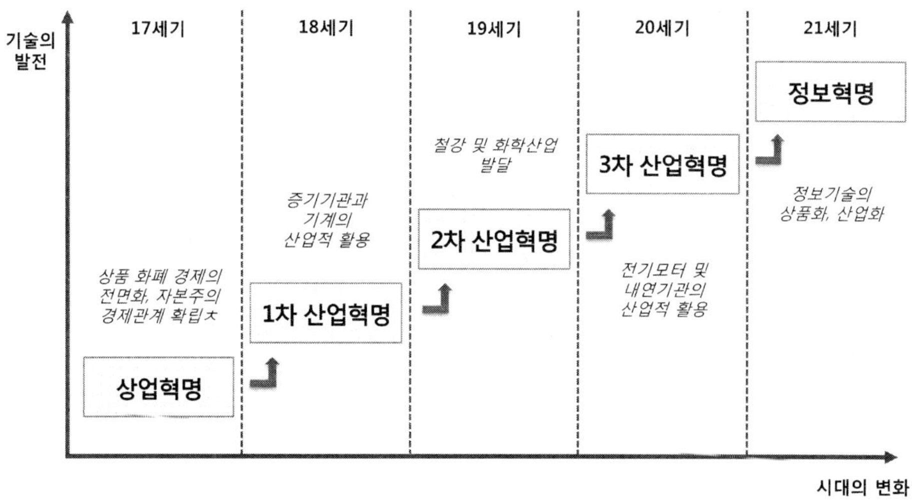

►► 그림 1-1 기술 발전에 따른 시대적 산업의 변화

이와 같은 시대적 변화는 기술의 발전에 따라 진행되어 왔다. 1차 산업혁명은 증기기관이라는 혁신적인 기술에 의해 형성되었으며, 2차 산업혁명은 철강 및 화학 기술의 발달, 3차 산업혁명은 내연기관 기술의 발달이 그 기반이 되었다. 정보혁명 역시 개인용 컴퓨터(PC: Personal Computer) 및 인터넷(Internet)을 바탕으로 한 정보기술(IT: Information Technology)의 발달로 이루어 진 것이다. 또한, 이러한 기술 발달의 속도는 점차 가속화 되고 있으며, 따라서 시대적 패러다임도 산업을 기반으로 하는 시대에서 기술혁신을 위한 지식이 기반이 되는 시대로 변화하고 있다.

이와 같이 산업기반 시대에서 지식기반 시대로 패러다임이 변모하면서 기술 및 기술혁신의 중요성은 더욱 강조되고 있는데, 그 이유는 산업기반 시대와 지식기반 시대의 특징 차이에 기인한다. 전통적인 산업기반 시대의 경쟁력의 핵심은 자본의 축적, 잘 훈련된 노동력, 원자재 수급 능력 등으로, 즉 생산단가를 낮추는 기술혁신이 발전의 원동력이었다. 하지만, 지식기반 시대에서의 산업은 산업기반 시대에서와 달리 제품 및 서비스의 개발 비용은 막대한 반면 한계비용은 거의 영(0)에 가까운 것이 특징이다. 따라서, 생산단가 절감보다는 지식 및 정보를 바탕으로 한 창의적 기술을 개발하는 것이 곧 경쟁력 확보로 연결되며, 또한 기술 표준 전쟁의 승리 및 수요자에 대한 가격차별이 발전의 원동력으로 작용한다.

(2) 수확체증의 원리

지식기반 시대에서 한계비용이 거의 영(0)에 가깝게 나타나는 현상은 수확체증(increasing returns)의 원리로 설명된다. 수확체증의 원리를 이해하기 위해서, 먼저 기존 산업기반에서 주로 나타났던 수확체감(diminishing returns)의 원리를 살펴보자. 수확체감이란 일정 크기의 토지에 노동력을 추가로 투입할 때, 수확량의 증가가 노동력의 증가를 따라가지 못하는 현상을 말한다. 즉, 제품을 더 많이 생산하기 위해 드는 단위당 비용이 점차 증가하는 현상으로, 주로 전통적인 제조 산업에서 주로 나타난다. 반면에, 수확체증은 자본이나 노동과 같은 생산요소의 투입을 늘려 생산의 규모가 커질수록 비용이 점차 줄어들게 되고 수익이 커지는 현상을 의미하며, 이러한 현상은 주로 지식집약형 산업에서 주로 나타난다.

수확체증이 주로 지식집약형 산업에서 나타나는 이유는 첫째, 높은 신제품 개발 비용(up-front cost) 때문이다. 지식집약형 산업에서는 새로운 제품을 개발하는 데 막대한 비용이 들어가지만, 일단 제품 개발이 성공하면 생산비용 및 한계비용은 상대적으로 크지 않은 특징을 가진다. 예를 들어, 마이크로소프트의 윈도우즈(Windows) 초기 개발

비용은 약 5,000만 달러에 달했지만, 개발 후 이를 생산하는 비용은 단지 디스크 생산 비용이기 때문에 디스크 하나당 3달러에 불과했다. 둘째, 지식집약형 산업은 네트워크 효과(network effect)를 가지기 때문이다. 지식집약형 제품들 중에는 사용자 네트워크와 연결이 되어야 사용이 가능하고 활용도가 높아지는 제품들이 많다. 예를 들면, 자바(Java) 언어의 경우 자바로 작성된 프로그램이 많아질수록 이를 실행하기 위한 자바에 대한 사용자의 요구가 증대되고, 이는 곧 자바로 작성된 프로그램의 수를 더욱 늘리게 된다. 셋째, 지식집약형 산업에서는 소비자의 타성(customer groove-in)이 존재한다. 소비자의 타성이란 소비자가 한 제품을 오래 사용하다 보면 익숙해서 다른 제품으로 바꾸는 것이 쉽지 않은 경향을 보이는 것을 뜻한다. 지식집약 제품은 소비자가 익숙해 지는데 상당한 시간과 노력을 필요로 하는 경우가 많기 때문에 기존에 사용하던 제품이 아닌 다른 새로운 제품에 대한 수용이 쉽지 않은 경향을 나타내게 된다. 예를 들어, 쿼티(Qwerty) 자판의 경우 드보락(Dvorak) 자판과 같은 보다 효율적인 자판 배열이 개발되었음에도 불구하고 아직까지도 사실상의 표준(de facto standard)으로 적용되고 있다.

이러한 이유 때문에 수확체증 원리가 적용되는 세계에서는 앞서 가는 제품이나 기업이 시장을 완전히 장악하는 경우가 빈번하며, 따라서 승자는 대단히 풍요로운 수익들을 향유하는 현상을 보인다. 하지만, 이와 같은 특성들에 기인하여 상대적으로 열등한 제품이라 할지라도 시장에서 우위를 점할 수 있는 기회를 가질 수 있게 된다. 또한, 수확체증이 적용되는 시장은 앞서 가는 제품을 선호하는 경향을 나타내기 때문에 시장 불안정성을 야기하기도 한다.

1-3 기술 경쟁

(1) 기술무역수지 악화

21세기 지식기반 시대에서 경쟁력을 확보하기 위한 노력은 기술개발로 귀결된다. 지식기반 시대에서는 지식을 활용하여 창의적인 기술을 개발하는 것이 곧 경쟁력이며, 이러한 기술의 표준을 선점함으로써 시장을 장악할 수 있기 때문이다. 이러한 이유로 대다수의 기업 및 국가는 기술경쟁력을 확보하기 위해 연구개발 투자를 늘리고 있는 추세이며, 때로는 기술을 수출하기도 하고 필요한 기술을 수입하기도 한다. 이와 같은 국가간의 기술에 대한 수출입을 기술무역이라고 하는데, 우리나라의 기술무역 현황은 [그림 1-2]와 같다.

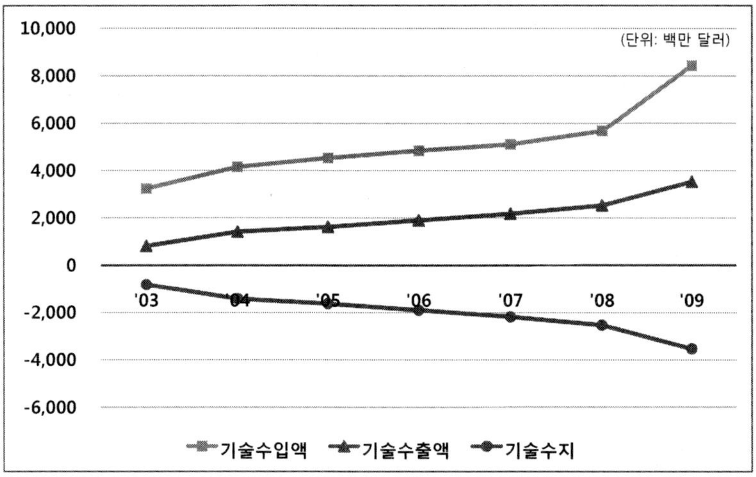

[출처: 한국과학기술기획평가원(2011)]

▸▸ 그림 1-2 우리나라 기술무역 현황

[그림 1-2]와 같이 우리나라 기술무역 수지는 해가 거듭되면서 기술수지 적자 증대로 인해 점점 악화되는 추세를 보인다. 그 이유는 우리나라의 원천기술 및 핵심기술력이 부족하기 때문으로, 이러한 원천기술 및 핵심기술 부족은 기술주도권 상실로 연결되어 로열티 지불과 같은 경제적 손실을 증대시키고 있다. 일례로, 퀄컴(Qualcomm)의 사례를 살펴보면, 퀄컴은 [표 1-1]과 같이 지난 10여 년간 우리나라에서만 5조원 정도의 기술로열티를 획득하였다. 통신모뎀(CDMA, TDMA 등)에 관련된 한 · 미 · 일 등록 특허 7,000여 건 중, 퀄컴은 모뎀칩에서만 1,700여 건의 특허를 보유하고 있으며, 이들 특허는 CDMA라는 원천특허뿐만이 아니라 회피설계 및 무효소송을 대응하기 위한 특허로 구성되어 있다. 이와 같은 강력한 특허 포트폴리오 구축을 바탕으로 퀄컴은 대규모의 로열티를 획득해 온 것이다. 퀄컴도 초창기에는 휴대전화 단말기 및 기지국을 직접 생산하였으나, 현재는 강력한 특허 포트폴리오를 바탕으로 CDMA 칩 제조와 특허 라이선싱만으로도 충분한 수익을 창출하고 있다. 즉, 퀄컴은 높은 원천기술력을 바탕으로 부가가치가 높은 사업부문만 직접 수행하는 강력하고 효율적인 전략을 추구하고 있는 것이다.

▸▸ 표 1-1 국내 기업의 퀄컴 로열티 지불액

년도	로열티 지불액(억원)	년도	로열티 지불액(억원)
1998년	2,067	2004년	5,267
1999년	2,198	2005년	4,786
2000년	2,684	2006년	3,761
2001년	2,328	2007년	7,000
2002년	4,134	2008년	9,000
2003년	5,158	총합	48,383

[출처: 한국과학기술단체총연합회(2011)]

(2) 연구개발 투자 증가

이처럼 원천 및 핵심기술력 확보는 현대 시대에서 경쟁력 확보에 필수적이며, 따라서 대부분의 기업과 국가는 이를 위해 연구개발에 많은 투자를 하고 있는 실정이다. 우리나라 역시 예외가 아니기 때문에 [그림 1-3]과 같이 국가 차원에서 지속적인 연구개발 투자가 이루어지고 있다. 이와 같은 지속적인 연구개발 투자 증대의 목적은 원천기술력을 확보하는 것으로 새로운 경쟁우위의 원천을 확보하기 위한 노력의 일환이다.

이러한 원천기술력 확보를 위한 대규모 연구개발 투자는 비단 우리나라에만 국한된 것이 아니라 전 세계적인 추세이다. [그림 1-4]와 같이 대부분의 선진국은 연구개발에

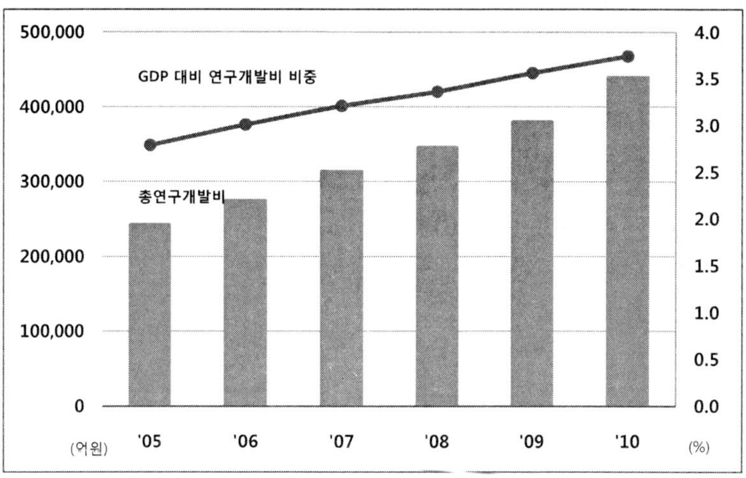

[출처: 한국과학기술기획평가원(2011)]

▸▸ 그림 1-3 국내 연구개발 투자 현황

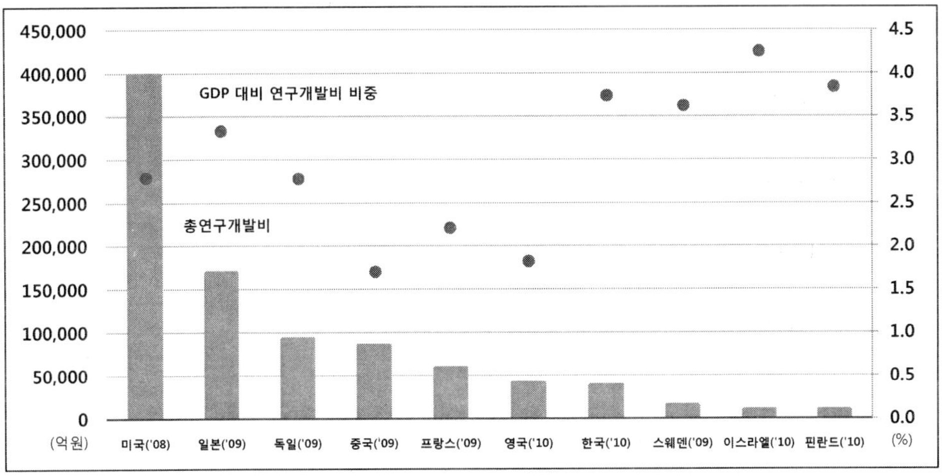

[출처: 한국과학기술기획평가원(2011)]

▶▶ 그림 1-4 주요 국가 연구개발비 투자 현황

많은 투자를 하고 있으며, 이는 곧 원천기술력 확보를 위한 국가간 기술경쟁이 심화되고 있음을 나타낸다. 우리나라의 경우 GDP 대비 연구개발비 비중은 타 선진국 대비 유사한 수준으로 볼 수 있으나, 총 연구개발비는 절대적으로 부족한 수준이다. 그렇기 때문에 심화되는 기술경쟁에서 원천기술력을 확보하기 위해 보다 많은 노력이 요구됨과 동시에, 연구개발의 효율을 높일 수 있는 전략이 필요한 것이다.

(3) 특허 소송 증가

원천기술력 확보를 위한 기업 또는 국가간 기술경쟁이 심화됨에 따라 특허 소송이 증가되고 있으며, 이러한 현상을 '특허 전쟁의 시기'라고 일컫기도 한다. [그림 1-5]에 의하면 국내 특허 소송은 21세기에 들어 급격하게 증가한 것을 알 수 있다. 이러한 현상은 점차 기술의 중요성이 강조되고 기술이 곧 경쟁력이 되고 있는 것에 기인하는 것으로, 지식기반 시대가 도래함에 따라 새로운 제품, 서비스 혹은 사업을 기획함에 있어 특허가 큰 비중을 차지하게 되었기 때문이다.

특허 전쟁의 시기에는 기술 및 특허 포트폴리오 전략의 중요성이 점차 증대되는데, 기업의 특허 포트폴리오 전략은 일반적으로 총 3세대에 걸쳐서 진화하는 경향을 나타낸다([그림 1-6]). 제1세대는 특별한 전략이 없는 시기(no strategy)로 기업은 원천기술을 선점하기 위해 특허를 출원하는 것에 주된 목적을 가진다. 하지만 제1세대를 거치면서 어느 정도 수준의 특허가 확보되면 확보된 특허를 지키기 위한 전략(defensive

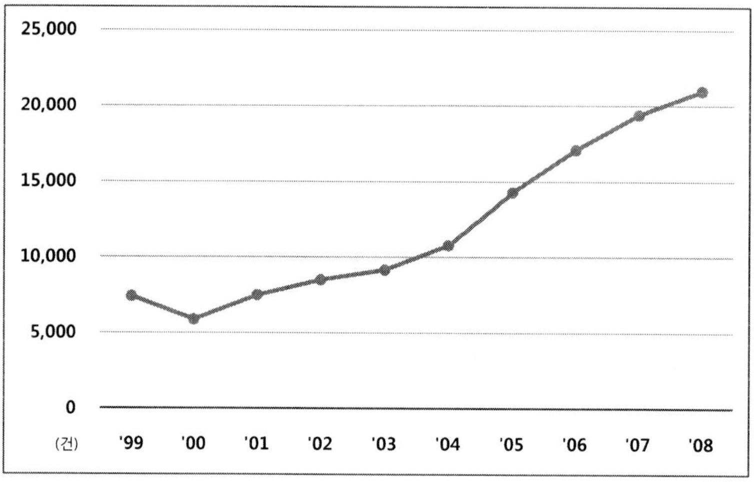

[출처: 특허청(2006-2011)]

▸▸ 그림 1-5 국내 특허 소송 현황

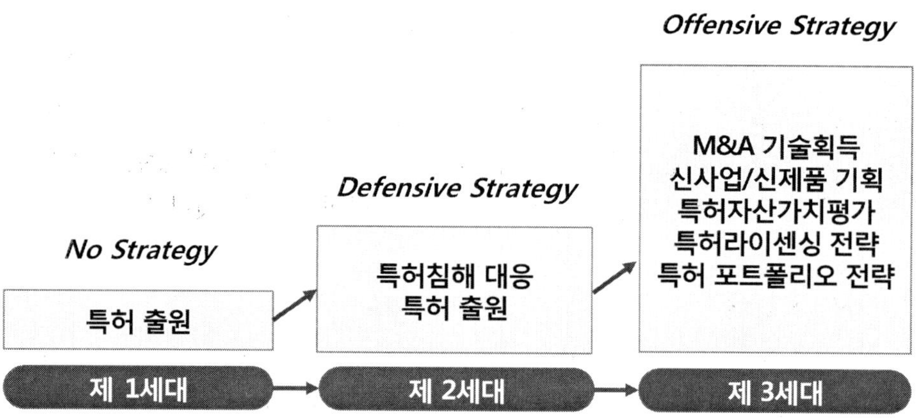

[출처: 특허청(2009)]

▸▸ 그림 1-6 특허 포트폴리오 전략의 진화

strategy)을 취하게 되는데 이 것이 곧 제2세대 전략이다. 경쟁자들의 특허 침해에 적극적으로 대응하면서 기업의 기술 및 특허를 보호하기 위한 전략을 취하는 것이다. 마지막으로 제3세대에서는 기업의 특허를 보호하는 목적에서 나아가 경쟁자들의 특허를 무효화하거나 특허를 판매 또는 구입하는 등 특허를 전략적으로 활용함으로써 경쟁자들의 기술력 확보를 방해하는 공격적인 전략(offensive strategy)를 취하게 된다. 인수합병(M&A: Merger & Acquisition)으로 인한 기술획득, 특허자산가치평가, 특허라이선싱 전략 등이 이에 해당하며, 특히 경쟁자의 회피 특허를 방지하고 경쟁자들이 이미 보유하고 있는 특허를 무효화하기 위한 특허포트폴리오를 구축하는 전략이 제3세대에서 나타난다.

1-4 사례연구: 삼성 vs. 애플 특허 전쟁

국내 스마트폰 가입자는 2009년 80만명을 시작으로 2010년 721만명, 2011년 2,000만명으로 기하급수적으로 증가하고 있는 추세이다. 또한 전세계적으로도 핸드폰 시장에서 스마트폰 점유가 2010년 19.4%, 2011년 23.0%, 2012년 26.9%로 증가하고 있고, 앞으로도 지속적으로 증가할 전망이다. 이와 같이 향후 지속적인 성장이 기대되는 스마트폰 시장은 2012년 현재 삼성과 애플이 양분하고 있다.

삼성은 1989년 국내 최초 핸드폰인 SH-100을 개발한 것을 시작으로 핸드폰 시장에 진출했으며, 1994년에는 '애니콜' 브랜드를 출시하여 본격적으로 핸드폰 사업을 시작하였다. 2002년에는 세계 최초로 휴대폰에 TFT-LCD를 채용하고, 2008년에는 풀터치 스크린 및 고화소 카메라를 핸드폰에 탑재하는 등의 지속적인 기술혁신을 이루어 왔다. 2010년에는 삼성의 첫 안드로이드 스마트폰인 Galaxy S를 출시함으로써 세계 스마트폰 시장을 선도하고 있다.

애플은 맥(Mac)으로 대표되는 컴퓨터 사업과 아이팟(iPod)으로 대표되는 MP3 플레이어 사업, 아이튠즈(iTunes)로 대표되는 음원 사업을 집중적으로 수행해왔으나, 2007년 아이폰(iPhone)를 출시함으로써 스마트폰 시장에 진출하였다. 그 이후 매년 새로운 버전의 아이폰을 출시하면서 세계 스마트폰 시장을 선도해오고 있다. 2008년에는 아이폰 3G를 출시하였는데, 초기 아이폰이 와이파이(WiFi)만으로만 인터넷을 사용할 수 있었던 반면 아이폰 3G로는 3G 인터넷을 지원하게 되었다. 특히, 이 모델 출시와 함께 애플 앱스토어(App Store)를 런칭하여 본격적인 어플리케이션 생태계를 구축하였고, 이는 곧 애플이 스마트폰 시장에서 세계적인 경쟁력을 갖도록 만들었다. 2009년 아이폰 3GS 출시, 2010년 레티나 디스플레이를 탑재한 아이폰 4 출시, 2011년 음성비서 시리(Siri)를 탑재한 아이폰 4S 출시, 2012년 아이폰 최초로 4인치대 디스플레이를 장착한 아이폰 5 출시 등 애플은 지속적으로 혁신적인 제품을 내놓으며 스마트폰 시장에서 삼성과 양강체제를 구축하고 있다.

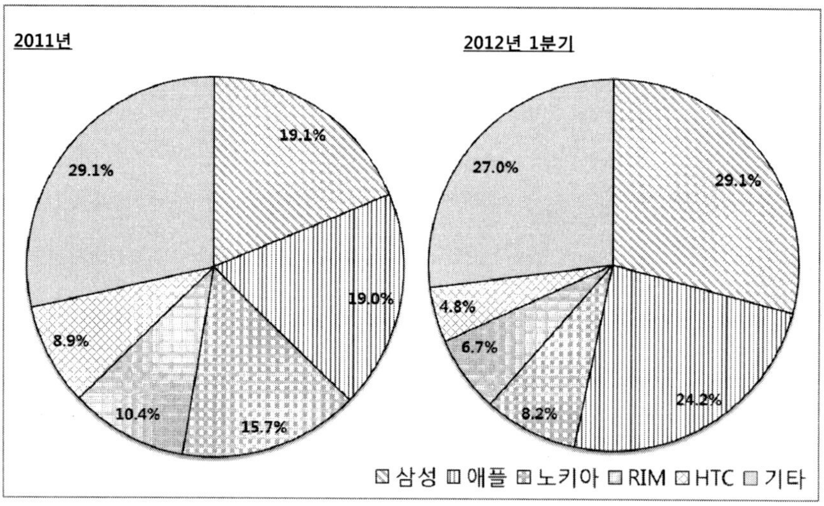

[출처: 김창수(2012)]

▶▶ 그림 1-7 세계 스마트폰 시장 점유율

[그림 1-7]과 같이 2012년 1분기 세계 스마트폰 시장 점유율은 삼성이 29.1%, 애플이 24.2%로 양사 합이 53.3%에 달하고 있어, 지속적인 성장이 기대되는 세계 스마트폰 시장의 패권을 두고 양사가 치열한 경쟁을 펼치고 있다. 이러한 경쟁 과정에서 기술력 확보가 가장 중요한 요인으로 부각되고 있으며, 이러한 이유로 삼성과 애플은 자사의 기술 보호 등을 목적으로 치열한 특허소송전, 즉 특허전쟁을 벌이고 있다([표 1-2]). 이러한 특허전쟁은 자사 기술 보호를 위한 특허 전략의 일환이기도 함과 동시에 세계 스마트폰 시장에서의 라이벌 이미지 구축을 통한 브랜드 이미지 제고 및 마케팅에 활용하기 위한 내재된 목적도 있는 것으로 분석된다. 이와 같이 기술 확보 능력이 곧 시장을 장악할 수 있는 경쟁력이 되는 현대 지식기반 산업시대에는 특허를 전략적으로 활용하기도 하며, 그 활용 여부에 따라 기업의 성패가 결정되기도 한다.

▶▶ 표 1-2 삼성-애플 특허 소송 정리

날짜	내용
2011.04.15	애플, 디자인특허 침해 혐의로 캘리포니아 북부 지방법원에 삼성전자 고소
2011.04.21	삼성전자, 통신특허 침해 혐의로 서울중앙지방법원에 애플 맞고소
2011.04.27	삼성전자, 통신특허 침해 혐의로 애플 맞고소, 미국 캘리포티아 북부지방법원
2011.05.24	미 법원, "삼성, 애플에 샘플 제품 전달하라" 명령
2011.05.29	삼성전자, 애플에 샘플제품 요구
2011.06.24	애플, 서울지방중앙법원에 삼성전자 특허권 침해금지와 손해배상 소송 청구
2011.06.30	삼성전자, ITC에 애플 제품 미국 내 수입 금지조치 신청
2011.08.09	독일 뒤셀도르프 지방법원, '갤탭10.1' 독일서 판매금지 조치
2011.08.16	독일 뒤셀도르프 지방법원, '갤탭10.1' 판매 허용
2011.08.24	네덜란드 헤이그 법원, 애플의 판매금지 가처분 신청 인정
2011.09.09	독일 뒤셀도르프 지방법원 '갤탭10.1' 독일서 판매금지
2011.09.12	애플, 영국고등법원에 삼성전자 디자인 특허 침해 혐의로 제소
2011.10.05	삼성전자, 프랑스와 이탈리아에서 애플 '아이폰4S' 판매금지 가처분 신청
2011.10.13	애플, 호주 뉴사우스웨일즈 지방법원에 '갤탭10.1' 판매금지 가처분 신청
2011.10.17	삼성전자, 독일에 디자인 바꾼 '갤탭10.1N' 출시
2011.10.17	삼성전자, 일본과 호주에서 '아이폰4S' 판매금지 가처분 신청
2011.10.28	애플, 독일 뒤셀도르프 지방법원에 '갤탭10.1N'도 특허침해 혐의로 제소
2011.12.02	미 산호세 지방법원, 애플의 삼성 판매금지 신청 기각
2012.01.27	독일 "애플, 삼성 특허 침해 아니야"
2012.03.06	삼성, 서울중앙지방법원에 '아이폰4S', '아이패드2' 특허침해 소송 추가
2012.03.14	네덜란드 "아이폰3GS, 4는 특허 침해일수도, 아이폰4S는 제외"
2012.05.06	미 법원, 삼성이 애플 제품을 모방하지 않았다는 증거를 제출하지 못했다고 판단
2012.06.01	삼성, ITC에 애플에 대한 특허침해 소송 철회 요청
2012.06.05	애플, 미국 법원에 '갤럭시S3' 수입 판매 금지 요청
2012.06.08	미 법원, 애플의 '갤럭시S3' 수입 판매 금지 요청 기각
2012.06.20	네덜란드, 애플이 통신 특허 일부 침해 판결
2012.07.02	미국 산호세 지방법원, 삼성 '갤탭10.1' 미국내 판매금지 가처분 효력정지 신청 기각
2012.07.09	영 법원, "갤럭시탭10.1은 아이패드와 혼동할 만큼 멋지지 않다"는 이유로 디자인 특허 침해하지 않았다고 판결
2012.07.24	애플, 삼성에 25억달러 손해배상 요구
2012.08.10	서울중앙지방법원 판결 연기
2012.08.13	미 법원, 삼성전자 일부 제품 디자인 특허 판결에서 제외
2012.08.24	서울중앙지방법원 "애플은 삼성의 통신 특허 침해" 판결
2012.08.24	미국 산호세 지방법원 "삼성은 애플의 디자인을 모방했다" 판결

[출처: Slideshare.net]

Chapter 02

기술과 기업

2-1 기업

(1) 기업의 활동 구조

기업이란, 통상적으로 이윤을 추구하기 위해 재화나 용역을 생산하고 판매하는 조직을 의미한다. 이러한 기업의 내부 요인은 자동차에 비유하면 이해하기가 용이하다([그림 1-8]). 기업은 인력/조직, 생산, 마케팅, 자산을 네 개의 바퀴로 하여 움직이는 자동차로, 이 자동차를 운전하는 운전수가 곧 경영자가 된다. 인력/조직은 업무를 추진하는 구성원과 구성조직을 위한 모든 것을 의미하고, 생산은 상품 및 서비스 등 매출을 위한 아이템들과 관련된 과정과 결과를 뜻한다. 마케팅이란 시장이나 고객, 그리고 그들과의 관계를 말하며, 자산은 기업의 유·무형의 자산 및 그 자산과 관련된 모든 것으로 정의된다. 이 네 가지 바퀴를 축으로 현재 자동차의 상태를 알려주는

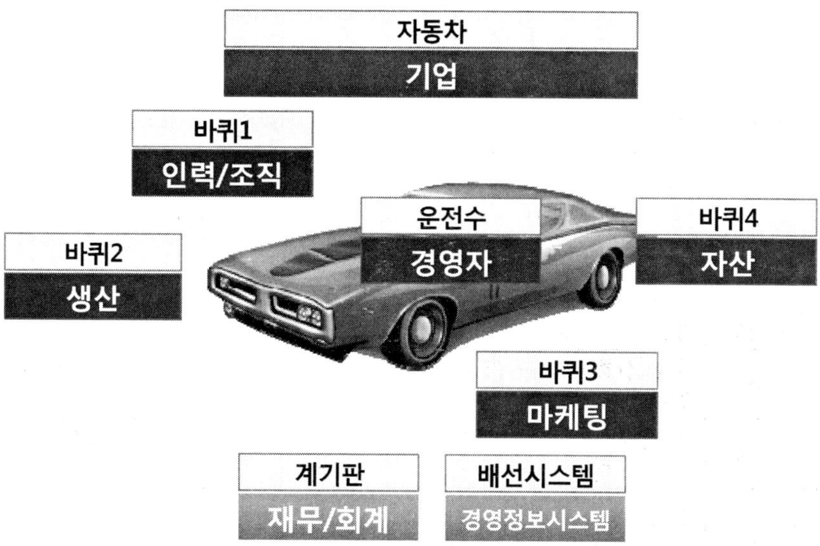

▸▸ 그림 1-8 기업의 내부 요인

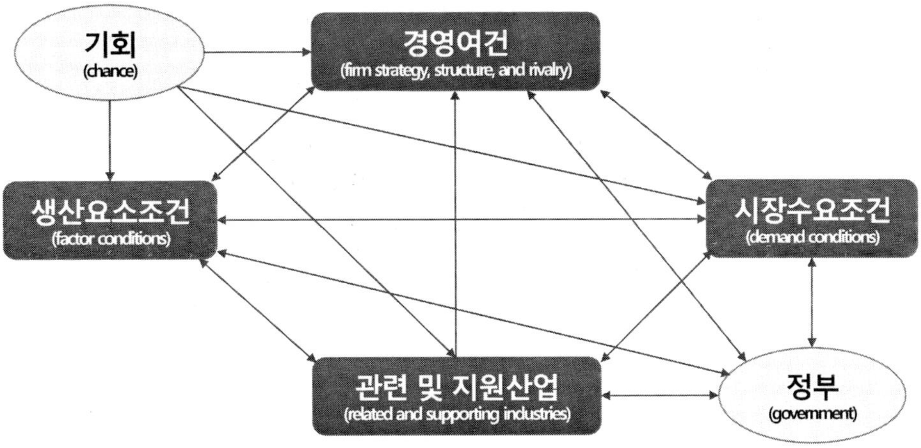

▸▸ 그림 1–9 기업의 외부 요인(포터의 다이아몬드 모형)

계기판이 기업의 상태를 알려주는 재무/회계에 해당되며, 자동차가 움직일 수 있도록 지원해주는 배선시스템이 곧 기업의 활동을 지원하는 경영정보시스템을 뜻한다.

이처럼 운전수가 자동차를 도로 위에서 잘 운전하는 것과 같이 경영자가 기업을 잘 운영하는 것이 중요하며, 이 때 도로에 해당되는 것이 기업의 외부 요인이며, 곧 기업이 속한 산업 구조이다. 기업의 외부 요인은 포터(Porter)의 다이아몬드 모형을 통해 이해할 수 있다([그림 1-9]).

포터는 여러 국가들의 주력 산업 특성을 분석하여 경쟁력에 영향을 미치는 요인을 도출하였는데, 이는 외생요인과 내생요인으로 구분된다. 외생요인은 '기회'와 '정부'로, 내생요인은 '경영여건', '관련 및 지원산업', '생산요소조건', '시장수요조건'으로 구성된다. 즉, 포터는 특정 기업을 둘러싼 외부 요인들이 상호 연관된 종합적 시스템으로서 해당 기업의 경쟁력 유지에 영향을 미치는 것으로 설명하였다.

다시 말해, 기업은 산업 속에서 기업 내부 요인과 기업 외부 요인이 상호작용하는 가운데 조직의 목적을 달성하도록 노력하고 있으며, 이러한 과정이 곧 경영이다([그림 1-10]). 또한, 이러한 과정에서 경우에 따라 기업 내적 요인이 중요한 요소로 작용할 수도 있으며, 반대로 기업 외적 요인이 중요한 요소로 작용할 수도 있기 때문에 기업 내·외적 요인을 함께 고려하는 경영 전략이 요구된다.

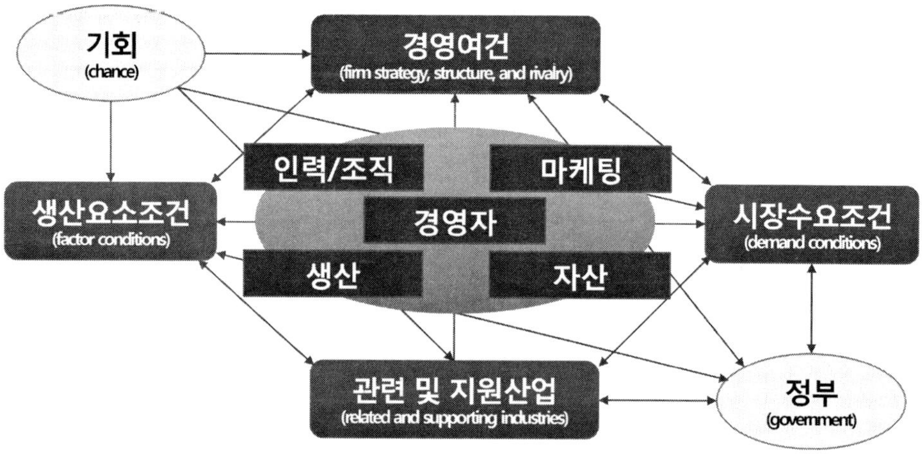

▸▸ 그림 1-10 산업 속의 기업

(2) 기업의 자산 구조

기업의 내부 요인 중, 자산이란 기업이 경영활동을 하기 위해서 소유하고 있는 자원 중 기업실체에 영향을 미치는 미래의 경제적 효익이 있는 것을 의미한다. 예를 들어 직접적으로 미래 현금유입을 증가시키는 자산들로는 채권, 상품, 비품, 건물, 토지 등이 있다. 채권은 미래에 현금으로 회수될 것이기 때문에 미래의 현금유입을 증가시키며, 상품은 매출활동을 통하여 미래의 현금유입을 증가시킨다. 또한 비품, 건물, 토지 등은 생산 및 판매활동에 사용되어 간접적으로 미래의 현금유입을 증가시키게 된다.

이와 같은 기업의 자산은 다양하게 분류되는데, 가장 대표적인 회계기준상으로는 크게 유동자산과 고정자산으로 구분된다.

유동자산은 당좌자산과 재고자산으로 구분되는데, 먼저 당좌자산이란 판매과정을 거치지 않고 현금화 할 수 있는 자산으로 현금, 유가증권, 단기대여금, 선급비용 등이 이에 해당한다. 반면에 재고자산은 판매과정을 거침으로써 현금화 할 수 있는 자산으로 상품이 재고자산의 대표적인 예이다.

고정자산은 투자자산, 유형자산, 무형자산으로 분류된다. 투자자산은 다른 회사를 지배할 목적이나 유휴자금의 장기적인 이윤을 얻을 목적으로 보유하는 자산으로, 투자유가증권, 장기대여금, 보증금 등이 이에 해당된다. 유형자산은 영업활동에 사용할 목적으로 장기적으로 보유하고 있는 실물자산으로, 토지, 건물, 기계장치 등이 해당

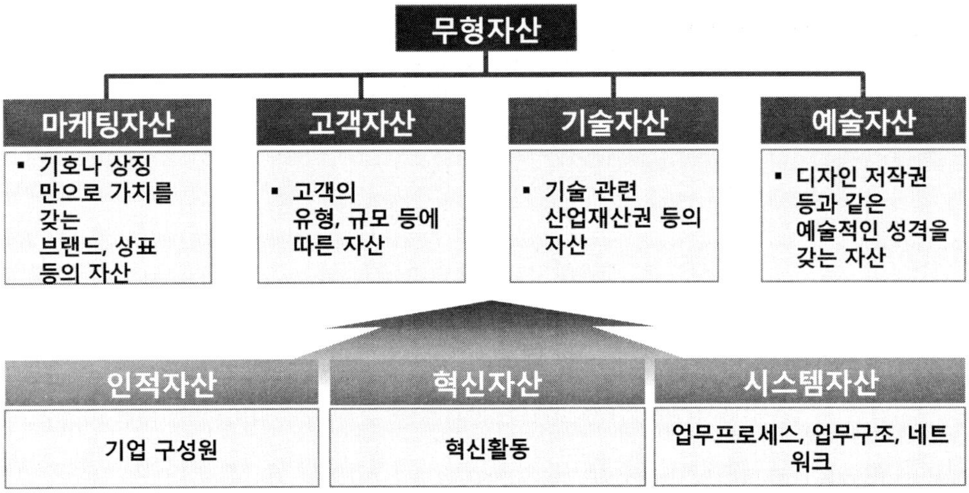

▸▸ 그림 1-11 무형자산의 종류

된다. 마지막으로 무형자산은 영업활동에 사용할 목적으로 장기적으로 보유하고 있는 자산 중 물적 실체가 없는 것으로, 예를 들어 지식자산, 권리자산 등이 해당된다.

이와 같은 무형자산은 그 유형 및 원천에 따라 구분이 가능하다([그림 1-11]). 먼저 유형에 따라서는 마케팅자산, 고객자산, 기술자산, 예술자산으로 구분되는데, 마케팅자산은 기호나 상징만으로 가치를 갖는 브랜드, 상표 등의 자산을 의미하며, 고객자산은 고객의 유형, 규모 등에 따른 고객관련 자산을 말한다. 기술자산은 기술과 관련한 특허, 산업재산권 등의 자산을 뜻하며, 예술자산은 디자인 저작권 등과 같은 예술적인 성격을 갖는 자산을 의미한다. 원천에 따라서는 기업 구성원을 뜻하는 인적자산, 혁신활동과 관계된 혁신자산, 업무프로세스, 업무구조, 네트워크 등으로 구성되는 시스템자산으로 구분된다. 이처럼 다양한 무형자산은 지식기반 시대가 도래하면서 그 중요성이 더욱 부각되고 있으며, 특히 기술 자산의 경우 기업의 경쟁력 확보를 위한 핵심요소가 되고 있다.

2-2 기술과 벤처기업

벤처기업은 창업의 한 형태이다. 이와 같은 벤처기업을 보다 잘 이해하기 위해서 먼저 기업가 정신에 대해 알아보자. 기업가 정신(entrepreneurship)이란, 시장경제 하에서 성공과 실패의 원인이 스스로에게 있음을 인지하고, 모험가적 정신과 발명가적 기술력을 토대로 사업을 일으켜 시작하고 이를 성장시키고자 하는 의식과 그 의식을 실제로 실현하는 능력으로 정의된다. 즉, 기업가 정신은 혁신적인 기업가(entrepreneur)가 가지고 있는 건전한 의식을 말하며, 이는 곧 창의성과 경영관련 네트워크 및 관리 기술을 함께 보유하고 있는 것을 의미한다([그림 1-12]). 창의성은 보유하고 있지만 경영관련 관리기술이 부족한 사람은 발명가에 머무를 수 밖에 없으며, 반대로 관리기술과 경영 네트워크는 확보되었지만 창의성이 부족한 사람은 관리자 역할만을 수행하는 것이 적합하며, 창의성도 관리기술도 없는 사람은 후원자 역할을 수행하는 것이 적합하기 때문이다.

사실 벤처기업은 다양한 정의로 설명되고 있는데, 예를 들어, 기술기반의 신생기업(new technology-based firm), 첨단기술의 소기업(high-technology small firm), 연구개발 집약기업(high R&D-intensity firm), 벤처자본 투자기업(high venture capital ratio firm) 등으로 설명된다. 이처럼 벤처기업과 연구개발 및 기술은 밀접한 관계를 지니고 있으며, 또한 기업가 정신 역시 벤처기업을 설명하는데 빼놓을 수 없다.

따라서, 벤처기업이란 연구개발 및 첨단기술을 기반으로 기업가 정신을 통해 수익을 창출하는 신생기업으로 정의된다. 이와 같은 벤처기업은 그 유형에 따라 독자창업형, 공동창업형, 전문경영형, 분업형, 외부주도형, 흡수합병형의 여섯 가지로 분류된다([표 1-3]).

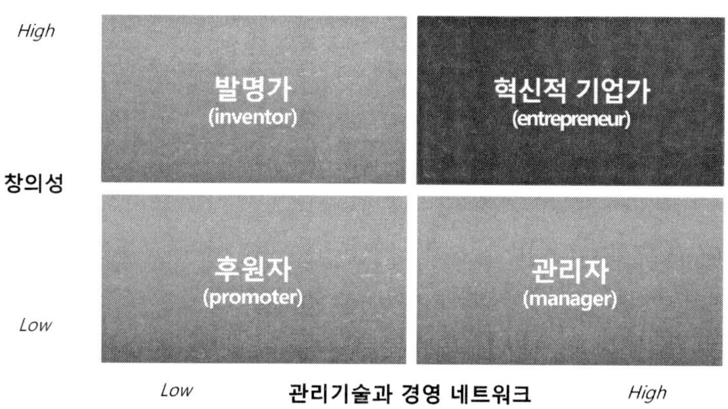

▸▸ 그림 1-12 잠재적 창업자의 유형

▶▶ 표 1-3 벤처기업의 유형

유형	설명
독자창업형	한 명의 창업자가 기술개발과 경영을 동시에 행하는 가장 전형적인 벤처기업의 형태
공동창업형	기술개발 전문가와 경영관리 전문가가 합심하여 구분된 양분 체제로 창업하는 형태
전문경영형	기술개발 전문가가 창업한 후, 본인은 최고기술책임자(CTO: Chief Technology Officer)로서 기술개발에 전념하고, 외부의 전문경영인을 최고경영자(CEO: Chief Executive Officer)로 영입하여 경영을 맡기는 경우
분업형	기술개발, 인사 및 조직관리, 생산관리, 재무관리를 모두 다른 개인이나 기관이 전문성에 따라 나누어 담당하는 경우
외부주도형	벤처 캐피탈의 주도적 역할을 토대로, 기술을 외부에서 도입하여 창업하는 형태
흡수합병형	다른 외부 기업이 기술력을 보유한 기존의 벤처기업을 흡수 또는 합병하여 운영하는 형태

2-3 기술과 기업의 수명

(1) 죽음의 계곡(Valley of Death)

벤처기업과 같은 신생기업은 창업 초기에 비교적 큰 비용 문제를 겪게 되는데, 이와 같은 창업 초기의 비용 문제가 해당 기업의 성패에 직결되는 경우가 보편적으로 발생하고 있다. 이처럼 기업의 성장단계에서 창업 초기 기업이 큰 비용 문제를 겪는 현상을 '죽음의 계곡'이라고 지칭하며, 해당 기업이 이 죽음의 계곡을 극복하지 못하면 그 기업 및 사업은 실패하게 된다.

죽음의 계곡이란 [그림 1-13]에서와 같이 시간-이익 그래프에서 수익이 발생하기 직전 누적 비용이 가장 많아지는 지점을 가리키는 것으로, 이 지점에서 실패하는 신생기업의 사례가 많아지면서 죽음의 계곡이라는 명칭이 명명되었다.

이러한 죽음의 계곡을 기술 관점에서 보다 자세히 살펴보면 [그림 1-14]와 같다. 기술 관점에서 사업화의 과정은 연구개발, 기술이전, 제품출시, 제품성공, 사업성공의 다섯 단계를 거치게 되는데, 이 중 제품출시를 성공적으로 한 후 제품성공까지 지속되는 비용 증대가 곧 죽음의 계곡이 된다. 이 죽음의 계곡을 제품성공으로 극복하면

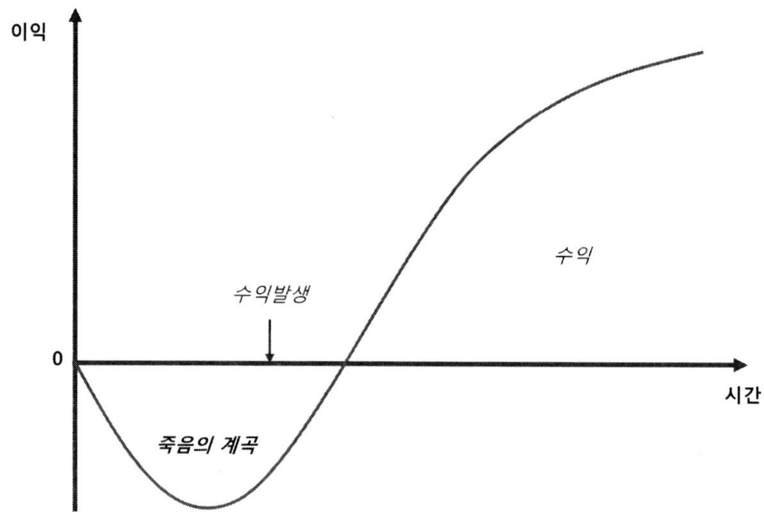

►► 그림 1-13 죽음의 계곡

점차 이익을 회복할 수 있고, 이 후 사업화 과정을 통해 사업을 성공시키면 누적비용을 넘은 수익을 창출하게 된다.

즉, 기술 관점에서의 죽음의 계곡이란, 연구개발 성과가 논문이나 명목 상의 특허로만 끝나고 상용기술로 이어지지 못하는 연구개발 성과와 사업화·상용화 사이에서의 시장실패를 의미한다. 첨단 기술을 보유한 많은 벤처기업들이 이 같은 죽음의 계곡을 극복하지 못하여 시장에서 실패하는 사례가 빈번히 나타나고 있다.

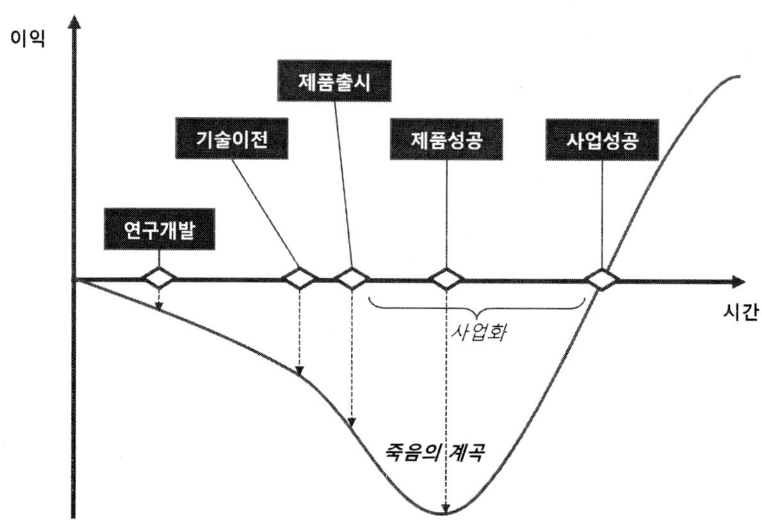

►► 그림 1-14 기술 관점에서의 죽음의 계곡

(2) 캐즘이론(Chasm Theory)

캐즘이론이란 무어(Geoffrey A. Moore)에 의해 소개된 이론으로, 어떤 상품이나 기술이 개발된 후 초기시장을 거쳐 주류시장으로 진입하기까지 사이에 나타나는 수요가 정체되거나 후퇴하는 단절 현상을 의미한다([그림 1-15]). 캐즘은 주로 첨단기술이 기반이 되는 산업에서 관찰되는데, 캐즘이론 역시 죽음의 계곡과 함께 첨단기술을 보유한 벤처기업들의 시장실패를 잘 설명해 준다. 즉, 첨단기술을 보유해 높은 성장성을 보였던 벤처기업들이 이 캐즘을 극복하지 못하면 시간이 지남에 따라 쇠퇴하는 경우를 나타나게 되는 것이다.

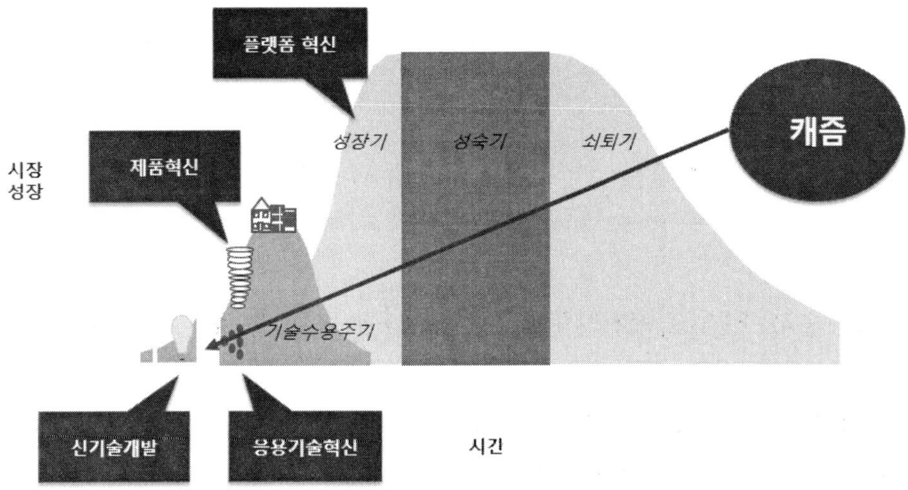

▸▸ 그림 1–15 캐즘이론

캐즘이론에서는 기술수용주기에 따라 소비자를 다섯 가지 유형을 구분하였다. 다섯 가지 소비자 유형은 혁신수용자(innovators), 선각수용자(early adopters), 전기다수수용자(early majority), 후기다수수용자(late majority), 지각수용자(laggards)이다. [그림 1-16]과 같이 캐즘은 선각수용자와 전기다수수용자 사이에서 발생하며, 이러한 캐즘을 어떻게 극복하느냐가 시장 및 사업 성공과 직결되게 된다. 그 이유는 캐즘 전에 기술을 수용한 소비자는 15%에 불과한 반면, 캐즘 후 기술을 수용할 소비자는 85%에 달하기 때문이다. 따라서, 첨단기술을 보유한 벤처기업이라고 할지라도 캐즘을 어떠한 전략으로 극복하느냐에 따라 해당 기업의 성패가 좌우되는 것이다.

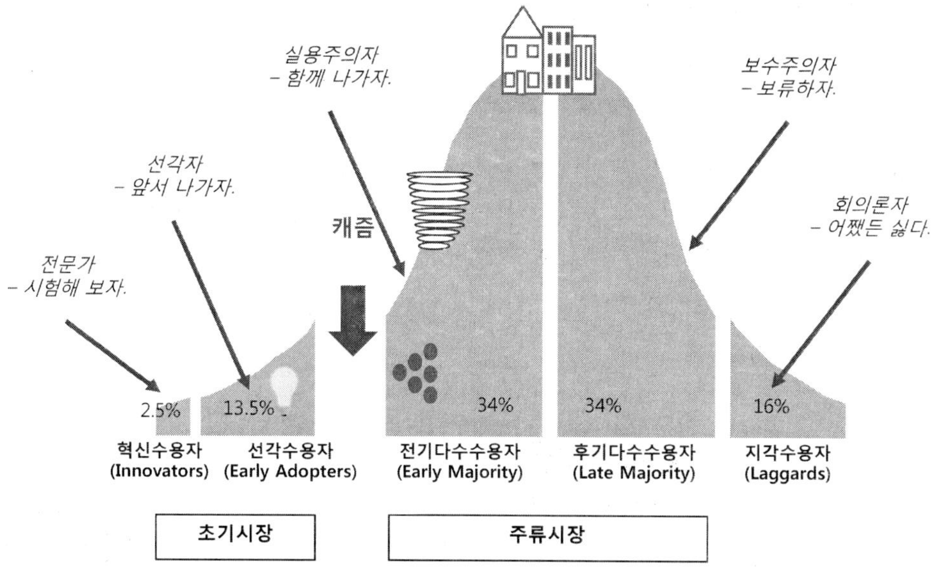

▸▸ 그림 1-16 기술수용주기에 따른 소비자의 유형

2-4 사례연구: 바이오기술사업화에서의 장벽

우리나라 바이오 기술관련 연구는 연구개발단계를 지나 사업화 단계로 나아가고 있는 시점이다. 바이오 기술은 상용화 및 시장화가 최종 목표이기 때문에 어떻게 사업화를 성공시키느냐가 중요한 이슈로 부각되고 있다.

우리나라 바이오 기술 연구는 20년간 그 역량이 축적되어 왔다. LG생명과학에서 개발한 한국산 신약으로 미국 식품의약국(FDA: Food and Drug Administration)의 승인을 최초로 얻은 항균제 팩티브로 대표되는 18개 대표 민간 바이오기업들의 기술 사업화가 이러한 역량 축적을 보여주고 있다. 이와 같은 민간 기업뿐 아니라, 한국생명공학연구소와 같은 정부출연연구소들의 미래출현기술 및 제품 개발 노력과 정부의 오송생명과학단지 등 산학연 협력 바이오 클러스터를 육성하는 등 정부 차원에서도 우리나라에 축적된 바이오 기술 역량을 이제는 과학 또는 기술 단계를 넘어 산업화 단계로 촉진하기 위한 지원을 강화하고 있다.

이처럼 기술에서 시장으로 나아가는 과정에는 크게 세 단계의 죽음의 계곡이 발생할 수 있는데 성공적인 사업화를 위해서는 이 세 단계의 죽음의 계곡을 극복하여야 한다([그림 1-17]).

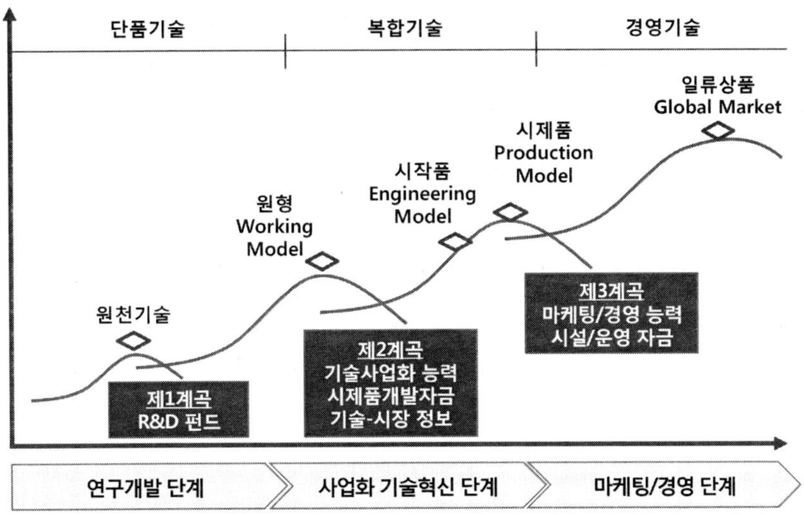

▸▸ 그림 1-17 바이오기술 사업화에서의 세 단계 죽음의 계곡

[(사) 한국마케팅과학회 연구논문칼럼,
"죽음의 계곡과 캐즘: 바이오기술사업화에서의 장벽", 이규현]

1계곡은 연구개발 단계에서 발생할 수 있는 연구개발(R&D: Research & Development) 펀드의 계곡이다. 바이오 분야의 특성 상 관련 기술 개발 기간이 다른 연구에 비해 상대적으로 긴 편이기 때문에 연구개발 기간 동안 자금 부족을 겪을 가능성이 높다. 정보기술 분야가 하나의 기술개발에 약 3년 정도 소요된다면, 바이오기술 분야는 5년 내지 10년이 소요되기 때문이다. 또한, 연구개발 중심 기업들은 연구개발 성과 이후에 마케팅과 경영이 이루어진다고 여기고, 단지 연구개발에만 전념하는 경향이 강한데 이러한 면에서 역시 어려움에 직면하기도 한다.

2계곡은 사업화 기술혁신 단계에서 발생할 수 있는 사업화의 계곡이다. 이 계곡은 원형제품(working model) 개발과 시작품(engineering model) 개발 사이에서 주로 발생하는데, 주된 발생 이유는 기술과 시장과의 관계에서 정보가 부족하기 때문이다. 또한, 원형제품 개발을 성공했음에도 불구하고, 정부의 정책을 제대로 받아들이지 못하는 문제가 발생하거나, 시작품이나 시제품(production model) 개발을 위한 자금이 부족할 때 2계곡에 빠지기도 한다.

3계곡은 마케팅 및 경영 단계에서 발생할 수 있는 캐즘 계곡이다. 이 계곡은 무어가 제시한 캐즘과 일맥상통하는데 그 이유는 바이오 산업 역시 첨단기술을 기반으로 하는 시장이기 때문이다. 바이오기술에서의 캐즘은 시제품 개발 후 일류상품(global market)

으로 나아가는 길에서 발생하게 되는데 기술의 효능은 검증되었으나 캐즘을 우려한 투자자들의 소극적 투자로 인해 야기되는 시설 운영자금 부족 현상이 해당 기술을 보유한 기업을 3계곡에 빠뜨리게 된다.

이처럼 바이오기술은 그 특성상 기술에서 사업화 성공까지 다양한 죽음의 계곡을 직면하게 된다. 특히, 바이오기술은 그 혁신에 조직적, 제도적, 사회적 윤리적 저항이 뒤따르기도 한다. 따라서, 우리는 바이오기술 개발과 사업화 과정에 엄청난 가시밭길이 존재한다는 것을 이해하고, 이를 뒷받침하기 위한 과학적이고 합리적인 정책과 여론을 집결시킴으로써 시장실패를 줄이고 시장성공을 위해 나아가야 한다.

기술경영

3-1 기술경영의 개념

우리는 지금까지 기술이 무엇이고, 또 그 기술이 산업발전에 어떠한 영향을 미쳐왔으며, 기업 경영과는 어떠한 관계에 있는지 살펴보았다. 기술은 과학을 활용하여 인간의 효용을 증가시킬 수 있는 물건을 생산하는 데 활용될 수 있도록 응용된 지식이며, 이를 바탕으로 산업사회는 발전을 거듭하여 현재는 지식기반 시대가 도래하였다. 지식기반 시대에는 원천기술 개발과 기술 표준 선점이 기업의 경쟁력의 요인이 되었지만, 설사 원천기술 또는 첨단기술을 보유한 기업이라고 할지라도 죽음의 계곡이나 캐즘에 직면하면서 사업화에는 실패하는 경우가 빈번히 발생하기도 한다.

이처럼 현대 지식기반 시대에는 기업이 기술만으로도 성공할 수도 없고, 관리 및 경영 능력만으로도 성공하기 어려워졌다. 따라서 새롭게 등장한 개념인 '기술경영(MOT: Management of Technology)'이다. 기술경영이란 기술을 효과적으로 획득 · 관리 · 활용하여, 경쟁우위를 강화하고 기술의 사업화를 촉진함으로써 미래의 경제적 효익을 얻기 위한 제반의 경영활동을 말한다.

이 외에도 기술경영은 다양한 관점에서 설명되고 있는데, 기술경영은 기업의 목표 달성과 기술경쟁력 배양을 위해 보유한 경영자원을 바탕으로 기술적 기능과 다른 기능들과의 유기적인 통합을 추구하는 활동, 또는 엔지니어링, 과학 그리고 경영의 원리를 연결하여 기술적 역량을 계획, 개발, 그리고 실행하여 조직의 전략과 운영상의 목표들을 만들고 달성하는 활동으로 설명되기도 한다. 또한, 기술획득을 위한 기술개발 활동과 이를 위해 물적, 인적 관리를 효과적으로 진행하는 과정이나 공학과 경영을 통합 연결하여 기술중심 기업의 성공을 추구하는 활동으로 요약되며, 공학 및 과학, 경영원리를 결합하여 조직의 목적을 달성하기 위해 기술적 능력을 기획 · 개발 · 운용하는 활동, 새롭고 개선된 제품, 프로세스, 서비스의 기초가 되는 노하우를 창조하는 과정 및 이 노하우를 상업화 하여 조직의 경쟁력을 제고시키는 활동, 기술변화 또는 신기술 도입의 기술대안, 시기 · 규모 및 비율의 선택에 관한 의사결정행위 등으로 설명되기도 한다.

3-2 기술경영의 활용

기술경영은 다양한 관점에서 활용된다. [그림 1-18]에서와 같이 기술경영의 최종 목적은 경쟁우위를 달성하는 것으로, 이를 위해서 기술획득, 기술관리, 기술활용 과정에서 다양하게 기술경영이 적용된다.

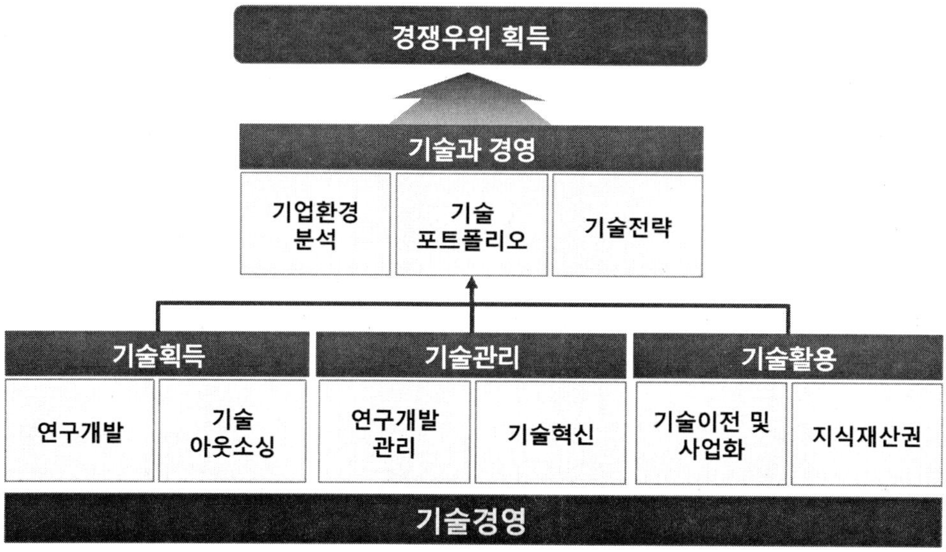

▶▶ 그림 1-18 기술경영의 활용

본 서에서는 기술경영에 대한 전반적인 이해를 돕는 것을 목적으로 하며 앞으로 기술경영을 [그림 1-18]과 같이 다양한 활용 측면에서 설명하고자 한다. 앞으로 이어질 장의 구성은 [그림 1-19]와 같다.

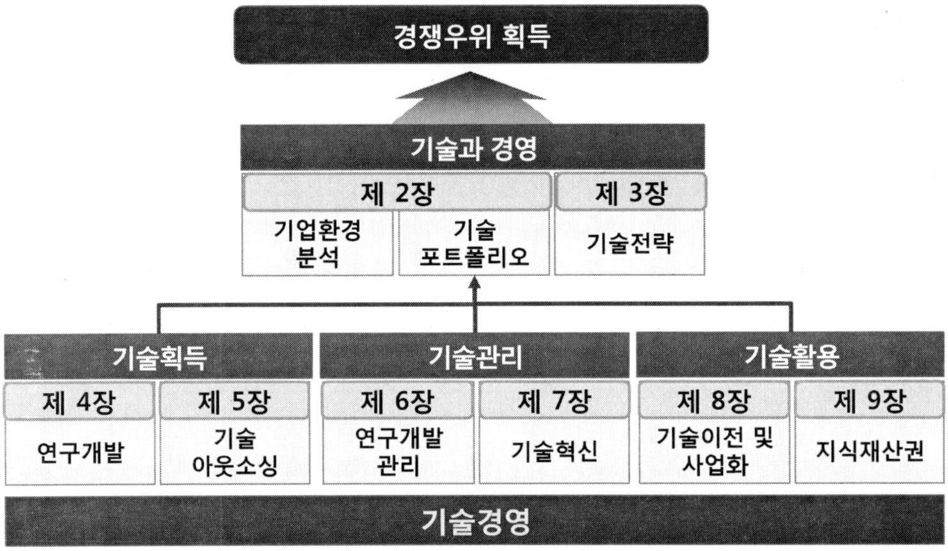

▶▶ 그림 1-19 본 책의 구성

(3) 기술과 경영

성공적인 기술경영을 통해 경쟁우위를 달성하기 위해서는 획득·관리·활용된 기술을 바탕으로 기업환경을 분석하고, 기술 포트폴리오를 작성하고, 기술전략을 세우는 등의 과정이 필요하다. 기업환경 분석은 크게 외부환경분석과 내부환경분석으로 구분되는데, 외부환경분석은 기술이 산업구조에 미치는 영향이나 주요 기술의 변화를 파악하는 과정이며, 내부환경분석은 기술 역량에 기반한 기업의 강점과 약점을 도출하는 과정이다. 기업환경 분석에는 산업수명주기분석, 산업구조분석, 가치사슬 분석 등의 방법론이 주로 적용된다. 기술 포트폴리오는 기업의 우선순위에 영향을 미치는 기술들을 선정하고 중요도를 측정하여 투자를 계획하기 위한 분석의 틀로써, 기술에 적정한 자원을 분배하여 기술 개발의 균형을 잡고, 기업의 전략적인 목표 달성을 위한 토대를 마련하는 것을 목적으로 한다. 기술전략이란 기술 관점의 외부환경 및 내부환경에 대한 분석을 바탕으로, 기업이 추구하는 방향에 부합하는 경쟁우위를 달성하기 위한 기술의 활용계획 및 실행방안을 의미하며, 그 예로는 최초진입 전략, 조기추격자 전략, 모방 전략, 시장세분화 전략 등이 있다. 기업환경 분석과 기술 포트폴리오에 대한 자세한 내용은 제2장에서, 기술전략에 대한 자세한 내용은 제3장에서 다루도록 한다.

(4) 기술획득

기술획득 방법은 크게 연구개발과 기술 아웃소싱으로 구분된다. 연구개발이란 새로운 과학적 지식을 획득하여 축적하고 이 지식을 응용하여 새로운 가치를 창출하기 위하여 수행되는 창조적이고 체계적인 일련의 작업을 의미하며, 시장지배력 제고, 연구개발역량 제고, 기업이미지 제고, 차후 연구개발의 기반, 장·단기적 이윤 창출 등을 목적으로 한다. 기술 아웃소싱은 기업이 필요한 기술을 획득하기 위해 외부로부터 기술을 도입하는 일련의 과정을 의미하는데, 아웃소싱의 정도 및 유형에 따라 기업 인수합병, 공동 연구, 위탁 연구, 기술 라이선싱, 조인트 벤처, 전략적 제휴 등의 형태로 나타난다. 연구개발에 대한 자세한 내용은 제4장에서, 기술 아웃소싱에 대한 자세한 내용은 제5장에서 다루기로 한다.

(5) 기술관리

기술관리 분야는 크게 기술혁신과 연구개발관리로 구분된다. 연구개발 관리는 연구개발을 통한 기술 및 지식의 획득을 위해 수행하는 기획, 선정, 목표 수립, 과제 추진 및 평가 등의 전략적 활동을 말하며, 자원관리, 진도관리, 성과관리, 효과관리로 구성된다. 기술혁신은 신기술을 개발하거나 기존 기술의 괄목할 만한 개선을 통해 새로운 제품·공정을 창조하거나 기존 제품·공정을 개선하는 지식 활동을 의미한다. 연구개발 관리에 대한 자세한 내용은 제6장에서, 기술혁신에 대한 자세한 내용은 제7장에서 다루도록 한다.

(6) 기술활용

기술활용 분야는 크게 기술이전 및 사업화와 지식재산권으로 구분된다. 기술이전은 기술을 보유하고 있는 자로부터 그 이외의 자에게 기술 및 지식 요소가 이전 되는 활동을 말하고, 기술사업화는 기술 및 지식 등의 무형자산을 바탕으로 제품의 개발 및 판매 등과 같은 경제활동을 수행하는 것을 의미한다. 지식재산권은 법령 혹은 조항에 따라 인간의 창조적 활동 또는 경험 등에 의하여 창출되거나 발견된 지식, 기술 등과 같이 재산적 가치로 실현될 수 있는 것들에 대한 보호 권리로, 특허, 실용신안권, 디자인권, 상표권, 저작권 등이 있다. 기술이전 및 사업화에 대한 자세한 내용은 제8장에서, 지식재산권에 대한 자세한 내용은 제9장에서 다루도록 한다.

3-3 사례연구: 남양유업 맛있는 우유 GT

남양유업은 분유, 우유, 요쿠르트 등의 유제품과 음료, 커피 등을 생산, 가공, 판매하는 유제품 전문가공업체이다. 남양유업은 1964년 설립 후, 1967년 유아용 조제분유인 남양분유 생산, 1977년 남양 요구르트 생산 등의 과정을 거치면서 국내 유제품 시장의 선두 업체로 자리매김하였다.

하지만 2000년대 초반 흰 우유 시장은 전체적인 우유시장의 침체와 기능성우유 및 가공우유의 점유율이 확대되는 등의 이중고를 겪고 있었다. 흰 우유는 원유에 성분첨가나 다른 첨가물이 없는 생우유를 말하며, 기능성 우유는 우유에 특정 성분을 첨가하거나 원유의 성분을 강화한 우유이며, 가공유는 원유를 기반으로 맛이나 향 등을 추가한 우유이다. 특히, 당시 웰빙(well-being) 열풍이 불면서 소비자의 소비심리가 건강과 기능성으로 기울게 되어 많은 기업들이 다양한 기능성 우유를 출시하고 있었다.

즉, 당시 우유시장의 경쟁 규칙(rule of competition)은 우유가 제공하는 기능성이었으며, 이는 곧 웰빙에 대한 잠재시장성을 바탕으로 한 높은 마진을 기대하게 했다. 이러한 이유로 기능성 우유 및 가공유 시장의 높은 수요 탄력성과 상대적으로 높은 생산 및 개발 비용이라는 단점에도 불구하고, 대부분의 기업들이 기능성 우유 및 가공유 시장에 중점을 둔 전략을 택하였다.

하지만 남양유업은 이러한 소비자들의 기호에 맞는 갖가지 맛을 내는 우유가 선택받는 우유시장의 흐름에도 불구하고, 경쟁사들과 같이 기능성 우유 및 가공유 시장에 집중하는 대신 소비자들이 흰 우유를 멀리하는 이유에 대해서 고민하기 시작하였다. 그 이유는 흰 우유 시장은 기능성 우유 및 가공유 시장에 비해 기존에 많은 경쟁자들이 존재하고 상대적으로 낮은 마진과 차별화하기 어렵다는 단점이 있으나, 안정된 수요가 존재하고 상대적으로 낮은 생산비용이 든다는 장점이 있기 때문이다.

남양유업이 소비자를 상대로 다양한 조사를 수행한 결과, 소비자들이 흰 우유를 기피하는 가장 큰 이유가 우유에서 나는 여러 가지 이취 때문이라는 결론이 내려졌고, 흰 우유 특유의 이취는 목장의 오물과 사료 등에서 비롯되는 냄새와 원유가 고온에서 살균되는 과정에서 생성되는 황 화합물로 인한 것임이 밝혀졌다. 따라서 남양유업은 이러한 이취를 없애기 위한 기술개발 연구에 도입하였고, 그 결과 GT(Good Taste) 공법이 개발되었다. GT 공법의 핵심 기술은 탈기 장치(deodorizer) 기술과 살균유 저장 탱크 질소가스 치환 기술이다. 탈기 장치 기술은 원유 중의 산소와 가스, 이미, 이

취를 제거해 깨끗한 맛을 만들어 내는 기술이며, 살균유 저장 탱크 질소가스 치환 기술은 살균 직후부터 우유 속의 산소 유입을 최대한 억제하기 위해 불활성 기체인 질소로 바꿔 넣는 기술로 우유의 신선한 맛을 유지하는 데에 도움을 준다.

이처럼 남양유업은 GT 공법이라는 새로운 기술을 개발, 적용하여 '맛있는 우유 GT'를 출시 100일만에 100만팩 이상 판매하는 등 국내에서 가장 잘 팔리는 히트 우유로 만드는 것에 성공하였다. 맛있는 우유 GT는 출시 첫 해(2004년)에 전체 우유시장 점유율이 10%에 달했고, 기존에 시장을 장악하고 있던 바나나맛 우유, 검은콩 우유 등의 기능성 우유 및 가공유에 비해 높은 판매량을 달성하였다([그림 1-20]). 이와 같은 맛있는 우유 GT의 성공은 새로운 기술을 개발하여 소비자에게 '맛'이라는 새로운 속성을 제시한 것으로부터 비롯되었다. 즉, 기존 우유 시장의 경쟁 규칙은 기능성이었지만, 남양유업은 이 것을 '맛'이라는 새로운 경쟁 규칙으로 변화시킴으로써 다른 경쟁사의 흰 우유와 차별화를 성공시켰고, 결과적으로 고부가가치를 창출하게 되었다.

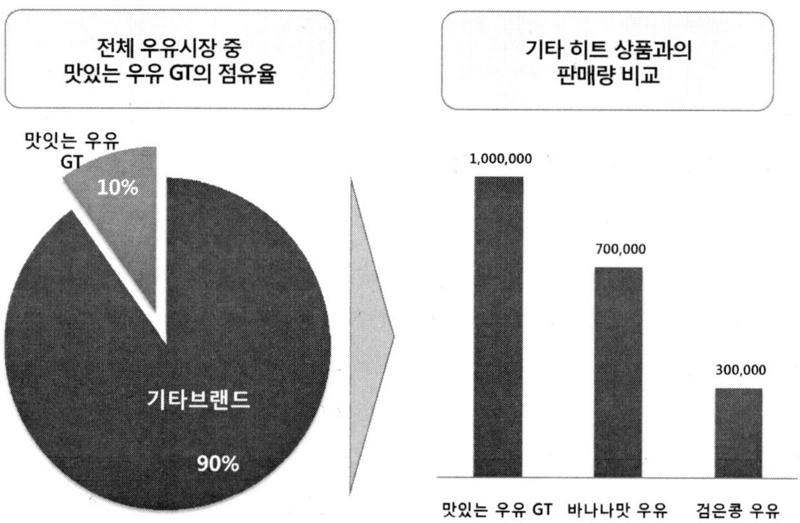

[출처: 제일경제(2004)]

▶▶ 그림 1-20 맛있는 우유 GT 2004년 시장점유율 및 판매량

주요 단어

과학(science)

기술(technology)

수확체증(increasing returns)

수확체감(diminishing returns)

기술무역

연구개발

특허 소송

기업

기업 외부 요인

유형자산

무형자산

기업가 정신(entrepreneurship)

벤처기업

죽음의 계곡(Valley of Death)

캐즘이론(Chasm Theory)

기술경영(MOT: Management of Technology)

경쟁 규칙(rule of competition)

토의 과제

001 기술과 과학을 구분하여 각각의 예를 들어 설명하여라.

002 수확체증이 주로 지식집약형 산업에서 나타나는 세가지 이유인 1) 높은 신제품 개발 비용, 2) 네트워크 효과, 3) 소비자의 타성이 적용된 예를 하나씩 들고 설명하여라.

003 [그림 1-12] 잠재적 창업자의 유형과 [표 1-3] 벤처기업의 유형을 참조하여, 만일 자신이 벤처기업을 설립하게 된다면 어떠한 유형을 전략적으로 택하는 것이 좋을지 설명하여라.

004 캐즘이론에 따라 실제로 캐즘에 빠져 주류시장으로의 진입을 실패한 사례와 이를 성공적으로 극복한 사례를 조사하여라.

005 기술경영의 다양한 영역 중에서 성공적인 기술경영을 위해 가장 중요한 영역은 무엇이라고 생각하며, 그 이유는 무엇인가?

006 2013년 현재 세계 스마트폰 시장을 선도하고 있는 삼성과 애플의 특허 전쟁 사례 외 다른 특허 전쟁의 사례를 조사하여 분석하여라.

007 바이오기술사업화의 실제 사례를 조사하여 세 단계 죽음의 계곡 관점에서 설명하여라.

008 남양유업과 같이 기술을 바탕으로 하여 시장의 경쟁 규칙을 변화시킨 사례를 조사하여 분석하여라.

참고 문헌

1. Arthur, W.B.(1996), Increasing Returns and the New World of Business, Harvard Business Review, July-Aug, pp.100-109.
2. Gaynor, G.H.(1996), Management of Technology: Description, Scope and Implications, McGraw-Hill.
3. Moore, G.(2005), Dealing with Darwin: How Great Companies Innovate at Every Phase of Their Evolution. Portfolio Books.
4. Porter, M.E.(1990), The Competitiveness Advantage of Nations, The Free Press.
5. 김창수(2012), Smart Phone LTE 대전 앞둔 업체 간 불꽃 경쟁, electronic science, July, pp.54-65.
6. 박용태(2005), 공학도를 위한 기술과 경영, 생능출판사.
7. 박창규(2010), 알기 쉬운 기술경영, 신론사.
8. 설성수(2011), 기술혁신론, 법문사.
9. 이규현(2006), 죽음의 계곡과 캐즘: 바이오기술사업화에서의 장벽, 마케팅, 제40권, 제2호, pp.73-76.
10. 전종규(2000), 21세기 한국경제 이렇게 바뀐다, LG주간경제, 2000.1.12.
11. 정선양(2006), 기술과 경영, 경문사.
12. 제일경제(2004), 흰우유 맛있게 만드니 잘 팔리네.
13. 특허청(2006-2011), 산업재산권 통계연보.
14. 특허청(2009), 특허와 정보분석.
15. 한국과학기술기획평가원(2011), 연구개발활동조사보고서.
16. 한국과학기술단체총연합회(2011), 특허포트폴리오 전략에 따라 기업 생존 · 희비 교차, 과학과 기술, 5월.
17. 남양유업, http://company.namyangi.com.
18. 삼성전자, http://www.samsung.com/sec.
19. 애플, http://www.apple.com.
20. 퀄컴, http://www.qualcomm.com.
21. Slideshare, http://www.slideshare.net/allove97/appleseccourttimeline.

PART 02

기술과 기업분석

Chapter 01

기업환경분석

기업이 기술을 활용하여 효과적으로 경쟁 우위를 획득하기 위해서는 기업환경을 분석하는 과정을 거쳐야 한다. 기업환경분석은 내부환경분석과 외부환경분석으로 구분되며, 기업의 전략적 활동 측면에서 매우 중요한 의미를 가진다. 이는 올바른 기업환경분석이 곧 올바른 전략수립으로 이어지기 때문이다. 따라서 본 장에서는 기업환경분석의 개념과 일반적인 관점에서와 기술적인 관점에서의 기업환경분석법을 소개하고, 기업환경 분석의 결과를 토대로 기업의 전략적 방향을 제시하는 방법을 살펴보고자 한다.

1-1 기업환경분석의 개요

(1) 기업환경과 기업환경분석

기업환경은 기업의 외부환경과 내부환경으로 나뉘어진다. 외부환경은 일반적으로 기업 밖에 존재하면서 기업의 의사결정이나 투입 및 산출의 변환과정에 영향을 주는 환경을 일컫는다. 외부환경은 거시환경과 산업환경으로 분류되는데 거시환경이란 기업이 속한 산업에 영향을 주는 정치, 경제, 사회, 문화적 활동을 포함하는 환경이고, 산업환경이란 기업 활동에 직접적으로 영향을 주고 받는 구매자, 공급자, 경쟁자 등의 활동을 포함하는 환경이다. 일반적으로 산업환경은 기업경영에 직접적으로 영향을 주기 때문에 외부환경분석에 있어서 가장 중요한 분석대상이 된다. 기업의 내부환경은 일반적으로 기업경영에 영향을 주는 기업이 지니고 있는 내부역량(자원, 기업구조, 기업활동 등)을 포함하는 환경을 의미한다.

외부환경과 내부환경에 대한 이해는 손자병법의 '적을 알고 나를 알면 백 번 싸워도 위태롭지 않다'라는 말처럼 기업 간의 경쟁에서 살아남기 위한 필수조건이라고 할 수 있다. 그러나, 오늘날 기업환경은 급격한 속도로 변화하며 예측이 어려운 상황에 놓여있다. 이러한 기업환경은 예측이 불확실하기 때문에, 기업 경쟁에 관련된 수많은 변수를 양성하여 기업 간의 경쟁을 심화시킨다. 따라서 기업은 환경분석을 통해 불확실한 환경요소들 중에서 기업 경영에 유리하게 사용할 수 있는 요소를 파악해야 한다. 기업 간의 경쟁이 심화되기 전에는 변화된 환경에 순응하고 적응하는 소극적인 자세를 지닌 기업도 생존이 가능했으나, 경쟁이 심화된 후에는 기업환경의 변화에 즉각적으로 대처하거나 그 변화를 이끄는 적극적인 자세를 지닌 기업들만 경쟁에서 생존할 수 있게 되었다. 따라서 기업은 환경분석을 통해 기업환경의 변화와 흐름을 예측함으로써, 변화에 적응하거나 변화를 창출하기 위한 경쟁력을 적극적으로 마련해야 한다. 특히 오늘날의 기업들은 경쟁을 극복하고 경쟁우위를 확보하기 위한 전략적 경영을 중요시 여기고 있는데, 기업의 경영환경분석 활동은 전략적 경영을 실행하기 위한 첫 단계라고 할 수 있다.

기업이 환경에 대한 충분한 정보를 확보하면 이를 바탕으로 기업의 외부환경과 내부환경에 대하여 분석을 수행한다. 기업환경분석이란 기업의 외부환경분석과 내부환경분석이 각각 진행된 뒤, 그 결과를 통합하여 결론을 도출하는 활동이다. 먼저 기업은 외부환경을 분석함으로써 산업의 성장 추세를 파악하거나 예측하고, 해당 산업의 매력도를 평가한다. 그리고 이를 바탕으로 기업의 미래에 영향을 미칠 수 있는 기업 외부의 기회요인과 위협요인을 분석하여 경쟁에서 유리하거나 불리하게 작용하는 요소들을 파악하고 전략적으로 이용하기 위한 토대를 마련한다. 기업의 내부환경분석은 일차적으로 기업 자신의 역량 수준을 파악하기 위해 수행되며, 전반적인 기업활동의 현황을 진단한 뒤 내부 역량의 강점 및 약점을 도출한다. 또한 기업은 내부환경분석을 통해 불필요한 활동을 제거하고 가치 창출에 결정적인 역할을 하는 활동들을 장려함으로써 기업활동의 효율성을 제고시키기도 한다. 이와 같은 기업환경분석의 궁극적인 목적은 기업 외부환경분석의 결과와 내부환경분석의 결과를 토대로 지속 가능한 경쟁우위를 창출하기 위한 핵심역량을 도출하는 것이라고 할 수 있다([그림 2-1]).

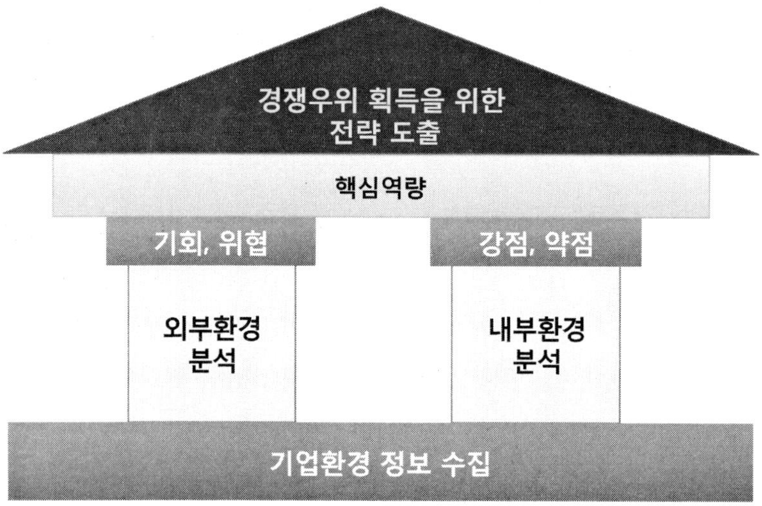

▸▸ 그림 2-1 기업환경분석의 목적

(2) 기업환경분석과 핵심역량

기업의 역량(competence)이란 기업이 어떤 행위를 충분히 수행할 수 있는 능력이라고 할 수 있으며, 기업의 역량을 바탕으로 소비자에게 제공되는 제품 및 서비스의 낮은 가격 혹은 차별화 등은 기업에게 경쟁력을 제공한다. 핵심역량(core competence)은 기업이 보유하고 있는 역량 중 기업의 경쟁력 확보에 근간이 되는 가장 중요한 역량으로써, 프라할라드(Prahalad)와 하멜(Hamel)에 의해 정립된 개념이다. 핵심역량이 소개되기 전, 기업환경분석의 주요 주제는 산업구조와 기업 간의 경쟁을 분석하는 것이었다. 그 당시의 기업들은 기업의 외부환경을 중시하여 수익성이 낮은 사업으로부터 탈퇴하고 전망이 좋은 사업으로 진입하는 전략에 초점을 맞추었다. 하지만, 같은 산업 내에서도 성공하는 기업과 실패하는 기업이 존재하였으며, 이에 따라 기업 내의 경쟁우위를 창출하는 요인을 분석하는 것에 대한 중요성이 대두되었다. 즉, 핵심역량은 외부환경뿐만 아니라 기업의 내부를 함께 분석하여 기업 경쟁력의 근본을 탐색하고자 하는 목적으로 소개된 개념이다. 핵심역량은 단순히 잘하는 활동이나 능력을 의미하는 절대적인 개념이 아닌 경쟁기업보다 잘하는 활동이나 능력을 의미하는 상대적인 개념으로써, 기업의 외부환경분석과 내부환경분석이 제대로 이루어졌을 때 파악이 가능하다.

기업이 보유한 일반적인 역량이 핵심역량이 되기 위해서는 세 가지의 전제 조건을 충족시켜야 한다. 첫째, 핵심역량은 기업이 다양한 시장에 진출할 수 있는 잠재력을 제공할 수 있어야 한다. 예를 들어, 디스플레이 기술을 핵심역량으로 보유하고 있는 기업은 디스플레이 기술을 활용하여 TV 시장, 노트북 시장, 핸드폰 시장 등에 진출할 가능성을 지니게 된다. 둘째, 핵심역량은 최종 제품이 고객에게 의미 있는 가치를 부여할 수 있도록 해야 한다. 예를 들어, 자동차 기업의 제품이 품질보다 디자인을 중시하는 고객들에게 선택된다면, 해당 기업의 핵심역량은 자동차를 생산하는 기술이 아닌 독특한 디자인을 구현하는 기술이라고 할 수 있다. 셋째, 핵심역량은 경쟁기업이 모방하기 어려워야 한다. 예를 들어, 기업 내 연구개발을 통해 개발되어 비밀리에 보호되고 있는 신기술 혹은 오랜 기간에 걸쳐서 소비자에게 인지된 기업의 브랜드 이미지 등은 경쟁기업이 쉽게 모방할 수 없는 그 기업만의 핵심역량이라고 할 수 있다. 기업은 위와 같은 특성을 지닌 핵심역량을 기반으로 생산한 최종 제품으로 산업 내 경쟁우위를 확보할 수도 있고, 새로운 제품을 창출하여 산업의 다각화를 추구할 수도 있다.

기업의 핵심역량은 다양한 형태를 띠고 있는데, 대표적인 기업과 핵심역량의 예를 살펴보면 다음과 같다. 소니는 소형화 기술을 핵심역량으로 지니고 있으며, 3M은

▸▸ 그림 2-2 핵심역량의 나무

코딩 기술을 핵심역량으로 지니고 있다. NEC는 반도체 기술, 혼다는 엔진 관련 기술이 핵심역량인데, 이와 같이 많은 기업들이 독특한 기술을 핵심역량으로 보유하고 있음을 알 수 있다. 하지만 기술 외의 역량도 핵심역량이 될 수 있는데 월마트의 핵심역량은 물류시스템이라고 할 수 있으며, 코카콜라의 핵심역량은 브랜드 이미지를 이용한 마케팅 능력이라고 할 수 있다.

[그림 2-2]와 같이 기업을 나무로 비유하면, 핵심역량이란 나무의 성장이나 생명유지에 필요한 양분을 흡수하고 나무를 지지해주는 뿌리 부분이라고 할 수 있다. 기업이 핵심역량을 기반으로 핵심제품을 생산하면, 핵심제품으로부터 세부적인 사업 단위들이 나무의 가지처럼 갈라져 나온다. 마지막으로, 나무의 열매는 각 사업 단위에서 산출되는 최종제품이라고 할 수 있다. 이렇듯 핵심역량은 기업 경쟁력의 근간을 이루고 있는 중요한 역할을 담당하고 있다. 만약 최종제품인 열매만 보고 기업의 경쟁력을 찾고자 한다면, 그 기업의 숨겨져 있는 핵심역량을 놓치게 된다. 물론 땅 속의 뿌리를 눈으로 관찰하기 어려운 것처럼 핵심역량을 도출하고 정의하는 것 역시 어려울 것이다. 그러나 핵심역량의 올바른 정의와 이해는 올바른 전략을 이끌고, 이는 기업이 경쟁우위를 획득할 수 있는 근간이 되므로, 기업들은 자사의 핵심역량을 찾기 위하여 노력해야 한다.

1-2 외부환경분석법

(1) 산업수명주기

산업수명주기란 외부환경을 분석하는 방법 중 하나로써 시간의 흐름에 따른 환경의 변화를 분석하기 위한 분석법이다. 산업이란 유사한 제품을 생산하는 기업들의 집단을 의미하는데, 산업수명주기를 이해하기 위해서는 제품수명주기를 먼저 이해해야 한다. 제품수명주기란 하나의 제품이 시장에 도입되어 폐기되기까지 일련의 과정을 의미한다. 산업수명주기는 제품수명주기를 공급자 측면에서 바라본 것으로써, 제품수명주기의 대상이 되는 단일 제품을 산업 내 다양한 제품군으로 확대한 개념이다. 따라서 산업수명주기는 하나의 제품을 대상으로 하는 제품수명주기보다 오래 지속된다는 특징이 있다. 그랜트(Grant)는 산업수명주기를 태동기, 성장기, 성숙기, 쇠퇴기 총 네 단계로 구분하였다. 각 단계는 시간당 산업 성장률의 변화에 의하여 정의되며, 시간에 따라 변화하는 산업 성장률은 S-곡선의 형태를 나타낸다([그림 2-3]).

태동기(introduction)는 시장이 형성된 초기 단계로써 산업의 제품에 대한 정보가 빈약하고 소비자도 거의 없기 때문에 매출이 적고 시장 침투율(rate of market penetration)이 낮은 양상을 보인다. 산업이 초기 단계이기 때문에 수요를 이끌 핵심 기술의 체계가 정립되지 않아 새로운 기술의 도입이 빈번하며, 제품의 수가 적다는

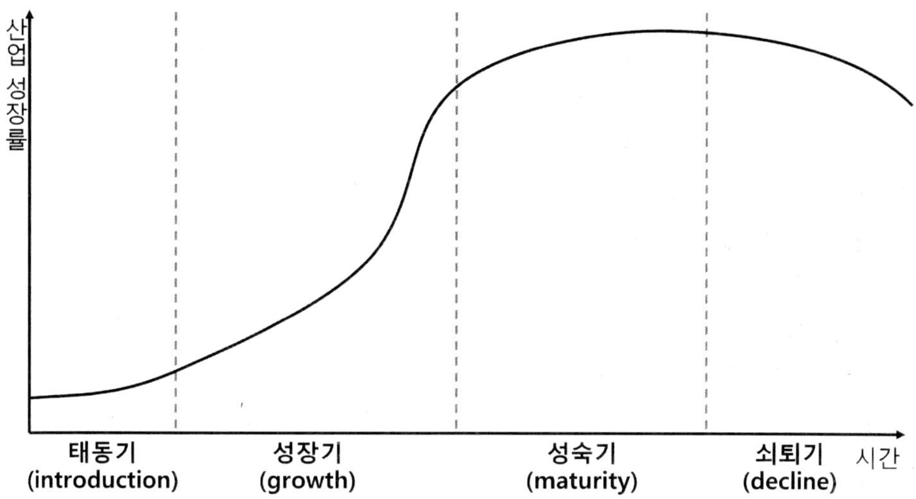

[출처: Grant(2009)]

▸▸ 그림 2-3 산업수명주기

특징이 있다. 또한 기업과 소비자의 경험이 부족하므로 제품의 가격은 높으나 품질이 낮은 경향을 보인다.따라서 태동기의 산업에서는 제품의 수요가 거의 일어나지 않으며, 조금씩 증가하는 형태를 띤다. 성장기(growth)는 산업이 급격하게 성장하는 단계로써 대중 시장(mass market)의 시발점이라고 할 수 있다. 성장기의 산업에는 뛰어난 역량을 지닌 새로운 기업들의 진출이 증가한다.시장 침투율의 증가로 인하여 산업 내 주요 기술들이 발달하고 효율성이 증가하는 특징을 보인다. 성장기의 산업에 존재하는 기업들은 산업 내 경쟁력 확보를 위해 제품의 차별화 및 다양화를 추구하고, 이에 따라 소비자의 수요도 급속도로 증가한다. 성숙기는 산업의 성장이 정체되는 단계로써 시장 포화 상태(market saturation)에 도달하는 시점이다. 성숙기(maturity)의 산업에서는 제품의 표준화로 인해 기업 간의 가격경쟁이 심화되며, 산업 내 기업들을 위협하는 대체재(substitute)가 등장한다. 성장기 산업의 경쟁에서 생존한 소수의 기업들만이 경쟁하는 단계이기 때문에 경쟁자의 수는 상대적으로 적은 편이다. 성숙기에 도달한 산업은 이미 최고 수준의 산업 성장률과 수요를 기록하고 정체기에 빠지게 된다. 쇠퇴기(decline)는 산업의 수명이 다 해서 소멸되기 직전의 단계이다. 우수한 신기술을 적용한 대체재들의 경쟁력이 강화되면서 새로운 산업이 기존 산업을 위협하고, 기존 제품의 경쟁력은 거의 없어지는 단계이다. 따라서 산업 내 경쟁 기업도 거의 사라지고 수요도 감소하는 특징이 있다. 산업수명주기 단계별 주요 특징은 [표 2-1]과 같다.

▸▸ 표 2-1 산업수명주기 단계별 주요 특징

날짜	태동기	성장기	성숙기	쇠퇴기
시장 성장률	지속적으로 증가하나 미미함	급격한 증가	정체	둔화 및 쇠퇴
소비자의 수요	낮음	급격한 증가	정체	둔화 및 쇠퇴
제품의 특징	비표준	차별화 및 다양화	표준화	경쟁력이 거의 없음
경쟁기업 수	거의 없음	급격한 증가	감소	거의 없음
기업 경쟁	거의 없음	주로 차별화 경쟁 가격경쟁의 출현	가격 경쟁의 심화 대체재의 출현	거의 없음 대체재의 경쟁력 강화
마케팅 비용/판매량	높음	감소	감소	낮음
위험부담	높음	감소	낮음	-

(2) 산업구조 분석 모델

산업구조 분석 모델(five forces model)은 1980년대 초반 포터(Porter)에 의해 개발된 산업구조 분석 도구이다. 기업은 산업구조 분석 모델을 이용하여 해당 산업에서 활동하는 기업들에게 영향을 주는 다섯 가지의 경쟁요인에 의한 경쟁강도를 측정하고, 이를 이용하여 해당 산업의 매력도를 파악할 수 있다.이 다섯 가지의 경쟁요인은 산업의 안팎에서 해당 산업에 영향을 준다. 산업 외부에 존재하는 경쟁요인으로 공급자의 교섭력(bargaining power of suppliers), 구매자의 교섭력(bargaining power of buyers), 신규 침입자의 위협(threat of new entrants), 대체재의 위협(threat of substitutes)이 있고, 산업 내부에 존재하는 경쟁요인은 기존 기업과의 경쟁(rivalry among existing firms)이 있다 [그림 2-4]). 각 경쟁요인의 경쟁강도가 강하면 기업의 잠재적 이윤은 감소하게 되고, 경쟁강도가 약하면 이익을 추구할 수 있는 기회가 많아지게 된다.

공급자의 교섭력은 공급자 집단이 산업 내 존재하는 기업들에게 발휘하는 협상능력을 의미한다. 공급자의 교섭력은 공급자의 제품이 차별화되어 있는 경우, 공급자의 제품이 활용되는 범위가 넓은 경우, 공급자의 제품의 대체재가 없거나 매우 적을 경우, 구매자가 공급자에게 주요 고객이 아닐 경우에 강화되며, 강화된 공급자의 교섭력은

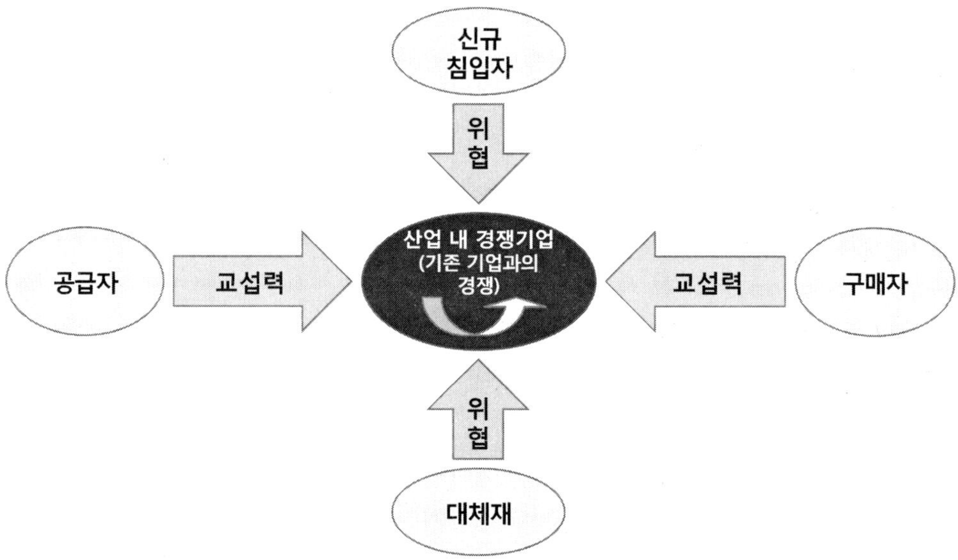

[출처: Porter(1985)]

▸▸ 그림 2-4 산업구조 분석 모델

가격 인상 혹은 의도적인 제품 및 서비스의 품질 저하 등을 통하여 산업 내의 잠재적 이윤을 잠식하여 기업들에게 영향을 준다. 따라서 산업 내 기업들은 새로운 공급자를 확보하여 기존의 공급자를 견제하거나 공급자와 장기계약을 통해 상호신뢰를 구축하는 등의 대처방안이 필요하다.

구매자의 교섭력은 구매자 집단이 산업 내 존재하는 기업들에게 발휘하는 협상능력을 의미한다. 제품의 표준화가 이루어져 차별화가 어려운 경우, 구매자가 제품에 대해서 자세한 정보를 가지고 있는 경우, 구매자가 대체재를 쉽게 구할 수 있는 경우, 구매자가 제품을 대량으로 구매하는 경우에 구매자의 교섭력이 강화되며, 강화된 구매자의 교섭력은 가격 인하 또는 제품 및 서비스의 품질 향상을 요구하거나 경쟁기업들을 대립시켜 이득을 취함으로써 산업 내 기업들에게 영향을 미친다. 따라서 산업 내 기업들은 수익성이 높은 구매자를 집중 관리하거나 새로운 구매자를 형성해야 한다.

신규 침입자의 위협은 새로운 경쟁기업이 해당 산업에 진입할 때 산업의 경쟁강도에 미치는 영향력을 의미한다. 산업 진입 시 높은 초기 투자자본이 필요하지 않은 경우, 규모의 경제가 실현되지 않은 산업에 진입할 경우, 산업 진입 시 성공요인을 쉽게 획득할 수 있는 경우, 정부의 규제가 심하지 않은 산업에 진입하는 경우에 신규 침입자의 위협이 강화되며, 강화된 신규 침입자의 위협은 산업 내 제품의 가격 저하 및 부대비용 상승과 기존 기업들의 시장 점유율 및 전반적인 수익성 저하를 초래한다. 따라서 산업 내 기업들은 산업에 새로운 경쟁기업이 진출하는 것을 방해하는 진입장벽을 구축하여 신규 침입자의 산업 내 진출을 저지하거나 위협의 강도를 약화시키는 등의 대처방안이 필요하다.

대체재의 위협은 제품의 특성은 다르지만 고객 욕구의 충족이란 측면에서 유사성을 지니고 있는 제품의 출현이 산업의 경쟁강도에 미치는 영향력을 의미한다. 대체재가 기존 제품보다 가격이 낮을 경우, 대체재가 기존 제품보다 유용성이 높을 경우, 대체재로 교체하는 비용이 낮을 경우에 대체재의 위협이 강화되며, 강화된 대체재의 위협은 제품가격의 상한선을 형성하여 산업 내의 잠재적 이윤을 제한한다. 따라서 산업 내 기업들은 지속적으로 제품의 품질 및 특성을 개선하고 더 저렴한 가격으로 제품을 제공하거나 고객의 충성도를 관리함으로써 대체재의 위협에 대처해야 한다.

기존 기업과의 경쟁은 해당 산업에서 유리한 위치를 선점하기 위한 기업의 노력으로 인한 경쟁으로써, 비슷한 수준의 규모와 자원을 보유한 다수의 기업이 경쟁하는 경우, 높은 고정비 및 재고비용이 요구되는 경우, 산업의 성장이 정체되는 경우, 제품 간 차별성이 희박한 경우에 강화된다. 기존 기업 간의 경쟁강도가 높아지면 가격 경쟁이 심화되어 지나친 가격 인하로 인해 산업구조가 악화될 수도 있고, 반대로 수요 및 차별화를 촉진시킬 수도 있다. 이와 같이 기존 기업과의 경쟁은 산업 전체에 타격을 주거나 도움을 주기도 하므로 잘 활용할 수 있어야 한다. 따라서 산업 내 기업은 핵심역량 확보를 위해 연구개발에 투자하거나, 경쟁기업의 모방을 막기 위해 핵심역량을 보호하고, 경쟁기업을 분석하여 자신의 역량을 강화하는 등의 노력이 필요하다.

1-3 내부환경분석법

(1) 가치사슬

가치(value)란 기업이 제품 혹은 서비스를 통해 소비자에게 제공하는 유용성의 정도으로써, 소비자가 제품을 구매하고자 할 때 기업에게 지불하려는 금액으로 측정된다. 따라서 기업은 이익을 발생시키기 위해서 제품의 원가를 상회하는 가치를 제공해야 한다. 고객을 위해 기업이 창출하는 가치는 기업의 경쟁우위를 발생시키는 근원이 된다. 이는 모든 기업이 제품의 생산, 판매, 운송 등에서 가치를 창출하는 활동들의 집합체임을 반영한다. 가치사슬(value chain)은 기업의 가치창출에 직·간접적으로 관련된 기업활동들을 체계적으로 검토하여 이들의 상호작용과 기업의 강점 및 약점을 분석하는 기법으로써, 가치 창출에 핵심적인 역할을 하는 본원적 활동(primary activities)과 본원적 활동을 보조하기 위한 지원활동(support activities)으로 구분된다. [그림 2-5]에서 지원활동에 그려진 점선은 지원활동이 개별적으로 본원적 활동을 지원하기도 하지만 동시에 전반적으로 전체 가치사슬을 지원한다는 의미이다. 단, 기업 하부구조는 특정 본원적 활동을 지원하지 않고 전체 가치사슬만을 지원한다.기업은 가치사슬을 통해 가치를 창출하는 기업의 다양한 활동들의 연계성을 강조하고, 각 활동을 검토하여 경쟁우위의 원천을 파악할 수 있다.

기업의 본원적 활동은 물류투입, 운영, 물류산출, 마케팅, 서비스 총 다섯 가지 활동으로 나뉘어지는데, 각 활동은 기업이 속해있는 산업과 기업의 특성에 따라 다시 여러 가지 활동으로 나뉘어질 수 있다. 물류투입은 생산활동에 필요한 투입요소를 공급받아 저장하고 운반하는 것과 관련된 활동으로 자재관리, 저장, 재고관리, 공급자에 대한 반품 요청 등과 같은 활동을 포함한다. 운영은 투입요소를 이용하여 최종 제품을 만드는 생산 관련 활동으로 조립, 포장, 기계설비 운영 및 점검 등과 같은 활동을 포함한다. 물류산출은 제품을 고객에게 유통시키는데 관련된 일련의 활동으로 운송장비

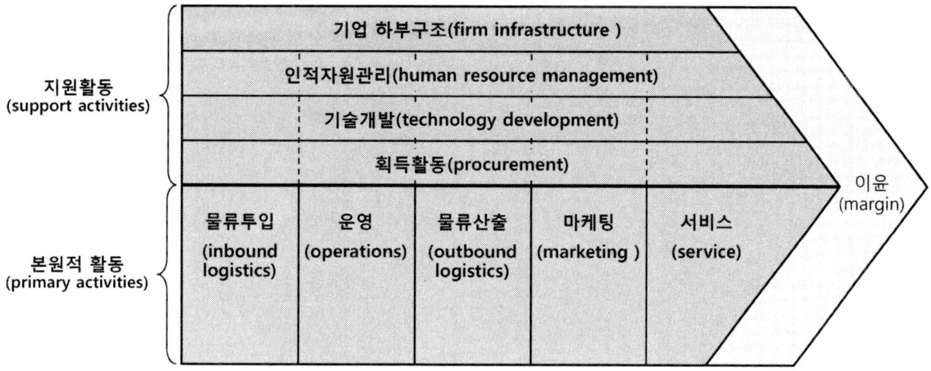

[출처: Porter(1985)]

▸▸ 그림 2-5 가치사슬

관리, 주문처리, 유통계획 등의 활동을 포함한다. 마케팅은 소비자에게 제품을 판매하기 위한 활동으로 판매 촉진, 광고, 가격책정 등의 활동을 포함한다. 서비스는 제품가치를 유지하고, 보다 증진시키기 위한 활동으로 제품 수리, 교체용 부품 공급 등의 활동을 포함한다.

지원 활동은 획득활동, 기술개발, 인적자원관리, 기업 하부구조로 나뉜다. 획득활동은 기업을 운영하는데 있어서 필요한 투입요소 구입 및 관련 활동을 포괄하며, 교체용 부품 구입, 기계 설치 등이 있다. 획득활동은 기업 활동 전반에 걸쳐 있으므로 각 활동의 담당자가 획득활동을 하게 된다. 예를 들어, 원재료 구입은 구매부서에서 획득활동이 수행되지만 인적 자원의 충원 활동은 인사부서에서 수행된다. 기술개발은 제품과 공정 개선을 위해 수행되는 다양한 활동으로 자동화 시스템의 설계부터 제품에 포함된 기술까지 그 범위 역시 광대하다. 인적자원관리는 인사관리를 위한 전반적인 활동을 의미하는데 채용, 훈련, 교육 등을 말한다. 예를 들어, 생산부서에서는 생산직 인력을 훈련시키고, 회계부서에서는 회계 인력을 교육시킨다. 기업하부구조는 전체 가치사슬을 지원하는 일반관리, 재무관리, 법률문제관리 등과 같은 활동을 포함한다. 이러한 활동은 다른 지원활동과 달리 일반적으로 가치사슬의 전체를 지원한다.

기업 내에서도 서로 다른 제품 및 서비스를 생산하기 때문에, 기업의 가치사슬은 제품과 서비스에 따라 분석되어야 한다. 이와 같은 기업 활동에 대한 체계적인 분석은 기업의 강점 및 약점을 보다 자세히 이해할 수 있게 한다.

1-4 사례연구: 글로벌 LED조명산업구조분석

오늘날 전세계는 지구 온난화를 방지하고 새로운 성장동력의 창출을 위해 그린 IT 기술을 기반으로 하는 녹색산업에 대한 투자를 늘려가고 있다. 녹색산업 중 하나인 LED(Light Emitting Diode) 관련 산업 역시 반도체를 뛰어넘는 차세대 산업군으로 주목 받고 있다. LED란 화학물 반도체 특성을 이용하여 전기신호를 적외선 또는 빛으로 주고 받는 반도체의 일종이다. 특히 LED 광원은 백열등, 할로겐 램프, 형광등을 대체할 뿐만 아니라 휴대전화, 자동차 등 다양한 분야에 적용이 가능하여 반도체 산업을 능가할 정도의 시장잠재력을 지닌 것으로 평가 받고 있다. 이러한 LED를 이용한 LED 조명산업은 저탄소 녹색성장의 핵심 축이며, 무수은 친환경 산업으로써 포스트 교토체제의 기후협약과 저탄소사회의 구현을 앞당기는 미래산업이라고 할 수 있다.

우리나라 LED 산업 참여 국내업체 수는 2008년 기준 총 457개 업체로 그 중 LED 조명 업종에 283개 업체가 참여하여 전체의 61.9%에 해당하는 비율을 보이고 있다([표 2-2]).

▶▶ 표 2-2 LED 산업 참여 국내업체의 수

업종	참여업체 수	구성비(%)	업종	참여업체 수	구성비(%)
LED 조명	283	61.9	부품소재	26	5.7
BLU	40	8.8	장비	20	4.4
패키지	35	7.7	칩	13	2.8
전광판	30	6.6	LED조명디자인	10	2.2

[출처: 전황수, 허필선(2010)]

국내 LED 조명산업은 선진국인 미국과 일본에 비해 낮은 품질과, 개발도상국인 중국과 대만에 비해 높은 가격 때문에 경쟁력이 약화되고 있다. 따라서 경쟁력을 약화시키는 원인을 타개하기 위한 전략을 제시하기 위하여 글로벌 LED 조명산업을 포터의 산업구조분석모델을 통해 분석하였다.

먼저 산업 내 경쟁 기업의 경쟁강도를 조사하였다. LED 조명산업은 일본이 세계 시장 점유율의 38.2%로 가장 높은 시장 점유율을 보였고, 한국 LED 조명산업의 경우 세계 시장의 8.3%의 매우 낮은 수준의 점유율을 보였다. 특히 LED 조명산업은 선도 기업들이 기술 유출을 막고 경쟁력을 확보하기 위하여 LED 조명 관련 전체 공정을

▶▶ 표 2-3 LED 조명산업구조분석

경쟁요인	분석
산업 내 경쟁기업의 경쟁강도	세계 주요 업체의 시장점유 현황 - 일본(38.2%): 니치아화학(20.7%), 씨티즌(6.1%), 스탠리(5.9%) - 대만(21.0%): 에피스타(7.7%), 에버라이트(4.5%) - 미국(18.1%): 크리(8.6%), 루미레즈(5.5%), 아바고(4.0%) - 독일(10.1%): 오스람(10%) - 한국(8.3%): 서울 반도체(3.3%), 삼성전기(1.2%), LG 이노텍(1.2%) 선도업체 - 니치아화학, 오스람, 크리, 에피스타 등 선도업체 전략 - 경쟁력 확보와 기술유출을 막기 위해 전체 공정을 모두 처리하는 업체 증가, 특허 및 지적재산권 등록 → 경쟁기업 보다 낮은 시장 점유율, 선도기업들에 의하여 핵심기술획득이 어려움
신규침입자의 위협	신규침입자 - 영세 조명업자 및 대기업 등 진입장벽 - 선도업체에게 보호되고 있는 LED산업의 핵심기술을 대체할 기술이 부족하여 진입이 어려움 - 선도업체(니치아화학, 크리 등)간 크로스 라이선싱을 통한 협력체제가 구축되어 있음 → 신규침입자가 진출하기에 진입장벽이 높음
대체재의 위협	대체재 - 백열등, 할로겐, 형광등 → 오히려 LED가 다른 종류의 조명의 대체재로 부각되고 있음
공급자의 교섭력	공급자 - 웨이퍼, 전극재료, 형광체 등 LED 조명 소재 공급업자 → 해외 선도 기업들은 기술을 보호하면서 LED 생산을 위한 전체 공정을 모두 다루고 있으나, 국내 대부분의 LED 조명 소재 공급업자들은 '위탁판매'와 '납품용 제품의 하청 생산' 방식으로 사업을 영위하고 있어 경쟁력이 약함
구매자의 교섭력	구매자 - 핸드폰 등 모바일 산업, 가전기기, 디스플레이 산업 종사자 및 일반 소비자 → 조명산업 보다 수요산업의 규모가 큼

모두 전담하고, 특허 및 지적재산권 등의 등록을 활발히 수행하고 있다. 따라서 LED 조명산업의 경우 경쟁기업 간의 경쟁이 매우 치열하다는 것을 알 수 있다. 이와 동시에 신규침입자에 대한 진입장벽이 매우 높은 것으로 나타났다. 선도기업들은 특허 및

지적재산권의 등록 외에도 선도기업 간 협력체제를 구축하여 신규침입자의 산업 내 진출을 막고 있었다. 따라서 신규침입자의 위협이 낮은 것으로 판단된다. 또한 LED 조명의 대체재로 기존의 조명인 백열등, 형광등이 있을 수 있는데, 오히려 LED 조명이 차세대 조명으로써 기존 조명들의 대체재로 부상 중인 상황이다. 따라서 당분간 LED 조명을 위협할만한 대체재는 발생하지 않을 것으로 예측되므로, 대체재의 위협 역시 낮은 것으로 판단된다. LED 조명산업의 공급자는 웨이퍼, 전극재료 등 LED 조명 소재를 공급한다. LED 조명산업의 외국 선도업체들은 LED 소재부터 조명까지 전 과정에 걸친 핵심기술들을 모두 아우르는데 반하여 국내 조명산업의 경우 공급업자들은 원천기술이 부족하고, 대부분 중소기업으로써 일반적으로'위탁판매', '하청생산'과 같은 방식으로 사업을 하고 있기 때문에 경쟁력이 부족하다. 따라서 LED 소재를 공급하는 국내 공급업자들의 교섭력은 약하다고 할 수 있다. LED 조명산업의 구매자의 경우 핸드폰, 가전기기, 디스플레이 등 다양한 산업에 존재하는 기업 및 일반 소비자로 구성되어 있으므로, LED 조명산업의 시장잠재력은 크고 구매자의 교섭력은 약하다고 할 수 있다([표 2-3]).

결과적으로 LED 조명산업은 산업 내 기업 간 경쟁강도는 높은 대신에 그 외 경쟁요인이 LED 조명산업에 미치는 영향력은 미미한 것을 알 수 있다. 따라서 산업 내 기업간 높은 경쟁강도가 국내 LED 조명 관련 산업의 경쟁력을 약화시키는 원인으로 파악된다. 특히, 국내 LED 관련 기업의 원천기술의 부족과 해외 선도기업의 기술보호가 사업규모의 확대 및 해외시장 개척에 부담으로 작용하는 것으로 나타났다. 이를 타개하기 위해서 국내 LED 조명 관련 업체들은 원천 기술 개발 및 지적재산권을 동시에 확보하는 방안을 강구해야 할 것이다. 또한 LED 산업 내 해외 선도기업들이 전후방 기업과 전체 공정을 통합하여 경쟁력을 확보하고 있으므로, 국내 대기업과 중소기업 간의 전략적 파트너십을 통해 전후방 산업의 육성 및 공동발전을 위한 방안을 모색해야 한다.

[(사) 전자통신동향분석 제25권 제2호, "LED 조명산업 구조 분석", 전황수, 허필선]

Chapter 02

기술 관점의 기업환경분석

2-1 기술 관점의 기업환경분석 개요

(1) 기술 관점의 기업환경분석의 중요성 및 목적

21세기 지식기반 시대가 도래함에 따라, 기술은 기업의 외부환경뿐만 아니라 내부환경에도 큰 영향력을 미치며, 기업환경의 급격한 변화와 복잡성을 이끌게 되었다. 특히 기업의 외부에서 나타나는 기술의 발전은 경쟁을 유발하는 중요한 요인으로 기존 산업의 진부화와 새로운 산업의 창출을 촉진시킨다.즉, 기술의 발전은 산업구조와 경쟁규칙을 변화시키는 핵심요소라고 할 수 있다. 기술의 발전에 잘 적응하지 못하면 아무리 시장을 선도하고 있던 기업이라도 경쟁에 뒤쳐질 수도 있고, 반대로 기술의 발전에 잘 적응하고 다른 기업보다 신기술을 빠르게 습득한 기업은 급격한 성장의 기회를 얻을 수도 있다. 이와 마찬가지로, 기술은 기업 내부에서도 기업의 전반적인 가치창출 활동에 영향을 미친다. 기술에 따라 제품이나 생산공정에 미치는 영향력에 차이는 있을 수도 있지만, 수많은 기술들이 모든 기업의 활동과 연계되어 있다. 따라서 기술은 경쟁기업과 차별성을 지니기 위해 고려되는 기업의 자원 중 하나라고 할 수 있으며, 기술의 발전 및 개선은 기업 활동의 효율성을 증진시키는 효과를 가져온다. 즉, 기술을 활용하여 경쟁우위를 획득하고자 하는 기업은 기업환경을 기술 관점에서 전략적으로 분석해야 한다.

기업의 기술 경쟁이 점차 심화되면서 기술의 발달 속도가 급격히 증가하였고, 이는 기업 환경의 변화 속도 및 불확실성을 더욱 촉진시켰다. 따라서 기업은 기업환경의 변화를 이해하고 예측하기 위하여 기술 관점의 기업환경분석을 통해 기업환경의 영향을 주는 주요 기술과 그 기술들의 변화를 파악해야 한다. 또한 기술의 발전은 기업의 전반적인 경영활동에 걸쳐 기술의 활용 범위를 확산시켰으며, 기술은 기업을 경영하는데 있어서 배제할 수 없는 핵심적인 경영요소 중 하나로 그 중요성이 부각되었다.따라서 기술 관점의 기업환경분석은 기업이 기술을 바탕으로 경쟁우위를 획득하고 유지하기 위한 기술경영의 첫 단계라고 할 수 있다. 이처럼 기업이 경영활동을 하는데 있어서 기술의 영향력이 증가되고 있기 때문에, 효과적으로 기업을 경영하기 위해서는

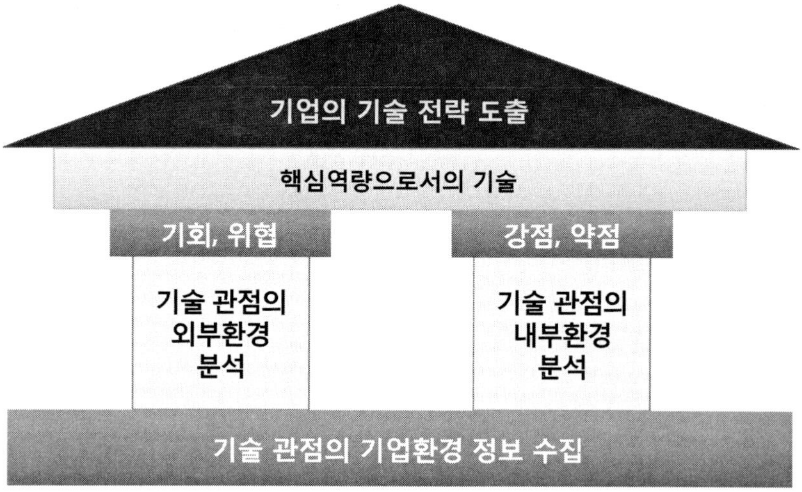

▸▸ 그림 2-6 기술 관점의 기업환경분석과 핵심역량 관계도

기술을 이해할 수 있어야 하며, 기술 관점의 기업환경분석은 기술에 대한 기업의 이해를 돕는 역할을 한다.

기술 관점의 기업환경분석은 기술관점의 외부환경분석과 기술 관점의 내부환경분석으로 구분된다. 기업은 기술 관점의 외부환경분석을 통해서 기술이 산업구조에 미치는 영향을 다섯 가지 경쟁요인의 관점에서 파악할 수도 있고, 시간의 흐름에 따라 산업 내 주요 기술의 변화를 파악할 수도 있다. 이처럼 기술 관점의 외부환경분석이란 기술을 중심으로 외부환경을 이해하는 활동을 의미한다. 결과적으로 기업은 기술 관점의 외부환경분석을 통하여 기술에 의해 야기되는 기업 외부의 기회와 위협을 도출한다. 반면 기술 관점의 내부환경분석은 기업이 소유하고 있는 기술, 혹은 소유하고 있는 기술 중에서 발전 가능한 기술에 대하여 객관적인 평가를 하는 것을 의미한다. 이는 기업이 외부환경에 적극적으로 대응하기 위해 기업이 지니고 있는 기술적 역량을 검토하는 것을 의미한다. 즉, 기술 역량에 기반한 기업 역량의 강점과 약점을 도출하는 것이다. 무엇보다도 기술 관점의 기업환경분석의 궁극적인 목적은 기업 외부환경과 내부환경을 기술 관점에서 분석하여 지속 가능한 경쟁우위를 창출하기 위한 핵심역량으로써의 기술을 도출하는 것이라고 할 수 있다([그림 2-6]).

(2) 기술 관점의 기업환경분석과 핵심역량

일반적으로 핵심역량은 마케팅, 제품, 공정, 디자인, 인적자원, 기업의 인프라 등 기업이 지닌 모든 역량의 형태로 존재한다. 따라서 기술도 기업의 핵심역량이 될 수 있다. 특히, 산업에 중요한 영향을 주지만 경쟁기업들이 충분히 확보하지 못한 기술, 기업에게 차별적 역량을 제공해주고 모방하기 힘든 기술 혹은 경쟁우위를 확보하기 위해 반드시 창출·보호·자본화가 필요한 기술 등이 기업의 핵심역량이 될 수 있다. 이러한 기술들은 기업이 최종제품을 창출하고 경쟁우위를 확보하는 것에 기여하며, 이를 바탕으로 다양한 시장에 접근할 수 있도록 한다. 또한 기술이 기업의 핵심역량일 경우, 경쟁기업이 핵심역량을 모방하는 것은 더욱 어려워진다. 따라서 기업은 핵심역량으로서의 기술을 확보하고, 확보한 기술을 어떻게 활용하여 시장에서 경쟁력을 가지는 최종 제품으로 변환할 것이며, 어떻게 새로운 산업분야에 진출할 것인지에 대하여 고민하여야 한다.

2-2 기술 관점의 외부환경분석법

(1) 기술과 산업수명주기

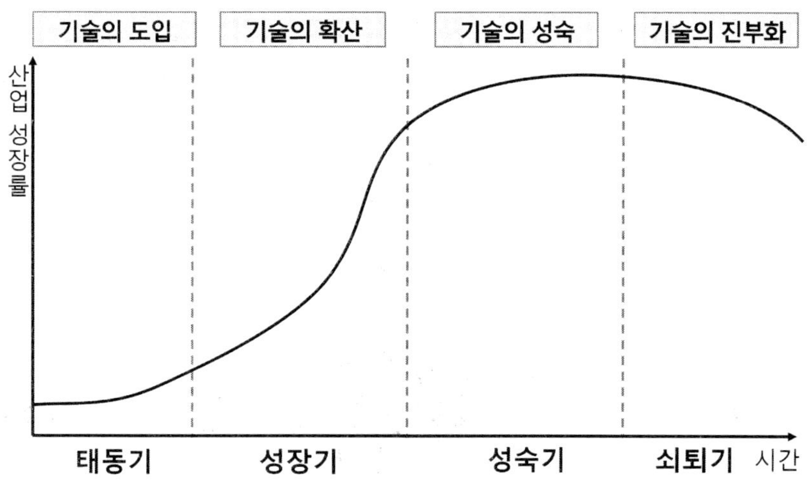

▸▸ 그림 2-7 기술 관점의 산업수명주기

기술의 관점에서 산업수명주기의 단계별 특징을 살펴보면 다음과 같다. 산업의 태동기는 해당 산업에서 중요하게 여겨지는 기술도입이 시작되는 시기이다. 이 시기에는 기술 및 기술을 적용한 제품의 품질 수준은 낮으나, 새로운 기술력을 지닌 기업들이 산업에 진출하면서 다양한 형태의 기술과 제품을 개발하고 혁신을 시도한다. 성장기는 많은 기술이 발전하고 안정화되는 시기이며, 제품의 기술적 차별화가 활발히 이루어진다. 이 시기에는 정부 혹은 시장선도자에 의하여 산업의 표준기술이 정해진다. 성장기의 산업은 표준기술이 정해지기 직전에 기술이 변화하는 비율이 가장 높으며 표준기술이 정해진 이후는 기술의 변화 비율이 점차 둔화된다는 특징이 있다. 표준기술이 발생한 후에는 이를 중심으로 시장이 빠르게 성장한다. 성숙기는 산업의 핵심기술이 성숙된 후 시장이 일부 선도기업에 의하여 통합되며 점차적으로 시장이 포화되는 시기이다. 표준기술에 의하여 생산 기술의 안정성이 증대되면서 기업들은 차별화를 위한 기술보다는 원가우위를 위한 기술 개발에 초점을 맞추게 된다. 대체기술로 인해 기존 기술이 진부화되기 전까지 산업의 크기와 그 산업을 이루는 기술들은 유지된다. 쇠퇴기는 기술의 대체가 이루어지면서 기존 기술이 진부화되는 시기이다. 산업이 쇠퇴함에 따라 많은 기업들이 산업을 떠나고 일부의 기업만 남아있는다. 쇠퇴기에 접어든 산업은 대부분 축소하거나 없어진다. 하지만, 기존 산업을 이루는 기술이 적절한 시기에 개선되거나 새로운 기술에 의해 대체되는 경우 해당 산업은 현대화를 통해 지속될 수 있다.

(2) 기술과 산업구조분석 모델

기술은 산업구조를 이루는 다섯 가지 경쟁요인의 경쟁강도를 가감하는 역할을 한다([그림 2-8]). 기업은 기술 관점의 산업구조분석을 통하여 기술의 변화가 다섯 가지

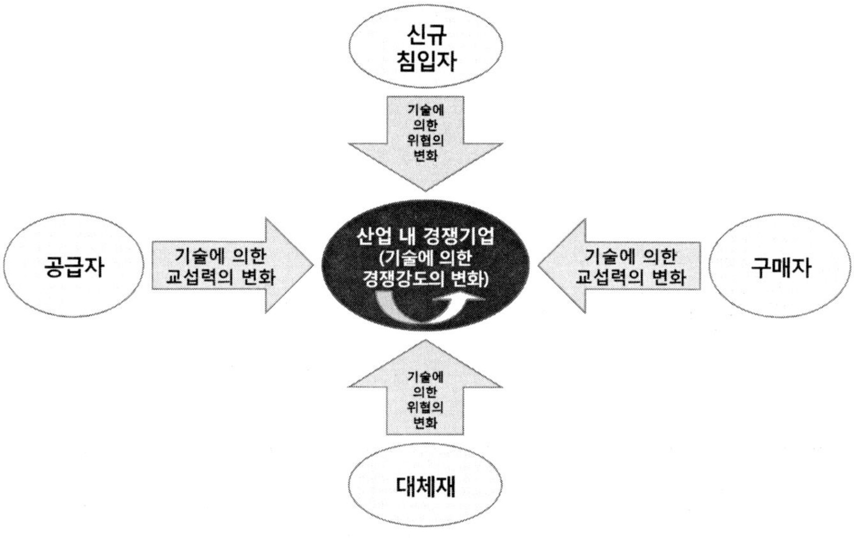

▸▸ 그림 2-8 기술관점의 산업구조분석 모델

경쟁요인의 경쟁강도에 미치는 다양한 영향을 파악할 수 있다. 기술이 각 경쟁요인에 미치는 영향을 살펴보면 다음과 같다.

기술의 변화는 공급자 교섭력을 변화시킨다.예를 들어, 공급자의 생산기술이 발달하여 공급자가 제공하는 제품이 다양한 산업에서 사용할 수 있게 되면 공급 제품의 활용범위가 확대되며, 이는 공급자의 교섭력을 강화시킬 수 있다. 또는 공급자가 경쟁력 있는 신기술을 획득하여 공급 제품의 성능이 개선되면 대체재의 범위가 축소되어 공급자의 교섭력을 강화시킬 수 있다. 공급자의 교섭력을 강화시킨 대표적인 예는 실리콘(silicon)을 이용하여 제품을 생산하는 기술이다. 최초의 상업용 실리콘은 1940년대에 개발된 장난감 실리 푸티(Silly Putty)인데 당시에는 실리콘이란 물질을 개발할 수는 있었으나 생산기술이 미흡하여 실리콘으로 만들 수 있는 제품은 장난감뿐이었다. 그러나 생산기술이 발달하면서 현재에는 건축, 전자, 자동차, 태양 전지, 섬유, 페인트 및 코팅 등 다양한 분야에서 실리콘을 활용할 수 있게 되었으며, 이는 실리콘을 공급하는 업체들의 교섭력을 강화시키는 원인이 되었다.

구매자의 교섭력 역시 공급자의 교섭력과 마찬가지로 기술에 의해서 변화될 수 있다. 예를 들어, IT 기술의 발달은 구매자가 제품에 대하여 자세한 정보를 수집하는 것을 가능하게 하였다. 구매자는 IT 기술을 활용하여 얻은 제품에 대한 정보를 바탕으로 보다 합리적인 구매를 할 수 있게 되었다. 또한 유통기술의 발달은 지역과 시간의 한계를 극복하여 과거에 접할 수 없었던 대체재에 접근할 수 있게 함으로써 구매자의 교섭력을 강화시켰다. 오늘날 인터파크(Interpark), 지마켓(Gmarket), 11번가와 같은 오픈 마켓(open market)들은 IT 기술을 기반으로 인터넷을 통해 수많은 제품과 관련된 제품의 특징, 가격, 구매 후기 등 자세하고 다양한 정보를 제공하고 있으며, 구매자들은 이러한 오픈 마켓을 통해 정보 수집력을 높이고 여러 제품을 손쉽게 비교하여 보다 저렴한 가격에 좋은 품질의 제품을 구매할 수 있게 되었다.

기술은 또한 신규 침입자의 위협에도 영향을 미친다. 예를 들어, 기술의 빠른 발전 속도는 신속한 제품개발을 위해 기업의 초기 투자자본의 규모를 증가시킨다. 막대한 초기 투자자본은 신규 침입자가 산업에 진출하는 것을 방해하기 때문에, 기술의 빠른 발전 속도는 신규 침입자의 위협을 약화시킨다고 할 수 있다.또한 산업 내에 존재하는 기업들은 산업 경쟁에 핵심이 되는 중요한 기술들을 특허로 보호하여, 신규 침입자들이 산업의 성공요인에 접근하는 것을 차단함으로써 신규 침입자의 위협을 약화시킨다.일례로 3M은 디스플레이 기술 중 하나인 프리즘필름 기술을 특허로 보호하여 신규

침입자가 프리즘필름 산업으로 진출하는 것을 방해하였으며, 특허가 만료되는 2007년까지 10년 이상 약 60% 이상의 시장점유율을 장악하였다.

기술은 대체재의 위협에도 영향을 미친다. 특히 대체재의 발생은 기술의 발전이 가져오는 가장 일반적인 현상 중의 하나이다. 예를 들어, 신기술의 출현은 기존 제품보다 유용성이 높은 대체재를 출현시킨다. 또한 대체기술의 발전은 대체재의 품질을 향상시키거나 가격을 인하시킴으로써 대체재의 위협을 강화시킨다. 일례로 지난 2004년 프랑스에서 신기술을 도입하여 개발된 한국고속철도(KTX: Korea Train eXpress)는 개통 후 지상교통수단인 자동차 및 고속버스보다 빠른 속도와 항공교통수단인 비행기보다 저렴한 가격을 무기로 개통되자마자 차세대 철도교통수단으로 급부상하며, 지상교통과 항공교통을 대체하였다.

기존 기업과의 경쟁강도 역시 기술에 의하여 변화된다. 예를 들어, 최첨단 기술이 적용된 산업에 존재하는 기업들은 경쟁에서 생존하기 위해 연구개발의 투자를 점차적으로 늘리게 되고, 이는 높은 고정비를 초래한다. 고정비가 높은 산업의 경우 제품의 간접비를 줄이기 위하여 수요를 높이기 위한 기업 간의 경쟁이 치열해진다. 또한 IT기술의 발달은 산업의 지역적 한계를 무의미하게 함으로써 산업 내의 경쟁기업의 수를 증가시켜 경쟁강도를 증가시킨다. 일례로 네이버(NAVER)의 지식쇼핑이라는 서비스를 들 수 있다. 네이버의 지식쇼핑은 네티즌이 포탈사이트에서 원하는 정보를 검색하면 그 결과를 제공해주는 것처럼, 소비자가 원하는 조건(가격의 범위, 무료 배송의 여부, 마일리지 적립 여부 등)을 기입하면, 각종 쇼핑몰에서 정보를 수합하여 소비자가 원하는조건에 맞는 제품들의 목록을 제공한다. 이는 비슷한 성능과 조건을 지닌 제품을 판매하고 있는 모든 온라인 판매자의 경쟁강도를 높이는 결과를 초래하였다.

2-3 기술 관점의 내부환경분석법

(1) 기술과 가치사슬

기술은 기업의 가치활동 전반에 걸쳐 영향을 주며, 그 예는 [그림 2-9]와 같다.

원자재의 구입에서부터 최종 제품의 유지 및 관리에 이르기까지 가치를 창출하는 기업의 모든 활동은 여러 가지 기술들이 적용된다. 이러한 기업 내부의 기술들은 정보시스템기술처럼 전 활동영역에 걸쳐 골고루 영향을 주는 것도 있고, 물류투입 영역의

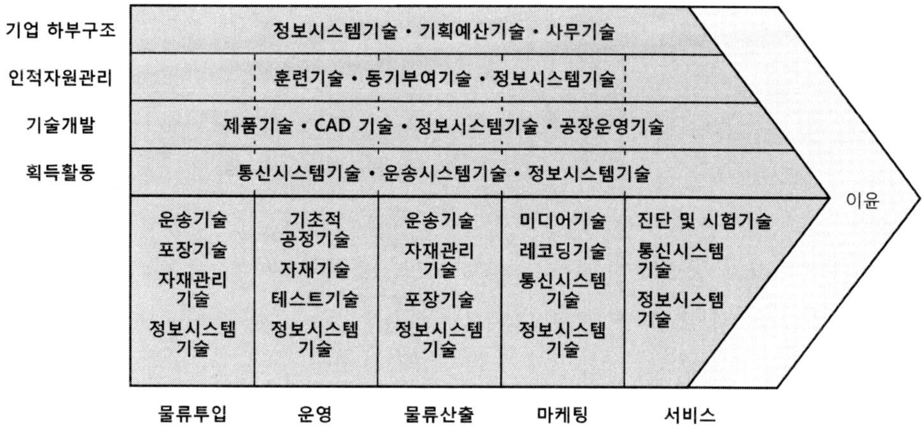

▸▸ 그림 2-9 가치사슬 내 주요 기술의 예

운송기술이나 포장기술처럼 특정 영역에서 특히 중요하게 여겨지며 더 많은 영향을 주는 것도 있다. 기술은 기업의 가치활동에 영향을 미침으로써 기업 경쟁의 중요 요소로 자리매김하였다. 예를 들어, 가장 광범위에 걸쳐 영향을 미치고 있는 정보시스템기술의 경우 일정계획, 품질 통제, 성과 측정 등 여러 분야의 가치 활동을 수행하는 과정에서 사용되고 있다. 또한 기업은 가치사슬로 표현되는 것처럼 여러 가치활동이 연계된 집합체라고 할 수 있는데, 서로 다른 가치활동에서 사용되고 있는 기술들도 서로 연관성을 지니며 기업의 가치활동들을 연결시키는 원천이 된다. 예를 들어, 제품을 생산할 때 쓰이는 조립기술은 고장난 제품을 수리할 때 쓰이는 서비스 기술과 연관이 있으며, 두 활동은 연결시키는 원천이 된다. 따라서 기치사슬의 한 부분에서 선택한 기술은 가치사슬의 다른 부분에서도 중요한 의미가 될 수 있다. 심지어 가치사슬의 한 부분에서의 기술의 변화는 가치사슬 전체를 변화시킬 수 있다. 예를 들어, 영화관에서 영화표의 예약 및 발권이 자동화되는 기술을 도입할 경우, 이와 연계하여 예약 취소의 자동화도 가능하게 되고, 발권된 영화표를 자동으로 산정하여 영화상영 기간을 계산할 수 있게 되며, 인력체계에도 변화를 가져오게 된다. 따라서 기술의 변화에 따른 가치활동의 변화는 기업의 경쟁우위에 영향을 준다고 할 수 있다.

기술 관점의 가치사슬분석은 기업의 전체 가치활동에서 활용 중인 기술 중 가장 중요한 영향을 미치는 기술을 파악하고,그 기술이 각 가치활동에 주는 영향의 크기를 파악하기 위해 행해진다. 이렇게 도출된 기술은 기업의 경쟁우위 확보에 가장 유의한 영향을 줄 수 있는 기술 후보가 되며 핵심역량으로 적합한 지 판단되게 된다.

2-4 사례연구: '핵심역량으로써의 기술'의 활용

코닥은 1988년 조지 이스트만(George Eastman)에 의하여 창립되었으며 본사는 미국 뉴욕주 로체스터(Rochester, New York)에 위치해있다. 필름카메라 시장의 절대강자로써 코닥은 필름 및 아날로그 카메라뿐만 아니라 사진 및 영상 관련 산업 전반에 걸쳐 다양한 제품과 서비스로 사업을 확장해나갔다. 1975년 세계 최초로 디지털 카메라를 개발하였고, 디지털 관련 특허를 기반으로 다양한 제품을 출시하였다. 100년 넘게 이어져온 명성에 걸맞게 1981년에는 매출액이 100억 달러, 1992년에는 200억 달러에 달하였지만, 이후 매출이 점점 감소하면서 2005년부터 영업적자로 전환되고 말았다. 코닥의 경영실패 원인은 무엇일까? 1980년대 후반의 카메라시장은 아날로그 환경에서 디지털 환경으로 급속히 변화하였다. 코닥은 자신들의 핵심산업 영역인 아날로그 카메라시장이 사라지고 디지털 환경이 등장하는 것을 위기로 받아들이고 대응하였다. 먼저, 아날로그 카메라 시장에서 독점적인 지위를 누리고 있던 코닥은 1980년대 이후 사업다각화를 위해 적극적으로 소비자 전지 산업, 의료 관련 산업 등과 관련된 합작투자 및 인수합병을 추진했다. 그러나 새로운 사업 영역에서 기존 역량을 제대로 활용하지 못해서 큰 성과를 거두지 못하고 처분하게 된다. 코닥의 사업 다각화 전략은 2000년 이후 디지털 환경에 적응하기 위한 역량 확보 과정에서 더욱 강도 높게 지속되었는데, 2001년 온라인 사진 서비스 업체인 오토포(Otofo)의 인수 및 2002년 대형 잉크젯 인쇄 업체인 엔카드(Encard)의 인수를 예로 들 수 있다. 그러나 내부 역량을 강화시키는 대신에 외부 역량을 조합하여 변화된 환경에 대응하려 했던 코닥은 막대한 비용만 지출하고 적응에 실패하였다. 또한 코닥은 변화하는 환경에 소극적으로 대처하는 모습을 보여주었다. 코닥은 아날로그 카메라 시장에서의 지위를 이어가기 위하여 어드밴틱스 프리뷰(Advantix preview)라는 필름이 필요한 디지털 카메라를 출시하였다. 그러나 2000년 그 당시의 소비자 입장에서는 디지털 카메라를 사면서 필름 가격까지 지불할 이유가 없었고, 이 제품은 소비자에게 외면당하면서 막대한 연구비용만 낭비하였다. 게다가 코닥은 2005년까지도 필름 제품 부문의 매출을 전체 매출의 20%로 유지하는 등 기존 사업을 계속 지속하고자 하였으며 결과적으로 전체 매출이 감소하게 되었다. 세계 최초로 디지털 카메라를 발명하는 등 디지털 기술을 확보하고 있었음에도 불구하고 보유한 기술을 활용하여 시장에 대응하지 않고, 관련 기업의 인수와 기존 사업의 유지에 치우쳤던 코닥은 매출액이 점차적으로 줄어들어 결국 2012년 1월 미국 법인 파산보호를 신청하였다.

후지필름은 1934년 일본의 사진 필름 제조 산업 설립을 위해 일본 정부계획에 의하여 창설되었으며, 본사는 도쿄(Tokyo)에 위치한다. 1980년대에는 플로피 디스크(floppy disc) 및 디지털 스틸 카메라(digital still camera)를 생산하였다. 현재에는 제조뿐만 아니라 연구, 제품 배포 등을 위하여 전 세계에 233개의 자회사를 운영하며, 이미징 솔루션(imaging solution) 분야, 인포메이션 솔루션(information solution) 분야, 산업용 솔루션(document solution) 분야에 진출해있다. 후지필름도 코닥과 마찬가지로 1980년 후반에 카메라 시장이 아날로그 환경에서 디지털 환경으로 변하는 것을 위기로 인지하고 대응책을 세웠다. 후지필름 역시 코닥과 마찬가지로 사업다각화를 통해 변화하는 환경에 대응하였는데, 후지필름의 사업다각화는 핵심역량에 기반하였다는 특징이 있었다. 예를 들어 기업이 보유하고 있던 기존 아날로그 카메라 관련 기술 중 사진 변색을 막는 항산화 기술을 화장품 산업에 응용하였고, 기존 카메라 필름 분야의 기술을 응용하여 LCD 패널용 필름을 개발하였다. 또한 후지필름은 환경변화에 적극적으로 대응하였으며,그 결과 현재 사진필름 사업의 매출은 후지필름의 전체 사업 매출의 1%만 차지하게 되었다. 그 결과, 코닥의 매출액이 2000년 약 1,400만 달러에서 2010년 약 700만 달러로 감소하는동안 후지필름의 매출액은 2000년 약 1,300만 달러에서 2008년 최고 약 2,800만 달러까지 증가하였다.([그림 2-10]).

코닥과 후지필름의 사례는 핵심역량의 중요성을 더욱 부각시킨다. 환경이 변화하는 상황에서 코닥은 전통적인 핵심사업에 집중한 반면, 후지필름은 핵심사업에서 가지고

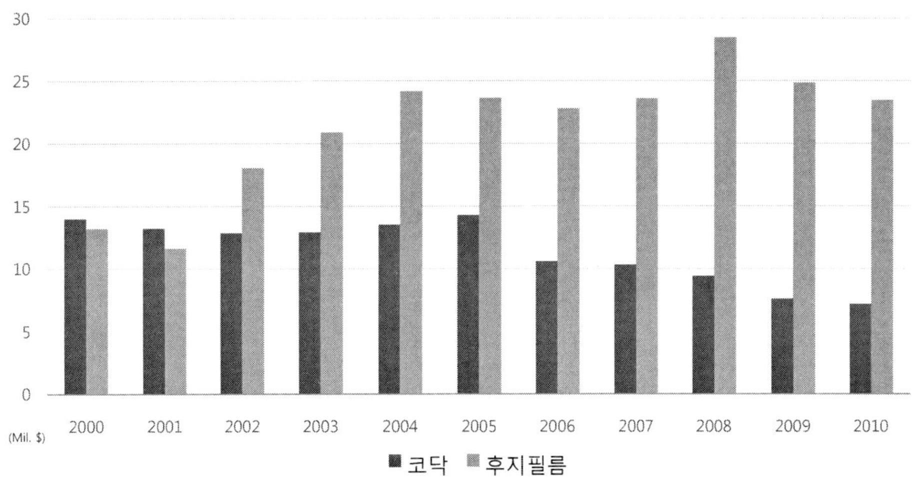

[출처: Kodak/FUJIFILM annual report(2000-2010)]

►► 그림 2-10 코닥과 후지필름의 매출액 추이

있던 핵심역량에 집중하였다. 즉, 디지털 환경에서도 코닥은 기존 사업을 포기하지 않고 변화에 적응하는 과정에서 기존 사업에서의 자신들의 역량을 활용하기보다는 외부 역량을 확보하는데 집중하였다. 반면, 후지필름은 핵심산업이었던 필름 사업은 포기하였지만, 그동안 쌓아왔던 핵심역량인 자신들이 보유하고 있던 기술은 포기하지 않았다. 이를 통해 시간이 지나고 환경이 변하면 특정 제품이나 사업은 성장이 정체되거나 도태되는 것에 반해 기업의 핵심역량은 환경의 변화에도 그 가치를 잃지 않는다는 것을 알 수 있다.

[(사) LG Business Insight, "색바랜 "Kodack Moment'가 주는 교훈", 이지홍]

Chapter 03

기술포트폴리오

3-1 기술포트폴리오의 개요

(1) 기술포트폴리오의 개념

기업은 기술 관점의 외부환경분석과 내부환경분석을 마친 뒤 그 결과를 종합하여 기업 경영의 방향성을 제시하게 되는데 이때 쓰이는 기법이 기술포트폴리오(technology portfolio)이다. 처음에 포트폴리오가 기업 경영에 도입되었을 때, 포트폴리오는 기업이 보유하고 있는 자원의 효율적인 배분을 위해 사용되었다. 시간이 지남에 따라, 포트폴리오는 기업이 지닌 목적과 특징에 따라 다양한 형태로 발전해왔고, 기술의 중요성이 부각되면서 기술포트폴리오가 등장하였다.

협의의 기술포트폴리오는 기업의 우선순위에 영향을 미치는 기술들을 선정하고 중요도를 측정하여 투자를 계획하기 위한 분석의 틀이라고 할 수 있다. 이때 기술포트폴리오는 단순히 어떤 기술에 자원을 얼마나 투자할 지에 관한 의사결정을 보조하는 역할을 한다. 반면, 광의의 기술포트폴리오는 기술 관점의 외부환경분석과 내부환경분석의 결과를 기업 전체적인 관점에서 통합하기 위한 분석의 틀이라고 할 수 있다. 이때 기술포트폴리오는 기업환경의 분석결과를 이용하여 기업의 목표에 부합하는 발전 방향을 제시한다.

기술포트폴리오는 기업이 지닌 모든 기술에 대하여 작성되는 것이 아니라 기술 관점의 내·외부환경분석의 결과를 종합하여 기업의 경쟁우위에 영향을 미칠 수 있다고 판단되는 기술을 대상으로 작성된다. 또한, 기업의 상황과 목적에 맞추어 기술포트폴리오의 형태 및 지표를 다양하게 변경할 수 있다는 특징을 지니고 있기 때문에 사용 목적과 측정항목을 정확하게 정의할 필요가 있다. 일반적으로 기술포트폴리오는 기술에 적당한 자원을 분배하여 기술 개발의 균형을 잡고, 기업의 전략적인 목표 달성을 위한 토대를 마련하며, 기술전략 수립의 기초를 제공하는 역할을 한다.

기술포트폴리오의 중요성은 크게 제품 개발, 자원 배분, 기술발전의 방향설정의 관점에서 살펴볼 수 있다. 급격한 기술의 발달 속도로 인하여 제품의 다양성이 증가하고 제품 수명 주기가 단축됨에 따라 제품 및 기술의 신속한 개발이 요구되었고, 기술포트폴리오는 분석 대상이 되는 기술들의 중요성 및 잠재력 등을 토대로 개발 여부를 판단하여 기업의 제품 개발 주기를 단축시키는데 기여하였다. 기술의 중요성을 인지한 기업들이 기술의 확보 및 개선을 위해 막대한 자본을 투자하기만 하면 경쟁력을 확보할 수 있을 것이라고 착각하고 기술에 대한 무분별한 투자를 자행하여 자원의 낭비가 증가하게 되었는데, 이에 따라 합리적인 기술투자를 위한 자원의 배분의 필요성이 대두되었다. 이는 기업에서 다루고 있는 기술의 중요성을 측정하고 적절한 자원 분배를 설정할 수 있는 분석 도구로써 기술포트폴리오의 중요성을 부각시켰다. 무엇보다도 최근 국내 기업들이 세계를 선도하는 기업으로 성장하면서 미래를 이끄는 신기술 개발의 필요성을 인식하였다. 이에 따라 기업들은 기술의 개발 및 투자의 방향성을 설정할 수 있는 능력을 요구하게 되었고,기술포트폴리오는 기업의 미래 경쟁력을 위해 기술의 방향성을 제시할 수 있는 도구로써 그 중요성이 다시 한번 부각되었다.

(2) 기술포트폴리오의 구성 절차 및 지표

기술 관점의 외부환경분석과 내부환경분석이 끝나면 이를 통해 얻어진 결과를 종합하여 기술전략의 방향을 제시하는 과정이 필요하며, 이 과정에서 작성되는 것이 기술포트폴리오다. 기술포트폴리오가 기술전략을 수립하는데 도움이 되기 위해서는 기업 전체적인 관점에서 앞서 언급한 기업환경분석의 결과를 두 개의 축으로 하여 다양한 측정지표를 도출할 수 있어야 한다. 일반적으로 기술포트폴리오는 다음과 같은 절차에 따라 구성된다. 1단계, 기업이 요구하는 기술 혹은 시장의 특징을 잘 나타내는 평가 관점을 설정한다. 2단계, 평가 관점을 대표할 수 있는 평가 항목을 설정한다. 3단계, 각 평가 항목을 직접적으로 계산하기 위한 평가 지표를 설정한다. 4단계, 평가 지표의 값을 이용하여 각 평가 항목의 대푯값을 도출한다. 5단계, 평가 항목의 대푯값을 이용하여 평가 관점 하에서 설명한다.

기업은 기술을 분석하는 기업의 목적과 전략 방향에 따라 중요하다고 판단되는 평가 관점과 합리적인 지표들을 채택할 필요가 있다. [표 2-4]는 시장의 기회와 기술의 중요성을 축으로 하는 기술포트폴리오 지표의 예시로, 각 평가 관점을 대표할 수 있는 평가 항목과, 평과 항목을 계산하기 위한 평가 지표를 보여준다.

실제적으로 기술포트폴리오를 작성할 때에는 위의 예시보다 더 많은 기준들이 고려될 수도 있다. 따라서 기술을 평가할 때 꼭 필요한 지표가 무엇인지 확인한 후 포트폴리오를 작성하고 기술의 위치를 결정하는 것이 중요하다.

▸▸ 표 2-4 기술포트폴리오 지표의 예

평가 관점	시장의 기회		기술의 중요성	
평가 항목	산업 매력도	산업 수명 주기	기술의 매력도	기술수준
평가지표	- 산업의 규모 - 수익성 - 경쟁강도 - 위험 정도 - 진입장벽 - 수요의 변동성	- 산업 내 기업의 점유율 - 산업의 성장률 - 투자율 - 현금 흐름	- 기술이 적용되는 가치 활동의 범위 - 기술의 응용가능성 - 기술의 안정성	- 기술의 품질 - 경쟁자 대비 기술의 원가 수준 - 기술을 구현하는 노하우의 가치

3-2 기술포트폴리오의 예시

(1) 맥킨시(Mckinsey)의 기술포트폴리오

세계적인 컨설팅 회사인 맥킨시(Mckinsey)에서 제시한 기술포트폴리오는 기업 외부 지표인 시장기회(market opportunity)와 기업 내부 지표인 기술기회(technical opportunity)를 두 개의 축으로 활용하여 기술 개발에 대한 투자의 정도를 수량화하고자 하였다([그림 2-11]).

먼저 시장기회(market priority)와 기술기회(technology priority)를 측정할 수 있는 포트폴리오를 작성하고 그 결과를 결합하였다. 기업의 외부환경을 반영하는 시장

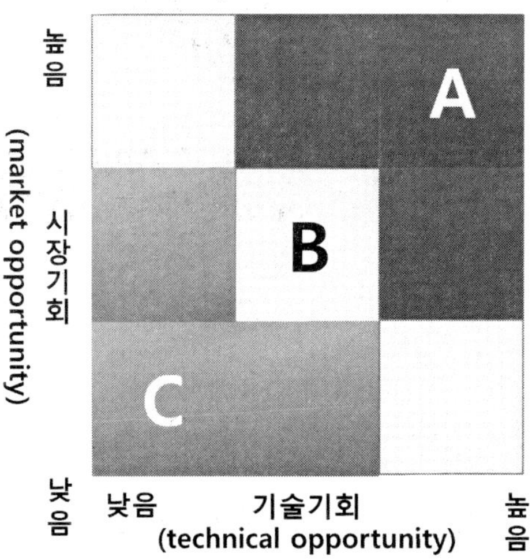

영역별 전략 방향
A: 공격적 개발 (aggressive development) B: 선택적 개발 (selective development) C: 방어적 개발 (defensive development)

평가 관점	시장기회	기술기회
평가 항목	▪ 시장의 매력도 ▪ 시장의 상대적 위상	▪ 기술의 매력도 ▪ 기술의 상대적 위상

▸▸ 그림 2-11 맥킨시(Mckinsey)기술포트폴리오

기회는 시장의 매력도(market attractiveness)와 시장의 상대적 위상(relative market position)의 대푯값을 이용하여 도출하였고, 기업의 내부환경을 반영하는 기술기회는 기술의 매력도(technology attractiveness)와 기술의 상대적 위상(relative market position)의 대푯값을 이용하여 도출하였다. 맥킨시의 기술포트폴리오는 총 3개의 영역으로 나뉘어 전략의 방향성을 제시한다. 먼저, A영역은 공격적 개발 영역으로 시장기회와 기술기회가 모두 높은 편이므로 A영역에 해당하는 기술들을 적극적으로 개발하는 방향으로 전략을 세울 것을 제시한다. B영역은 선택적 개발영역으로 시장기회와 기술기회 중 하나는 높고, 하나는 낮거나 둘 다 어중간한 영역으로 기술의 개발여부를 부가적인 사항을 고려하여 선택적으로 판단할 것을 제시한다. 마지막으로 C영역은 시장기회와 기술기회가 모두 낮은 영역으로 기술개발을 소극적으로 하거나 포기할 것을 제시한다.

(2) 부즈 알렌(Booz Allen)의 기술포트폴리오

전략 · 기술 컨설팅 회사인 부즈 알렌(Booz Allen)에서 제시한 기술포트폴리오는 기술의 중요성(importance of technology)과 기술의 상대적 위상(relative technology position)을 축으로 활용하여 기술적 특성을 강조하였다([그림2-12]).

측정항목	기술의 중요성	기술의 상대적 위상
평가지표	▪ 기술의 부가가치 ▪ 기술의 변화율 ▪ 시장의 매력도	▪ 연구개발 비용 ▪ 특허의 수 ▪ 종업원의 수

▸▸ 그림 2-12 부즈 알렌(Booze Allen)의 기술포트폴리오

기술의 중요성은 기술의 부가가치(added value), 기술의 변화율(alteration rate), 시장의 매력도(market attractiveness)의 대푯값을 이용하여 산출되고 기술의 상대

적 위상은 연구개발 비용(R&D expenditures), 특허의 수(number of patents), 종업원의 수(number of employees)의 대푯값을 이용하여 산출된다. 이 기술포트폴리오는 투자(bet), 선택(draw), 현금수입(cash-in), 포기(ford) 4개의 영역으로 나뉘어 전략의 방향을 제시한다. 투자영역은 기술의 중요성과 상대적 위상이 높은 영역으로 해당 영역에 위치한 기술들은 적극적으로 연구개발해야 할 것을 의미한다. 선택 영역에 해당하는 기술들은 기술의 중요성은 높지만 상대적 위상은 낮으므로, 기업들은 선택 영역에 있는 기술을 개발할 경우 다른 요인들도 함께 고려하여 투자를 결정해야 한다. 현금수입 영역은 기술의 중요성은 낮지만 상대적 위상은 높은 영역으로,이 영역에 해당하는 기술을 활용하여 기업이 수익을 창출하고 있음을 알 수 있다. 따라서 당분간 추가적인 개발 및 투자는 필요로 하지 않는다. 포기영역은 기술의 중요성과 상대적 위상이 모두 낮으므로 개발을 포기하는 것을 제시한다. 이와 같이 부즈 알렌 포트폴리오는 사업의 실질적인 기술환경을 바탕으로 투자의 우선순위를 설정하며, 사업에 적합한 기술을 목록화하여 기술 투자와 기술의 전략의 방향을 연결시키고, 포트폴리오 내 기술들을 분류한다.

(3) 파이퍼(Pfeiffer)의 기술포트폴리오

독일의 경제학자 베르너 파이퍼(Werner Pfeiffer)가 제시한 기술포트폴리오는 기술의 매력도(technology attractiveness)와 자원 영향력(resource power)를 두 축으로 사용한다([그림 2-13]).

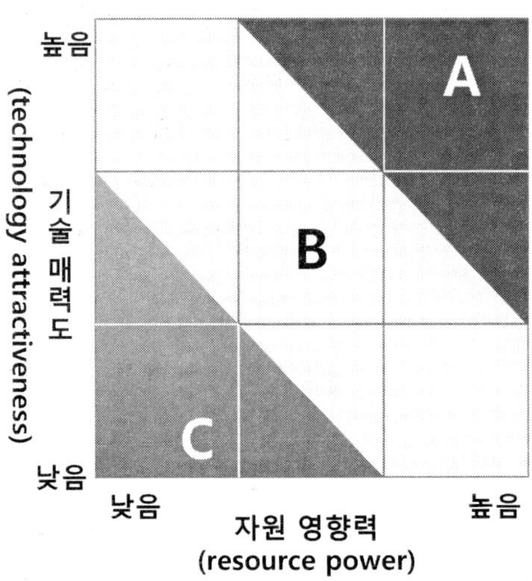

영역별 투자 전략
A: 투자 (invest) B: 선택 (select) C: 투자 중단 (disinvestment)

관점	기술 매력도	자원 영향력
측정지표	▪ 기술 잠재력의 타당성 ▪ 기술 규정의 타당성	▪ 노하우 영향력 ▪ 재정적 영향력

▸▸ 그림 2-13 파이퍼(Pfeiffer)의 기술포트폴리오

기술매력도의 측정항목은 기술 잠재력의 타당성(relevance of the technological potential)과 기술 규정의 타당성(relevance of the technological requirement)으로 나뉘어지고 자원 영향력은 노하우 영향력(know-how power)와 재정적 영향력(financial power)으로 나뉘어진다. 포트폴리오의 영역은 3개로 나뉘어지는데 A영역은 투자(invest)영역으로 이 영역에 해당하는 기술은 빠른 시간 내에 투자하여 경쟁기업을 선도할 것을 제시한다. B영역은 선택(select)영역으로 해당 영역에 위치하는 기술에 대한 투자를 고려를 신중하게 할 것을 제시한다. C영역은 투자 중단(disinvestment)영역으로 이 영역에 해당하는 기술은 성장 잠재력이 낮기 때문에 기술 투자를 철수할 것을 제시한다.

앞 절에서 언급한 바와 같이, 기술포트폴리오는 산업의 특징, 기업의 목표, 제품 및 기술의 특징 등에 따라 다양하게 변경될 수 있으므로, 위에서 소개한 기술포트폴리오를 참고로 기업과 기술에 적합한 기술포트폴리오를 개발하는 것이 중요하다.

3-3 사례연구: 충남 녹색기술 중장기 발전전략

우리나라는 급속한 산업화로 에너지문제와 환경문제에 대한 대처가 부족했고, IT산업 이후 성장동력이 약화되어 고용 없는 경제성장이 지속되어 왔다. 그와 동시에 기후변화와 자원의 위기가 현실적 위험으로 등장하면서 에너지와 환경문제가 국가경제의 미래를 결정하는 주요변수로 부각되었다. 이에 따라 환경이 경제성장의 제약요인이 아닌 지속 가능한 성장의 기회요인으로 전환되면서, 신재생에너지 산업과 환경 산업이 새로운 성장동력으로 부상하였다. 이에 충남 테크노파크는 지역경제의 발전을 위해서 지역의 특수성, 기술의 시너지 창출성, 국가경쟁력 기여도를 고려하여, [그림 2-14]와 같이 14개의 유망녹색기술을 선정하였다. 14개의 유망녹색기술 중 친환경 식물성장 촉진기술에 대하여 중점적으로 살펴보고자 한다.

충남 테크노파크는 친환경 식물성장 촉진기술을 개발하기에 앞서 기술 관점의 환경분석을 실시하였다. 외부환경분석의 결과, 세계인구가 증가하면서 식량문제와 웰빙에 대한 관심이 증가함에 따라 세계적으로 농산물의 수요가 증가될 것이라 예상되었다. 또한 수입원자재의 가격 폭등이 국내 농가경제를 악화시켜, 수입화학비료를 대체할 수 있는 기술 개발의 필요성이 증대된 것으로 분석되었다. 마지막으로 친환경 식물성장 촉진기술은 국가 녹색성장의 중점기술 중 하나로써 정책적으로 장려되고 있음을

14개 유망녹색기술

- <u>친환경 식물성장 촉진기술</u>
- 비실리콘계 태양전지 양산 및 핵심원천기술
- 바이오 에너지 생산요소 기술 및 시스템 기술
- 지능형 생활 교통 서비스 기술
- 생태공간 조성 및 도시재생 기술
- 친환경 저에너지 건축 기술
- 조명용 LED·그린 IT기기 기술
- 전력 IT 및 전력기기 효율성 향상기술
- 고효율 2차 전지기술
- 가상현실 기술
- Green Process 기술
- 희소금속 소재 및 자원 재활용 기술
- 석탄가스화 복합발전기술
- 이산화탄소 포집, 저장 및 처리기술

►► 그림 2-14 충남 테크노파크에서 선정한 14개 유망녹색기술

확인하였다. 내부환경분석의 결과, 충남은 생명과학연구단지 및 원자력연구원 등이 인접하고 있어 친환경 식물성장 촉진기술을 개발하기 위한 충분한 기술적 지원을 확보할 수 있는 역량이 있고, 농촌지역이 많아 기술 개발에 적합한 환경을 갖춘 것으로 판단되었다. 또한 국가연구 사업을 지역대학에 유치함으로써 시너지 효과 창출이 가능한 것으로 판단되었다. 외부환경과 내부환경을 종합한 결과 내부적으로 충남은 친환경 식물성장 촉진기술을 개발하는데 적합한 역량을 지니고 있으며, 외부적으로 기술개발에 적합한 기회 요인을 지니는 것으로 판단되었다.

[그림 2-15]는 기술 관점의 기업환경분석을 바탕으로 작성된 친환경 식물성장 촉진기술의 기술포트폴리오이다. 분석대상이 된 식물성장 촉진 관련 기술은 총 13개로 크게 두 가지 범주로 구분된다. 1번부터 6번까지의 기술은 특정 기능을 중점적으로 강화시킨 고기능성 식물 품종 및 질병에 강한 내성을 보유한 품종을 개발하는 것과 관련된 기술들이고, 7번부터 13번까지의 기술은 친환경적으로 식품을 재배할 수 있도록 환경을 조성하기 위한 친환경 농자재와 온실 환경 제어 시스템을 개발하는 것과 관련된 기술들이다.

충남 테크노파크는 기술포트폴리오의 결과를 토대로 [그림 2-16]과 같이 친환경 식물성장 촉진기술의 중장기적인 발전방향을 기술의 분류에 따라 두 가지로 제시하였다. 첫 번째 발전방향은 고기능성 및 내성보유 품종과 같은 신품종을 개발하여 신시장을 개척하는 것이다. 이를 위한 시나리오는 다음과 같다. 먼저 시장수요조사를 통해 각 지역에 맞는 품종을 도출하고, 신품종을 개발하기 위한 유전자를 확보하여 신품종 식물을 개발한 뒤 수요가 조사된 지역에 수출함으로써 시장을 개척하는 것이다. 신품종 식물을 수출함으로써 지역의 수익 증대와 시장개척으로 인한 로열티를 확보할 수

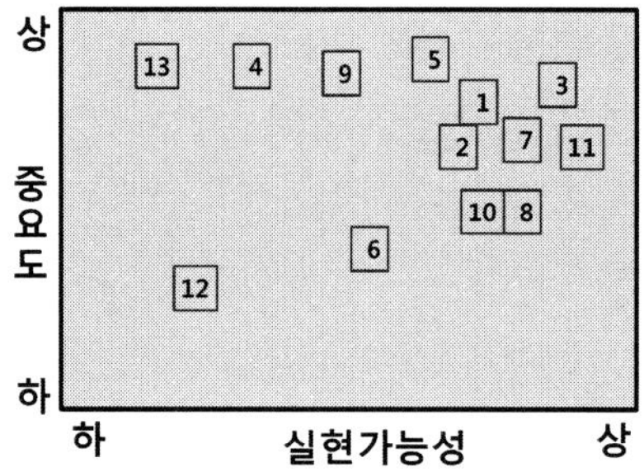

번호	기술 명	분류
1	BT적용 품종개발 기술	고기능성 및 내성보유 품종 개발기술
2	형질전환 플랫폼	
3	기능검증시스템	
4	유전자 확보	
5	안전성평가기술	
6	방사선을 이용한 품종 개발 기술	
7	LED 조명기술	친환경 농자재 및 온실 환경 제어 시스템 개발 기술
8	태양전지 조명기술	
9	식물공장기술	
10	광제어기술	
11	양액 기술	
12	음파제어 기술	
13	식물체질 분류 기술	

[출처: 충남테크노파크 정책기획단(2010)]

▸▸ 그림 2-15 친환경 식물성장 촉진기술 기술포트폴리오

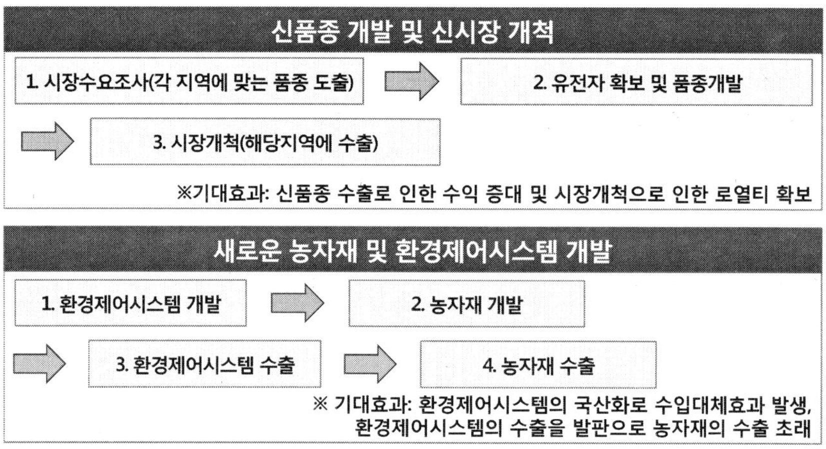

▸▸ 그림 2-16 충남의 친환경 식물성장 촉진기술 중장기 발전방향

있을 것으로 기대된다. 두 번째 발전방향은 새로운 농자재 및 환경제어시스템을 개발하는 것이다. 이를 위한 시나리오는 다음과 같다. 먼저 환경제어 시스템을 개발한 뒤 시스템을 운영하는데 필요한 농자재를 개발하고 순차적으로 수출하는 것이다. 환경제어시스템의 국산화가 성공하게 되면 수입대체효과를 통해 경제적 이득을 취할 수 있고, 환경제어시스템이 수출된다면, 차후 이를 활용하여 개발된 식물 품종이나 혹은 식물공장의 운영에 필요한 농자재의 수출이 뒤따를 것으로 예상된다.

[(사) 충남 녹색기술 중장기 발전전략-유망녹색기술 14개 분야를 중심으로-, 충남테크노파크 정책기획단]

주요 단어

외부환경분석
내부환경분석
핵심역량(core competency)
산업수명주기(Grant's industry life cycle)
태동기(introduction)
성장기(growth)
성숙기(maturity)
쇠퇴기(decline)
산업구조 분석 모델(Porter's five forces model)
공급자의 교섭력(bargaining power of suppliers)
구매자의 교섭력(bargaining power of buyers)
신규 침입자의 위협(threat of new entrants)
대체재의 위협(threat of substitutes)
기존 기업과의 경쟁(rivalry among existing firms)
가치사슬(Porter's value chain)
본원적 활동(primary activities)
지원 활동(support activities)
기술포트폴리오(technology portfolio)

토의 과제

001 모든 산업의 산업수명주기는 항상 s-curve를 따르는가? 그렇지 않는다면 그 이유는 무엇인가?

002 산업구조를 이루는 다섯 가지 경쟁요인 외에도 산업구조에 영향을 주는 또 다른 경쟁요인은 존재하는가? 새로운 경쟁요인과 그 경쟁요인을 선정한 이유를 제시하여라.

003 기술 관점의 기업환경분석을 수행한 사례를 기술 관점의 외부환경과 기술 관점의 내부환경으로 나누어 분석하여라.

004 기업의 가치활동에 영향을 미치는 기술을 제시하고 어떻게 영향을 미치는지 설명하여라.

005 사례에서 제시한 LED조명산업의 경우 가장 중요한 경쟁요인은 무엇이며, 그 이유는 무엇인가?

006 기업이 지닌 핵심역량이 기술인 사례와 기술이 아닌 사례를 조사하여 사업확장성의 측면에서 비교하여라.

007 기술을 핵심역량으로 보유한 기업을 선택하여 해당 기업의 기술 포트폴리오를 작성하여라.

참고 문헌

1. C.K. Prahalad and G. Hamel(1990), The core competence of the corporation, Havard Business Review, pp.79-91
2. KISTI(2008), LCD 휘도향상 필름, MCTNET
3. Michael E. Porter(1985), Competitive Advantage: Creating and Sustaining Superior Performance, New York: The Free Press
4. R. Grant(2009) Contemporary Strategy Analysis: Text Only, Hoboken, NJ
5. 안순일(2010), 기업의 경쟁전략에 의한 R&D프로젝트의 선정평가방법에 관한 연구, 경제경영전략연구소, pp.105-119.
6. 이지홍(2012), 색바랜 'Kodak Momemt'가 주는 교훈: 핵심 사업에 매몰된 코닥, 핵심 역량으로 뻗어나간 후지, LG Business Insight, pp.24-30.
7. 전황수, 허필선(2010), LED 조명산업 구조 분석, 전자통신동향분석 제25권 제2호, ETRI
8. 정선양(2011), 전략적 기술경영, 박영사.
9. 충남테크노파크 정책기획단(2010), 충남 녹색기술 중장기 발전전략-유망녹색기술 14개 분야를 중심으로-, 충남테크노파크
10. 코닥(2000-2010), annual report
11. 한국과학기술정보연구원(2008), LCD 휘도향상 필름, MCTNET
12. 후지필름(2000-2010), annual report
13. 코닥, http://www.kodak.com/ek/US/en/Home.htm
14. 후지필름, http://www.fujifilmholdings.com/en/index.html

PART 03

경쟁우위와 기술전략

Chapter 01

경쟁우위의 원리

기업은 경쟁에서 생존하기 위하여 경쟁우위를 획득하고 유지하고자 노력한다. 이때 기업은 기술을 획득, 관리 혹은 활용하여 경쟁우위를 점할 수 있다. 따라서 기업은 경영활동에 전략적으로 기술을 적용하기 위하여 기술전략을 이해해야 한다. 이를 위하여 본 장에서는 경쟁우위에 대하여 살펴보고, 기술전략의 이론과 적용사례를 소개함으로써 기술전략과 경쟁우위의 관계를 살펴보고자 한다.

1-1 경쟁우위의 개요

(1) 경쟁우위의 개념

경쟁우위란 경쟁기업보다 뛰어난 기업 역량을 토대로 경쟁에서 우위를 점함으로써 높은 수익을 창출하는 원동력을 의미한다. 즉, 경쟁우위는 기업이 경쟁에서 생존할 수 있도록 하는 힘으로써, 기업이 경쟁에서 도태되지 않고 생존하기 위해 전략적으로 추구하는 목표를 달성하게 한다. 경쟁우위를 획득하는 방법은 매우 다양하고 때로는 복잡하다. 따라서 현대의 많은 기업들은 효율적이고 효과적으로 경쟁우위를 확보하고 지속하기 위하여 다양한 전략을 수립하여 실행하고 있다. 일반적으로 경쟁우위를 획득하기 전에 기업 외부의 기회와 위협을 파악하고, 기업이 보유하고 있는 역량의 강점과 약점을 분석하여 경쟁우위를 창출할 수 있는 핵심역량을 선정하여 전략을 수립하는 과정이 선행된다. 경쟁우위의 주요 요인은 핵심역량과 산업 내의 성공요인과의 일치성이라고 할 수 있다. 경쟁기업들이 갖고 있는 기술이나 자원만 가지고 있다면 경쟁기업만큼 성과를 얻을 수 있을지라도, 경쟁기업보다 더 좋은 성과를 얻을 수는 없다. 따라서 경쟁기업이 지니고 있지 않고 모방이 불가능한 자사만의 핵심역량을 가지고 있어야 한다. 또한 기업의 핵심역량이 산업 내 주요 성공요인(key success factor)과 일치해야 한다. 산업 내 주요 성공요인이란 산업에서 이윤을 창출하기 위해서 기업들이 갖추어야 할 조건으로써 고객에게 가치를 제공하는 요인을 의미한다. 즉, 기업의 핵심역량에 기반한 제품 및 서비스가 고객에게 가치를 인정받고, 선호된다면 해당 기업은 경쟁우위를 획득했다고 할 수 있다.

일반적으로 경쟁우위는 기업의 외부로부터 창출되기도 하며, 내부로부터 창출되기도 한다. 이때 기업의 대응능력에 따라 경쟁우위를 획득할 수도 있고 상실할 수도 있다. 기업의 외부로부터 발생하는 경쟁우위는 외부환경의 변화에 기반한다. 외부 환경의 변화가 심화되면 기업의 경쟁우위와 수익률 등에도 변화가 생기게 된다. 예를 들어, 정부의 규제가 변경되거나 환율이 급격히 변동되었을 때, 우수한 정보 획득 능력을 기반으로 환경 변화에 신속하게 대응한 기업들은 경쟁우위를 획득할 수 있는 기회를 얻게 된다. 기업 내부로부터 발생하는 경쟁우위는 대부분 신기술의 개발, 산업의 개척 등과 같은 기업의 혁신활동에 기반한다. 혁신활동을 통해 핵심역량을 획득하고 올바른 경영전략을 수립한 기업들이 경쟁우위를 획득할 수 있는 기회를 얻게 되는 것이다.

(2) 경쟁우위의 유형

일반적으로 전통적인 산업에서 중점이된 경쟁우위는 차별화(differentiation), 원가우위(cost leadership), 집중화(focus)이다. 전통적 산업에 속한 기업들은 위의 세 가지 경쟁우위를 획득하고, 활용하고, 지속하여 경제적 이익을 얻기 위해 경쟁전략을 수립하고 실행해왔으며, 이 세 가지 경쟁우위를 추구하는 전략들은 모든 기업이 활용할 수 있다는 점에서 본원적 전략(generic strategies)이라고 명명되기도 한다. 하지만, 최근 들어 기술의 중요성이 부각되는 수확체증적 성격을 지닌 산업이 확산되면서 차별화, 원가우위, 집중화 외에도 지배적 디자인(dominant design)이 새로운 경쟁우위로 부각되고 있다.

지배적 디자인이란 기업의 제품이나 서비스가 정부나 인증 기관에 의하여 공식적으로 산업의 표준으로 선정되거나, 높은 시장점유율을 바탕으로 소비자에게 사실상의 표준으로 받아들여지면서 시장 지배력을 획득하는 경쟁우위다. 사실상의 표준이란 공식적인 표준은 아니지만 소비자에게 널리 사용됨으로써 사실상 하나의 표준으로 자리잡은 제품 및 규칙을 의미한다. 예를 들어, 컴퓨터 운영체제(OS: Operating System) 중 윈도우(Windows)가 사실상의 표준이라고 할 수 있다. 윈도우는 사용자가 마우스로 아이콘 및 메뉴 등을 클릭하여 컴퓨터에 명령하는 그래픽 사용자 인터페이스(GUI: Graphical User Interface)를 지원하며, 멀티태스킹(multitasking) 능력과 사용자 편의성이 탁월하다. 또한 전 세계 PC 운영체제 시장의 90% 이상을 점유하고 있어 사용자층이 두텁기 때문에 대부분의 소프트웨어와 호환이 된다는 장점이 있다. 지배적 디자인이 최근 들어 부각되고 있는 이유는 수확체증적 특성을 지닌 지식집약산업이 증가하고 있기 때문이다. 수확체증이란 기업이 제품 혹은 서비스를 생산하기 위한 투입자본을 늘려 생산 규모가 커질수록 생산비용은 점차 줄어들고 수익은 증가하는 지식집약산업의 대표적인 특징이다. 수확체증적인 특징을 지닌 산업은 네트워크 외부성에 의해 기존의 소비 행위에 기반하여 더욱 많은 소비를 유도하고, 소비자의 타성에 기반하여 교체비용을 증가시키기 때문에 지배적 디자인으로 인한 시장 지배력의 효과가 증가된다는 특징이 있다. 특히 수확체증적 특성을 지닌 산업에서는 지배적 디자인의 가치가 증가하고 있기 때문에, 지배적 디자인을 확보하기 위한 기업간의 표준전쟁이 심화되고 있다. 지배적 디자인은 주로 새로운 산업 및 시장을 개척함으로써 경쟁기업보다 먼저 시장을 선점하고자 하는 기업들에 의하여 추구되는 경향이 있다. 예를 들어, 기업들은 소비자에게 의미 있는 가치를 제공하여 사실상의 표준으로 받아들여짐으로써 시장 점유율을 확장해 나가면서 지배적 디자인을 획득할 수도 있고, 정부 혹은 인증 기관이 제시한 규격을 경쟁기업보다 먼저 만족시켜 공식적인 산업의 표준으로 지정됨으로써 산업 발전의 발판을 독점하여 지배적 디자인을 획득할 수도 있다.

차별화란 경쟁사와 구분되는 독특한 제품이나 서비스를 제공하여 고객이 고가의 제품이나 서비스를 구매하게 함으로써 얻는 경쟁우위이다. 차별화의 가치는 소비자에 의해 결정될 수 있다. 예를 들어, 소비자들은 제품의 독특한 디자인을 중요시 여기는데, 기업은 높은 품질만 강조한다면, 그 제품은 경쟁력을 갖기 어려울 것이다. 즉, 소비자는 품질이 높은 제품보다 디자인이 아름다운 제품을 원하므로, 소비자에 의해 결정된 차별화의 가치는 디자인에 있다고 할 수 있다. 마찬가지로 소비자는 조작이 간편하고 간단한 기능을 갖춘 제품을 원하는데, 경쟁기업 대비 더 복잡하고 다양한 기능을 갖춘 제품을 출시한다면, 그 제품은 경쟁력을 갖기 어려울 것이다. 이와 같은 경우, 제품을 제어하는 것이 쉽고 간단할 수록 기업은 그 제품을 통해 소비자에게 차별적인 가치를 제공할 수 있게 되지만, 제품의 기능이 복잡해질수록소비자에게 차별적인 가치를 제공할 수 없게 된다. 이는 소비자가 제품의 단순화는 가치 있는 차별화로 받아들이고, 복잡한 기능은 가치 있는 차별화로 받아들이지 않기 때문이다. 반면, 기업이 새롭게 제시한 제품이나 서비스가 경쟁기업의 것과 확실하게 차별화됨으로써 차별화의 가치를 인정받을 수도 있다. 예를 들어, 컴퓨터 산업에서 다른 기업들이 매년 저장장치의 성능을 2배씩 향상시킬 때, 같은 가격에 4배 이상 성능이 향상된 저장장치를 출시한다면 차별화의 가치를 인정 받을 수 있을 것이다. 혹은 다른 컴퓨터 산업의 경쟁기업들과 소비자들이 저장장치의 성능향상에 집중하여 저장용량이 큰 컴퓨터를 출시하거나 요구하고 있을 때, 경쟁기업의 컴퓨터와 가격과 저장용량은 같지만 연산속도가 2배 이상 빠른 컴퓨터를 출시한다면 차별화의 가치를 인정 받을 수 있을 것이다.

따라서 차별화를 성공적으로 획득하고자 하는 기업들은 소비자의 요구를 잘 분석할 수 있는 역량과 창의력 있는 인적자원의 역량을 중시해야 한다. 차별화 획득에 성공한 기업들의 주요 소비자는 브랜드를 신뢰하고 가격에 민감하지 않다는 특징이 있다. 따라서 이 기업들은 산업 내에서 평균 이상의 수익을 창출할 가능성이 높다.기업들은 다양한 방법으로 차별화를 획득할 수 있다. 예를 들어, 브랜드 이미지를 이용한 마케팅을 통해 차별적 이미지 구축하거나, 제품에 독특한 특성을 부여하는 기술을 개발하여 제품의 차별화를 실현시킬 수 있으며, 경쟁기업과 소비자를 분석하여 소비자가 요구하는 서비스를 제공하여 서비스의 차별화를 확보할 수 있다.

원가우위란 원가절감을 통해 경쟁기업과 비슷한 성능 및 품질을 지닌 제품 및 서비스를 경쟁기업보다 저렴한 가격으로 제공하여 얻는 경쟁우위이다. 원가우위를 확보한 기업은 경쟁기업보다 저렴한 가격으로 제품 및 서비스를 제공한다고 할지라도 가격이 인하된 만큼 원가를 절감하였기 때문에 마진은 예전과 같이 유지할 수 있다. 예를 들어, 원가가 900원인 제품을 소비자에게 1,000원에 판매했던 기업이 원가를 100원 절감하여 소비자 가격을 900원으로 낮추는 것이다.이 때 기업의 마진은 유지되지만 소비자는 더 저렴한 가격으로 제품을 구매할 수 있기 때문에 해당 제품에 대한 소비자의 선호도 및 판매량이 증가하여 다른 기업보다 우위를 점할 수 있게 된다.또한 원가우위를 획득한 기업은 원가 상승으로 인한 가격 상승에 대한 부담이 경쟁기업보다 덜하다는 우위를 가진다. 예를 들어, 해당 산업의 기반이 되는 원자재의 원가가 100원 상승하는 경우, 1,000원에 제품을 판매하던 경쟁기업들은 마진을 유지하기 위하여 제품의 가격을 1,100원으로 올려야 하지만, 가격 상승에 따른 소비자들의 저항이부담되기 때문에 쉽게 가격을 올릴 수 없게 된다.그러나 원가우위를 점하여 해당 제품을 900원에 판매하는 기업은 원가상승을 고려하여 제품 가격을 1,000원으로 올려서 마진을 유지한다 할지라도 기존 경쟁기업들이 기존에 제시하던 가격과 같은 수준으로 제품을 제공하게 되므로 가격상승에 대한 부담을 덜 수 있다.또한 원가우위를 획득한 기업들은 산업 내 다른 경쟁기업들에 비하여 대체재와의 경쟁에서 유리할 수 있다. 이 기업들의 주요 소비자들은 저렴한 가격을 가장 중요한 가치로 여기는 경향이 있기 때문이다. 즉, 대체재는 일반적으로 기존의 제품과 서비스의 한계를 보완하고 기술적으로 진화되어 차별화를 내세우며 비싼 가격에 제공되기 때문에, 제품의 저렴한 가격을 중시하는 소비자들은 대체재로 쉽게 이동하지 않는다.기업은 다양한 방법을 통해 원가우위를 획득할 수 있다. 예를 들어, 원가우위를 추구하는 기업들은 지속적인 업무개선과 작업의 전문화 및 표준화로 작업의 효율성을 높여 생산비용을 절감하거나, 직원들이 경험을 축적함에 따라 생산비용이 점차적으로 절감됨으로써 원가우위를 확보할 수 있다. 또한 유통시스템의 개선을 통해 물류비용을 절감함으로써 원가우위를 확보할 수도 있다.

집중화란 특정 소비자 집단을 집중적으로 공략하여 경제적 이익을 취하는 경쟁우위이다. 다른 경쟁우위는 산업 전체에서 이익을 창출하는 것을 목표로 설정하는 것에 반하여, 집중화는 산업 내에서 선택된 좁은 시장에서 이익을 창출하는 것을 목표로 한다. 집중화는 소비자의 요구가 다양화되고 구체화된 성숙기에 도입한 시장에서 유리하게 작용한다.소 비자의 요구를 구체적으로 파악하기 쉽고, 집중화에 성공할 수 있는 잠재적인 시장이 많이 존재하기 때문이다. 경쟁기업의 역량으로 만족시키기 어려운 시장이나, 경쟁기업에게 발견되지 않아 경쟁강도가 약한 시장을 공략하면 집중화의 성공가능성을 높일 수 있다. 집중화는 한정된 목표를 보다 효과적이고 능률적으로 달성하게 하고, 세분화된 집단의 요구를 보다 더 잘 충족시켜서 만족도를 높일 수 있다는 특징이 있다. 기업들은 다양한 방법으로 집중화를 달성할 수 있다. 예를 들어, 특정 제품을 효율적으로 생산할 수 있는 시스템을 구축하여 선택된 시장에서 원가우위의 집중화를 획득하거나, 세분화된 소비자 집단의 요구에 최적화된 제품 및 서비스를 제공하여 선택된 시장에서 차별적 집중화를 획득하는 방법이 있다.

1-2 기술과 경쟁우위

(1) 기술과 경쟁우위의 관계

기술은 기업 성공의 핵심적인 요소 중 하나로 경쟁우위의 원천이며,기업의 역량을 향상시키거나 산업 내 기업 간 경쟁구조를 변화시켜 경쟁우위를 확보하는데 영향을 준다. 기존의 기술 발전은 그 자체만으로 가치가 있는 것으로 인식되었다. 즉, 어떤 기술이라도 개선되기만 하면 바람직한 것으로 받아들여진다는 것이다. 하지만 최근에 기술의 발전은 그 자체만으로 의미가 있는 것이 아니라, 기술의 발전이 경쟁우위에 영향을 미칠 수 있어야만 의미를 지니게 되는 것으로 인식이 변하였다. 즉, 모든 기술의 발전이 기업이 경쟁우위를 확보하는데 기여하는 것은 아니며, 반드시 높은 수익성을 보장하지도 않는다. 오히려 무분별한 기술의 발전은 산업의 복잡성과 가변성을 증가시켜 산업의 매력도를 악화시키고, 기업의 자원을 낭비할 수도 있다. 따라서 기업이 갖는 기술의 전략적 의미를 이해하고 이를 활용하기 위하여, 기술의 변화가 경쟁우위에 미치는 영향을 분석할 필요가 있다.

기술은 기업이 지배적 디자인을 획득할 수 있는 기회를 제공한다. 예를 들어, 기술개발 능력이 뛰어난 기업은 새로운 제품을 경쟁기업보다 먼저 개발하여 출시함으로써 막대한 시장점유율을 확보할 수 있는 기회를 얻게 된다. 기술응용 능력이 뛰어난 기업들은 기존 기술의 한계점을 보완하는 대안기술을 개발하여 기존 기술이 차지하고 있던 시장 점유율을 빠르게 장악함으로써 지배적 디자인을 획득할 수 있는 기회를 얻게 된다. 이 경우, 지배적 디자인을 확보하고자 하는 선도기업과 후발기업의 기술표준 전쟁이 심화되기도 하는데, 삼성전자와 LG전자가 지배적 디자인을 확보하기 위해 3D TV 산업에서 치르고 있는 기술표준 전쟁을 일례로 들 수 있다.3D는 두 눈의 시차를 이용해 입체감을 주는데, 삼성전자를 포함한 대부분의 3D TV 제조기업들은 오른쪽, 왼쪽에서 각각 촬영한 화면을 빠른 속도로 교대로 보여주는 셔터 안경방식(SG: Shutter Glass) 기술을 채택하였고, LG전자는 한 화면에 두 영상을 쪼개 동시에 보여준 뒤 편광 안경으로 각각 받아들이게 하는 편광 방식(FPR: Film-type Patterned Retarder)의 기술을 채택하였다. 3D TV 산업의 선발주자인 삼성전자의 경우 2011년 4월 미국 3D TV 전체 매출의 약 51%의 비중을 차지하면서 삼성의 3D TV가 지배적 디자인으로 채택 되는 것처럼 보였다. 하지만, 당시 미국 3D TV 매출의 약 13%의 비중 밖에 못 미치던 LG전자가 SG 기술을 접목한 3D TV의 생산을 전면 중단하고, FPR 기술을 적용한 3D TV를 생산하여 적극적으로 마케팅한 결과, 약 반년 후인 2011년 11월에는 삼성의 미국 3D TV 매출 비중이 39%로 감소하고, LG전자의 매출 비중이 32%로 증가하면서 지배적 디자인을 확보하기 위한 두 기업의 기술표준 전쟁이 심화되는 양상이 나타났다([그림 3-1]).

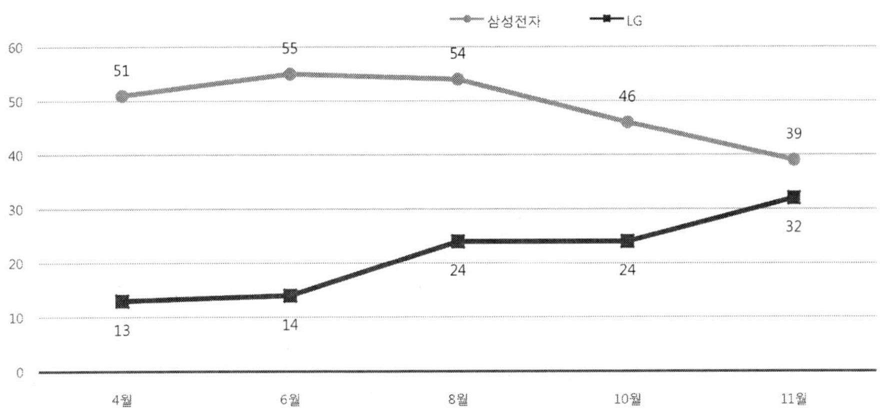

[출처: 매일경제(2012)]

▸▸ 그림 3-1 2011년 미국 3D TV 시장 점유율

기술은 기업이 차별화를 달성하거나 강화하는 데에도 직·간접적인 영향을 준다. 예를 들어, 제품기술을 발전시켜 제품 및 서비스의 품질을 높여서 품질의 차별화를 획득할 수도 있고, 고도의 네트워크 및 데이터베이스 기술을 기반으로 기업생태계를 구축하여 다른 기업과 차별화를 강화할 수도 있다. LG 유플러스(LG U+)의 경우 2009년 경쟁기업보다 3세대(3G: 3Generation) 스마트폰 시장에 늦게 진출한 탓에, 기술과 시장점유율을 확보하는 데 어려움을 겪고 있었다. 이후 LG 유플러스는 4세대라 불리는 롱텀에볼루션(LTE: Long Term Evolution) 기술이 적용된 스마트폰 시장에서 같은 실패를 반복하지 않기 위하여 기술적 차별화를 추구하였다. 그 결과, 2011년, 2012년 연속으로 통신 표준 회사인 테크 아이피엠(Tech IPM)과 미국 투자은행인 제프리엔코(Jefferies & Co.)가 발표한 LTE 단말기 관련 특허 경쟁력 평가에서 1위를 차지하였고, 2011년 4분기 동안 3분기의 5배가 넘는 LTE폰을 판매하며 세계 최고의 성장률을 보였다. LG 유플러스의 LTE 스마트폰 가입자는 2011년 말 56명에서 2012년 말 439만명으로 지속적으로 증가하였다([그림 3-2]).

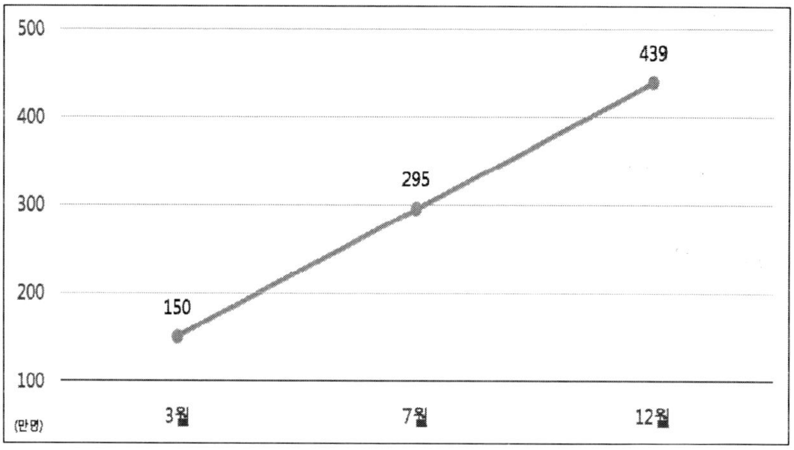

[출처: 한국경제(2012), 재경일보(2013)]

▶▶ 그림 3-2 2012년 LG 유플러스 누적 가입자

원가우위는 기업이 경쟁력을 확보하고 유지하는 데 있어 가장 효과적인 경쟁우위 중 하나이다. 여기서 원가란 생산원가뿐만 아니라 기업이 수행하는 가치활동을 통해 야기되는 모든 연구개발, 마케팅, 감가상각 등을 포함하는 모든 원가를 의미한다. 기술은 기업이 원가우위를 달성하는데 직간접적인 영향을 준다. 예를 들어, 공정기술의 발전은 대량생산의 효율성을 향상시킴으로써 원가우위를 달성하게 하고, 포장기술의 발전은 물류비용을 감소시킴으로써 원가우위를 달성하게 한다. 이처럼 기술의 발전은

제품 및 서비스를 창출하는 모든 기업활동 과정에서 원가 절감에 기여할 수 있다. 예를 들어, 온라인 쇼핑몰 등과 같이 제품의 유통경로가 다양해짐에 따라 포장기술이 제품의 경쟁력을 결정짓는 중요한 요인 중 하나로 자리잡았는데, 삼성전자의 경우 드럼세탁기의 포장 방식을 2010년 기존의 종이박스 포장 방식에서 필름형태의 수축포장 방식으로 변경하였다. 삼성전자는 이를 통하여 포장재의 중량을 44% 감소시켰고, 포장을 뜯지 않아도 제품을 외부에서 확인할 수 있도록 하여 운송과정에서의 파손 위험을 크게 낮출 수 있었다. 아울러 수출 시 제품을 재포장하는 과정을 감축시켜 물류비용을 절감하는 효과를 얻을 수 있었다.

기술은 또한 기업이 집중화를 달성하는데 직간접적으로 영향을 준다. 예를 들어, IT 기술의 발전은 기존에 분석이 불가능했던 방대한 고객 데이터를 분석하여 새로운 수요를 도출하고, 시장잠재력을 이끌어낼 수 있는 시장세분화를 가능하게 하였다. 예를 들어, 세계적인 부동산컨설팅 업체인 존스랑라살(Jones Lang Lasalle)은 기존에 사용중이던 고객관리 기술로는 전 세계에 흩어져있는 30,000명의 직원이 관리하는 고객정보를 통합하여 관리하는 것에 있어서 한계가 있음을 인지하고, 2008년 마이크로소프트(Microsoft)의 고객관계관리(CRM: Customer Relationship Management) 솔루션 기술을 이용하여 고객관리 시스템을 새로 구축하였다. 새로운 CRM 기술을 적용한 후, 존스랑라살은 부서에 상관없이 동일한 고객정보를 공유할 수 있었고, 수많은 언어, 문화 등에 의해 다양하게 분포되어 있는 소비자의 요구를 업무과정과 필요성에 따라 보다 자세하고 정확하게 파악할 수 있었다. 세분화된 고객 정보를 바탕으로 전 세계의 중개인들은 각 시장의 특성에 집중하여 다양한 영업기회를 창출하고 새로운 계약을 성사시킬 수 있었다.

Chapter 02

기술전략

2-1 기술전략의 개요

(1) 기술전략의 개념

시간이 지날수록 기술의 발전 속도와 복잡성은 점차적으로 가속화되고 있다. 이와 같은 현실에 직면한 기업들이 생존하기 위해서는 효과적인 기술전략의 수립이 필요하다. 기술전략이란 기술 관점의 외부환경 및 내부환경에 대한 분석을 바탕으로, 기업이 추구하는 방향에 부합하는 경쟁우위를 달성하기 위한 기술의 활용계획 및 실행방안이라고 할 수 있다([그림 3-3]).

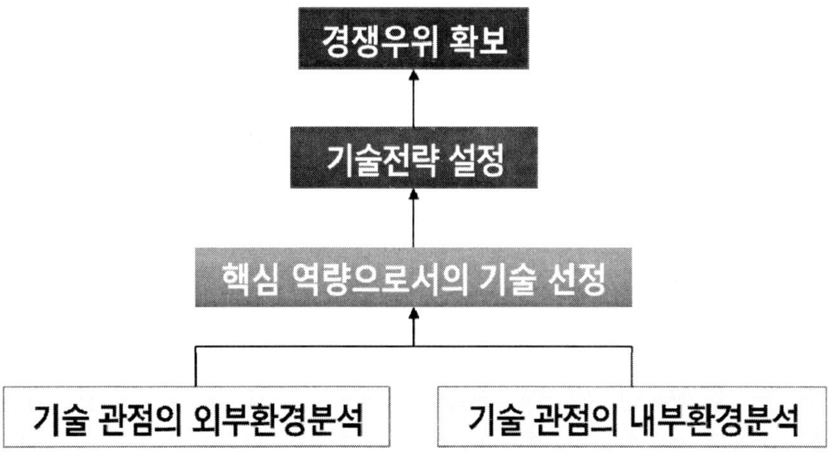

▸▸ 그림 3-3 기술전략의 위치

기술전략의 개념이 1980년대 등장한 이후, 기술을 전략적으로 관리하는 것에 대한 중요성이 끊임없이 제기되어 왔다. 그 이유는 기술이 경쟁우위의 주요 원천으로써 그 중요성이 증가되고 있고, 이와 동시에 복잡하고 불확실한 기술들에 대한 전략적인 관리의 필요성도 증가하고 있기 때문이다. 또한, 세계를 무대로 하는 글로벌 기업 간 경쟁의 심화는 전략적인 기술투자의 필요성을 증가시켰으며, 기술을 고려하지 않은 기존 기업전략의 실패 확률의 증가 역시 기술의 전략적 관리의 필요성을 증대시켰다. 이와 같은 이유로 연구개발 과정의 방향을 제시하고 관리하며, 정부 및 외부협력자와 장기적인 기술협력을 구축하기 위한 지침 등을 마련할 수 있는기술전략의 중요성이 부각되었다.

(2) 기술전략에 대한 인식의 변화

기업을 경영함에 있어서 점차적으로 기술의 중요성이 부각됨에 따라 기술전략에 대한 많은 학문적인 연구가 이루어졌으며, 다양하게 정의되어 왔다. 마이데크(Maidique)와 패치(Patch)는 기술전략을 기업이 기술적 위협과 기회에 효과적으로 대응하도록 해주는 여러 가지 계획 및 의사결정이라고 정의하였고, 포터는 기술전략을 기술의 개발과 사용에 대한 기업의 접근법이라고 정의하였다. 또한 딕슨(Dickson)은 기업이 기업목표를 달성하기 위해 기술적 자원을 활용하는 과정이라고 정의하였고, 클라크(Clark)는 기업이 획득하고 개발하고 활용해 오던 기술기반과 기업의 기술적 지위와 경쟁적 지위상의 중요성을 유지하는 것이 기술전략이라고 정의하였다. 반면, 독슨(Dodgson)은 기술전략이란 경쟁우위를 구성하는 기술능력을 정의하고, 개발하고, 활용하는 것이라고 정의하였다.

이와 같은 기술전략의 다양한 정의를 기반으로 기술전략에 대한 기업과 전문가들의 인식이 시간에 따라 변화하였음을 알 수 있다. 전통적 산업에서 기술은 기업이 지닌 마케팅, 생산 등과 같이 수많은 기능 중에 하나인 것으로 인식되면서, 기술전략 역시 기업전략과 사업전략을 보조하는 기능전략 중 하나로 인식되었다. 즉, 전통적인 산업에서 기업들은 나아가야 할 미래지향적인 목표를 기업전략을 통해 결정하고, 그 뒤 해당 목표를 달성하기 위해 경쟁우위를 확보하기 위한 방안을 사업전략을 통해 제시하면, 각 기능부서들이 사업전략을 실행하해 보조적인 전략들을 세우는데, 그 중 하나가 기술전략이었던 것이다. 이에 반해, 최근 산업에서는 기술과 기술전략에 대한 인식이 변화하고 있다. 이는 삼성, 애플 등과 같이 기술전략의 중요성을 인식한 기업들이 그렇지 않은 기업들보다 더 강한 경쟁력을 지니고 있는 것을 통해 알 수 있다. 이처럼 대부분의 기업들이 기술을 기업 활동 전반에 걸쳐 경쟁우위 확보를 위한 중요한 수단으로 인식하면서, 기술전략에 대한 인식 역시 제고되었다. 즉, 최근 산업에서 기업들에게 기술전략은 기업전략에 맞춰서 사업전략과 연계한 기술적 차원의 계획 및 실행방안으로 인식되고 있다([그림 3-4]).

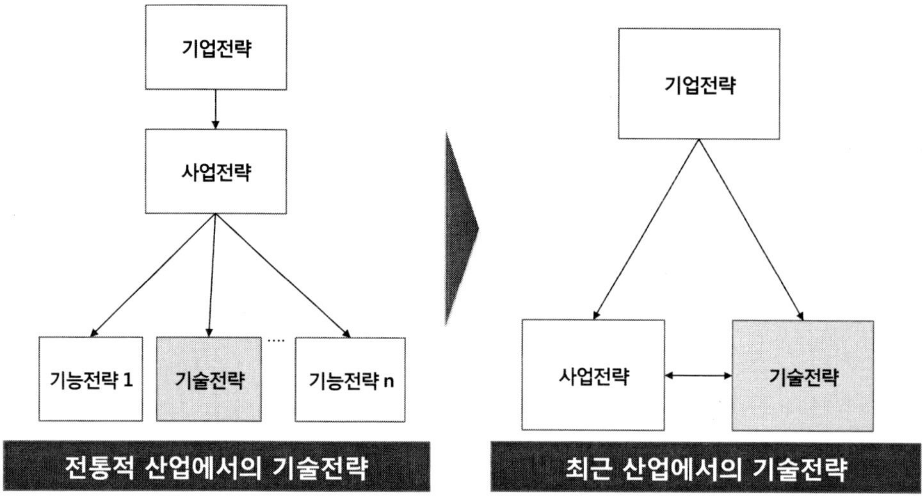

▸▸ 그림 3-4 기술전략에 대한 인식의 변화

2-2 기술전략의 유형

본래 기술전략은 종류가 매우 다양하며, 한 가지 경쟁우위에 국한하지 않고 기업의 상황에 적합하게 다양한 경쟁우위를 추구하는데 활용할 수 있다. 이는 기업의 목적 및 접근법에 따라 기업은 다양한 기술전략을 취할 수 있고, 같은 기술전략일지라도 서로 다른 경쟁우위를 추구할 수 있음을 의미한다. 그러나 본 절에서는 각 경쟁우위와 가장 밀접한 관계를 지니고 있는 대표적인 기술전략을 소개함으로써, 경쟁우위 획득 및 강화에 영향을 주는 기술전략의 특징을 제시하고자 하였다. 이를 위해 최초진입 전략은 지배적 디자인과 관련 지어 설명하였고, 조기추격자 전략은 차별화, 모방 전략은 원가우위, 마지막으로 시장세분화 전략은 집중화와 관련지어 설명하였다[그림 3-5]).

(3) 최초진입 전략

최초진입 전략이란 높은 기술개발 능력을 기반으로 새로운 시장을 창출하고, 새로운 기술 혹은 제품을 도입하는데 있어서 선두가 되고자 하는 전략이다. 이 전략을 추구하는 기업들은 높은 기초연구 역량을 지닐 뿐만 아니라, 기업의 거의 모든 활동영역에서 높은 기술적 역량을 지닌다는 특징이 있다. 또한 연구개발에 적극적이기 때문에 외부 연구기관과의 협력도 활발히 수행한다. 최초진입 전략을 실행한 기업들은 산업의 주요자원을 경쟁기업보다 먼저 확보할 수 있고, 산업의 발전을 선도하면서 경쟁

경쟁우위	기술전략
지배적 디자인	최초진입 전략
차별화	조기추격자 전략
원가우위	모방 전략
집중화	시장세분화 전략

▸▸ 그림 3-5 경쟁우위를 획득하기 위한 대표적인 기술전략

기업보다 먼저 시장과 시스템을 구축하기 때문에 높은 소비자 충성도와 기술적 리더십을 획득하여 브랜드 이미지를 향상시킬 수 있다는 이점이 있다. 이러한 이점들은 네트워크 외부성에 의하여 유지 및 강화될 가능성이 크기 때문에 최초진입 전략을 구사한 기업의 제품 및 서비스는 지배적 디자인이 될 가능성이 높다. 그러나, 최초진입 전략을 추구하는 기업은 산업과 기술이 불완전한 태동기 때 시장에 진입한다는 특징이 있어 연구개발 비용을 많이 소요하고, 불완전한 기술 때문에 제품 및 서비스의 완성도가 낮다는 단점이 있다. 또한 제품 및 서비스를 유통하기 위한 채널을 직접 개발하는 등 시장 형성을 위한 비용이 많이 들고, 수요가 불확실하기 때문에 높은 위험성을 지닌다는 단점이 있다.

(4) 조기추격자 전략

조기추격자 전략이란 높은 기술응용 능력을 기반으로 선도기업의 기술 및 제품을 학습하여 개선하는 전략이다. 조기추격자 전략을 추구하는 기업들은 기술을 개발하기 위한 기초연구 역량 보다는 응용연구 역량을 기반으로 선도기업의 기술을 학습하고 발전시킨다. 또한 기술의 변화에 빠르게 적응하기 위하여 기업 외부의 기술 발전에 지속적으로 대응한다. 따라서 조기추격자 전략을 추구하는 기업은 선도기업보다 기초연구 역량은 상대적으로 낮지만, 선도기업의 기술을 빠르게 습득할 수 있는 정도의 기술적 역량은 지니고 있다. 조기추격자 전략은 이를 추구하는 기업이 선도기업의 기술 및 제품을 학습하여 차별화된 기술 및 제품을 쉽게 개발할 수 있다는 장점이 있다. 또한 선도기업보다 저렴한 비용으로 연구활동이 가능하기 때문에, 최초진입자의 과중한 위험을 회피할 수 있다는 장점이 있다. 조기추격자 전략을 추구하는 기업들은 선도기업

이 지배적 디자인을 확보하기 전에 자신들이 보유한 역량을 최대한 활용하여 후발기업으로서의 장점을 극대화하여 차별화를 획득하고 선도기업을 단숨에 역전하고자 노력한다. 그러나 선도기업이 높은 교체비용(switching cost)을 형성했다면 소비자를 확보하는 것이 어려울 수 있다. 교체비용이란 시장에서 소비자가 제품이나 서비스의 제공자를 변경할 때 발생하는 비용으로써 금전뿐만 아니라, 시간과 노력 등을 포함하는 개념이다. 예를 들어, 기존에 가입했던 휴대폰 통신사를 다른 휴대폰 통신사로 변경하는 경우, 새 휴대폰을 구입하기 위한 기기값, 통신회사의 가입비뿐만 아니라, 기존 통신사의 포인트 소멸, 새로운 기기에 적응하는데 걸리는 시간 등이 요구된다. 이는 교체비용을 늘려 통신사의 변경을 막는 효과를 가져온다.또한 조기추격자 전략을 추구하는 기업의 경우 선도기업과 후발기업 사이에서 경쟁력을 상실할 가능성이 높다. 왜냐하면 일반적으로 선도기업들은 앞선 기술력과 충성고객을 기반으로 시장을 선점하는 경향이 있으며, 후발기업은 생산의 효율성을 극대화하여 저가 시장을 형성하는 경향이 있는데, 조기추격자 전략을 추구하는 기업의 경우 선도기업과의 차별화가 확실하게 이루어지지 않으면, 선도기업의 명성과 후발기업의 저가 정책에 밀릴 수 있기 때문이다.

(5) 모방 전략

모방 전략이란 기술 혹은 제품의 표준이 설정된 시장에 기존 기술을 모방하여 진입하는 전략이다. 모방전략을 추구하는 기업들은 원가 절감을 위한 생산의 효율성을 추구하고, 선도기업이 충족시키지 못한 고객의 요구를 공략한다. 그러나 모방 전략을 추구하는 기업들은 기술연구비용을 낮게 책정하기 때문에 혁신적인 기술개발을 하기 어렵다는 특징이 있다. 따라서 모방 전략은 기술 및 제품이 표준화된 성장기나 성숙기의 시장에서 차별화를 추구하기보다는 원가 절감의 극대화를 통해 원가우위를 획득하기 위하여 실행되는 경우가 대부분이다. 그런데, 최근 들어 국내산업에서는 모방전략에 대한 회의론이 등장하고 있다. 선도기업의 기술 및 제품을 모방하기만 해서는 선도기업의 한계를 뛰어넘지 못하며, 따라서 모방전략은 2등 기업의 전략에 불과하다는 것이다. 하지만 모방 전략은 두 가지 큰 장점이 있다. 첫 번째 장점은 모방기업은 선도기업보다 더 적은 비용으로 더 빨리 시장에 진입할 수 있다는 것이다. 일반적으로 기술 및 제품을 모방하는 비용은 개발하는 비용의 약 65% 수준이며, 생산 주기는 약 70% 수준인 것으로 알려져 있다. 두 번째 장점은 기술개발의 위험성을 회피할 수 있다는 것이다. 최초진입 전략 및 조기추격자 전략은 성공했을 때의 파급력도 크지만, 실패했을 때의 위험 역시 크다. 특히 최초진입 전략은 위험도가 매우 높기 때문에 실패 시 회복이 어려운 경향이 있다. 그러나 모방전략의 경우 선도기업의 학습을 통해 이미 축적된 자원과 역량을 효과적으로 활용하여 후발기업의 장점을 극대화시킬 수 있기 때문에 기술개발의 위험성을 대폭 낮출 수 있다. 모방전략을 추구하는 기업들은 이와 같은두 가지 장점을 이용하여 원가절감을 통해 강력한 원가우위를 달성할 수 있다. 그러나 모방 전략을 추구하는 기업들이 성공적으로 경쟁우위를 획득하기 위해서는 산업 내의 높은 경쟁강도와 교체비용을 극복해야만 하는데, 급격한 기술의 발전으로 산업수명주기와 모방 전략의 유효기간이 감소되고, 과거보다 선도기업의 성공사례를 공유하고 학습하는 것이 쉬워짐에 따라 모방 전략의 전략적 가치가 감소하였기 때문에, 높은 경쟁강도와 교체비용을 극복하는 것이 쉽지 않다는 단점이 있다.

(6) 시장세분화 전략

시장세분화 전략이란 하나의 시장을 여러 개로 나누어 세분화된 시장에 최적화된 기술 및 제품을 제공하는 전략이다. 시장세분화 전략을 추구하는 기업들은 세분화된 시장에 고객 맞춤형 제품과 서비스를 제공하기 위하여 목표 시장에 최적화된 기술 및 제품을 전문적으로 연구개발하고, 유연한 생산기술 및 시스템을 갖추고 있다는 특징이 있다. 예를 들어, 샴푸를 생산하는 기업이 20대 여성을 대상으로 시장세분화 전략을 실행한다고 하였을 때, 이 기업은 20대 여성의 머릿결에 적합한 샴푸의 생산 기술에 대하여 전문성을 지니고 있을 것이다. 또한 손상 모발용, 염색 모발용 등 20대 여성이 원하는 기능성 샴푸를 수요에 따라 즉각적으로 생산하기 위한 유연한 생산기술 및 시스템을 갖추고 있을 것이다. 시장세분화 전략은 전체 시장을 세분화하여 경쟁강도가 낮거나 경쟁기업의 역량이 부족한 시장을 대상으로 실행되기 때문에, 시장 전체를 목표로 했을 때보다 경제적 우위를 달성하기 용이하다는 장점이 있다. 또한 하나의 세분화된 시장에서 경제적 우위를 달성하고 나면, 비슷한 특성을 지닌 시장을 개척하는 방식으로 사업을 다각화하는 것이 용이하다는 장점이 있다. 그러나 시장세분화 전략을 수행하기 위해 시장을 세분화하여 세분화된 시장들의 특성을 파악하고, 그 중 목표 시장을 설정하는 일련의 과정에서 추가비용이 발생한다. 또한 시장세분화 전략을 추구하는 기업은 빠르게 시장을 확장하지 않을 경우, 전체 시장을 선도하는 기업에 의하여 잠식당할 가능성이 크다는 단점이 있다.

Chapter 03

사례로 배우는 기술전략

3-1 최초진입 전략 사례

(1) 최초의 즉석카메라를 출시한 폴라로이드

폴라로이드(Polaroid)는 1937년 애드윈랜드(Edwin H. Land)과 조지 휠라이트(George Wheelwright)에 의해 설립되었다. 애드윈랜드는 1926년 17살의 나이로 하버드에 입학한 뒤 휴학을 하고 1928년 합성 박막 편광판(synthetic sheet polarizer)을 개발하였다. 당시 하버드 대학의 물리학과 강사였던 조지 휠라이트의 도움을 받아 1929년에 특허를 출원하였고, 자신의 편광판 기술을 상업화하기 위하여 1937년 폴라로이드사를 설립한 후, 사진 필터, 비행기용 유리, 편광 선글라스 등을 출시하였다.

애드윈랜드가 가족과 함께 휴일을 보내고 있던 어느 날, 3살배기 딸로부터 '왜 사진은 찍은 후 바로 볼 수 없어요?'라는 질문을 받은 그는 1시간 만에 즉석사진을 위한 카메라, 필름, 화학물질에 대한 개념을 정립하여 바로 특허로 등록하였다. 그래서 탄생한 것이 1947년 출시된 세계 최초의 즉석카메라인 폴라로이드 랜드 카메라 모델 95(Polaroid Land Camera Model 95)이였다. 이 카메라는 당시 1.8kg의 무거운 무게와 89.95달러의 고가에도 불구하고 출시 첫날 매진되었다. 사진을 찍고 필름을 현상소에 맡긴 뒤 며칠씩 기다려야 사진을 확인할 수 있던 그 당시 찍으면 90초 후에 바로 그 결과를 알 수 있는 즉석카메라의 등장은 빠르게 상승하고 있던 그 당시 카메라 시장에 충격을 주었다.

이후 약 반 세기 동안 폴라로이드의 즉석 카메라는 미국 카메라의 역사의 한 면을 장식할 정도로 큰 성공을 거두며, 즉석 카메라 시장의 지배적 디자인이 되었다. 1960년 미국 가정의 절반이 폴라로이드의 즉석카메라를 소유하고 있었고, 세계 최대의 사진회사였던 코닥의 수익률을 앞질렀다. 1980년 한 해 동안 미국에서 팔린 카메라 약 1,500만 대 중 절반인 570만 대 이상이 폴라로이드의 즉석카메라였다. 1970년대에는 코닥이 즉석카메라를 제작하면서 점유율의 30%까지 차지하였으나, 1986년 코닥과의 특허분쟁에서 승소한 이후 폴라로이드는 즉석 카메라 시장을 거의 독점하다시피 하였다. 이후 현재까지도 회사 이름인 '폴라로이드'가 즉석카메라의 고유명사처럼 사용되고 있다.

(2) 최초의 복사기를 출시한 제록스

제록스(Xerox)의 복사원리는 1930년대 작은 전자회사에서 특허 규격서를 복사하고 있던 체스터칼슨(Chester Carlson)에 의하여 발명되었다. 당시 특허 규격서를 복사하기 위해서는 사진을 찍거나 직접 타자기로 작성하는 방법 밖에 없었으며, 많은 시간과 비용이 소비되었기 때문에, 물리학을 전공한 칼슨은 쉽게 복사본을 만들 수 있는 장치를 만들고자 하였다. 그 결과, 광전도현상(photo-conductivity)을 적용한 전기 복사기술(electro-photography)을 발명하였다. 칼슨은 1937년 10월 이 기술을 특허출원하였다. 당시 칼슨의 발명은 크게 주목 받지 못하다가 1946년 제록스 사의 전신이었던 할로이드(Haloid)사와 상업화를 위해 공동연구를 하게 된다. 1948년 전기 복사 원리의 명칭을 건조란 뜻의 그리스어인 제로스(Xeros)와 그림을 그린다는 뜻의 그라피아(Grahia)를 합성하여 제로그래피(Xerography)라는 새로운 명칭으로 변경하였다. 그 후 첫 번째로 탄생한 제품에 제록스(Xerox)라는 이름을 부여하였다. 최초로 아이디어를 작성한 것에서부터 약 20년 이후, 1950년에 제록스 모델 A(Xerox Model A)가 탄생하면서 복사기라는 발명품이 출현하였다. 이후 할로이드 사는 복사기로 시장을 개척하겠다는 의지를 반영하여 1955년 회사 이름을 제록스(Xerox)로 변경하였다. 4년 뒤인 1959년 최초의 현대식 복사기인 제록스 914가 출시되었다. 이로 인하여 미국에서 서류가 복사되는 양이 1950년대 중반 2,000만 장에서 1964년에는 5억만 장, 1966년에는 140억만 장으로 폭증하였고, 1985년 전세계에서 복사된 양은 무려 7천억 장이나 되었으며, 사람들은 복사한다는 뜻으로 '제록스하다'라는 말은 사용하게 되었다. 제록스는 1970년 전체 복사기 시장의 약 95%에 달하는 시장점유율을 달성하였으며 현재까지도 세계 최고의 기업 중 하나로 명성을 높이고 있다.

3-2 조기추격자 전략 사례

(1) 첫 상용화에 성공한 PDA, 팜 파일럿

1993년 애플은 세계 최초의 개인 정보 단말기(PDA: Personal Digital Assistant)인 뉴턴(Newton)을 출시하였다. PC를 대체할 목적으로 출시된 이 제품은 주소록, 가계부, 팩스 등 다양한 기능을 제공하는 PC의 축소판 같았다. 애플이 뉴턴을 출시한 이후, PDA 시장의 높은 성장잠재력을 감지한 IBM, 소니(Sony), 모토로라(Motorola), 샤프(Sharp), 카시오(Casio) 등 대형 IT 기업들이 다양한 PDA를 출시하였으나 모두 상용화에 실패하였다. 애플이 뉴턴을 출시한 뒤 3년 후, 1996년에 US로보틱스(USRobotics)의 사업부였던 팜 컴퓨팅(Palm Computing)에 의하여 팜 파일럿(Palm Pilot)이라는 새로운 PDA가 299달러에 출시되었는데, 팜 파일럿은 당시 최초로 상용화에 성공한 PDA가 되었다. 첫 출시 이후 1년 뒤인 1997년 100만 대의 판매를 기록하였고, 2000년에는 560만 대를 판매하면서 미국 PDA 시장의 50%의 점유율을 기록하였다.

팜 파일럿의 주된 성공요인은 고객의 관점에서 선두기업의 기술 및 제품을 개선하여 기존의 제품과 차별화에 성공했다는 것이다. 최초의 PDA였던 애플의 뉴턴은 모든 종류의 소프트웨어를 탑재하여 PC를 대체하고자 하였으며, 기술적인 측면에서도 팜 파일럿보다 뛰어났었다. 애플의 뉴턴이나 다른 회사의 제품들은 기능이 복잡하고 무게가 400g 이상으로 다소 무거웠으며, 주머니에 넣기에는 큰 사이즈였기 때문에 휴대성이 좋지 않았다. 그러나 소비자들은 PDA를 PC의 대체재보다는 휴대가 편리한 PC의 보완재로써 사용하길 원했다. 팜 컴퓨팅은 팜 파일럿을 그 기존의 PDA보다 무게를 절반 이상 줄여 200g 이하로 만들고, 양복 안주머니나 셔츠 주머니에 들어갈 정도로 크기도 줄여서 휴대성을 향상시켰다. 또한 당시 애플은 뉴턴에 사용자 인터페이스를 필기 인식 시스템으로 구축하였으나 기술이 불완전하여 잦은 오류로 소비자들이 사용에 불편함을 호소하였고, 팜 컴퓨팅은 이를 개선하기 위하여 팜 파일럿에 그래피티(Grafitti) 기술을 탑재하면서 입출력 시 오류를 줄여 소비자를 만족시켰다. 애플의 뉴턴은 다양한 기능을 제공하며 기술적인 측면에서도 팜 파일럿보다 우수하였지만, 소비자들은 뉴턴의 느린 실행속도에 불만을 갖고 있었고 뉴턴에서 제공하는 기능 중 단 5%만 주로 사용하였다. 팜 파일럿은 소비자를 만족시키기 위하여 쓸모 없는 기능을 제거하고 문서나 일정관리와 같은 간단한 기능만 탑재하여 실행속도를 향상시켰다. 이와 같이 팜 컴퓨팅은 조기추격자 전략을 활용하여 소비자 입장에서 선두기업의 기술과 제품을 분석하여 차별화를 달성함으로써 경쟁우위를 획득할 수 있었다([그림 3-6]).

(2) 아이리버를 추월한 MP3 Player, 아이팟

1998년 독일 하노버에서 열린 세계 최대 정보통신박람회 세빗(Cebit)에서 한국의 새한정보시스템이 개발한 전세계 첫 MP3 플레이어(MP3 Player)인 '엠피맨F10(MPman F10)'이 출시되었다. 이후 새한정보시스템은 레이콤에 의하여 인수합병 되었고, 21세기 초반까지 세계 MP3 플레이어 시장은 레이콤의 아이리버(iriver)와 삼성의 옙(Yepp)을 필두로 한국기업이 지배하였다. 특히 레이콤은 국내 판매 법인 아이리버 창업 1년 만에 미국 시장 점유율 1위를 차지하였고, 2004년에는 4,550억 원의 매출액과 651억 원의 영업이익을 기록하면서 '아이리버 신화'가 전 세계적으로 주목받기 시작

뉴턴		팜 파일럿
▪ 400g 이상의 무거운 무게로 휴대성 저하	VS.	▪ 200g 이하의 가벼운 무게로 휴대성 향상
▪ 필기 인식 시스템의 잦은 오류		▪ 그래피티(Grafitti) 기술의 안정성
▪ 모든 종류의 소프트웨어 탑재, 다양한 기능 제공		▪ 문서와 일정관리의 제한된 기능 제공
▪ 느린 실행 속도		▪ 빠른 실행 속도
▪ 공급자 중심의 개발과정		▪ 소비자 중심의 개발과정

▸▸ 그림 3-6 뉴턴과 팜 파일럿의 비교

하였다. 특히 2005년 2월 라스베가스에서 열린 소비자 가전 전시회(CES: Consumer Electronics Show)에서 마이크로소프트의 빌게이츠(Bill Gates)가 아이리버 H10 모델을 '디지털 라이프를 바꿀 제품'이라고 극찬하면서 화제가 되기도 하였다. 비슷한 시기에 삼성전자 역시 자사의 MP3 플레이어 브랜드인 옙을 강화하며 전 세계 시장 공략을 본격화하였다.그러나 2005년 이후 점차적으로 국내 MP3 플레이어의 시장점유율을 감소하고, 애플의 아이팟이 급속도로 주목 받기 시작하였다([그림 3-7]).

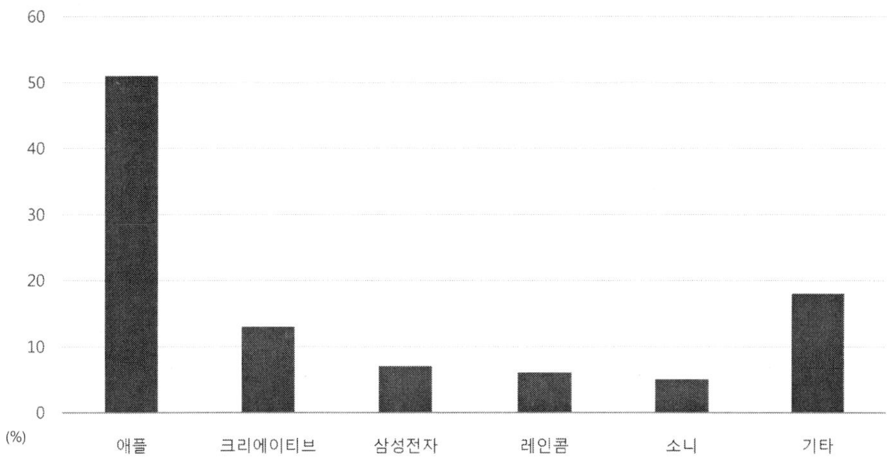

[출처: 한국전자산업진흥회(2006)]

▸▸ 그림 3-7 세계 MP3 플레이어 업체별 시장점유율(2005.12)

그 당시 한국 기업들의 기술력은 충분했다. MP3 플레이어의 음질도 나쁘지 않았고, 가격 경쟁력도 적당했다. 그러나 애플은 MP3 플레이어 시장을 새롭게 해석하여 공략함으로써, 기존 MP3 플레이어의 한계를 뛰어넘었다. 기존 MP3를 분석한 애플은 대량의 음악을 관리하는 방법이 복잡하다는 사실을 발견하고, 이 점을 집중적으로 공략하여 2005년 음원 관리 프로그램인 아이튠즈를 개발한 후, 방대한 음악을 간단히 조작할 수 있는 클릭 휠을 나중에 개발하였다. 즉, 필요한 소프트웨어를 먼저 만든 후 하드웨어를 보강하는 방식이었다. 이런 방식을 통하여 아이팟을 개발한 애플은 컴퓨터를 잘 모르는 40대 이후 소비자들도 음악 CD를 컴퓨터에 넣기만 하면 자동으로 음원을 정리해 MP3 플레이어로 전송할 수 있도록 MP3의 패러다임을 바꾸었다. 아이튠즈에서 영감을 받은 애플은 콘텐츠를 단순히 음원에 그치지 않고 뮤직비디오 및 모바일 어플리케이션으로 확장해가며 2008년 콘텐츠 시장인 앱스토어 서비스를 출시하였다. 그 후 애플의 MP3 플레이어 시장 점유율은 점차적으로 증가하여 2010년 세계 MP3 플레이어 시장의 70% 이상을 점유하였고, 디지털 음원 모바일 어플리케이션 시장의 75%를 석권하였다.

[(사) 아이리버로 앞서간 한국 MP3, 애플에 밀린 이유는?,동아일보]

3-3 모방 전략 사례

(1) 원가절감을 통해 시장을 넓힌 골든 원더

최초의 포테이토칩은 1853년, 미국 뉴욕의 새러토가 스프링스(Saratoga Springs)에 있는 문레이크 하우스 호텔(Moon Lake Lodge)의 주방장이었던 조지 크럼(George Crum)에 의하여 만들어 졌다. 당시 호텔에 투숙했던 금융업자 코넬리우스밴더빌트(Cornelius Vanderbilt)가 기름에 튀긴 감자에 덩어리가 너무 많다고 불평하였고, 이에 기분이 언짢아진 조지크럼은 감자를 최대한 얇게 썰어서 바삭바삭해질 때까지 기름에 튀겨 요리를 하였다. 하지만 원래 의도와는 달리 이 '바삭바삭한 감자'는 폭발적인 인기를 얻게 되었다. 그 후, 포테이토칩은 1913년 한 식료품 상인을 통해 영국에 전해지게 되고, 1922년 영국의 제조업자 플랭크 스미스(Frank Smith)가 스미스 포테이토칩 주식회사를 설립하면서 대중화되었다. 1960년대 그 당시 포테이토칩은 갈증을 유발하여 맥주를 더 많이 마시게 한다는 이유로 주로 남자들의 술안주로 여겨졌고, 술집 유통을 통한 매출이 전체 시장의 75% 이상을 차지하였다. 이와 같은 상황에서 골든 원더(Golden Wonder)는 포테이토칩 시장에 진출하고자 하였으나 기존의 포테이토칩과 차별화된 포테이토칩을 생산하는 데 한계가 있었고, 무엇보다도 술집유통망은 주요 선두기업들에 의하여 선점된 상태였다. 그러나 골든 원더는 선발기업들이 파악하지 못한 시장의 가능성을 발견함으로써, 경쟁력을 확보할 수 있었다. 1961년 골든 원더는포테이토칩 시장에 진출하였는데, 기존 포테이토칩을 제조하는 기술을 그대로 모방하면서 신제품을 개발하기 위해 필요한 투자를 절감할 수 있었고, 그 대신 마케팅에 투자하였다. 골든 원더는 마케팅을 통해 기존의 포테이토칩을 여성과 어린이를 위한 영양 간식으로 재정립하고자 하였으며, 그와 동시에 식료품점을 새로운 판매처로 개발하였다. 뿐만 아니라 생산기술에 투자하여 제품의 품질을 향상시키고, 생산원가를 절감하여 소비자가 언제든지 먹을 수 있는 간식으로써 포테이토칩을 접할 수 있도록 가격을 낮추었다. 1961년에서 1970년까지 10년동안 영국의 포테이토칩 시장규모는 6배가 증가하였고, 술집에서 판매되는 포테이토칩 매출 비중은 75%에서 25%로 감소하였다. 반면 포테이토칩 시장에서 골든 원더의 점유율은 0%에서 40%까지 증가하였고, 골든 원더는 지금까지도 포테이토칩 시장에서 강력한 경쟁력을 유지하고 있다.

(2) 로터스를 모방한 마이크로소프트

스프레드시트(Spreadsheet)란 경리, 회계 등의 계산을 위해 사용되는 계산용지를 컴퓨터에서 사용할 수 있게 구현한 표 계산 프로그램이다. 스프레드시트의 학문적 아이디어는 1961년 리처드 매티쉬(Richard Mattessich) 교수에 의하여 제시되었고, 1970년대에는 에이티엔티(AT&T)와 같은 대기업에서 메인 프레임 컴퓨터용의 스프레드시트를 사용하고 있었다. 개인용 컴퓨터에서 작동되는 최초의 스프레드시트는 1979년 댄 브리클린(Dan Bricklin)과 밥 프랭크스턴(Bob Frankston)이 공동 개발한 비지캘크(VisiCalc)였다. 초기 비지캘크가 개발된 후, MIT와 하버드대학교 경영대학원을 졸업하고 퍼스널 소프트웨어(Personal Software)를 운영 중이던 대니얼 필라트라(Daniel Fylstra)가 합류하면서 비지캘크는 비약적으로 발전하며 본격적으로 사업화되었다. 1979년 애플Ⅱ에 탑재된 비지캘크는 당시 값비싼 장난감에 불과하던 개인용 컴퓨터의 가치를 사무용으로 탈바꿈하는데 공헌하였으며, 그로 인하여 애플Ⅱ의 판매량이 10배나 증가하였다. 그러나 애플Ⅱ는 실행속도가 너무 느렸고, 이후 IBM이 PC 시장의 새로운 강자로 부상한다. 비지캘크는 IBM PC 환경에서 많은 기술적 문제점을 보였고, IBM PC의 MS-도스(MS-DOS) 시스템에 최적화된 로터스1-2-3가 출시되면서 IBM PC 시장을 독점하기 시작하였다. 로터스1-2-3은 비지캘크보다 더 복잡한 계산을 더 빠르게 하는 것을 가능하게 하는 스프레드시트였는데, 비지캘크가 제공하던 수식

계산 외에도 도표, 차트 등 그래프를 작성할 수 있는 기능을 제공하였다. IBM PC 시장의 성장과 함께 로터스1-2-3의 매출도 성장하여 1984년에는 1억 5,700만 달러의 매출을 기록하였다.

마이크로소프트는 당시 널리 쓰이던 MS-DOS에서 멀티태스킹과 그래픽 사용자 인터페이스 환경을 제공하기 위한 응용 프로그램으로 마이크로소프트 윈도우(Microsoft Windows)를 출시하였다. 1985년 첫 번째 버전인 윈도우 1.0이 출시되었고, 1987년 윈도우 2.0이 출시되었다. 비슷한 시기에 마이크로소프트는 1987년 최초의 윈도우용 버전 스프레시트인 엑셀(Excel)을 출시하였다. 초창기 로터스 1-2-3는 비지캘크보다 진보된 소프트웨어로써 시장을 장악하였으나, 엑셀은 로터스 1-2-3의 기능이 윈도우에서 구동되도록 기술을 모방하여 제공하였을 뿐이였다. 반면 변화하는 OS 환경에 빠르게 적응하지 못한 로터스사는 윈도우용 로터스 1-2-3을 뒤늦게 개발하기 시작하였다. 결국 1988년에 이르러 엑셀이 로터스 1-2-3의 판매량을 웃돌기 시작하며, 마이크로소프트는 PC용 소프트웨어 제작사의 선두가 되기에 이르렀다. 이를 통해, 마이크로소프트는 소프트웨어 시장에서 선두자로서의 위치가 확고해졌으며 그래픽 기반 소프트웨어 개발의 미래를 보여주었다. 마이크로소프트는 매 2년마다 새로운 버전을 출시함으로써 우세를 이어나갔으며, 현재 윈도우 스프레드시트 시장을 독점하고 있다. 가장 최근의 엑셀 버전은 15이며, 마이크로소프트 엑셀 2012가 출시되었다.

3-4 시장세분화 전략 사례

(1) 전자제품시장의 세분화, 소형화 전자제품

대우일렉트로닉스의 전신은 대우모터공업과 대우전자이다. 대우일렉트로닉스의 실질적인 전신은 대우전자지만 형식적인 전신은 1987년에 설립된 대우모터공업으로 기록되어 있다. 1997년 외환위기 이후 대우그룹이 해체되면서 대우전자가 경영난에 빠지자 2002년 대우전자의 가전사업 부문을 분리하여 대우모터공업에 양수하고 상호명을 지금의 대우일렉트로닉스(Daewoo Electronics)로 변경하였다. 2004년 가전분야 통합 브랜드 '클라쎄'를 선보였고, 2007년 이 브랜드를 중남미 시장에 내놓았다. 대우일렉트로닉스의 주요 제품은 냉장고, 김치냉장고, 세탁기, 전자레인지 등이며, 대우일렉트로닉스는 인도, 태국, 싱가포르 등 해외시장에 진출해 있는데 매출 중 수출이 차지하는 비중은 85% 이상이다.

12kg - 16kg 용량의 드럼세탁기가 주류를 이루고 있던 2009년, 대우일렉트로닉스는 국내 최소형 7kg 드럼세탁기를 출시하면서 시장세분화 전략을 실행하였다. 대우일렉트로닉스는 젊은 세대의 1~2인 가정과 아이를 키우는 젊은 부부를 목표시장으로 선정하였다. 경제력을 기반으로 홀로 생활하는 젊은 세대가 확산되는 가운데 인테리어와 개성을 중시하고, 보관 음식 및 세탁물이 많지 않다는 점에 초점을 맞추어 크기는 작지만 실속 있는 디자인을 강조한 소형화 가전제품을 꾸준히 출시하여, 15리터 전자레인지의 경우 출시 1년 반 만에 누적 판매량 25만 대를, 벽걸이 드럼세탁기는 출시 6개월만에 누적판매 2만 대를 돌파하면서 소형화 가전시장을 이끌어 오고 있다. 대우일렉트로닉스의 내수 매출 가운데 소형화 가전제품들이 차지하는 비중은 현재 25%에 육박하고 있는 가운데 대우일렉트로닉스는 2012년 소형화 가전 시장규모가 약 2조 9,000억원으로 성장할 것으로 예상하였다. 세분화 전략을 실행한 이후, 대우일렉트로닉스는 4년 연속 흑자를 기록하고 있으며, 2012년 매출 1조 6,864억 원, 영업이익은 50억 원을 기록하였다.

(2) 담배시장의 세분화, 전자담배

2011년 기준 담배 시장이 개방되지 않은 중국을 제외한 세계 담배 시장은 약 3.3조 본의 규모이며, 2008년 이후 3년 연속 규모가 감소하고 있다. 세계 담배시장은 4강 체제가 형성되어 있는데 PMI(Philip Morris International) 24%, BAT(British American

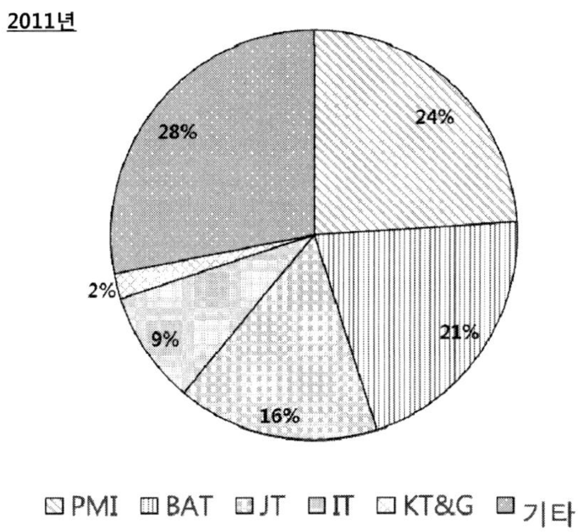

[출처:이트레이드코리아(2012)]

▸▸ 그림 3-8 세계 담배시장 기업별 점유율

Tobacco) 21%, JT(Japan Tobacco) 16% 순이며, IT(Imperial Tobacco) 9%, KT&G 2%의 시장 점유율을 보이고 있다([그림 3-8]).

전자담배를 최초로 개발하고 상용화한 기업은 2003년에 설립된 중국의 루엔(Ruyan)이다. 루엔은 현재 한국의 '한국전자담배'와도 협력 중에 있다. 루엔을 포함한 전자담배 산업의 목표 시장은 흡연 및 니코틴 섭취는 즐기나, 유독성 화학물질은 꺼려하고, 간접 흡연자를 고려하는 흡연자라고 할 수 있다. 즉, 담배가 주는 니코틴은 물론 그것을 흡입하는 행위를 포기하지 않으려는 사람들인 것이다. 고도로 발전한 전자기술을 기반으로 제작된 전자담배는 흡연자가 니코틴을 보다 안전하게 흡입할 수 있도록 해준다. 담배와 전자담배의 관계는 진짜 총과 살상력은 없는 모형 총과의 관계에 비유될 수 있다. 전자담배는 기존 담배에 포함되어 있는 수천 가지의 유해 화학물질(타르, 일산화탄소 등)이 없고 정제된 순수한 니코틴 용액만을 사용하기 때문에 기존 담배에 비해 건강에 덜 해로운 것으로 여겨진다. 또한 전자담배의 가격은 약 10만-20만원으로 일반 담배를 하루 한 갑씩 피우는 사람이 구입하였다고 가정하면 6개월 이상 사용 시 일반 담배보다 경제적이라고 할 수 있다. 그러나 안정성에 대해서는 아직까지도 논란이 이어지고 있으며, 국가마다 전자담배 판매규정에 차이가 있다. 중국과 캐나다, 미국에서는 전자담배 판매가 특별히 규제되지 않고, 오스트레일리아의 빅토리아 주와 홍콩에서는 전자담배 판매가 불법이다. 한국에서는 전자담배가 특별 규제대상은 아니지만 니코틴이 포함된 전자담배의 온라인 판매는 금지하고 있다. 그럼에도 불구하고 전자담배 시장은 해마다 규모가 커지고 있다. 미국의 경우 전체 담배시장의 규모는 약 1,000억 달러에 이르며, 이 중 전자담배의 매출은 2억5,000만-5억 달러로 아직까지 비중은 크지 않지만, 2010년 미국 정부의 통계에 따르면 미국 성인 중 전자담배를 경험한 적이 있는 경우는 2.7%로 2009년보다 0.6%가 증가했다고 한다. 이처럼 세계 전자담배 시장은 아직 불안정하지만, 사회적으로 흡연에 대한 규제 강화 및 건강에 대한 관심의 증가로 인해 전체 담배시장의 성장이 주춤하는 와중에도 지속적으로 성장할 것으로 보인다. 전자담배 시장을 개척한 루엔 역시 전 세계 10개국에 유통망을 갖추고 국제 특허를 획득하는 등 지속적으로 사업을 성장시키고 있다.

주요 단어

경쟁우위(competitive advantage)

지배적 디자인(dominant design)

차별화(differentiation)

원가우위(cost leadership)

집중화(focus)

최초진입 전략(first mover strategy)

조기추격자 전략(fast follower strategy)

모방 전략(imitation strategy)

시장세분화 전략(market segmentation strategy)

토의 과제

001 기업이 경쟁우위를 유지하는데 위협이 되는 요인을 제시하여라.

002 잘 알려진 대기업 중 하나를 선정하여 기술전략 사례를 조사하고, 어떤 경쟁우위를 획득하였는지 분석하여라.

003 최초진입 전략, 조기추격자 전략, 모방 전략, 시장세분화 전략 외 다른 기술전략을 조사하여 특징과 장단점을 제시하여라.

004 폴라로이드사가 경쟁력을 잃은 원인을 분석하고, 회생하기 위한 기술전략을 제시하여라.

005 대부분의 정보통신기기가 스마트폰으로 융합되고 있는 요즘, 팜 파일럿의 경쟁력을 제고하기 위한 기술전략을 제시하여라.

006 포테이토칩 시장과 같이 이미 성숙기에 진입한 산업을 조사하고, 해당 산업에 진입하기 위한 모방전략을 제시하여라.

007 대우일렉트로닉스의 소형화 기술과 제품을 고려하여 사업 확장에 적합한 시장을 제시하여라.

참고 문헌

1. Clarke, K., Ford, D., Saren, M., and Thomas R.(1995), Technology Strategy in UK Firms, Technology analysis and Strategic Management, 7, pp.169-190
2. Dodgson, M.(2000), The Management of Technological Innovation: An International and Strategic Approach, New York: Oxford University Press
3. Maidique, M.A. and Patch, P.(1982), Corporate Strategy and Technological Policy, in Tushman, M.L. and Moore, W.L.(1982), Readings in Management of Innovation, London: Cambridge, Mass, pp.273-285
4. Porter, M.E.(1985), Competitive Advantage: Creating and Sustaining Superior Performance, The Free Press
5. Power, D.J.(2004), A Brief History of Spreadsheets, DSSResources.Com
6. Rieck, R.M. and Dickson, K.E.(1993), A model of Technology Strategy, Technology Analysis and Strategic Management, 5(4), pp.397-412
7. 뉴시스(2012), LG전자, LTE 핵심 표준 특허 평가 세계 1위 굳혀, http://news.naver.com/main/read.nhn?mode=LSD&mid=sec&sid1=101&oid=003&aid=0004598533
8. 동아일보(2010), 아이리버로 앞서간 한국 MP3, 애플에 밀린 이유는?, http://news.donga.com/3/all/20100129/25800516/1
9. 매일경제(2012), 美서 맞붙는 삼성·LG 3DTV, http://vip.mk.co.kr/newSt/news/news_view.php?t_uid=20&c_uid=768474&sCode=21
10. 박순희(2011), 세계가 주목하는 중국 전자담배 시장 - 전자담배 판매에 특별한 규정 없어 온라인 판매율 높아, 글로벌윈도우
11. 박종록(2012), 기업분석 KT&G, 이트레이드코리아
12. 부산일보(2012), [이 주일의 역사] 폴라로이드 즉석사진기 개발(1947. 11. 6), http://news20.busan.com/controller/newsController.jsp?newsId=20121105000063
13. 이경수(2010), 이젠 포장기술이 제품 경쟁력 좌우, 지식경제부
14. 이지현(2010), 미국 전자담배 시장 - 7년 동안 규제 깨고 새로운 성장 상품으로 떠오르나?, 글로벌윈도우

15. 재경일보(2013), LTE 가입자수 SK텔레콤 · LG유플러스 · KT 순 … 작년 말 1,589 만명, http://news.jkn.co.kr/article/news/20130103/3081285.htm

16. 정지혜(2007), "창조적 모방 혁신으로 가는 길", LG 주간경제, pp.8-14

17. 조준일(2004), 선발 제품의 5대 성공 포인트, LG 주간경제, pp.22-26

18. 파퓰러사이언스(2009), 전자담배의 실체와 효용성, 파퓰러사이언스, http://popsci.hankooki.com/popsci_news/view.php?news1_id=5916&cate=21

19. 한국경제(2012), 'LTE전쟁'2라운드…이젠 서비스로 승부 http://www.hankyung.com/news/app/newsview.php?aid=2012082098181

20. 한국전자산업진흥회(2006), MP3 Player 산업경쟁력 조사, 무역위원회

21. 한국후지제록스(2010), '제록스'하면 무엇이 가장 먼저 떠오르세요?, http://blog.fujixerox.co.kr/56

22. 골든원더, http://www.goldenwonder.com/about-us.html

23. 대우일렉트로닉스, http://www.dwe.co.kr/

24. 루엔, http://www.ruyan.com.cn

25. 마이크로소프트다이나믹 CRM, http://www.microsoft.com/korea/dynamics/crm/

26. 삼성전자, http://www.samsung.com/sec/#mobile-devices-home

27. 스미스, http://www.smiths.com.au/index.php/

28. 아이리버, http://www.iriver.co.kr/

29. 애플, http://www.apple.com/kr/

30. 한국루엔, http://www.ruyankorea.ac.kr

MEMO

B U S I
N E S S

PART 04

기술과 연구개발

Chapter 01

기술과 연구개발

연구개발은 기업이 새로운 기술을 개발하거나 기존의 기술을 개선시키기 위해 가장 핵심이 되는 활동으로, 기업의 기술 경쟁력을 획득하는 것에 있어서 가장 중요한 원동력이다. 성공적인 연구개발을 통해 기업은 우수한 기술력을 바탕으로 시장에서 지속가능한 경쟁우위를 가질 수 있게 된다. 본 장에서는 연구개발의 개념과 진화 흐름, 연구개발활동 등에 대하여 알아본다.

1-1 연구개발의 개념

(1) 연구개발의 정의

새로운 기술을 개발하고 기존의 기술을 발전시키기 위해서는 반드시 연구개발(R&D) 과정이 수행되어야 한다. 연구개발은 연구와 개발의 합성어이다. 두 단어의 의미를 나누어 살펴보면, '연구'의 사전적 의미는 어떤 일 또는 사물에 관하여 깊이 있게 조사하고 생각하여 진리를 탐구하는 일로, 연구개발의 연구의 경우 새로운 과학적 지식을탐구하여 획득하기 위한 활동을 의미한다. 이러한 연구는 주로 과학자가 새로운 과학적 진리 탐구를 위하여 수행하는 영역이다. '개발'의 사전적 의미는 지식이나 재능 따위를 발달시키는 일로, 연구개발의 개발은 기존에 존재하는 과학지식을 응용하여 새로운 가치 창출을 위한 활동을 의미한다. 개발은 연구의 연속적인 활동으로서 연구의 결과물을 시작점으로 활용하게 되는데, 이는 주로 과학 지식을 이용하여 실용적인 활용 방안을 탐구하는 공학자의 영역으로 해석된다.

연구개발이란 과학기술 분야의 연구와 개발을 통합한 단어로 두 활동을 연속적인 하나의 개념으로 지칭하는 단어이다. 연구개발은 새로운 과학적 지식을 획득하여 축적하고 이렇게 얻어진 지식을 응용하여 새로운 가치를 창출하기 위하여 수행되는 창조적이고 체계적인 일련의 활동을 뜻한다.

(2) 연구개발 요소

연구개발은 그 성격과 분야에 따라 다양한 구성 요소를 가진다. 대부분의 연구개발은 공통적으로 연구목적, 연구인력, 연구비, 연구정보, 연구장비 5개의 기본 요소로 구성되어있다.

연구목적은 연구개발의 궁극적 목표로, 연구개발의 대상과 기대 결과 등을 포함한다. 이는 특정 연구개발 과제의 시작 원인이 되며 전체 과제의 방향성을 제시한다. 연구의 대상은 세상에 존재하는 모든 것이 가능하며 존재하지 않는 물질의 확인 자체도 연구 목적이 될 수 있다.

연구인력은 연구개발에 투입되는 모든 인력을 뜻하는데, 이는 연구개발인력과 과학기술인력으로 나뉜다. 연구개발인력이란 직접적으로 연구목적에 부합하는 연구개발을 수행하여 결과를 창출하는 핵심인력을 뜻한다. 과학기술인력이란 연구개발인력이 수행하는 핵심적인 활동을 보조하는 인력으로 견본을 제작하고 여러 측정 실험 및 검사 등을 수행하며 정책적인 업무를 담당한다.

연구비는 연구개발에 소요되는 비용을 의미한다. 연구비는 크게 연구에 직접 투입되는 예산인 직접비와 연구를 수행하기 위해 공통적으로 발생하는 경비의 개념인 간접비로 나뉜다. 직접비는 해당 연구와의 인과관계가 뚜렷한 비용으로 인건비, 출장비, 재료구입비, 회의비, 기술정보활동비 등이 속한다. 관점에 따라 인건비를 직접비와 분리하여 생각하기도 한다. 간접비는 해당 연구와의 인과관계는 모호하지만 연구를 수행함에 있어서 필수적으로 발생하는 비용으로 행정업무 처리비용, 전기·수도 요금 등이 포함된다.

연구정보는 연구개발을 위해 이용되는 정보로 크게 과학기술문헌정보, 특허정보, 상품정보로 나뉜다. 과학기술문헌정보는 논문 등의 학술지로부터 얻을 수 있는 정보이고 특허정보는 특허 등록 서류 상에 기재된 정보를 의미하며 상품정보는 특정 상품의 성능, 가격, 사용후기 등이 있다.

1-2 연구개발의 중요성

(1) 연구개발의 목표

연구개발의 가장 궁극적인 목표는 기업에게 필요한 핵심기술을 적기에 개발하는 것이다. 핵심기술을 적기에 확보함으로써 기업은 여러 가지 부수적 목표를 달성할 수 있다. 우선 핵심기술을 적합한 시기에 개발하여 다른 경쟁 기업과 차별화된 제품을 출시함으로써 기업의 시장 지배력을 높일 수 있다. 또한, 우수한 연구개발의 결과물은 차후의 연구개발의 기반 역할을 하여 기업이 연속적으로 우수한 기술을 개발할 수 있는 원동력이 된다. 연구개발을 통해 우수한 기술을 확보하고 이를 제품혁신이나 공정혁신에 이용함으로써 기업은 장・단기적 이윤을 창출할 수 있다. 뿐만 아니라, 경쟁기업보다 첨단 기술을 빠르게 개발하여 확보함으로써 기업은 기술적 측면에서 선도적 위치를 점할 수 있고, 이를 통해 시장에서의 기업의 이미지를 제고시킬 수 있다. 또한 연구개발에 대한 투자와 연구개발의 수행이 축적됨에 따라 기업은 자신의 연구개발역량을 향상시킬 수 있다.

(2) 연구개발 능력의 순환 구조

연구개발 능력을 확보하느냐 그렇지 못하냐에 따라 기업은 지속적으로 연구개발 역량을 강화시키는 선순환 혹은 약화시키는 악순환에 빠지게 된다([그림 4-1]).

연구개발 능력을 갖춘 기업은 핵심기술의 확보를 통해 높은 기술력을 바탕으로 한 고부가가치의 제품을 적기에 개발하여 시장에 출시할 수 있게 된다. 우수한 제품으로 기업은 높은 사업성과를 낼 수 있고 이것은 이윤 창출로 이어져 기업으로 하여금 여유자원을 확보할 수 있게 한다. 여유 자원은 연구개발에 대한 투자로 이용되어 선행 연구에 대한 심화된 연구개발을 진행하고 연구개발 역량을 강화할 수 있게 한다. 이는 다시 새로운 기술의 개발과 확보로 이어져 기업이 다시 연구개발 능력을 확보할 수 있게끔 한다. 또한, 우수한 연구개발 능력을 이용하여 고부가가치의 제품을 출시하고 이를 통해 높은 사업성과를 내어 확보한 여유자원은 연구개발 인력에 대한 높은 보상을 가능케 한다. 연구개발 인력에 대해 높은 수준의 보상을 지급함으로써 기업은 우수한 인력을 지속적으로 확보하고 유지할 수 있게 되고, 이는 다시 기업의 연구개발 능력을 신장시키는 요인으로 작용한다.

이에 반해 연구개발 능력의 부족은 높은 기술력을 필요로 하는 고부가가치 제품의 개발을 어렵게 하고 기업은 부가가치가 낮은 제품을 시장에 내놓게 된다. 이렇게 출시된 제품은 시장에서의 경쟁력이 낮아 저조한 사업성과를 내게 되고 이에 따라 기업은 충분한 이윤 창출에 어려움을 겪게 된다. 낮은 이윤은 여유 자원의 부족으로 이어지고 여유 자원이 부족해지면 연구개발에 대한 투자도 어렵게 되어 이미 개발된 선행 연구를 발전시키거나 연구개발 역량 향상을 위한 노력에 차질이 생긴다. 이에 따라 새로운 기술을 개발하는 것은 더욱 어렵게 되고 이는 다시 연구개발 능력을 확보하지 못하는 상황으로 이어지게 된다. 인력 측면에서도 여유 자원의 부족은 연구개발인력에 대해 충분한 보상을 어렵게 하고 이에 따라 기업이 우수한 인력을 확보하고 유지하는 것이 어렵게 된다. 이와 같은 우수 인력의 부족은 기업이 연구개발 역량을 향상시키는 것에 장애물로 작용하여 다시 연구개발 능력의 부족으로 이어지는 악순환을 초래하게 된다.

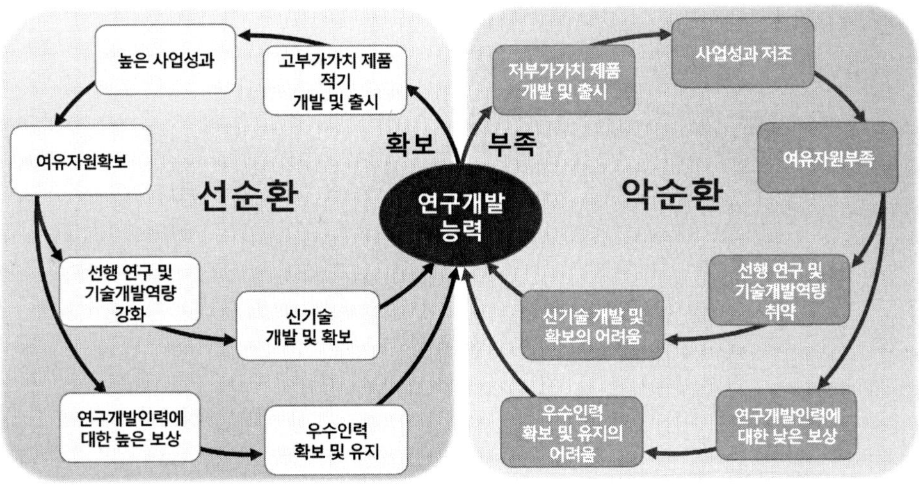

▸▸ 그림 4-1 연구개발 능력 확보에 따른 순환 구조

1-3 연구개발의 유형

연구개발은 기술중심적 연구개발과 시장지향적 연구개발로 나뉜다. 연구개발의 절차는 크게 필요한 기술을 개발하고 확보하는 단계와 확보한 기술 또는 개발을 목표로 하는 기술을 이용한 제품을 기획하고 개발하는 단계, 시장과 고객의 요구를 파악하는 단계로 나눌 수 있다. 기술중심적 연구개발과 시장지향적 연구개발은 이와 같은 기술개발의 단계에서 반대의 순서를 거치게 된다([그림 4-2]).

기술중심적 연구개발은 우선적으로 특정 기술을 개발하여 확보하게 되고 이를 이용한 제품을 기획하여 개발하게 된다. 이 후 개발된 제품에 대한 시장과 고객의 요구를 파악하는 단계를 거치게 된다. 이에 반해 시장지향적 연구개발은 우선적으로 시장과 고객의 요구를 파악하여 이를 반영한 제품을 기획함으로써 시장에서 원하는 기술을 개발하고 확보하게 한다.

기술중심적 연구개발은 시장과는 거리를 두고새로운 기술을 개발하기 때문에 시장의 동향만으로는 예측하기 어려운 파괴적인 혁신을 가져올 수 있다. 또한 경쟁기업과 함께 시장을 분석하여 연구개발을 수행하는 것이 아니기 때문에 경쟁기업과의 차별화의 기회를 마련할 수 있다. 뿐만 아니라 실제 연구개발을 수행하는 연구자가 설정한 방향대로의 연구개발을 진행함으로써 연구개발인력의 연구 의지를 북돋고 연구자의 지적 호기심을 고무시킨다. 하지만 기술중심적 연구개발은 시장의 요구를 바탕으로 수행되지 않기 때문에 기술이 개발된 이후 그 기술이 시장의 수요에는 부합하지 않을 수 있다는 위험성을 가진다. 또한 큰 방향성을 갖기 어렵기 때문에 개발한 기술이 실패하는 경우 그 기술을 다음 연구개발의 기반으로써 활용하는 것이 어렵다. 기업이 기술중심적 연구개발을 계속할 경우에는 시장흐름과 점점 멀어져 시장의 요구와 동떨어진 연구개발을 독자적으로 진행할 위험성이 존재한다.

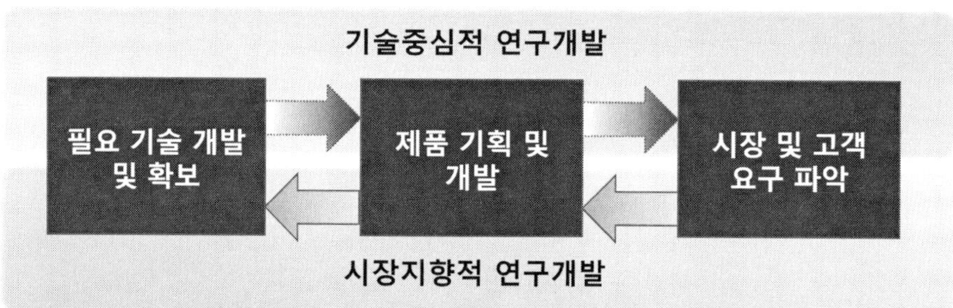

►► 그림 4-2 기술중심적/시장지향적 연구개발 프로세스

이에 반해 시장지향적 연구개발의 경우 시장의 요구를 기반으로 연구개발의 방향을 설정하기 때문에 시장의 흐름에 부합하는 안전한 연구개발을 수행할 수 있게 한다. 또한 소비자의 구매 특성, 패턴 등의 시장이 흘러가는 방향성을 분석하여 그에 따라 연구개발을 수행하기 때문에 하나의 연구개발 과제의 결과를 다음 연구개발 과제의 기반으로써 활용할 수 있다. 시시때때로 변화하는 시장 환경 속에서 시장지향적 연구개발을 수행하는 기업은 시장의 변화에 항상 촉각을 곤두세우고 있기 때문에 시장의 요구가 변화함에 따라 빠르게 대응하여 연구개발방향 또는 세부목표 등을 재구성할 수 있는 유연한 연구개발체계를 구축할 수 있다. 하지만 시장지향적 연구개발은 모든 경쟁기업이 함께 속해있는 시장 내의 근거를 바탕으로 수행되기 때문에 예측하기 쉬운 방향을 갖는 경우가 많다. 그렇기 때문에 대부분의 경쟁 기업이 시장에서 분석한 흐름에 따라 같은 기술 범위 내에서 연구개발을 수행하게 되고, 이는 기술 범위 내의 높은 경쟁 강도를 유발한다. 또한, 기술중심적 연구개발에서 시장의 상황만으로 예측이 어려운 파괴적 혁신을 이루고 이것이 시장에서 성공할 경우 시장의 판도가 급격히 달라지기 때문에 기존의 시장을 바탕으로 수행된 시장지향적 연구개발의 결과물로 우위를 점하기는 매우 어렵다. 기업이 지속적으로 시장지향적 연구개발만을 수행할 경우 현재의 시장을 바탕으로 예측이 가능한 단기적인 이윤만을 추구하기 쉽다는 위험을 수반한다. 또한 기업이 시장을 분석하여 내놓은 전략적 방향에 따라 연구개발이 수행되기 때문에 연구개발인력이 갖고 있는 지적 탐구심이나 호기심을 고무하기에는 어려움이 따른다.

1-4 사례연구: 국내외 연구개발비 현황

OECD에서 집계하는 국가별 총 연구개발비 현황 중 한국을 포함한 주요 7개국(한국, 미국, 일본, 독일, 프랑스, 중국, 영국)의 2007년부터 2010년까지의 투자 현황은 [그림 4-3]과 같다. 전반적으로 총 연구개발비 규모는 미국, 일본, 독일이 각각 첫 번째, 두 번째, 세 번째로 크며 그 외의 한국, 프랑스, 중국, 영국의 총 연구개발비 규모는 한국이 약간 저조한 수준이긴 하나 전반적으로 비슷한 규모인 것으로 나타났다. 특히, 미국의 총 연구개발비 규모는 약 4,000억 달러로 그 다음으로 연구개발비가 많은 약 1,500억 달러의 일본의 연구개발비 규모의 2배 이상이다.

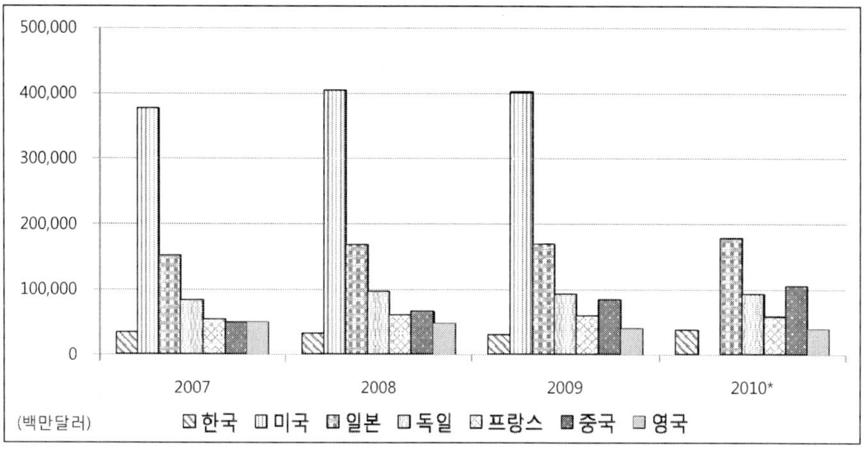

* 2010년 미국 총 연구개발비는 집계되지 않음

[출처: OECD(2012)]

▸▸ 그림 4-3 주요 국가별 총 연구개발비

주요 국가별 총 연구개발비를 국가별 국내총생산(GDP: Gross Domestic Product) 대비 비율로 나타내면 [그림 4-4]와 같다. 총 연구개발비 규모는 한국이 다른 6개국에 비해 작은 편이나 GDP 대비 연구개발비 비중은 총 연구개발비 규모가 90억 달러 수준에 그쳐 주요 7개국 내에 포함되지 않은 이스라엘을 제외하면, 일본과 함께 세계 최고 수준이다. 주요 7개국 중 상대적으로 프랑스, 중국, 영국의 GDP 대비 연구비 투자 비중이 작은 것으로 나타났다.

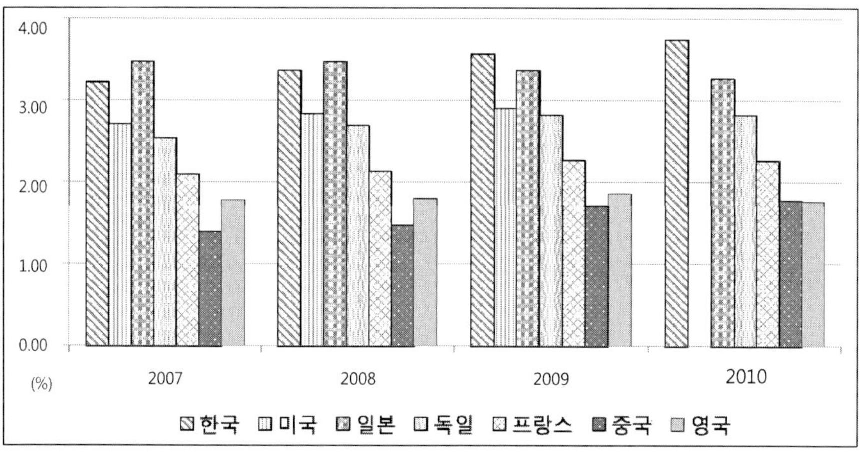

* 2010년 미국 총 연구개발비는 집계되지 않음

[출처: OECD(2012)]

▸▸ 그림 4-4 주요 국가별 GDP대비 연구비 비중

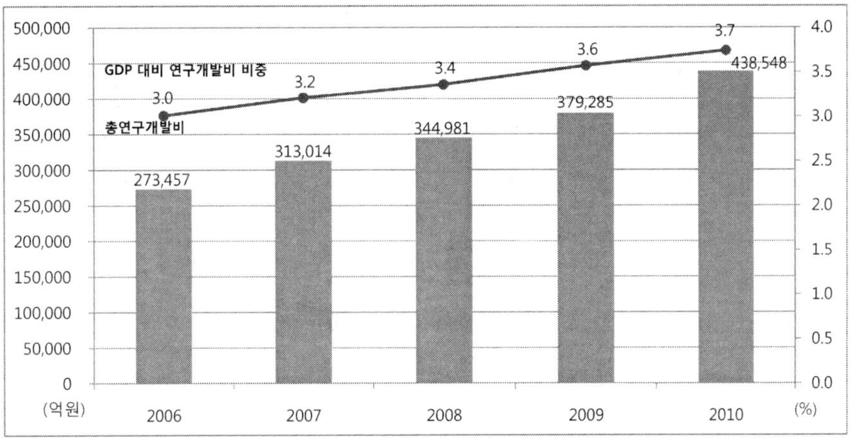

[출처: 한국과학기술기획평가원(2007-2011)]

▸▸ 그림 4-5 우리나라 연구개발비 현황

우리나라 연구개발비 현황을 좀 더 자세히 살펴보면 [그림 4-5]와 같다. 2006년부터 2010년까지 5년간 연구개발비 규모는 약 60% 증가하였고, GDP 대비 연구개발비 비중도 3.0%에서 3.7%로 꾸준히 증가하고 있다.

특허 출원 건수는 연구개발투자에 대한 성과를 알아보기 위해 일반적으로 사용되는 지표 중 하나이다. 국제 특허의 경우 미국특허청(USPTO: United States Patent and Trademark Office), 일본특허청(JPO: Japan Patent Office), 유럽특허청(EPO: European Patent Office)에 모두 출원된 특허를 가리키는 삼극특허(triadic patent families) 건수가 주로 이용되는데 이는 OECD에서 국가별 특허 건수를 비교하기 위해 개발한 지표이다. 2007년에서 2010년까지의 주요 7개국의 삼극특허 출원 현황은 [그림 4-6]과 같다. 미국과 일본의 경우 연간 삼극특허 출원 건수가 약 14,000건 수준으로 다른 국가들에 비해 월등히 많은 것으로 나타났으며 독일은 약 6,000건 출원하였고 한국, 프랑스, 영국의 삼극특허 출원 건수 규모는 약 2,000건 수준이다. 이에 반해 중국의 삼극특허 출원 성과는 꾸준히 증가하고는 있으나 1,000건이 채 미치지 못하는 것으로 나타났다. 국가별 총 연구개발비 투자 규모가 미국이 독보적으로 많고 중국도 한국에 비해 많은 수준임을 고려해보았을 때 일본이 상대적으로 매우 우수한 성과를 거두고 있고 중국은 상대적으로 저조한 성과를 내고 있다는 것을 파악할 수 있다. 그러나 이러한 삼극특허는 미국, 일본, 유럽 특허청에 모두 출원되어있는 특허를 뜻하기 때문에 7개국 국가 중 한국과 중국을 제외한 5개국, 미국, 일본, 독일, 프랑스, 영국에게 유리한 지표로서 이용될 수 있다. 이를 생각해보았을 때 한국의 삼극특허 건수가

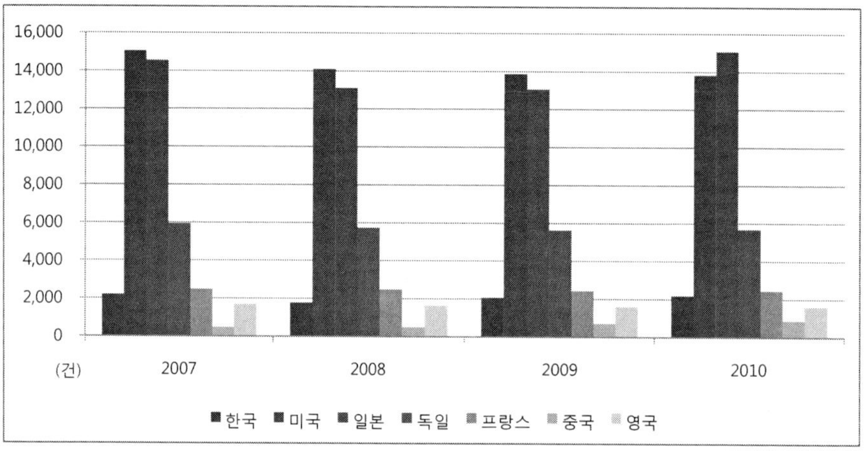

[출처: OECD(2012)]

▸▸ 그림 4-6 주요 국가별 삼극특허 건수

프랑스, 영국 등의 유럽 국가와 같은 수준인 것과 주요 7개국 중 가장 저조한 수준인 총 연구개발비를 고려해보면 한국은 연구개발에 대한 투자에 비하여 상당히 좋은 성적을 거두고 있음을 알 수 있다.

우리나라의 연구개발 성과를 좀 더 자세히 알아보기 위해 최근 5년 간의 논문 게재편수와 특허 출원 건수를 살펴볼 수 있다. 과학기술논문 인용색인(SCI: Science Citation Index) 논문 게재 수는 특허 출원 건수와 함께과학기술 분야의 연구개발활동의 산출물을 측정하기 위해 활용되는대표적인 지표이다. SCI는 미국의 학술정보전문기관 톰슨사이언티픽(Thomson Scientific)사가 학술적 기여도가 높은 학술지를 엄선하여 게재 논문의 색인과 인용정보 등을 수록한 데이터베이스이다. [그림 4-7]과 같이 우리나라 SCI 논문 편수는 2007년 이후 꾸준히 증가하고 있고 세계 SCI 논문 점유율도 증가하는 추세이다. 우리나라의 SCI 게재 논문 세계 점유율 순위는 지속적으로 10위 초반권에 머무르고 있다.

국내 특허 출원 현황을 자세히 살펴보면 [그림 4-8]과 같다. 매년 국내 특허는 17,000여 건, 국제특허(삼극특허)는 2,000여 건 출원되고 있다. 국내특허 출원 건수 규모는 국제특허의 약 7 ~ 8배 수준으로 뚜렷한 수준이다.

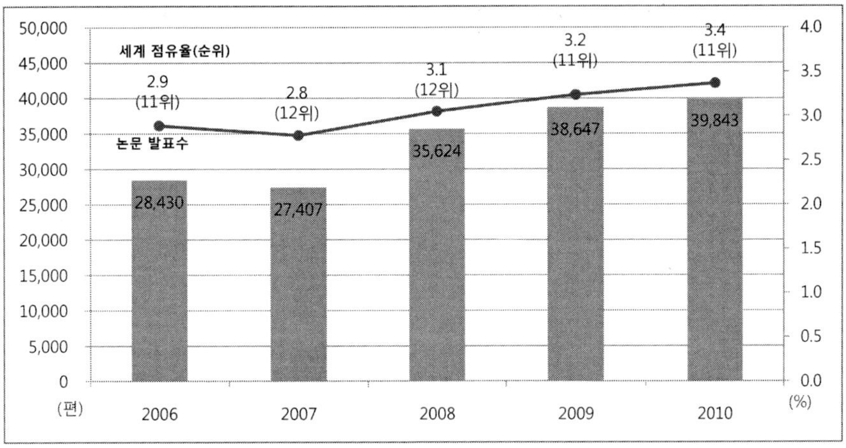

[출처: 교육과학기술부(2007-2011)]

▸▸ 그림 4-7 우리나라 SCI 논문 편수

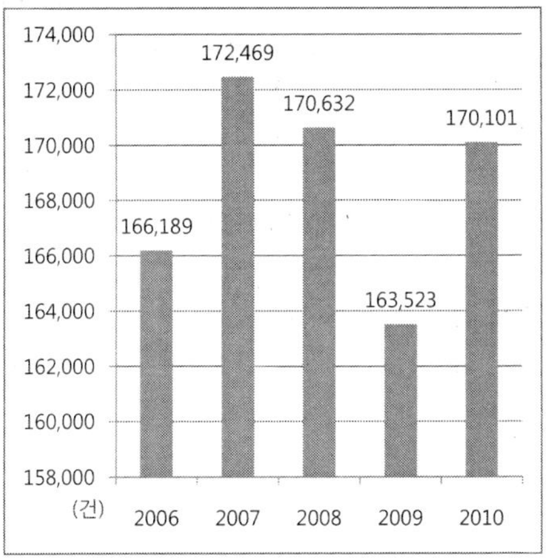

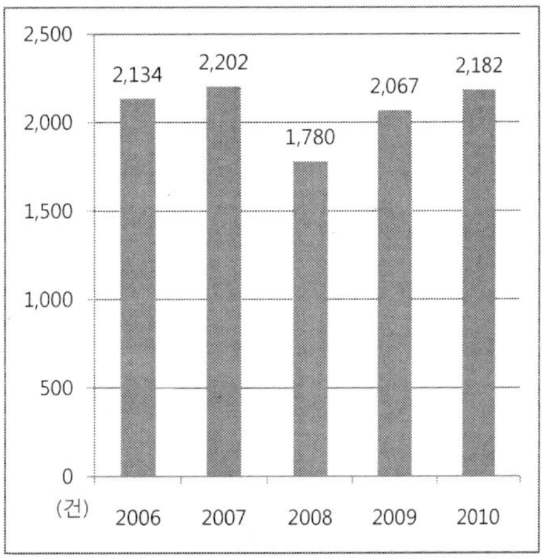

[출처: 특허청(2007-2011), OECD(2012)]

▸▸ 그림 4-8 우리나라 국내특허(좌) 및 국제특허(우) 출원 건수

Chapter 02

연구개발의 발전

산업혁명 이후에 본격적으로 연구개발의 개념이 정립된 이후 현대에 이르기까지 연구개발은 다양한 특징을 보이며 발전해왔다. 연구자의 지적 탐구심을 충족시키기 위해 시작된 연구개발은 점차 기술이나 과학지식, 연구자의 호기심보다 시장이나 고객을 먼저 생각하고 기술 개발이라는 개별 기능의 특수성에 집중하기 보다는 전 부문의 통합적인 운영 체계와 소통을 중시하는 방향으로 진화해왔다. 연구개발은 연구개발의 협력 범위 및 특성에 따라 크게 4세대로 나눌 수 있고, 현재는 차세대 연구개발로서 5세대 연구개발이 등장한 상태이다([그림 4-9]).

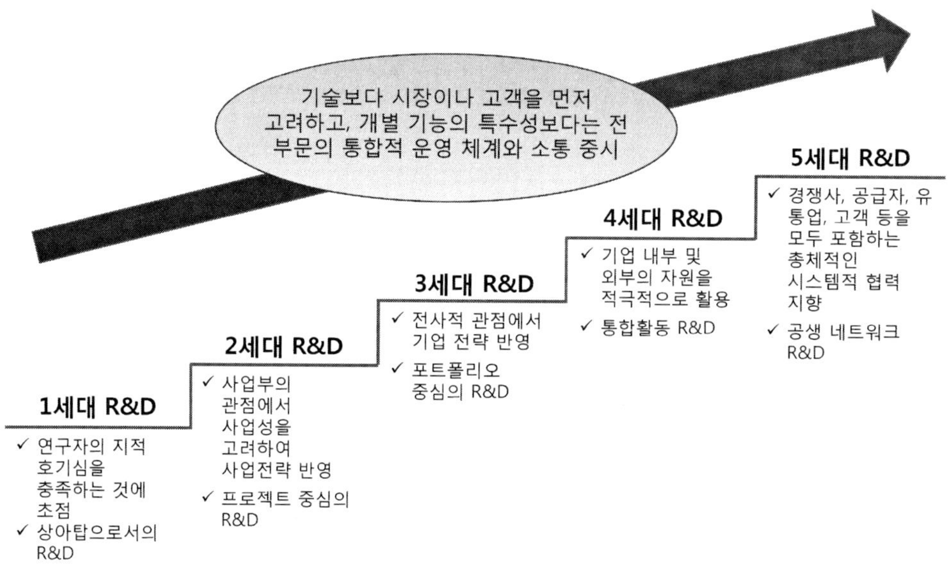

▸▸ 그림 4-9 연구개발의 진화

2-1 제1세대 연구개발

제1세대 연구개발은 산업혁명 이후부터 1950년까지의 연구개발 시기이다. 이 시기 동안 대부분의 연구개발은 수요에 대한 정보가 없이 이루어져 제1세대 연구개발은 미지의 수요(black hole demand)의 시대라고 불린다.

제1세대의 연구개발은 대부분 기업 또는 사업의 전략이나 목표와는 무관하게 연구자의 지적 호기심을 위하여 진행되었다. 이에 제1세대 연구개발은 지적인 탐구를 추구하는 상아탑에 비유하기도 한다. 한편 기업의 전략과 지향점에 적합한 지의 여부와 관계 없이 학술적 호기심을 좇아 진행된다는 점에서 방임형 연구개발이라고도 불린다. 이 시기의 연구개발은 상품에 대한 방향성 없이 우선적으로 기술개발이 진행되고 개발된 기술을 후에 상품으로 발전시키는 기술주도 형식으로 진행되었다. 이와 같이 학술적 호기심을 충족시키기 위한 연구개발은 연구자 개개인이 스스로를 독립적으로 학문을 추구하는 개체로 여기게 하여 연구자간의 경쟁을 유발하였고, 이는 연구자간의 의사소통을 제한하였다.

이 시기의 연구개발 관리는 연구개발 그 자체를 사업의 전략과 독립적인 핵심 전략으로 여겼다. 그렇기 때문에 연구개발에 사용되는 비용은 사업 전략의 성공을 위한 직접 경비가 아닌 간접 경비로 인식되었다. 제1세대의 연구개발에서는 연구개발 조직은 전통적인 위계질서를 갖춘 형태로 구성되어 있으며 연구개발 조직은 계층 및 기능 중심으로 관리되었다.

경영 측면에서는 연구개발에 있어서 개발된 개별 기술 자체를 경영해야 할 자산으로 인식하였고, 기업의 기존 고객을 경쟁사에게 빼앗기지 않고 새로운 고객을 모으기 위한 고객 확보의 초점에서 진행되었다. 제1세대의 연구개발은 선기술개발후상품화 과정을 거치기 때문에 상품화 및 사업 전략을 고려하지 않고 수행되어 연구개발 행의 방향성 없이 결과물이 성공하리라는 막연한 기대를 가지게 된다는 한계점을 가진다.

2-2 제2세대 연구개발

연구개발의 제2세대는 1950년부터 1980년까지의 연구개발 시기를 가리킨다. 이 시기의 기업은 연구개발을 시장 점유율을 확보하기 수단으로 이용하기 위해 고객으로 초점을 돌려 연구 및 개발활동을 수행하였다. 이에 제2세대의 연구개발은 시장 점유율 전쟁(market shares battle)으로 표현되기도 한다.

이 시대의 연구개발은 연구자 중심에서 특정한 목표를 가지는 프로젝트 중심으로변화하고 연구개발 프로젝트의 진행 및 성과에 대한 관리를 시작하게 된다. 연구개발을 통해 시장 점유율을 증가시키거나 유지하기 위하여 연구개발은 수익 및 고객 확보를 위한 단기적인 사업적 요구나 전략의 방향을 반영하는 수요견인의 방향으로 진행되었다. 사업에서 필요한 기술을 개발하고 연구개발의 결과물을 즉각적으로 사업에 반영하여 시장에 내놓기 위하여 제2세대의 연구개발에서는 기술 개발 영역과 사업부서 사이의 적극적인 협력과 의사소통이 강조되었다.

제2세대의 연구개발에서는 연구개발 그 자체보다는 연구개발의 결과물을 직접적으로 사업에서 활용하기 위하여 사업과 연구개발의 연계가 핵심 전략으로 여겨진다. 기술적인 목표를 가지고 설계되어 진행되는 프로젝트 중심으로 연구개발의 관리가 이루어지기 때문에 연구개발 과정에서 소요되는 비용이나 결과물에 의해 창출되는 이익들이 개별 프로젝트 단위로 관리된다. 관리의 단위가 프로젝트로 변화하면서 전통적인 기능 중심의 연구개발 조직이 아닌 구성원들이 기능 부문과 프로젝트 부문에 동시에 속하게 되는 매트릭스 조직으로 연구개발 조직이 구성되어 관리되게 된다. 이 시기에 데이터를 기반으로 한 IT 지원시스템이 등장하면서 이를 이용한 연구개발 관리가 수행되게 된다.

경영 측면에서는 연구개발의 결과물인 기술이 아닌 사업 상의 요구사항을 충족시키기 위해 설계되어 진행되는 연구개발 프로젝트가 경영해야 할 자산으로 인식하게 된다. 여전히 경영진에게 있어서 연구개발은 기존의 고객을 잃지 않고 새로운 고객을 유인하기 위한 수단으로 여겨진다. 제2세대 연구개발은 제1세대 연구개발이 가졌던 한계점을 보완하기 위해 시장의 요구를 반영하는 형태로 수행되었다. 그러나 이 시기의 연구개발은 개별 프로젝트 중심으로 연구개발이 진행되고 관리됨에 따라 연구개발 수행 주체가 다수의 프로젝트간의 우선순위를 부여하고 이에 따라 자원을 배분하는 과정에서 어려움을 가진다는 한계점을 지닌다.

2-3 제3세대 연구개발

제3세대 연구개발은 1980년부터 1990년대 중반까지의 연구개발 시기를 지칭하는 말로 이 시기의 연구개발은 연구개발 프로젝트 간의 합리성을 추구에 초점을 맞추게 된다. 이에 제3세대의 연구개발은 합리화를 위한 노력(rationalization efforts)이라고 표현되기도 한다.

제3세대 연구개발에서는 프로젝트 단위의 연구개발에서 연구개발 프로젝트를 기업이나 연구소 등의 연구개발 수행주체 단위로 묶은 포트폴리오(portfolio) 단위의 연구개발로 변화하게 된다. 또한 제2세대 연구개발의 개별 사업부의 전략과의 연계에서 확장하여 전사적 전략을 통합하여 기술개발을 진행하는 전략형 연구개발이 수행되게 된다. 이 시기의 연구개발에서는 전사차원의 통합적인 관리와 유기적인 연구개발 진행을 위하여 기술영역과 해당 기술과 연계된 사업부서와의 협력을 넘어 전사 차원에서의 적극적이고 활발한 협력과 의사소통이 강조되게 된다.

이 시기의 연구개발 관리에서는 기술개발과 사업과의 경계가 흐려지면서 두 부문의 통합이 핵심전략으로 떠오르게 된다. 또한 연구개발 프로젝트를 개별적으로 관리하는 것이 아닌 모든 프로젝트를 한 번에 고려하여 체계적이고 전사적인 차원에서 관리하는 것이 강조되었다. 이에 기업은 프로젝트 간의 예상되는 위험과 기대되는 수익을 고려하여 균형 잡히고 합리적인 포트폴리오를 구성하여 관리하는 것에 초점을 맞추어 연구개발을 관리하였다. 제3세대 연구개발에서는 정보 기반의 IT 지원시스템이 등장하면서 연구개발 관리를 지원하게 된다.

경영 측면에서는 기술개발과 사업, 개별 프로젝트 간의 경계가 흐려지면서 전사 관점에서의 기업 자체를 경영해야 할 자산으로 인식하게 된다. 이전의 제1세대와 제2세대에서는 연구개발을 더 많은 고객을 확보하기 위한 수단으로 이용한 것에 반해 제3세대의 연구개발부터는 고객의 규모를 넘어 고객의 만족도에 초점을 맞춘 연구개발을 수행하게 된다. 제3세대 연구개발은 연구개발 프로젝트를 수행 주체의 관점에서 통합하여 관리하기 때문에 프로젝트 간의 우선순위를 정하여 합리적으로 연구개발자원을 분배할 수 있게 되었다. 그러나 제3세대 연구개발은기업의 전략을 중심으로 수행되기 때문에 치열해지는 기술 경쟁과 급격하게 기술이 변화하는 환경 내에서 고객의 잠재적인 요구를 파악하기 어렵다는 한계점을 가진다.

2-4 제4세대 연구개발

제4세대 연구개발은 1990년대 중반 이후의 연구개발을 지칭하는 말로 기술 및 시장의 요구가 빠르게 변화하는 환경 속에 놓여져 있기 때문에 시간 기반의 경쟁(time-based struggle)으로 불린다. 기술이 매우 복잡해지고 수많은 방향으로 다각화됨에 따라 융·복합적인 과학기반의 산업이 등장하게 된다. 이에 따라 이전 시대까지의 연구개발과 같은 형태의 특정 분야 내에서 단독적으로 연구개발을 수행하는 것이 한계에 부딪히게 된다.

제4세대의 연구개발은 기술 분야와 사업 영역을 넘나드는 통합형 연구개발 형태를 지니게 되고 다양한 분야의 기술의 접목을 통하여 미래 기술을 개발해내는 기술 융합을 추구하게 된다. 또한 드러나 있는 과거 또는 현재 시장의 흐름이나 기업의 전략에 만의존하는 것이 아닌 고객과의 상호학습을 통한 기술개발을 지향한다. 연구개발 과정에서 활용되는 지식 자체를 기업의 자원으로 여기고 관리하는 지식경영의 중요성이 강조되고 급변하는 시장에 대한 각종 정보와 시장 및 조직 내부의 활발한 의사소통이 강조되게 된다. 뿐만 아니라 연구개발이 시장에서의 성공을 위한 기업의 내부 활동이라는 관점에서 벗어나 외부의 가능한 협력주체를 적극적으로 활용하여 긴밀하게 소통하는 연구개발 구조가 구축된다.

이 시기의 연구개발 관리에서는 시장에 드러나있지 않은 잠재적인 요구를 빠르게 파악하여 관리하기 위하여 고객을 연구개발과 동떨어진 객체가 아닌 연구개발에 함께 참여하는 주체로서 통합하여 진행하는 것이 핵심 전략으로 여겨진다. 또한 연구개발 조직 내의 효과적인 지식의 확산 및 관리를 위하여 함께 모여 지식을 나누고 학습하는 실천공동체(CoP: Communities of Practice)가 등장하게 된다. 연구개발이 제4세대에 접어들면서 연구개발을 관리하는 IT 지원시스템 또한 매우 복잡해지고 다양해지는 양상을 보임에 따라 모든 기업이 동일한 형태의 지원시스템을 이용하는 것이 아닌 IT 지원시스템 자체가 경쟁무기의 일환으로써 작용하게 된다.

경영 측면에서는 기업 내부의 관점에서 벗어나 고객 자체가 현재의 수익 원천인 동시에 미래의 성공을 위하여 기업이 파악해야 하는 잠재적 요구를 갖고 있는 대상으로 여겨지면서 고객이 경영해야 하는 자산으로 인식되게 된다. 제3세대에 이어 제4세대 연구개발에서도 단기적인 관점에서의 시장점유율 및 고객 확보가 아닌 고객의 만족에 초점을 맞춘 연구개발이 진행된다. 제4세대 연구개발은 급격히 변화하는 기술 및 시장 환경 속에서 잠재적인 고객의 요구를 이끌어내어 기술 개발을 진행하는 것을 지향하고 있다.

2-5 연구개발의 진화 및 차세대 연구개발

앞서 살펴본 제1세대부터 제4세대까지의 연구개발의 특징을 살펴보면 [표 4-1]과 같다. 연구개발은 점차적으로 연계 조직과 수행 주체의 범위가 확장되고 다양성을 추구하는 형태로 진화되어 왔다.

▸▸ 표 4-1 제1세대-제4세대 연구개발별 주요 특징

세대 (자산)	제1세대 (기술)	제2세대 (프로젝트)	제3세대 (사업)	제4세대 (고객)
시기	산업혁명-1950년	1950-1980년	1980-1990년대 중반	1990년대 중반-
핵심전략	고립된 R&D	사업과의 연계	기술과 사업의 통합	고객 통합 R&D
변화요인	예측 불가능한 우연성	상호의존성	체계적 R&D 관리	불연속적인 글로벌 변화 가속
성과	간접경비	비용 분담	위험/보상 균형	생산성의 역설
구조	계층적; 기능중심	매트릭스 조직구조	분산된 조정	다차원의 실천공동체
인력	집단간 경쟁	사전적 협력	조직화된 협력	가치와 역량에 초점
프로세스	최소의 의사소통	프로젝트 기반	목적지향의 R&D/포트폴리오	Feedback 회로와 정보의 지속성
지원기술	IT의 태동기	데이터 기반	정보 기반	경쟁무기로써IT

최근 제1세대부터 제4세대까지의 연구개발의 진화에 이어 제5세대 연구개발이 차세대 연구개발 개념으로 등장하고 있다. 제5세대의 연구개발은 수행 주체가 되는 기업과 대상 고객과의 연계에서 범위를 더욱 확장하여 사업에 관련된 모든 주체를 연결하는 공생 네트워크 측면의 연구개발을 추구한다. 제5세대 연구개발에서는 주체가 되는 기업과 산업 내의 경쟁사, 공급자, 유통업자, 고객 등을 총망라하는 총체적인 규모의 네트워크가 시스템적인 구성 내에서 서로를 협력하는 것을 지향한다. 또한 제품의 개발 속도를 제어하여 적기에 제품을 시장에 출시하는 것이 매우 중요해짐에 따라 연구와 개발을 분리하여 진행하는 특징을 가진다.

제5세대의 연구개발에서는 네트워크 내의 모든 구성 주체의 협력을 통하여 혁신을 이룩해내는 시스템을 핵심적인 역량으로 여겨지며 공생 네트워크 상의 지식의 흐름을

관리하는 것이 강조된다. 또한, IT 지원 시스템이 정보 지식 프로세서의 역할을 하며 연구개발 상에 이용되는 정보와 지식을 모두 통합관리하게 된다.

경영 측면에서는 네트워크 상에 가시적인 형태 또는 비가시적인 형태로 이동하는 지식이 경영해야 하는 핵심 자산으로 인식되게 되며 고객 만족을 넘어 공생 네트워크 상에 함께 존재하는 고객이 연구개발의 결과물을 이용하여 함께 성공하는 것에 초점이 맞춰지게 된다. 제5세대 연구개발은 연구개발의 관련 주체의 범위와 협력 대상을 더욱 확장시켜 공급자와 시장의 요구를 초기에 파악하여 타기업과 밀접한 협력개발 체계를 구축하는 것을 연구개발의 지향점으로 설정한다.

2-6 사례연구: P&G의 C&D

우리가 일상생활에서 사용하는 매우 많은 종류의 생활용품에서 쉽게 P&G의 제품을 접할 수 있다. P&G는 1931년에 동서지간인 프록터(Proctor)와 갬블(Gamble)이 함께 미국 오하이오주 신시내티에 창립한 생활용품 제조업체이다. 대표적인 브랜드로는 팬틴, 헤드앤숄더, 질레트, 브라운, 오랄비 등이 있으며 총 300여개의 브랜드를 보유하고 있다. P&G는 연 800억 달러 수준의 글로벌 매출액을 자랑하는 세계 최고의 생활용품 업체이다.

P&G는 4세대 연구개발을 적극적으로 활용하는 대표적인 기업 중에 하나인데, P&G에서 사용하는 연구개발 모델은 개방형 4세대 혁신 모델로 전통적인 R&D(Research & Development)의 개념을 변형시킨 C&D(Connet & Development)이다. C&D는 내부의 R&D 역량을 외부의 기술 또는 아이디어와 연계하는 새로운 개방형 기술혁신 모델로, P&G에서는 C&D를 2000년부터 시행하고 있다. P&G가 속해있는 일반 소비재 산업의 경우 기술의 수명이 짧아 기술수명주기가 빠르게 진행되기 때문에 연속적으로 참신한 신제품을 빠른 속도로 개발하는 것이 중요하다. 이에 P&G는 C&D 모델을 통해 외부 자원을 적극적으로 활용함으로써 신제품 개발 역량을 향상시키고 새로운 제품을 고안하여 시장에 출시하기까지의 시간을 감소시킬 수 있었다.

P&G의 C&D는 기업이 내부의 자원만을 활용하여 새로운 기술을 개발하여 제품에 적용하는 자체개발과 목표 제품을 위하여 필요한 기술을 외부에서 구매하는 아웃소싱(outsourcing)과는 차이점을 가진다. 자체개발과 비교해보았을 때 C&D는 연구개발의 일부인 기술이나 최초 아이디어를 외부에서 도입한다는 점에서 다른 점을 가지고, 기

술의 개발을 외부업체에 전적으로 맡기는 것이 아니라 내부 역량을 연결시켜 수행한다는 점에서 아웃소싱과도 다른 특징을 가진다.

이러한 C&D 모델의 실현을 위해 P&G는 다양한 시행 전략을 펼친다. P&G는 회사 공식 홈페이지 내의 C&D 페이지를 통해 C&D를 외부에 홍보하고 외부로부터 협력 파트너를 모집한다. C&D 페이지에서는 지난 C&D 성공 사례를 공유함과 동시에 P&G가 원하는 혁신 내용을 공개하여 외부로부터 가능한 아이디어를 모집하고 잠재적 협력 주체를 모집한다. 이와 동시에 P&G는 안정적인 글로벌 역량을 확보하고 견고한 네트워크를 구축하기 위해 전문 기술 중개업체와의 협력을 수행한다. P&G가 협력하는 기술 중개회사로는 나인시그마(Ninesigma), 유어앙코르(YourEncore), 옛투닷컴(Yet2.com), 이노센티브(Innocentive)가 있으며 이들 업체들은 P&G가 지향하는 혁신을 위한 참신한 아이디어를 확보하거나 보유하고 있는 아이디어를 실현하기 위해 전문성을 가진 외부 인력 또는 외부 업체를 연결시켜주는 매개체로서 활용된다.

프링글스 프린트(Pringles prints) 제품은 P&G의 C&D의 대표적인 성공사례로 꼽힌다. 프링글스는 1968년에 P&G가 최초로 판매하기 시작한 제품으로 전세계에서 가장 사랑받고 있는 과자 중 하나이다. 프링글스는 2011년에 다이아몬드 푸드(Diamond Food)에 23.5억 달러에 매각되었고, 2012년 다이아몬드 푸드가켈로그(Kellogg)에 26.7억 달러에 다시 매각하였다. 프링글스 프린트는 2004년에 출시된 프링글스 시리즈로 과자 표면에 퀴즈, 농담, 캐릭터 등이 인쇄되어 있는 제품이다. P&G는 과자 위에 어구나 그림 등을 인쇄하기 위하여 다각도로 연구개발을 진행하였지만 높은 습도와 온도를 가진 갓 튀겨진 과자에 정교하게 인쇄가 가능한 식용 물감을 개발하는 것에 어려움을 느끼고 있었다. 이에 P&G는 이 문제를 글로벌 네트워크에 공개하였고 이를 통해 이탈리아에서 작은 베이커리를 운영하고 있던 대학 교수와 연결될 수 있었다. P&G는 이 교수가 개발한 식용 잉크를 이용하여 제품 개발에 성공하였고, 제품은 큰 매출 성과를 올리게 된다.

Chapter 03

연구개발활동의 개념 및 분류

3-1 연구개발활동의 개념

(1) 연구개발활동의 개요

연구개발활동이란 조직에서 필요한 기술을 파악하고 그 기술을 내부에서 개발하여 획득하기 위해 조직 내의 기술 개발에 이용될 수 있는 자원을 활용하는 일련의 과정을 뜻한다. 조직은 여러 가지 동기에 의해 필요한 기술을 연구개발활동을 수행함으로써 획득하게 된다. 연구개발활동을 수행하여 기술을 획득하게 되면 단기적인 기술의 적용뿐만 아니라 장기적이고 연속적으로 해당 기술을 개선할 수 있는 제어권을 가질 수 있다. 이와 같이 기술을 직접 개발함으로써 얻게 되는 기술에 대한 제어권을 이용하여 기업은 장기적으로 기술을 개선시킴으로써 기술이 적용된 제품의 기능을 향상시킬 수 있고 제품의 원가 개선 또한 가능하다. 한편 기술에 대한 제어권을 획득하기 위해서가 아니라 조직이 필요한 기술이 외부에서 획득하기가 불가능하거나 매우 어려울 경우에는 선택권의 부재로 인해 연구개발활동을 수행하기도 한다.

연구개발활동은 크게 6단계의 과정을 걸쳐 수행된다([그림 4-10]). 아이디어 발굴 단계에서 조직은 개발하고자 하는 제품이나 향상시키고자 하는 성능 등을 분석하여 조직에 필요한 기술을 파악한다. 프로젝트 기획 단계에서는 필요한 기술을 개발하기 위한 프로젝트를 설계하여 아이디어를 구체화시킨다. 자원배분 단계에서는 기획된 프로젝트 전체에 투입될 자원의 종류와 양 등을 결정하고 연구개발 프로젝트 내 각 부문들에도 중요도와 난이도 등을 고려하여 자원을 배분한다. 연구개발 수행 단계에서는 설계된 프로젝트가 실제로 착수되어 연구개발 활동이 진행되게 되고 이와 함께 연구개발의 진행 정도와 소비되는 자원, 중간 결과물 등을 확인하여 필요할 경우 통제하거나 제어하는 연구개발 관리 단계를 거치게 된다. 이와 같이 수행된 연구개발활동에서 나온 최종 결과물을 평가하는 결과 평과 단계를 거쳐 하나의 연구개발활동은 마무리된다. 이 후 이전 연구개발활동의 결과 평가단계에서 도출된 한계점이나 차후 개선책 등이 새로운 아이디어의 시발점으로 작용하여 새로운 연구개발활동을 시작하게 되는 순환과정을 거치게 된다.

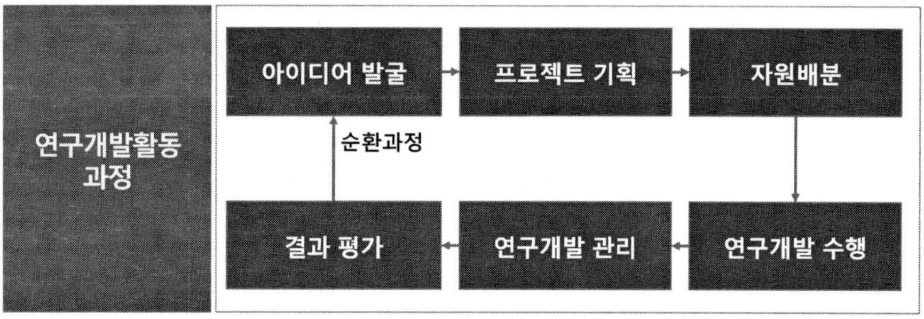

▶▶ 그림 4-10 연구개발활동 과정

(2) 연구개발활동 구성

연구개발활동은 연구개발활동의 범위, 조직, 분야 등으로 구성된다. 연구개발활동의 범위는 연구개발활동을 수행하고 관리하는 범위로 그 규모에 따라 연구개발 프로젝트, 프로그램, 포트폴리오 등으로 구분된다. 연구개발활동 조직은 연구개발활동을 수행하는 인력 모임으로 모임이 전사 내에서 위치한 형태와 조직 자체의 구조에 따라 구분된다. 전사차원에서 연구개발활동 모임은 기능형, 사업부형, 매트릭스형 등의 형태로 나뉘고, 연구개발조직은 크게 계층적인 구조와 매트릭스형의 구조를 가진다. 연구개발활동 분야는 특정 연구개발활동이 속하는 과학기술분야로써 개발하려는 기술이 포함되는 범주를 뜻한다. 우리나라에서는 한국연구재단에서 분류하는 국제과학기술표준분류에 의해 과학기술 분야를 분류하고 있으며 이 외에도 국가경쟁자문위원회에서 지정한 6개의 유망 첨단산업기술(6T: 6 Technologies) 분류가 과학기술분야 분류로 이용되고 있다.

연구개발활동의 수행 및 관리 범위는 크게 연구개발 프로젝트, 연구개발 프로그램, 연구개발 포트폴리오로 나뉜다. 연구개발 프로젝트는 하나의 공통된 기술적 목표를 달성하기 위한 연구과제로 하나의 구체적인 기술 개발을 위한 단일 프로젝트부터 세부에 하위 프로젝트를 가지는 계층적 구조의 대형 프로젝트까지 다양한 규모로 존재할 수 있다. 연구개발 프로그램은 연구개발 프로젝트의 집합으로 서로 기술적인 연관성은 없으나 같은 전략적 또는 사업 상의 목표를 가지는 동일 분야 내의 프로젝트로 구성된다는 점에서 세부 프로젝트를 포함하는 대형 프로젝트와는 구별된다. 연구개발 프로그램에는 기술개발을 위한 연구 과제 이외에도 목표 수행에 필요한 인력이나 장비 등에 관한 다른 종류의 사업이 포함되는 경우도 많다. 연구개발 포트폴리오도 연구개발 프로젝트의 집합체이지만 연구주체를 중심으로 구성되어있다는 점에서 대형 연구개발 프로젝트나 연구개발 프로그램과 구별된다. 연구개발 포트폴리오는 특정한 기술적 또는 전략 · 사업적 목적의 달성을 위한 것이 아니라 연구개발 주체가 효율적으로 연구개발활동을 관리하고 자원을 배분하는 것을 돕기 위해 구성하는 프로젝트의 모임이다.

연구개발활동 조직은 연구개발활동을 수행하는 인력의 모임으로 크게 전사 차원의 관점에서의 연구개발활동 조직의 형태와 연구개발조직이 내부적으로 갖는 구조적 특징에 따라 구분된다. 전사 차원에서 연구개발활동 조직은 조직 자체를 하나의 독립된 부서로 편성하여 운영하는 기능형, 사업부마다 사업부 내부에 연구개발부서를 설치하여 운영하는 사업부형, 기능형과 사업부형을 혼합하여 독립된 연구개발부서 내의 인력을 필요에 따라 사업부에 연계 배정하여 연구개발활동을 진행하는 매트릭스형 등으로 구분된다. 연구개발활동 조직의 조직에 따른 분류를 살펴보면 가장 상위 계층의 연구개발 부서장을 중심으로 기능, 제품, 프로젝트 등의 특정한 기준에 따라 하위 부서의 인력이 편성되는 계층적 구조와 연구개발활동 내의 기능에 따른 인력 분류와 참여하는 프로젝트에 따른 분류에 따라 유기적으로 구성되는 매트릭스형 구조가 있다. 조직은 연구개발활동의 목적과 수행형태에 따라 적절한 연구개발활동 조직의 구조와 전사 차원에서의 형태를 선택하여야 할 것이다.

연구개발활동을 통해 개발하고자 하는 기술이 속하는 범주에 따라 연구개발활동의 분야를 분류할 수 있다. 한국연구재단의 국가과학기술표준분류는 국가과학기술을 기획 · 평가 · 관리하기 위한 기본 체계로써 활용된다. 또한 과학기술예측조사, 국가기술지도, 기술수준평가, 과학기술연구활동 조사 등의 분류 기준으로서 활용되며 과학기술지식 및 정보를 관리하고 유통하는 기준으로서도 이용될 수 있다. 국가과학기술표준분류는 총 16개의 대분류와 207개의 중분류, 1,648개의 소분류로 구성되어 있다. 국가과학기술표준분류 대분류 및 중분류 예시는 [표 4-2]와 같다.

국가과학기술표준분류 외에도 2011년 국가경쟁자문위원회가 21세기 차세대 성장산업으로 지정한 6개의 첨단 산업기술(6T) 또한 연구개발활동의 분야 분류로서 활용된다. 6T는 미래 유망산업으로 주목받고 있는 6개의 첨단 산업 기술로, 정보기술(IT: Information Technology), 생명공학기술(BT: Biology Technology), 나노기술(NT: Nano Technology), 환경공학기술(ET: Environment Technology), 우주항공기술(ST: Space Technology), 문화기술(CT: Culture Technology)로 구성되어 있다. 6T의 여섯 가지 기술에 속하는 기술군에 대한 분류 기준은 [표 4-3]과 같다.

▶▶ 표 4-2 국가과학기술표준분류 대분류 및 중분류 예시

분야	대분류	중분류 예시
자연	수학	대수학, 해석학, 위상수학, 기하학, 응용수학 등
	물리학	입자/장 물리, 통계 물리, 원자핵물리, 유체/플라즈마 등
	화학	물리화학, 유기화학, 물리화학, 분석화학, 고분자화학 등
	지구과학 (지구・대기・해양・천문)	지질과학, 지구물리학, 지구과학, 대기과학, 기상과학 등
생명	생명과학	분자세포생물학, 유전학/유전공학, 발생/신경생물학 등
	농림수산 식품	식량작물과학, 원예작물과학, 농생물학, 농화학 등
	보건의료	의생명과학, 임상의학, 의약품/의약품개발 등
인공물	기계	측정표준/시험평가기술, 생산기반기술, 요소부품 등
	재료	금속재료, 세라믹재료, 고분자재료, 주조/용접/접합 등
	화공	화학공정, 나노화학공정기술, 고분자공정기술 등
	전기/전자	광응용기기, 반도체장비, 중전기기, 반도체소자/시스템 등
	정보통신	정보이론, 소프트웨어, 정보보호, 광대역통합망 등
	에너지/자원	온실가스처리, 자원탐사/개발/활용, 수화력발전 등
	원자력	원자로노심기술, 원자로계통/핵심기기 기술 등
	환경	대기질관리, 물관리, 토양/지하수복원/관리 등
	건설/교통	국토정책/계획, 국토공간개발기술 등
소계	16	총 207

▶▶ 표 4-3 6T 분류 및 분류 기준

기술	분류 기술
IT (정보기술)	- 핵심부품(테라비트급 광통신 부품기술, 집적회로기술 등) - 차세대네트워크기반(4세대 이동통신, 대용량 광전송 시스템기술 등) - 정보처리시스템 및 S/W(멀티미디어 단말기 및 운영체계기술, 정보보안 및 암호기술 등)
BT (생명공학기술)	- 기초·기반기술(유전체기반기술, 단백질체 연구 등) - 보건의료 관련 응용(바이오신약개발기술, 난치성 질환치료 기술 등) - 농업·해양·환경관련 응용(유전자 변형 생물체 개발기술, 농업·해양 생물자원의 보존 및 이용기술 등)
NT (나노기술)	- 나노소자 및 시스템(나노전자소자기술, 나노정보저장기술 등) - 나노소재(나노소재기술 등), 나노바이오보건(나노바이오물질 합성 및 분석기술, 의약 약물전달 시스템 등) - 나노기반·공정(원자·분자 레벨 물질 조작기술, 나노 측정기술 등)
ET (환경공학기술)	- 환경기반(오염물질 저감·제거기술, 오염토양·지하수 정화·복원기술 등) - 에너지(에너지소재기술, 미활용 에너지 이용기술 등) - 청정생산(청정원천공공기술, 환경친화형소재 개발기술 등) - 해양환경(해양환경 관련기술, 연안생태계 복원기술 등)
ST (우주항공기술)	- 위성기술(위성설계 및 개발기술, 위성관제기술 등) - 발사체기술(로켓추진기관기술, 소형위성 발사체 개발기술 등) - 항공기기술(항공기 체계종합 및 비행성능기반기술, 지능형 자율비행 무인비행기기시스템 등)
CT (문화기술)	- 문화컨텐츠(가상현실 및 인공지능 응용기술, 디지털영상·음향 및 디자인기술 등) - 생활문화(사이버커뮤니케이션 기술, 인터액티브 미디어 기술 등)

3-2 연구 단계에 의한 분류

연구개발활동은 진행되는 연구의 단계에 따라 크게 기초연구(basic research), 응용연구(applied research), 개발연구(development research)로 분류된다. 기초연구란 응용이나 사용을 통하여 영리를 얻기 위한 목적 없이 새로운 과학 지식을 얻기 위해 학술적인 의도에서 수행하는 연구를 의미한다. 응용연구는 기초연구의 결과나 기존에 알려진 과학 지식을 이용하여 특수한 실용적인 목적을 갖고 새로운 과학 지식을 획득하기 위해 수행하는 연구를 뜻한다. 개발연구는 기초연구 또는 응용연구의 결과,

기타 과학 지식, 경험 등을 실제 제품이나 공정을 개발하거나 이미 존재하고 있던 제품이나 공정에 적용하기 위하여 수행하는 연구를 가리킨다.

예를 들어 화학산업의 경우를 살펴보면 석유나 합성 고분자 물질의 성분을 분석하여 파악해내는 연구는 석유 또는 합성 고분자 물질에 대한 단순한 지적 호기심을 충족시키기 위한 기초연구에 속한다. 이와 같은 기초연구 과정을 통해 알아낸 석유와 합성 고분자 물질의 성분구조를 이용하여 특정 분자재료를 합성하는 방법을 찾는 연구는 기초 연구에서 발견한 결과물을 실용적으로 활용하기 위한 응용연구이다. 개발연구를 통해 파악한 분자재료 합성 방법을 이용하여 실제 제품에 적용 가능한 합성섬유 제조 방법을 연구하는 것은 개발연구로 분류될 수 있다. 이와 마찬가지로 전자산업에서는 전자이론이나 반도체의 원소 구조에 관한 연구는 기초 연구, 전자 이론 및 반도체의 원소 구조를 이용한 트랜지스터가 갖는 특성에 대한 연구는 응용 연구, 트랜지스터의 특성을 활용한 트랜지스터의 실용화에 대한 연구는 개발연구 등으로 분류될 수 있다. 한편 유지산업에서는 일반적인 유지 성분 및 식물성 기름의 식물성 성분을 나타내는 화학적 메커니즘에 대하 연구가 기초연구라면 기초연구의 결과물을 이용한 식물성 성분을 제거한 튀김기름을 제조하는 방법에 대한 연구를 응용연구로, 이와 같이 개발된 식물성 성분이 제거된 튀김기름을 실용화하기 위한 연구를 개발연구의 예로 들 수 있다.

우리나라의 최근 5년간 연구 단계에 따른 연구개발비 현황은 [그림 4-11]과 같다. 그림에서 알 수 있듯이 우리나라는 개발연구가 전체 연구개발비의 절반 이상을 차지하며

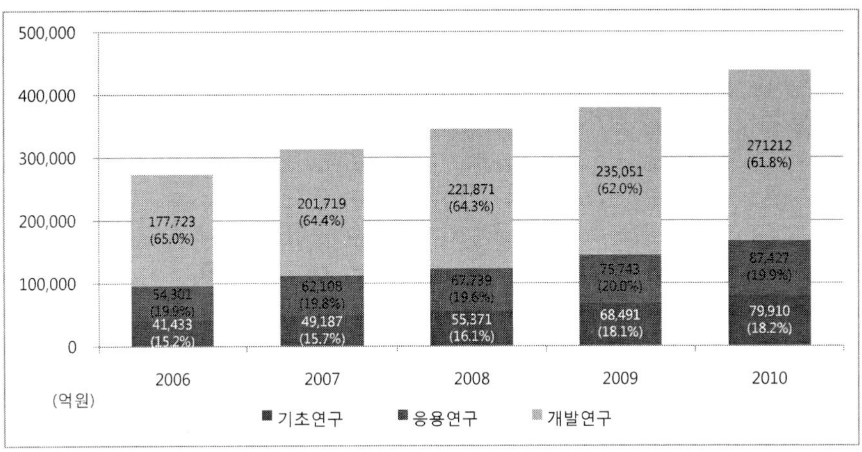

[출처: 한국과학기술기획평가원(2007-2011)]

►► 그림 4-11 연구 단계에 따른 연구개발비

가장 높은 비중을 갖고 있다. 개발연구, 응용연구, 기초연구 순서의 연구개발비 규모 순서가 계속 유지되나 점차적으로 기초연구에 대한 연구개발비 비중이 증가하고 있다. 또한, 전체 연구개발비의 규모가 증가함에 따라 모든 단계의 절대적인 연구개발비가 대체적으로 증가하는 경향을 보인다.

3-3 연구개발 수행주체에 의한 분류

연구개발활동을 수행하는 주체는 크게 공공연구기관, 대학, 기업으로 나뉜다. 국가과학기술위원회의 분류에 따르면 공공연구기관은 국공립연구기관, 정부출연연구기관, 지방자치단체 및 기타 비영리법인 연구기관 등을 포함하며 병상 수가 80개 이상인 국공립, 사립병원 공공연구기관으로 분류된다. 대학은 자연과학분야 학과를 보유한 2년제 이상의 대학으로 제한되며 국공립대학과 사립대학이 모두 포함된다. 기업은 연구소와 연구담당부서를 보유한 실질적인 연구개발활동을 위한 조직이 구성되어 있는 회사로 제한되며 민간기업체와 정부투자기관 등을 포함한다.

연구수행주체에 따른 최근 5년 간의 우리나라 연구개발비 현황은 [그림 4-12]와 같다. 기업체의 연구개발비가 전체 연구개발비의 70% 이상으로 세 개의 연구수행주체 중 월등히 가장 높은 비중을 차지하고 있다. 전체 연구개발비 규모가 꾸준히 증가함에

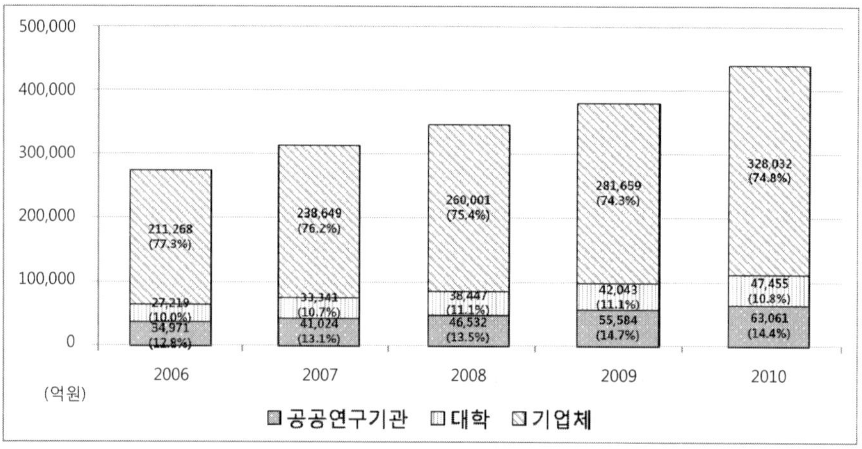

[출처: 한국과학기술기획평가원(2007-2011)]

▸▸ 그림 4-12 연구수행주체에 따른 연구개발비

따라 모든 수행주체의 절대적인 연구개발비는 증가하는 추세이지만 공공연구기관, 대학, 기업의 연구개발비 비중은 계속 13:11:76 정도의 비율을 유지하고 있다.

3-4 사례연구: 정부출연연구소

정부출연연구소란 정부가 직접 수행하기 어려운 연구나 기업 또는 대학이 수행하기에는 연구의 효율성이 감소할 수 있는 연구의 수행을 위하여 국가의 필요성에 의해 설립된 정부의 자금을 지원받는 연구기관을 의미한다. 최초의 정부출연연구소는 한국과학기술연구소(현 한국과학기술연구원, KISTEP: Korea Institute of Science and Technology)로 1966년에 설립되었다. 정부출연연구소는 위험 부담이 큰 연구나 장기간의 투자가 필요한 기초연구, 공공성은 높지만 수익성은 낮은 연구 등 기업이나 대학이 수행하기에는 어려운 연구를 정부연구의 형태로 수행하는 역할을 한다. 또한 국가 차원에서의 필요 기술을 탐색하고 개발하여 기술에 의한 국가 경제 성장을 도모하는 동시에 정부와의 밀접한 연관성을 기반으로 국가의 정책을 원조한다.

우리나라 정부출연연구소는 시간이 흐름에 따라 다른 양상을 보이며 발전하게 된다. 1960년대와 1970년대에는 국가 내의 대학과 기업의 연구개발 역량과 수준이 상대적으로 낮아 1960년대 최초의 정부출연연구소인 한국과학기술원이 설립되고 이후 1970년대에는 수준 높은 연구개발활동의 수행을 위하여 다양한 분야에서 정부출연연구소가 등장하게 된다. 1980년대에 접어들면서 대학과 기업의 연구개발역량이 성장하면서 대학이나 기업이 다양한 분야의 정부출연연구소의 연구를 대체할 수 있게 되었고 이에 따라 완전 대체 가능한 정부출연연구소는 폐지되었고 일부 정부출연연구소는 통합되었다. 1990년대에 대학과 기업의 연구개발 역량이 우수한 수준으로 올라서면서 정부출연연구소의 성격은 직접 독자적인 연구를 수행하는 연구기관에서 비슷한 속성의 연구소들을 묶어 연구를 목적으로 관련 분야를 논의하는 연구회의 체계로 구조가 변화하게 된다.

2012년 우리나라에는 총 4개의 연구회와 36개의 정부출연연구소가 있다. 연구회에 따른 정부출연연구소의 분류는 [표 4-4]와 같다.

▶▶ 표 4-4 정부출연연구소 연구회별 분류

연구회	정부출연연구소
기초기술연구회 (13개)	한국과학기술연구원, 한국생명공학연구원, 한국기초과학지원연구원, 국가핵융합연구소, 국가수리과학연구소, 한국천문연구원, 한국한의학연구원, 한국과학기술정보연구원, 한국표준과학연구원, 한국해양연구원, 한국항공우주연구원, 극지연구소, 한국원자력연구원
산업기술연구회 (13개)	한국생산기술연구원, 한국전자통신연구원, 한국기계연구원, 국가보안기술연구소, 재료연구소, 한국건설기술연구원, 한국에너지기술연구원, 한국철도기술연구원, 한국지질자원연구원, 한국전기연구원, 한국식품연구원, 한국화학연구원, 안정성평가연구소
교육과학기술부 (9개)	한국과학기술원, 고등과학원, 광주과학기술원, 대구경북과학기술원, 원자력의학원, 한국원자력안전기술원, 한국원자력통제기술원, 국과학기술기획평가원, 과학기술연합대학원대학교
방위사업청 (1개)	국방과학연구소

2010년의 정부재원 연구개발비에 대한 수행주체별 사용현황을 살펴보면 [그림 4-13]과 같다. 중앙정부, 지방자치단체, 국·공립연구소, 국·공립대학, 정부출연연구소와 지방자치단체출연연구소를 의미하는 출연연구기관 등으로 구성된 정부재원 사용주체 중에서 출연연구기관이 39.5%로 가장 높은 비율의 연구개발비를 사용하고 있다. 한편 출연연구기관의 사용 연구비 재원은 중앙정부에서 오는 것이 87.3%로 가장 높다. 이와 같이 출연연구기관은 정부로부터의 막대한 재정적 지원을 토대로 하여 연구를 진행한다는 특징을 가진다.

시간의 흐름에 따라 정부출연연구소는 그 존재 의의와 지향점이 변화하게 된다. 출연연구소가 등장하는 1960년대에는 정부출연연구소가 기업연구소가 전무하고 대학 또는 연구개발능력이 매우 부족하여 국가의 주도 하에 국가 필요 기술을 연구하여 개발하는 주 연구기관으로서의 역할을 수행하였다. 1961년부터 1980년은 정부출연연구소의 성장기로, 이 시기에 정부출연연구소는 국가 전반에 연구개발의 중요성을 인식시키고 기업이나 대학의 연구개발 제도를 확산시키고 정착을 돕는 역할을 수행하게 된다. 정부출연연구소는 1981년에서 1990년에 대학과 산업체의 연구개발능력이 신장됨에 따라 구조조정기를 맞는다. 이에 따라 정부출연연구소는 산업을 지원하는 기술개발의 비중은 축소하고 위험부담이 높거나 공익적인 성격을 갖는 기술이나 미래지향

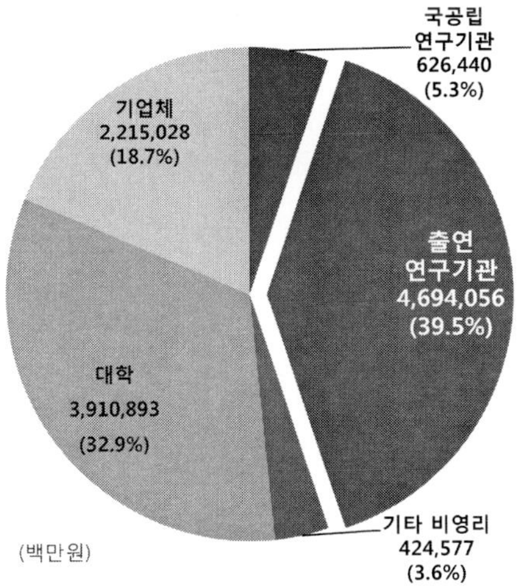

[출처: 한국과학기술기획평가원(2007-2011)]

►► 그림 4-13 출연연구기관 연구개발비 현황

적인 원천 기술 개발을 수행하는 연구기관으로 성격이 변화하게 된다. 1991년부터 현재까지는 구조조정된 정부출연연구소의 체계가 안정적으로 자리잡아 운영되는 안정기로, 민간에서 개발을 담당하여 수행하기가 어려운 공공 기술, 기초 기술, 원천 기술의 연구개발을 담당하는 역할을 수행하고 있다.

주요 단어

개발연구(development research)
기술중심적 연구개발
기초연구(basic research)
삼극특허(triadic patent families)
시장지향적 연구개발
연구개발(R&D: Research and Development)
연구개발활동
연구목적
연구비
연구인력
연구장비
연구정보
응용연구(applied research)
정부출연연구소
제1세대 연구개발
제2세대 연구개발
제3세대 연구개발
제4세대 연구개발

토의 과제

001 기업이 부족한 연구개발 능력으로 인해 연구개발 능력의 악순환에 빠졌을 때 어떠한 대처 방안을 통해 연구개발 능력의 선순환 구조로 이동할 수 있는가?

002 기술중심적 연구개발과 시장지향적 연구개발은 서로 상반되는 특성과 장・단점을 가진다. 각 연구개발의 유형이 적합한 산업의 예를 한 가지씩 들고 그 이유를 설명하여라.

003 연구개발은 점차적으로 협력 관계가 넓어지는 방향으로 진화해왔다. 이와 같이 연구개발의 협력 관계가 넓어질 경우에 가능한 부작용에는 어떠한 것이 있는가? 제시한 부작용을 막기 위하여 기업은 어떻게 대처해야 하는가?

004 현대의 연구기술활동에서는 다수의 분야가 협력함에 따라 제시된 국가과학기술 표준분류에 따른 연구분야와 6T 외에도 다양한 융합 분야가 출연하고 있다. 융합 분야 하나를 골라 특징과 대표적 연구 주제를 설명하여라.

005 하나의 산업을 골라 특정한 주제에 대하여 가능한 기초연구, 응용연구, 개발연구의 예시를 들어라.

006 일본은 총 연구개발비 투자 규모에 비해 삼극특허 건수로 나타나는 연구 성과가 우수한 수준인 반면 중국은 연구개발비 투자 규모에 비해 저조한 특허 출원 건수를 보이고 있다. 이 이유는 무엇이며 제시한 근거를 바탕으로 한국의 연구개발비 투자 규모와 특허 출원 건수 간의 관계를 분석하여라.

007 P&G가 개방형 혁신 모델을 도입하여 성공한 이유에는 어떤 것이 있는가? P&G의 지난 C&D 성공 사례 중 하나를 선택하여 소개하여라.

008 정부출연연구소는 1960년대 한국이 과학기술의 발전을 통해 국가경제를 성장시키기 위하여 정부가 주도적으로 설립한 연구기관이다. 이와 같은 정부주도의 강경한 과학기술 발전 장려 정책이 갖는 장・단점에는 어떠한 것들이 있는가?

참고 문헌

1. OECD(2012), Main Science and Technology Indicators(MSTI) 2012/1 edition.
2. 교육과학기술부(2007-2011), 과학기술논문(SCI) 분석보고서.
3. 국가과학기술위원회(2012), 국가과학기술분류체계(국가과학기술위원회 고시 제 2012-4호).
4. 박창규(2010), 알기 쉬운 기술경영, 신론사.
5. 특허청(2007-2011), 지식재산권통계연보.
6. 한국과학기술기획평가원(2009), 출연(연) 발전방향 도출을 위한 현황분석과 정책적 시사점.
7. 한국과학기술기획평가원(2007-2011), 연구개발활동조사보고서.

MEMO

PART 05

기술 획득

Chapter 01

기술 획득의 개념

기업이 기술을 활용하여 시장에서의 경쟁 우위를 점하기 위해서 기업은 특정한 방법을 통해 기업이 얻고자 하는 기술을 확보해야 한다. 그 방법은 크게 기업이 직접 목표하는 기술을 개발하기 위한 연구개발 활동의 형태와 이미 개발된 기술을 우리의 기업으로 가지고 오는 형태로 나타난다. 이러한 기술의 획득 방안은 기업의 전략적 활동 측면에서 매우 중요한 의미를 가지는데, 이는 성공적인 기술의 획득이 곧 성공적인 사업화와 제품 출시 과정으로 이어지기 때문이다. 따라서 본 장에서는 기술 획득의 개념과 다양한 기술 획득의 방법에 대해 소개하고, 각 방법에 관련한 기술 획득 사례들을 살펴보고자 한다.

1-1 기술 획득의 의미

기술 획득은 기업이 연구개발 수행, 외부 자원의 유치 및 매매, 타 기관과의 기술적 협력 등의 형태를 통해 기업이 목적한 기술을 소유하거나 임대하여 사용하는 것으로 정의된다. 즉, 기술 획득이란 기업의 기술 전략 차원에서 기업이 필요로 하는 기술을 얻기 위하여 직접적인 연구개발활동을 수행하거나 외부 기관으로부터 기술을 도입하는 과정을 의미한다. 기업이 새로운 제품이나 서비스를 출시하여 시장에 선보이기 위해서는 그에 필요한 기술이 적용되어야 한다. 기존의 전통적인 기업 관점에서는 기업이 보유하고 있는 기술을 기업의 고유 경쟁요소로 인식하여 필요한 기술을 직접 개발하는 방법을 고수하여 왔다. 하지만 최근 국제화된 기업 환경에서는 무조건적인 경쟁만으로는 기업이 경쟁 우위를 고수하기 어렵기 때문에, 세계의 다른 기업, 연구기관, 대학 등 다양한 기관과의 기술 협력을 통한 경쟁 전략(competitive strategy)이 매우 중요하게 떠오르고 있다. 이러한 기술 협력의 중요성은 기술이 가지는 근원적인 속성에서 기인한다. 기술은 지속적으로 변화하고 상호간의 융합을 통해 발전하기 때문에 아무리 우수한 기술개발 역량을 보유한 기업이라 할 지라도 모든 기술 분야에 대해서 높은 수준의 기술을 보유하는 것에는 어려움이 따른다. 따라서 기업은 자신이 보유한 기술 수준과 타사의 기술 수준, 그리고 기술을 얻는데 소요되는 예상 투입 자원과 그에 따른 효과 등 기업을 둘러싼 기술 환경을 파악하여 한정된 자원 내에서 효율적으로 원하는 기술을 획득하는 전략적 움직임이 필요하다.

기술 획득의 주요 분류 관점으로는 누가 연구개발 수행하는지에 따른 관점인 연구개발활동수행 주체 관점과 개발한 기술을 누가 가지고 있는지에 따른 관점인 기술 보유 관점으로 분류할 수 있다. 연구개발활동수행 주체 관점에서는 자체 기술 개발, 기술 협력, 외부 도입의 형태가 있으며, 기술 보유 관점에서는 기술 소유, 기술 임대의 형태가 있다. 기술 획득의 종류 및 분류에 대한 자세한 내용은 '1.2. 기술획득의 유형' 단원에서 다루도록 한다.

1-2 기술 획득의 유형

(1) 기술 획득의 분류 관점

일반적으로 기술의 획득은 연구개발활동의 주체와 기술의 보유 관점으로 분류하여 살펴볼 수 있다. 연구개발활동 수행 주체 관점에서는 해당 기술을 개발하는 주체가 자사인지, 외부의 기관인지, 혹은 자사와 외부 기관이 동시에 관여되어 있는지에 따라 자체 기술개발, 외부 도입, 기술 협력의 유형으로 나타난다. 연구개발활동 수행 주체 관점에서의 기술 획득을 제품 생산 과정에서의 조달에 대응시키면 기술은 부품, 연구활동은 생산공정 내 활동으로 설명할 수 있다. 제품 생산 과정에서의 내부조달(in-house sourcing)은 자사에서 직접 부품을 생산하여 이를 바탕으로 최종 제품을 생산하는 것이며, 외부조달(external sourcing)은 외부의 기업으로부터 완성된 부품을 조달받아 자사의 제품 생산과정의 하나의 부품으로 적용하는 것으로 이해할 수 있다. 이와 마찬가지의 개념으로 자체 기술개발은 자사에서 직접 기술을 연구하는 개념이며, 외부 도입은 외부 기관으로부터 개발이 완료된 기술을 이전 받아 자사의 제품 개발과정에 적용하는 개념으로 해석할 수 있다. 기술 협력은 자체 기술개발과 외부 도입의 중간적 성격으로 자사와 외부의 협력사가 함께 기술을 연구하는 협력 활동으로 볼 수 있다. 본 서에서는 자체 기술개발, 외부 도입, 기술 협력의 세 유형을 연구개발활동이 자사 주도적인지, 혹은 외부의 기업에서 일정부분 이상 수행을 하는지의 여부에 따라 크게 '자체 연구개발'과 '기술 아웃소싱'의 두 가지 유형으로 구분한다. 자체 연구개발(in-house R&D)은 기업이 획득하고자 하는 기술 영역의 전체 연구개발 활동을 수행하거나 자회사로의 분사 또는 자사 내로의 자원을 확보하는 것으로 정의를 내리며, 기술 아웃소싱(technology outsourcing)은 외부 기관과의 공동연구, 기술 구매, 기업 인수 등 외부의 기술을 도입하여 오는 것을 뜻한다. 또한 기술 보유 관점에서의 기술 획득은 기술을 가지고 있는 기관의 대상에 따라 '기술 소유'와 '기술 임대'로 분류할 수 있다. 기술 소유는 자사가 기술에 대한 소유권을 가짐으로써 기술에 관련한 모든 권리를 가지고 있는 형태이며, 기술 임대는 기술의 소유권은 외부의 기관이 가지고 있으나 해당 기술을 자사의 제품 및 서비스에 사용·적용할 수 있는 권리(실시권)을 빌려와 기술을 획득하는 형태를 의미한다.

(2) 기술 획득의 유형

일반적인 문헌에서 기술을 획득하는 방법으로 제시하고 있는 기술 획득의 종류는 주로 연구개발활동의 주체 관점에서 이야기 하고 있다. 본 서에서 분류한 자체 연구개발과 기술 아웃소싱의 유형에 따른 기술 획득 방법으로는 [표 5-1]과 같이 일반 연구개발, 인적 자원 활용, 사내벤처(in-company venture), 기업 인수합병(M&A: Mergers and Acquisitions), 공동 연구(joint research), 위탁 연구(contract research), 기술 라이선싱(technology licensing), 조인트 벤처(joint venture), 전략적 제휴(strategic alliance)가 있다. 각 기술 획득 방법에 대한 자세한 내용은 본 장의 2절과 3절에서 사례와 함께 다룬다.

▸▸ 표 5-1 기술 획득의 방법

자체 연구개발	기술 아웃소싱
• 일반 연구개발 • 인적자원 활용 • 사내 벤처	• 기업 인수합병 • 공동 연구 • 위탁 연구 • 기술 라이선싱 • 조인트 벤처 • 전략적 제휴

[표 5-1]에 소개된 기술 획득의 방법을 연구개발활동의 주체와 기술의 보유 관점에서 동시에 살펴본 그림은 [그림 5-1]과 같다. 일반 연구개발은 모든 연구개발활동을 기업 내에서 자체적으로 수행하여 기술에 대한 모든 소유권을 기업이 독점하는 형태로 나타난다. 인적자원 활용은 일반 연구개발에서 외부의 인력을 영입하거나 외부 기관의 기술 자문을 받아 연구개발활동을 수행함으로써 기술의 모든 소유권을 보유하는 형태로 수행한다. 사내 벤처는 모회사의 기술을 새로운 사업으로 독립시켜 연구개발

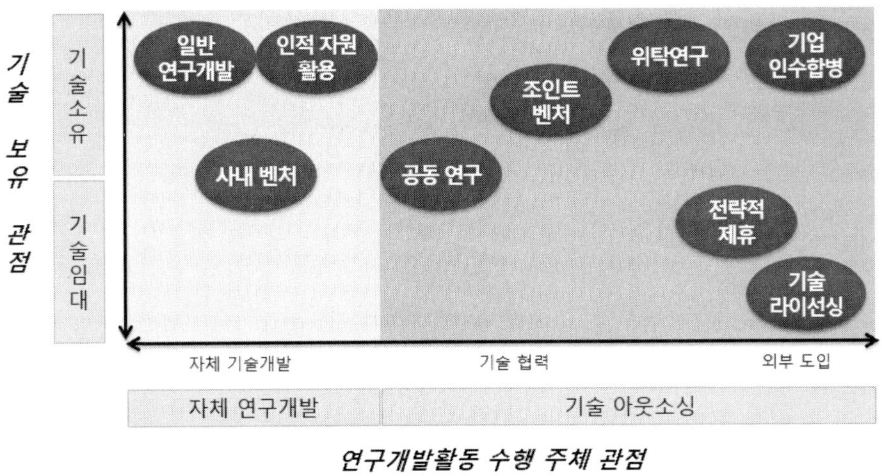

▸▸ 그림 5-1 연구개발활동의 주체와 기술의 보유 관점에 따른 기술 획득의 유형

활동을 수행함으로써 모회사의 자회사 통제력에 따라 기술의 소유권이 일반 연구개발에 비해 약한 형태로 나타난다. 자체 연구개발에 해당하는 기술획득 유형은 연구개발 활동에 있어 자사가 얼마나 주도적인지의 여부에 따라 일반 연구개발, 사내벤처, 인적 자원 활용의 순서로 기업의 내부조달성이 높다. 공동 연구는 자사와 외부 기관이 함께 연구개발활동을 수행함으로써 기술에 대하여 공동으로 소유권을 가지는 형태로 이루어진다. 조인트 벤처는 기업이 투자하는 지분 여부에 따라 기술의 소유권을 가지며, 위탁연구는 목표한 기술을 획득하는 조건으로 외부의 기관에 연구를 의뢰함으로써 일반적으로 기술의 모든 소유권을 보유하는 형태로 나타난다. 전략적 제휴는 상호 기업이 가진 기술을 활용하겠다는 체결을 맺음으로써 기술의 임대 성격이 높게 나타난다. 기업 인수합병은 목표한 기술을 가진 기업을 자사로 편입시킴으로써 기술을 획득·소유하는 형태이며, 기술 라이선싱은 외부 기업이 보유한 특허 자산의 기술 실시권을 가져옴으로써 목표한 기술을 임대하는 형태이다. 기술 아웃소싱에 해당하는 기술획득 유형은 자사가 얼마나 주도적으로 연구개발활동을 수행하는 지, 즉 외부 기업의 기술활동 정도가 얼마나 큰지의 여부에 따라 기업인수합병 및 기술 라이선싱, 전략적 제휴, 위탁연구, 조인트 벤처, 공동연구 순으로 높은 외부조달성을 갖는다.

1-3 기술 획득의 장 · 단점

기업이 원하는 기술을 획득하는 주체의 기반이 자사인지, 외부 기업인지에 따라 [표 5-2]와 같은 장 · 단점이 나타난다. 기술 획득 시 자사가 연구개발활동을 수행하는 경우, 기업이 새로운 기술 영역을 주도적으로 선점할 수 있는 가능성이 존재하며, 이렇게 개발한 신기술이 외부 기업에게 노출되지 않고 자사가 독점적으로 보유할 수 있다는 장점이 있다. 이에 따라 기업은 새로운 시장의 조기 진입을 통하여 표준 선점의 기회를 창출할 수 있다. 하지만 기술을 획득하는데 있어 많은 시간과 인력, 비용 등의 자원이 소모되며 기술 개발이 실패하는 경우 발생할 수 있는 위험성이 높다는 단점이 있다. 반대로 기술 아웃소싱을 통해 기술을 획득하는 경우, 새로운 기술을 적용한 제품의 개발 및 시장으로 출시하기까지의 기간을 단축할 수 있으며, 기개발된 기술을 활용함으로써 기술 개발 자체에서 발생할 수 있는 위험성을 낮출 수 있다는 장점이 있다. 또한 타 기업에서 적용 · 활용하고 있는 기술을 자사의 제품에도 도입하여 네트워크 효과 측면에서의 공통 표준 확립이 용이하다는 장점이 있다. 하지만 외부의 기술에 지속적으로 의존하는 경우, 향후 자사의 잠재적인 연구 역량이 약화되어 미래 기술 경쟁력을 상실할 수 있다는 위험성을 가지며, 자사가 보유한 기술 및 이의 활용 방향이 외부의 경쟁사에게 노출될 수 있다는 단점이 있다.

▸▸ 표 5-2 기술 획득의 장 · 단점

기술 획득 유형	자체 연구개발	기술 아웃소싱
자체 연구개발	• 신 기술영역 창출의 기회 • 신기술의 보호 • 새로운 시장의 진입을 통한 표준 선점의 기회	• 많은 시간 및 자원의 소모 • 기술 개발 위험성 보유
기술 아웃소싱	• 제품의 개발 및 시장 출시 기간 단축 • 기술 개발 위험성 축소 • 공통의 표준 확립 용이	• 자사의 잠재 연구역량 잠식의 가능성 • 경쟁 기술의 노출

자체 연구개발

자체 연구개발의 유형으로는 일반 연구개발, 인적 자원 활용, 사내 벤처가 있으며, 각각의 유형에 대한 개념 및 사례는 아래의 단원에서 소개한다.

2-1 일반 연구개발

(1) 일반 연구개발의 개념

일반 연구개발은 연구개발의 기획부터 관리까지 기업이 보유한 자원을 활용하여 자체적으로 연구개발 활동을 수행함으로써 목표한 기술을 획득하는 것을 의미한다. 일반 연구개발은 경쟁 기업과 차별화된 독자적인 기술 및 제품을 개발하는 것이 가능한 기술 획득 유형으로, 경쟁기업에의 기술 노출 가능성이 가장 낮은 기술 획득 유형이기도 하다. 주로 기업에서 전략적으로 중요하거나 미래의 핵심 역량에 연관된 기술을 개발하는 경우에 일반 연구개발의 형태로 기술 획득을 진행한다. 일반 연구개발은 자사의 현재 그리고 미래의 잠재적인 연구 역량을 증진 시킬 수 있는 장점을 가진다. 하지만 다른 기술 획득 유형에 비해 많은 자원과 시간이 투입되며, 기술 개발 실패 등의 위험성이 존재한다는 단점이 있다.

(2) 일반 연구개발사례: 포스코

포스코(POSCO)는 1968년에 설립된 한국의 대표 철강 제조업체로 경북 포항시에 본사를 둔 기업이다. 포스코는 2011년 기준 약 39조 원의 매출액 규모를 보이고 있으며, 2020년 매출 200조 원 달성 및 글로벌 100대 기업에의 진입을 목표로 활동을 하고 있다. 주요 제품으로는 열연, 후판, 선재, 냉연, 용융아연, 전기아연, 전기강판, 티타늄, 스테인리스 스틸 등의 다양한 철강 및 비철강 제품이다. 포스코는 지속적인 연구개발투자를 기반으로 최근 철강전문 분석기관인 WSD(World Steel Dynamics)가 주관하는 철강 기업 순위에서 2010년, 2011년, 2012년 3년 연속 '세계에서 가장 경쟁력 있는 철강 회사'로 1위에 선정되기도 하였다. 연구개발 활동에 있어 포스코는 외부 기관과의 다양한 협력 연구도 수행하나, 기업 내에 독자적인 철강관련 기술 역량을 보유하고 있기 때문에 자체적인 연구개발활동을 활발하게 수행하는 기업 중 하나이다. 최근포스코의 연구개발 성공 사례로 냉연 제품 생산 시 절단에 필요한 핵심 설비인 레이저 웰더(laser welder)를 들 수 있다. 냉연 제품은 가열하지 않고 상온이나 그에 가까운 온도에서 눌러 늘이는 방식으로 제작한 철강 제품을 일컬으며 표면이 미려하고 가공성이 우수한 특성을 가진다. 따라서 자동차, 세탁기, 냉장고 등의 가정용품에서 산업기기, 각종 건자재에다양하게 사용되는 고급 철강재이다. 이러한 냉연 제품의 생산 과정에서의 연속 작업을 위해 선행 코일의 뒷부분과 후행 코일의 앞부분을 절단한 후 두 부분을 용접하는 과정이 필요한데, 이 과정에서 레이저 웰더 설비가 사용된다. 이전까지 포스코는 이에 관련한 기술을 보유한 독일 기업으로부터 레이저 웰더 설비를 구매하여 사용하여 왔다. 하지만 레이저 웰더 설비를 주문하기 위해서는 설비 제조업체에게 철강제의 구성 성분을 제공해야 하는 문제점이 있었다. 이로 인해 포스코의 냉연 제품에 관련된 생산 기술 정보가 외부로 유출될 수 있는 가능성이 높았다. 따라서 포스코에서는 이러한 기술 유출 위험을 방지하고자 레이저 웰더 설비의 국산화를 위하여 자체적인 연구개발에 착수하였다. 2010년부터 약 1년 반 동안의 연구개발활동을 통해 레이저 웰더를 자체적으로 생산하는 기술 개발에 성공하였다. 이로써 포스코는 레이저 웰더 기술의 개발로 약 700억원의 설비 투자비용과 소모품 절감 효과를 얻을 수 있을 것으로 기대하고 있다. 또한 철강 성분 정보가 외부로 유출되는 것을 방지함으로써 기술 보안성을 강화할 수 있을 것이며, 냉연 제품의 품질 향상에도 기여할 것으로 예상된다. 기존의 수입 레이저 웰더 설비는 절단시 일부 작업에 기계식의 절단을 사용함으로 인해 절단 날의 마모 현상이 발생하였다. 이로 인해 냉연 제품의 절단면의 직각도에서 미묘한 차이가 생겨 용접의 세부 처리에 있어 단점을 가지고 있었으나, 포스코에서 새로이 개발한 레이저 웰더는 이를 레이저로 절단하는 기술을 도입하여 용접의 정밀성을 높임으로써 제품 품질을 개선시킬 수 있는 장점을 가지고 있다. 레이저 웰더 기술의 개발로 포스코는 냉연 제품의 가격 절감과 품질 향상, 그리고 기술 보안 측면의 경쟁력을 이루어 낼 것으로 기대하였다.

2-2 인적 자원 활용

(1) 인적 자원 활용의 개념

인적 자원의 활용은 자사 내에서 수행하고 있는 연구개발 활동의 역량 증진을 위하여 목적으로 외부의 인력을 고용하여 편입시키거나 외부의 전문가의 자문을 통해 목표한 기술을 획득하기 위해 필요한 역량을 확보하는 것을 의미한다. 기본적으로 기업이 자체적으로 기획부터 관리까지 기업의 보유 자원을 활용하여 연구개발 활동하는 것은 일반 연구개발과 동일하나, 자사가 보유한 기술의 역량 보완을 위하여 관련 기술의 전문가를 영입하거나 외부 연구기관의 전문가로부터 자문을 받는 점에서 차이가 있다. 인력 자원의 활용을 통해 기업은 자사의 근본적인 연구 역량을 확보하는 것이 가능하며, 신규 인력의 지식 공유를 통해 조직 구성원들의 연구개발 역량에 긍정적인 영향을 미칠 수 있다는 장점이 있다. 인력 자원의 활용은 외부 인력의 편입, 자문 형태뿐만 아니라 목표한 기술에 대한 전문가의 워크샵, 세미나 등의 기술적 지식 교류 형태로도 나타날 수 있는 특성이 있다. 하지만 인적 자원 활용은 기본적으로 일반 연구개발의 활동 내용과 유사하기 때문에 기술 획득 유형에 비해 많은 자원과 시간이 투입된다는 동일한 단점을 지닌다.

(2) 인적 자원 활용 사례: 식품의약품안전청

식품의약품안전청은 식품 및 의약품의 안전관리체계를 구축하고 운영함으로써 국민들이 안전하고 건강한 삶을 영위할 수 있도록 1998년 보건복지부 산하로 설립된 행정기관이다. 식품의약품안전청은 크게 식품, 의약품, 의료기기로 구분하여 업무를 수행한다. 식품행정 업무로는 제조식품의 허가관리, 식중독 예방 및 대응체계 등의 식중독 관리, 불량식품 단속, 식품 위해요소 중점 관리인 해썹(HACCP: Hazard Analysis Critical Control Points) 등이 있다. 의약품 행정 업무로는 의약품, 화장품, 의약외품 등의 제조, 수입, 품목 허가관리, 약사 감시, 의약품 사후관리 및 마약류 중독자 치료 및 재활 지원 등이 있다. 마지막으로 의료기기 행정 업무로는 의료기기의 제조, 수입, 품목의 허가관리, 의료기기 감시, 의료기기의 사후관리, 의료기기의 안전성 및 유효성 심사 등이 있다.

특히 의료기기 관련 행정에서는 의료기기의 품질 보증체계(GMP: Good Manufacturing Practice) 제도를 수행한다. GMP는 식품, 의약품, 의료기기의 안전성 및 품질의 적합성을 보장 · 인증을 위한 것으로 국내에서는 2007년 5월 31일 전면 의무화가 되면서 의료기기에서 발생 가능한 위험요소를 감소시키거나 안전성을 확보하는 의료기기 위험관리 역시 함께 적용되었다. 하지만 GMP 의무 적용 이후, 중소규모의 의료기기 제조업체는 제조과정에서 필요한 선진 품질관리기법인 위험관리의 적용이 취약하여 식품의약품안전청에서는 GMP 제도를 원활하게 운영하는 데 어려움을 겪고 있었다. 따라서 식품의약품안전청에서는 국내 의료기기 업체의 품질 경쟁력 향상 및 위험관리 활동 지원 차원에서 2008년 위험관리기술지원기구를 설치하여 각종 의료기기 관련 기술을 보유한 기술전문가가 기술자문을 수행하는 GMP 기술지원 사업을 운영하였다. 주로 위험관리 기술전문가 집단을 구성하여 중소규모 업체가 이들에게 자문을 구하여 기술적 도움을 받을 수 있도록 이를 제도화 한 것인데, 이는 중소 의료기기 제조업체 입장에서 자사 의료기기의 안정성 제고를 위해 관련 전문가의 자문을 통해 인력 자원을 활용하는 예시가 된다.

의료기기 기술자문은 초음파 골밀도측정장치, 반도체 레이저수술기 등 의료현장에서 많이 사용되는 다양한 의료기기에 대한 내용으로 수행되었으며, 중소 의료기기 제조 업체는 고품질 의료기기를 생산하는 데 기술자문 내용을 적용·참고하였다. 의료기기 기술자문의 예시는 다음과 같다.

자문의뢰내용

수액세트와 관련하여 교차오염, 사용자 오류, 제품의 문제점 등으로 인해 보고된 부작용 사례와 발생할 수 있는 위해에 대해 자문을 요청함

수액세트에 대한 미국, 캐나다, 영국, 일본, 프랑스의 식약청에 올라온 부작용 사례를 조사한 결과 다음과 같은 위해 요인들이 발견되었다.

1) Infusion Set를 삽입할 때 케뉼라에서 꺾임이나 꼬임이 발생되어 전달율이 떨어져서인슐린을 주입하는 경우 높은 혈당수치가 발생되어 환자에 영향을 줄 수 있다.

2) 커넥터가 작동 중 부서져서 사용자 및 환자에 상해를 줄 수 있다.

3) 사용자가 튀어나온 침에 의해 상처를 입을 수 있다.

4) 바디로부터 카테터를 제거할 때 카테터가 부서지거나 꼬이거나 막혀서 정량의 약물을 투입하지 못함으로써 환자의 치료를 지연시킨다.

5) 크랙이 있는 원자재가 사용되어 약물이 누출됨으로써 정해진 양의 약물주입이 어려워 환자의 치료가 지연된다.

2-3 사내 벤처

(1) 사내 벤처의 개념

사내 벤처는 기업 내 사원들이 새로이 발굴한 사업 아이디어나 기업의 공모에서 선발된 아이디어를 바탕으로 해당 사원에게 직접 경영권을 부여하여 사업을 독립시켜 목표한 기술을 획득하는 것으로 정의한다. 사내 벤처는 아이디어의 제안자에게 일정 자본을 참여시켜 독립회사로 완전히 분리시키는 별도법인형과 사원의 신분을 계속 유지하여 벤처 기업 운영을 지원하는 사내기업형으로 구분할 수 있다. 사내 벤처의 경우 새로운 사업에 대한 시장의 확대나 기술의 상용화 등 성공을 거둘 경우 사내 벤처 투자 대비 수익이 상당한 수준에 이르기 때문에 일부 기업에서는 우수한 사업 아이디어에 대해서 사내 벤처를 독려하기도 한다. 이러한 관점에서 기업에서는 사내 벤처 제도 추진을 위해 창업보육센터(business incubator)를 운영하며, 복무·컨설팅·창업자금을 지원하기도 한다. 하지만 사내 벤처기업의 경우 일반 벤처기업에 비해 모기업에 대한 의존도가 높아 자생력이 약해질 수 있는 한계점이 존재한다.

(2) 사내 벤처 사례: 네오팜

네오팜은 2000년도에 설립된 대전광역시 유성구를 본사로 둔 피부 치료제 및 기능성 화장품 생산·연구 기업으로 2011년 기준 국내외 매출액이 약 1,700억 원에 이른다. 삶의 질을 향상시킬 수 있는 신약 개발 이라는 비전을 가지고 민감성 피부를 위한 스킨케어 제품, 피부 보호 및 안티에이징을 위한 기능성 화장품, 손상된 피부 장벽 회복을 위한 치료제 등을 주력 상품으로 생산하고 있다.

네오팜은 본래 세제, 가정 위생용품, 화장품 등을 생산하는 애경 기업의 중앙연구소에서 분사된 사내 벤처이다. 본래 애경은 생활용품과 백화점, 면세점, 항공 사업 등 다양한 산업 분야에서 활동하는 기업이었으나, 제약회사를 확보하는 것이 애경사의 숙원이었다. 이를 위해 애경 중앙연구소에서는 제약 관련 연구개발을 적극적으로 수행하였을 뿐만 아니라 사내벤처 제도를 지원하여 제약회사 설립의 기반을 준비하고 있었다. 이러한 가운데 1997년 애경 중앙연구소에서는 손상된 피부 보호기능을 회복하는 화학 물질인 유사세라마이드를 연구하는 유사세라마이드 프로젝트에서 피부질환의 치료 관련 기술을 확보하였다. 애경에서는 본 기술을 바탕으로 새로운 기능성 화장품의 시장 성공 가능성을 파악하여 2000년 7월 본 프로젝트의 신물질 개발담당자를 대표로 하는 네오팜을 사내 벤처로 설립하게 된다.

네오팜은 설립 이후 2006년 까지 매년 70%의 고성장을 이루어내며 현재는 내수 및 수출 합산 연 1,694억 원의 매출을 기록하고 있고 아토피 치료 및 피부노화 방지, 피부 회복 등의 기능성 화장품 시장에서 두각을 보이고 있다. 현재는 기능성 화장품뿐만 아니라 당뇨와 비만, 알츠하이머 치료제 등의 신약 개발과 각종 건강식품 판매 등으로 사업 영역을 확장하여 사내 벤처의 성공 사례를 계속 이어가고 있다.

기술 아웃소싱

기술 아웃소싱의 유형으로는 기업 인수합병, 공동 연구, 위탁 연구, 기술 라이선싱, 조인트 벤처, 전략적 제휴가 있으며, 각각의 유형에 대한 개념 및 사례는 아래의 단원에서 소개한다.

3-1 기업 인수합병

(1) 기업 인수합병의 개념

기업 인수합병은 획득하고자 하는 기술을 보유한 타 기업을 자사의 사업부에 편입시키거나 주식을 매입하는 형태 등을 통해 타 기업의 소유권 또는 경영권을 획득하는 것을 의미한다. 기업 인수합병을 통한 기술 획득은 주로 인수합병하려는 기업이 보유한 특허나 자체적으로 보유한 기술력을 확보하기 위한 방안으로 주로 수행한다. 기업 인수합병은 인수합병 대상 기업이 가진 기술 특허뿐만 아니라 해당 제품에 대한 시장 점유율, 생산 능력까지도 확보할 수 있다는 특이점이 있다. 기업 인수합병은 주로 자본이 많은 대기업이 기술력을 보유하고 있는 중소기업을 인수하는 형태로 많이 발생하며, 이는 많은 비용을 지출할 수 있으나, 빠르게 기술을 획득할 수 있다는 장점이 있다. 하지만 기업간의 문화 차이에 따른 조직원 간 마찰이 발생할 수 있으며, 부실기업을 인수함으로써 기존 사업이 침체할 수 있는 위험성이 존재하기도 한다.

(2) 기업 인수합병 사례: 애플 & 시리

애플(Apple Inc.)은 1976년 스티브잡스(Steve Jobs), 스티브워즈니악(Steve Wozniak), 론웨인(Ron Wayne)이 설립한 컴퓨터 회사이다. 애플은 키보드와 모니터를 탑재하고 있는 최초의 개인용 컴퓨터 애플 Ⅰ의 출시를 시작으로 애플 Ⅱ, 애플 리사, 매킨토시 등의 개인용 컴퓨터를 출시하며 성장하였으며, 2000년대 들어서는 컴퓨터 시장뿐만이 아니라 다양한 전자제품 시장에 진출함으로써 큰 성공을 거둔다. 특히 2001년 아이팟, 2007년 아이폰은 전세계적으로 애플 열풍을 일으키며 애플을 약 170조 원의 매출액 규모를 가지며 미국 증권시장에서 장중 시가총액 1위의 세계 최고의 회사로 발전한다.

본디 애플은 컴퓨터 제조 업체였으나 2007년 사명을 애플 컴퓨터(Apple Computer, Inc.)에서 애플(Apple Inc.)로 변경하면서 단순한 컴퓨터 생산업체에서 벗어나 휴대폰, 뮤직 플레이어, 텔레비전 등의 디지털 디바이스 생산업체와 아이튠즈, 앱스토어 등을 통한 디지털 컨텐츠 유통 업체로 거듭나게 된다. 아이폰 시리즈는 애플의 기업 성격과 기존의 휴대폰 시장의 틀을 깨뜨린 대표적인 대표적인 제품이다. 2007년 첫 출시 이후로 애플은 1년마다 한번씩 한층 더 발전된 아이폰 시리즈를 지속적으로 내놓으며 전 세계 스마트폰 시장을 선점하였다. 아이폰 4가 출시된 뒤 1년이 지난 2011년에는 이전의 아이폰 시리즈들과 마찬가지로 애플은 새로운 기능을 가진 아이폰의 출시가 필요하게 되었다. 당시 애플의 최고경영자였던 스티브잡스는 아이폰 4S를 출시하면서, 아이폰 4S의 가장 혁신적인 특징으로 손꼽는 음성 명령 인식 시스템인 시리(siri)를 탑재하며 또 하나의 성공을 이뤄내었다.

시리는 비영리 연구개발 조직인 SRI(Stanford Research Institute) 인터네셔날이라는 기업에서 2007년에 분사되어 설립된 조직이다. 시리는 음성 인식을 기반으로 휴대폰의 각종 기능을 수행할 수 있는 기술을 바탕으로 2010년 초 아이폰 3Gs를 위한 가상 개인비서 어플리케이션을 출시하였다. 시리는 블랙베리, 안드로이드와 같은 타 스마트폰 운영체제용 소프트웨어를 제작하기로 발표하고 이에 착수하려고 하였으나, 아이폰 4S에 탑재할 새로운 기능으로써 시리를 사용하기 위해, 애플이 시리를 2010년 4월에 인수합병하였다. 이로써 시리는 타 운영체제에 대한 가상 개인비서 어플리케이션 개발 계획을 취소하고 아이폰의 운영체제인 iOS5에 탑재되어 아이폰 4S를 통해 세상에 새로이 공개되었다.

전작인 아이폰 4에 비해, 초기 아이폰 4S는 동일한 디자인을 채택하였으며, 일부 부품 사양의 향상을 진보시켰을 뿐 큰 혁신은 없다고 많은 언론에서 이야기하였다. 하지만 애플은 대대적으로 아이폰 4S의 시리 기능을 홍보하고 주요 광고 내용으로 활용하면서 아이폰 4S는 많은 소비자의 시선을 끌었고 그 성공을 이어갔다. 애플은 시리의 음성 명령 인식 시스템을 도입한 아이폰 4S를 통해 스마트폰의 새로운 활용 방식을 개척하고 기존의 음성 인식과는 차원이 다른 사용자 경험을 소비자에게 제공한 것이 아이폰 4S의 하나의 중요한 성공 요인으로 평가되고 있다. 애플은 자연어를 인식하여 다양한 응용프로그램 작업을 수행할 수 있는 기술을 보유한 시리를 인수합병함으로써 제품의 출시 기간을 단축하고 다른 경쟁사에게 관련 기술의 확산을 방지하는 성공적인 기술획득 전략을 수행하였다.

3-2 공동 연구

(1) 공동 연구의 개념

공동 연구는 특정한 기술을 창출하는 데 공통의 관심을 가지고 있는 2개 이상의 기관들이 서로 협력을 통해 연구개발활동을 수행하여 기술을 획득하는 것을 의미한다. 복수의 기관들은 서로 각자의 인력 및 자원을 투입하여 같은 연구 목표를 가지고 역할을 분담하여 연구개발활동을 수행하는 것으로, 기업간의 협력뿐만 아니라 기업, 대학, 연구소, 공공기관 등 다양한 주체들이 협력을 하여 연구개발을 수행하는 다양한 형태로 존재할 수 있다. 공동 연구는 연구개발의 위험성과 투입되는 비용, 시간을 분산시키는 효과가 있으며, 각 기관이 보유하고 있는 고유한 지식을 활용하여 더욱 새롭고 혁신적인 기술을 창출할 수 있는 가능성을 가지고 있다. 하지만 공동 연구의 경우, 자신의 기술 역량이 상대에게 노출 될 수 있는 위험요소를 보유하고 있으며, 연구개발 초기에 개발된 기술의 소유권과 이를 사용할 수 있는 실시권의 합의가 어렵다는 단점이 있다.

(2) 공동 연구 사례: 두산중공업 & 에이디파워

두산중공업은 경상남도 창원시에 본사를 둔 1962년 설립된 기업으로, 2011년 기준 약 8조 5천억 원의 매출을 기록하고 있는 국내 대기업 중 하나이다. 'Global Leader in Power & Water'라는 비전을 바탕으로 세계 발전기 시장과 해수의 담수화 분야에서 시장을 선도하고 있다. 두산 중공업은 발전플랜트, 발전설비, 플랜트 성능개선 및 서비스 등의 발전 분야와 해수담수화 플랜트, 수처리 설비 등의 수자원 분야, 그리고 컨테이너 취급 설비, 원료 이송설비, 특수 크레인 등의 운반설비 제조 분야 등 다양한 사업을 수행하고 있다.

에이디파워(AD Power)는 경기도 부천시에 소재한 전력 전자 기술을 기반으로 산업용 정류기 및 유도가열기를 생산하는 중소기업으로, 2002년에 법인으로 전환하여 전력계측기, 전력 품질 분석기, 측정 리드선 등의 전기 제품을 생산 · 판매하고 있다. 에이디파워는 보유한 기반 기술력에 비해 중소기업이라는 한계점 때문에 관련 응용기술, 품질관리, 마케팅의 능력이 부족하여 신규 시장을 개척하고 매출을 확대하는 데 어려움을 겪고 있었다. 이에 반해 두산중공업은 발전기 설비에 직류 전류를 공급하여 발전기의 출력 단자 전압을 일정하게 유지하거나 조정하기 위한 발전기용 여자 시스템(excitation system)을 국산화하기 위하여 노력중이었으나, 전력 및 전기전자

분야의 기반 기술이 부족하여 선진 업체에 비해 제품에 대한 품질 향상에 어려움을 겪고 있었다.

두산중공업과 에이디파워 양사는 각자가 가지고 있는 한계점을 보완하고 대기업과 중소기업 간의 상생협력의 기틀을 마련하기 위해 발전소용 여자시스템에 대한 공동 연구를 수행하였다. 두산 중공업은 공동 연구를 통해 에이디파워에게 부족한 발전 및 품질 관리 기술을 전수하였으며, 에이디 파워는 두산 중공업이 필요로 하는 정류기의 상세설계 및 제작 관련 기술 역량을 제공함으로써 대용량 발전소용 디지털 여자시스템의 개발에 성공하여 고리 원자력 1호기용 여자시스템의 국산화를 이루었다. 본 공동 연구의 성과를 바탕으로 양사는 추후 국내 원자력 발전소의 개수 및 보수 공사를 수주할 수 있는 유리한 고지를 확보할 것으로 기대하고 있다. 발전 설비는 안정성과 신뢰성이 중요한 요소로 인식되어 품질관리 역량이 부족한 중소기업이 단독으로 수행하기 어렵고, 중소기업이 우수한 품질을 바탕으로 한 발전 설비를 단독으로 개발에 성공한다 하더라도 기업의 이미지와 신뢰성 때문에 실제 발전소에 수주를 하는 것이 쉽지 않다. 하지만 이러한 공동 연구 및 협력 관계를 통해 서로의 약점을 보완하고 강점을 더욱 부각시켜 성공을 거둔 사례라고 볼 수 있다.

3-3 위탁 연구

(1) 위탁 연구의 개념

위탁 연구는 기업 또는 기관이 다른 기업, 대학, 연구소 등의 외부 기관에게 기술의 개발을 의뢰하여 목표한 기술을 획득하는 것을 의미한다. 위탁 연구는 함께 공동으로 연구개발 활동을 수행한다는 공통점이 있으나 하나의 기업이 타 기업에게 연구개발 활동을 위해 필요한 자원을 공급하여 주면 타 기업이 그 자원을 바탕으로 대신 연구개발을 수행하는 기업간의 관계에서의 차이가 있다. 위탁 연구는 일반적으로 대기업에서 중소기업이나 대학으로의 발주 형태로 많이 수행되곤 하는데, 이는 대기업이 내부적으로는 기술을 개발할 능력을 보유하고 있으나 비용, 시간, 기술 전략 등의 관점에서 이해타산이 맞지 않아 전문성을 확보하고 있는 외부 기관에 맡김으로써 발생된다. 중소 기업의 경우에는 자체 기술 개발 또는 혁신의 역량이 부족하여 대학에 연구개발을 위탁하여 기술을 획득하려는 경우가 많다. 위탁 연구의 경우 기업이 획득하고자 하는 목표 기술 개발 활동을 직접적으로 수행하지 않기 때문에 외부 위탁 기관에의 기술 목표와 세부 내용 등을 명확하게 제시하여 주는 것이 핵심 요인이다.

(2) 위탁 연구 사례: 평산 & 포스텍

평산은 1986년 설립되어 부산광역시 강서구에 본사를 둔 단조제품 생산 업체이다. 절대가치를 창조하는 초일류 단조전문 회사라는 비전 아래 다양한 단조제품 관련 사업을 수행하고 있으며, 주요 사업으로는 주문 접수부터 생산, 출하 완료까지의 전 공정에 대한 일품 관리 시스템을 구축하는 생산관리 시스템 사업, 풍력발전이나 선반 및 일반 산업기계의 설비 부품 등에 필요한 각종 단조 제품 생산 사업, 그리고 프레스, 링 밀, 열처리 설비 등의 생산 설비 제작 사업 등을 수행하고 있다. 특히 풍력발전소의 풍력 타워 이음매로 쓰이는 플랜지 부품에 대해서는 세계 시장점유율 1위를 점하고 있는 기업이다. 평산은 단조제품 생산 시 원자재의 효율적인 절단을 위한 방법에 대하여 고민을 하고 있었다. 단조 제품의 상세 치수가 변화할 때 마다 수작업을 통해 절단면을 설계하여야 하는 번거로움이 있었으며, 이에 따라 전체 공정 가동 시간이 증가하고 원자재에서 발생하는 잔재가 생산 비용의 증가로 이어졌다. 이러한 문제점을 인식하고 평산은포스텍에 효율적인 원자재 절단 알고리즘 개발을 의뢰하여 위탁 연구를 수행하였다.

포스텍은 1986년도에 설립된 사립대학으로써 경상북도 포항시에 위치하고 있다. 학부 및 대학원 학생은 전체 약 3,500여명이며 교수는 약 260여명으로 구성된 소규모의 대학이나 '과학과 국가와 미래를 선도하는 포스텍'이라는 슬로건 하에 연구중심 대학으로서 교육뿐만 아니라 우수한 연구역량을 보여주고 있다. 2010년 The Times 세계대학평가 28위, 2012년 The Times 설립 50년 이내 세계대학평가 1위라는 대외 평가가 이를 입증하고 있다. 이와 같은 이유로 평산은 상대적으로 가까운 지리적 위치를 하고 있으며 매우 우수한 연구 역량을 보유하고 있는 포스텍을 위탁 연구의 의뢰 대상으로 선정하여 산학 협력 형태로 연구개발을 진행하였다.

단조 제품은 슬라브, 블룸, 라운드 바 등의 철제 원자재에서 가공에 필요한 무게의 크기로 절단된 후 성형공정, 열처리, 기계적 가공 등의 과정을 거쳐 생산이 된다. 이때 제품과 원자재와의 연관성, 제품에 최대로 허용되는 길이와 폭의 비율 등 각종 제약조건 하에 사용되는 원자재의 수와 원자재의 절단 후 발생하는 잔재를 최소화 시키기는 것을 목적식으로 한 최적화 문제를 해결하는 것이 연구 목표로 설정되었다. 이 연구 과제에서는 정해진 배낭에 이득이 다른 여러 개의 물건들을 집어 넣는 경우, 용량을 초과하지 않으면서 이득을 최대화 시키는 것으로 유명한 문제인 기존의 배낭문제(knapsack)를 기반으로 하여 제약조건들을 만족시키는 알고리즘을 도출하였으며, 이를 바탕으로 근사 최적해를 풀이하는 프로그램을 개발하였다.

위탁 연구를 통해 개발된 단조 제품의 절단 최적해 도출 프로그램은 평산의 생산관리시스템에 포함되어 활용되고 있으며, 시간과 비용 측면에서 큰 효과를 얻을 것으로 기대하였다. 30개의 원자재에 대해 절단면을 설계하는 경우 기존에 수작업으로 작업 시 약 12시간 가량 소요되었던 것에 반해 개발한 프로그램을 사용하는 경우 10분 이내에 결과값이 도출되는 것을 확인할 수 있었다. 이러한 시간절감 효과는 부수적으로 납기적중률의 향상, 재고관리의 정확도 향상 등에도 기여할 것으로 예상되었다. 또한 절단 작업 시 원자재가 손실되고 잔재가 발생하게 되는데, 개발한 프로그램을 통해 효율적인 절단면 설계를 함으로써 약 23억원 정도의 원자재 비용 절감 효과를 가질 것으로 평가되었다.

3-4 기술 라이선싱

(1) 기술 라이선싱의 개념

기술 라이선싱은 타 기업이 보유한 기술적 특허를 일시적으로 사용할 수 있는 권리를 확보하여 목표한 기술을 획득하는 것을 의미한다. 라이선스의 사전적 정의는 개발된 제품이나 제조 기술의 특허권 또는 특허의 사용을 허가하는 일을 일컫는데, 일반적으로 기술 경영에서는 특허를 통해 지식재산권이 보호되기 때문에, 기술 라이선싱은 많은 경우 특허의 사용 권리를 허가하는 것을 지칭한다. 기술 라이선스는 기업간 합의 및 계약을 통해 이루어지며, 라이선스 권리를 구매한 기업은 라이선스를 허가한 기업에게 라이선스롤 통해 발생한 수익에 대한 사용료(royalty)를 지불한다. 기술 라이선싱은 다른 업종에 속해있는 기업들 간에 주로 발생하거나 같은 업종에 속해있더라도 지리적으로 떨어져 있는 기업들 간에 많이 발생하는 경향이 있다. 하지만 시장이 세계화 되어가면서 이러한 경향이 지속적으로 축소되어 가고 있으며, 다양한 기업간에 전략적으로 기술 라이선싱을 수행하고 있는 상황이다. 기술 라이선싱은 하나의 기업이 다른 기업에게 단방향으로 특허의 사용 권리를 허락하고 그에 상응하는 특허 사용료를 받는 형태도 있으나, 두 기업이 서로 상대 기업에게 자신의 특허 사용권을 제공함으로써 기술적 협력을 도모하는 크로스 라이선싱(cross licensing)의 형태로도 존재한다.

기술 라이선싱은 연구개발 비용 및 위험성을 감소시키며 빠른 시장 진입을 가능하게 한다는 장점이 있으나, 라이선스 제공자의 확보나 제품에 대한 자주성의 확보가 어려우며, 라이선스를 획득하기까지의 많은 거래비용이 발생한다는 단점이 있다.

(2) 기술 라이선스 사례: 필립스 & 크리

필립스(Philips)는 1891년 설립된 세계적인 가전 및 조명 생산 업체로 네덜란드 암스테르담에 본사를 두고 있다. 필립스는 2011년 기준 약 31조 원의 매출액을 기록하고 있는 기업으로 60여 개 이상의 국가에서 약 12만 명 이상의 직원들이 근무하고 있다. 주요 사업으로는 크게 음향 및 영상, 생활가전 등의 각종 소비자 가전제품 생산과 가정 및 전문가용 조명 제품 생산, 그리고 초음파, 컴퓨터 단층촬영, 자기공명영상 장치 등의 의료기기 관련 제품 생산 및 솔루션 제공이며, 특히 조명 사업은 세계 1위의 시장 점유율을 가지고 있는 주요 사업 중 하나이다.

크리(Cree)는 1987년 설립된 반도체 제품 생산 업체로 미국 놀스캐롤라이나주덜햄에 본사를 두고있다. 크리는 2010년 기준 약 1조 원의 매출액을 기록하고 있으며 약 3천여 명의 직원을 보유한 기업이다. 주요 사업으로는 LED 부품 및 모듈, 조명 등 각종 LED 관련 제품 생산과 트랜지스터, 웨이퍼 등의 반도체 관련 제품 생산이다. 크리는기업 규모면에서는필립스에 비해 상대적으로 작은 기업이나, LED 관련 기술에서는 세계적인 기술력을 보유하고 있는 기업으로 평가받고 있다.

최근 우수한 에너지 효율로 각광받고 있는 LED 조명의 기술적 발전과 함께 세계 LED 조명시장의 확대를 위해 필립스와 크리는 2010년 양사가 보유한 LED관련 기술에 관해 상호 특허를 사용할 수 있는 크로스 라이선스를 체결하였다. 양사가 합의한 특허분야는 크게는 광전자 분야에 관련한 특허로, 각 사가 보유한 청색 LED, 백색 LED, LED 모듈의 색깔에 따른 온도 편차를 해결하기 위한 리모트 포스퍼(remote phosphor)기술을 비롯해 LED 제어 시스템, LED 램프 및 조명기구, LCD 백라이트, 유닛용 LED 기술 등이다. 세계 최고의 조명 업체인 필립스와 세계 LED 시장에서 기술력을 인정받고 있는 크리가 상호 기업이 가진 특허를 사용하기로 합의함에 따라 양사가 우수 제품 생산을 통한 LED 사업 시장을 선도할 수 있을 것으로 기대하고 있다.

3-5 조인트 벤처

(1) 조인트 벤처의 개념

조인트 벤처는 둘 이상의 기업이 특정 목적을 달성하기 위하여 공동으로 진행하는 계약사업체를 구성하여, 이를 통해 기업이 목표한 기술을 개발하는 것을 의미한다. 조인트 벤처는 기술 라이선싱과 전략적 제휴와 같이 복수의 기업이 함께 협력을 하여 시장을 확대하고 목표한 기술을 획득하는 것에서 유사하지만, 이들과 다르게 조인트 벤처는 복수의 기업이 공동으로 출자한 새로운 사업체를 형성하여 기업활동을 수행한다는 점에서 차이가 있다. 따라서 조인트 벤처는 새로운 기업을 설립하고, 설립된 기업의 주식 배분에 따라 소유권을 가지는 형태로 나타나며, 다른 기술 아웃소싱 형태와 비교하였을 때 상대적으로 장기간에 걸쳐서 협력을 수행하는 특징이 있다. 이로써 조인트 벤처에서는 협력 분야 및 필요한 자원의 배분에 대한 명확한 협의가 중요하게 다뤄진다. 또한 특정 사업체가 해외에 진출할 시 정책적인 제약이나 현지에 대한 이해의 부족 등의 한계점을 극복하는 방편으로 조인트 벤처가 활용되기도 한다. 조인트 벤처는 기업간 자원의 결합을 통한 시너지 효과를 창출할 수 있다는 장점이 있으나, 구성원간의 이해 충돌, 계약 해지 후를 대비한 잠재적인 견제의 위험성이 존재한다는 단점이 있다.

(2) 조인트 벤처 사례: 대우자동차 & 한국 GM

한국 GM(General Motors)은 미국 디트로이트에 본사를 둔 유명 자동차 생산 기업인 GM의 한국 현지 법인이다. 미국 GM은 1908년 William Durant에 의해 설립되었으며 2011년 기준 약 160조원의 매출과 20여만명의 종업원을 보유하고 있는 세계적인 자동차 회사이다. 쉐보레(Chevrolet), 뷰익(Buick), 캐딜락(Cadillac), 지엠씨(GMC)를 자동차 브랜드로 하는 사업부로 구성되어 있으며, 현재 한국에는 쉐보레 브랜드로 자동차를 생산·판매 하고 있다. 한국 GM은 1984년 대우자동차와의 조인트 벤처를 시작으로 2011년 GM 대우에서 한국 GM으로 사명을 변경하고 쉐보레 브랜드를 전면으로 도입하기까지 다양한 변화가 있었는데, 결과적으로는 조인트 벤처를 통해 외국계 자본인 GM이 한국 자동차 시장에 진입한 사례로 기록되었다. 본 사례에서는 대우자동차부터 한국 GM까지의 역사를 통해 조인트 벤처 사례를 살펴보기로 한다.

1984년, 대우자동차는 GM으로부터의 경영기법 및 생산 기술 노하우를 습득하기 위해, GM은 한국 자동차 시장의 진출 기반을 마련하기 위한 목적으로 대우자동차와 GM

은 한국 내 조인트 벤처를 설립한다. 하지만 이러한 조인트 벤처는 인건비 상승으로 인한 GM의 수익구조 변화 및 대우자동차와 GM간의 협력 관계가 약화됨에 따라 1993년에 대우자동차가 조인트 벤처의 GM 지분을 인수함으로써 다시 독자적인 경영을 시작하게 된다. 그러나 1997년 한국 경제가 국제통화기금(IMF) 금융위기를 맞이하면서 대우자동차 역시 경영환경이 악화되는 상황에 이르렀다. 이후 2002년 GM이 글로벌 전략에 따라 다시 대우자동차의 지분을 인수함으로써 대우자동차는 GM의 소형차 생산기지 형태로 전락하게 되었다. GM은 GM대우라는 사명을 사용하면서 한국 시장에서 마티즈, 라세티, 토스카 등의 자동차를 성공시킨다. GM대우라는 브랜드를 통해 한국 자동차 시장에서 인지도 및 사용자 기반을 다진 GM은 2011년 국내에 출시되는 차종을 기존 GM의 브랜드인 쉐보레로 변경하여 생산·판매를 하고 있다. 이러한 조인트 벤처를 통해 GM은 현대자동차 그룹이 주류를 이루고 있는 한국 자동차 시장에서 그 성공 가능성을 열어가고 있다.

3-6 전략적 제휴

(1) 전략적 제휴의 개념

전략적 제휴는 둘 이상의 기업이 기술, 생산, 자본 등 기업의 다양한 기능에 대해 지속적인 협력활동을 하는 기업간 협약을 의미하며, 기업 경영의 전반적인 범위에 걸쳐 이루어질 수도 있으며 단순한 정보 공유 등 부분적인 협력까지를 모두 포함한다. 기술 획득 측면에서는 기업 간 공동의 연구개발 활동을 수행하는 것을 의미하여 공동연구와 유사한 의미를 가질 수 있으나, 전략적 제휴는 공동 연구보다 좀 더 일반적인 관점에서 기술적인 부분의 지속적인 협력 체계를 구축하는 것을 말한다. 전략적 제휴는 동일한 산업의 경쟁 기업들이 핵심 기술을 공동으로 개발하기 위한 목적으로 수행되는 경우가 많으며, 신기술 및 신제품의 공동 개발과 같은 개발지향적 프로젝트에서 많이 나타난다. 목적 달성을 위한 합의 및 목적 달성 후의 철수 과정이 다음 단원에서 소개 될 조인트 벤처보다 상대적으로 용이하다는 특징이 있다. 전략적 제휴를 통해 기업들이 특정 기술이나 제품의 사실상의 표준(de facto standard)을 설정할 수 있다는 장점이 있으나, 다른 기술 아웃소싱 형태에 비해 쉽게 관계를 해지할 수 있다는 측면 때문에 제휴 관계를 지속적으로 유지하는 것이 어렵다는 한계점이 존재한다.

(2) 전략적 제휴 사례: AMD & ARM

AMD(Advanced Micro Devices, Inc.)는 1969년에 설립된 마이크로 프로세서 제조업체로 미국 캘리포니아주 써니베일에 본사를 두고 있다. 2011년 기준으로 약 7조억 원의 매출을 기록하고 있는 기업으로 인텔에 이어 두번째로 큰 32비트 아키텍처 호환 프로세서 제조사이며 그래픽 프로세서 최대 공급업체이다. 주요 제품으로는 컴퓨터 부품으로 사용되는 중앙 마이크로 프로세서, 마더보드칩셋, 그래픽 프로세서, 랜덤 엑세스 메모리가 있다.

ARM(Advanced RISC Machines)은 1990년에 설립된 마이크로 프로세서 제조업체로 영국 잉글랜드 캠브릿지에 본사를 두고 있다. 2011년 기준으로 약 6천 8백억원의 매출을 기록하고 있는 기업으로 임베디드 기기에 많이 사용되는 마이크로 프로세서의 설계 방식 중 하나인 RISC(Reduced Instruction Set Computer) 프로세서에 특화된 기업이다. 1990년 세계 최초로 RISC 프로세서 상용화에 성공한 기업인 Acorn과 애플 컴퓨터의 합작 회사로 반도체, 마이크로프로세서 생산 및 이에 관련한 지식재산권의 판매에 주력하는 회사이다. 약 250여개의 기업에 800여개의 마이크로 프로세서 관련 라이선스를 판매하고 있다.

AMD는 플래시 메모리 분야에서 주도적인 위치를 보유하고 있으며 ARM은 모바일 프로세서 시장에서 뚜렷한 강세를 보이고 있다. 이러한 이유로 두 기업은 전략적 제휴를 통해 모바일 컴퓨팅 분야의 새로운 보안 솔루션을 개발하는 데 공통의 목표를 가지고 모바일 보안 에코시스템 구축을 계획하고 있다. AMD는 모바일에서의 안전한 콘텐츠 사용을 위해 새로운 설계 공법으로 ARM의 트러스트 존 기술을 통합하여 향후 AMD 제품에 적용할 것이며, 또한 AMD 및 ARM 제품에 상관없이 각종 디지털 디바이스의 보안에 관한 일관성있는 접근 방식을 제공할 것이라고 발표하였다. 두 기업간 전략적 제휴를 통해 모바일 프로세서 시장에서 새롭고 더욱 광범위한 산업 생태계를 형성할 수 있을 것으로 기대하고 있다.

주요 단어

기술 획득
자체 연구개발(in-house R&D)
기술 아웃소싱(technology outsourcing)
인적 자원 활용
사내 벤처(in-company venture)
기업 인수합병(Mergers and Acquisitions)
공동 연구(joint research)
위탁 연구(contact research)
기술라이선싱(technology licensing)
조인트 벤처(joint venture)
전략적 제휴(strategic alliance)

토의 과제

001 일반 연구개발을 통한 기술 획득의 성공 사례 또는 실패 사례를 조사하여 분석하여라.

002 인적 자원 활용을 통한 기술 획득의 성공 사례 또는 실패 사례를 조사하여 분석하여라.

003 사내 벤처를 통한 기술 획득의 성공 사례 또는 실패 사례를 조사하여 분석하여라.

004 기업 인수합병을 통한 기술 획득의 성공 사례 또는 실패 사례를 조사하여 분석하여라.

005 공동 연구를 통한 기술 획득의 성공 사례 또는 실패 사례를 조사하여 분석하여라.

006 기술 라이선싱을 통한 기술 획득의 성공 사례 또는 실패 사례를 조사하여 분석하여라.

007 조인트 벤처를 통한 기술 획득의 성공 사례 또는 실패 사례를 조사하여 분석하여라.

008 전략적 제휴를 통한 기술 획득의 성공 사례 또는 실패 사례를 조사하여 분석하여라.

참고 문헌

1. IT Daily(2012), AMD-ARM 보안기술 전략적 제휴, http://www.itdaily.kr/news/articleView.html?idxno=31310
2. 김종인, 한인구(2000), 통신기업 사내벤처의 현황 및 전략방향, 정보통신정책학회 학술대회자료집, 81-109.
3. 대한산업공학회(2010), 제 2회 산학협력 프로젝트 경진대회 수상작품 소개, IE 매거진, 17, 4, 42-46
4. 매일경제(2006), 애경, 사내 벤처기업 네오팜 내년 1월 상장…대박 기대, http://news.mk.co.kr/newsRead.php?no=527205&year=2006
5. 머니투데이(2011), 포스코, 냉연 핵심설비 독자개발 성공, http://www.mt.co.kr/view/mtview.php?type=1&no=2011111816140845499&outlink=1
6. 박창규(2010), 알기 쉬운 기술경영, 신론사.
7. 식품의약품안전청(2011), 2011년 의료기기 위험관리 기술자문 사례집
8. 에너지데일리(2010), 필립스, 크리와 크로스 라이센스 체결, http://www.energydaily.co.kr/news/articleView.html?idxno=30350
9. 정선양(2011), 전략적 기술경영(제3판), 박영사
10. 한국기계산업진흥회(2006), 대・중소기업 상생협력 성공사례, 월간기계산업, 2007년 12월호, 48-52
11. AMD, http://www.amd.com.
12. ARM Holdings, http://www.arm.com.
13. SRI International, http://www.sri.com.
14. 네오팜, http://www.neopharm.co.kr.
15. 두산중공업, http://www.doosanheavy.com.
16. 식품의약품안전청, http://www.kfda.go.kr.
17. 애플, http://www.apple.com.
18. 에이디파워, http://www.adpower21.com.
19. 크리, http://www.cree.com.
20. 평산, http://www.psminc.co.kr.

21. 포스코, http://www.posco.co.kr.
22. 포항공과대학교, http://www.postech.ac.kr.
23. 필립스 코리아, http://www.philips.co.kr.
24. 한국 GM, http://www.gm-korea.co.kr.

MEMO

PART 06

연구개발 프로젝트의 관리

Chapter

01 연구개발 프로젝트 관리

기술은 기업의 경쟁우위를 확보하기 위해 필요한 가장 중요한 요인 중 하나이다. 즉, 기업은 더욱 진보된 기술을 제품이나 서비스에 적용하여 시장에서의 이윤을 창출하려고 한다. 이런 진보된 기술을 확보하기 위하여 많은 기업들은 막대한 자본과 인력을 투입하여 연구개발 프로젝트를 수행한다. 하지만 기업이 투자할 수 있는 자원은 제한되어 있기 때문에 기업들은 연구개발 프로젝트의 관리를 통하여 목표한 기술을 가장 효율적으로 확보하기 위한 노력을 기울이고 있다. 이러한 관점에서 어떠한 연구개발 프로젝트를 할 것인지, 여러 연구개발 프로젝트들에 자원을 어떻게 배분할 것인지, 연구개발 프로젝트의 목표는 어떻게 수립하며 연구개발 일정을 맞추고, 이를 통해 창출된 성과는 어떻게 관리할 것인지가 필요할 것이다. 따라서 본 장에서는 연구개발 프로젝트 관리의 개념을 살펴보고 이의 착수, 진행, 성과 및 추적 관점에서 연구개발 프로젝트의 관리 방안을 알아본다.

1-1 프로젝트 관리의 개념

(1) 프로젝트의 의미

프로젝트(project)는 기업이 설정한 특정 목표를 달성하기 위해 일정한 기간 동안 수행하는 작업들의 모임으로 정의할 수 있다. 즉, 품질, 시간, 비용 등 다양한 제약조건 하에서 기업이 보유하고 있는 자원을 투입하여 수행하는 생산적이고 목표 지향적인 활동이라고 말할 수 있다. 프로젝트는 우리가 일반적으로 알고 있는 기업 운영(operation)과는 차이점을 가지고 있다. 기업 내에서 지속적으로 반복되는 기업 운영과는 달리 프로젝트는 특수한 목적을 달성하기 위해 일시적으로 수행하는 활동인 것이다. 일반적으로 프로젝트의 정의는 현업에서 종사하는 프로젝트 관리자들에 의해 창립된 프로젝트 관리 비영리 전문 협회(PMI : Project Management Institute)에서 정의한 내용을 따르는데 PMI에서는 프로젝트를 "Temporary endeavor undertaken to create a unique product, service or result"라고 정의하고 있다. 이는 고유적 목표를 달성하기 위한 일시적 활동이라는 의미로, 이 정의에서 가장 중요한 키워드는 '고유적 목표'와 '일시적 활동' 이다. 다시 말해, 프로젝트에서 제일 주요한 속성은 특정한 목표를 달성하기 위해 특정한 기간 동안에만 수행된다는 점으로, 이러한 속성을 가진 활동을 프로젝트라고 말할 수 있다.

프로젝트가 가지는 특성은 '한시적, 고유적, 협동적, 제한적' 이라는 다음의 네 가지로 정리할 수 있다. 앞서 이야기 한 바와 같이 프로젝트는 한시적(temporary)인 특성을 가진다. 이는 프로젝트의 수행 기간이 짧다는 것을 의미하는 것이 아니라, 전체 수행 업무에 있어 명확한 시작 시점과 종료 시점을 가지고 있는 것을 말한다. 따라서 몇 년에 걸친 장기적인 프로젝트가 존재할 수 있다. 또한 프로젝트는 고유적(unique)한 특성을 가진다. 프로젝트는 이전에 기업에서 수행된 적이 없던 새로운 임무를 대상으로 하는 것을 말하기 때문에, 프로젝트의 결과물은 새롭고 유일하다는 특징을 가진다. 이 외에도 프로젝트는 협동적(cooperative)인 특성을 가진다. 프로젝트는 일반적으로 기업 내 하나의 부서 또는 팀에서 수행하기 보다는 다양한 부서들간의 협동을 통해 이루어 지는 경우가 많다. 마지막으로 프로젝트는 제한적(constrained)인 특성을 가진다. 기업은 무한한 자원을 가진 것이 아니기 때문에 제한된 인력 자원, 비용, 시간 등의 조건 하에서 수행이 된다. 프로젝트는 이러한 특성을 가지기 때문에 올바른 목표를 세우고 자원을 관리하여 수행하여야 할 필요가 있다.

(2) 프로젝트 관리의 의미

프로젝트 관리(project management)는 프로젝트에서 요구하는 사항을 충족시키기 위해 필요한 지식, 기량, 도구 및 기법 등을 프로젝트 활동에 적용하는 것으로 정의할 수 있다. 간단히 말해 앞선 단원에서 정의한 프로젝트를 수행하는 데 있어 필요한 제반적 활동을 의미한다. 따라서 프로젝트는 착수, 기획, 실행, 감시, 통제 및 종료 단계로 진행되는 과정에서 필요한 지원적 활동으로 해석할 수 있으며, 자원을 효율적으로 사용하여 설정한 프로젝트 목표를 예정된 시간 내에 달성하도록 도와주는 것이 프로젝트 관리의 목표이다. 프로젝트를 관리함에 있어 기업에서 고려해야 하는 주요 요소는 [그림 6-1]과 같이 범위, 시간, 원가, 품질, 인적자원, 의사소통, 조달, 위험으로 크게 8가지로 분류할 수 있다. 이는 PMI에서 프로젝트를 관리하기 위해 제공하는 8가지의 지침과 일치하는 것으로써, 프로젝트 관리자는 일반적인 프로젝트를 8가지의 측면에서 살펴 보아야 한다. 각 요소별 내용은 '1-2. 프로젝트 관리의 내용' 단원에서 다루도록 한다.

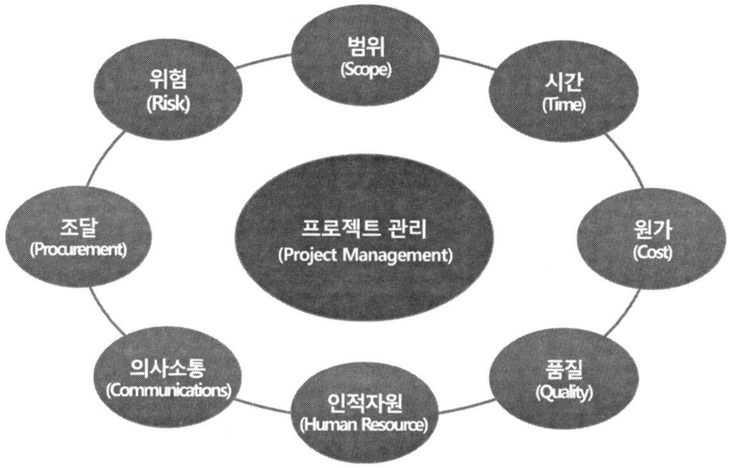

▸▸ 그림 6-1 프로젝트 관리의 주요 요소

1-2 프로젝트 관리의 내용

일반적으로 프로젝트 관리 영역에서는 앞서 언급한 8가지 측면과 전체적인 조율 측면인 통합관리의 총 9가지 관점에서 업무를 수행한다. 이와 관련하여 PMI에서는 프로젝트 관리 업무를 통합관리, 범위관리, 시간관리, 원가관리, 품질관리, 인적자원관리, 의사소통관리, 조달관리, 위험관리로 설명하며 본 서에서도 PMI의 내용을 따라 프로젝트 관리의 내용을 아래와 같이 정의한다.

프로젝트 통합관리는 프로젝트 관리 활동을 식별, 정의, 결합, 통합 및 조정하는 데 필요한 활동으로 프로젝트 헌장개발, 프로젝트 범위 기술서 작성, 프로젝트 관리계획 개발, 프로젝트 실행지시 및 관리, 프로젝트 작업 감시 및 통제, 프로젝트 종료 등의 업무를 수행한다. 프로젝트 범위관리는 성공적으로 프로젝트를 완료하기 위해 프로젝트에 필요한 모든 작업이 포함되었는지, 필수 작업만이 포함되었는지 확인하는 활동으로 범위기획, 범위정의, 작업 분류 체계, 범위검증, 범위통제 등의 업무를 수행한다. 프로젝트 시간관리는 프로젝트를 시기 적절하게 완료하는 데 필요한 활동으로 활동정의, 활동순서 배열, 활동별 자원 산정, 활동 기간 산정, 일정 개발, 일정 통제 등의 업무를 수행한다. 프로젝트 원가관리는 승인된 예산 안에서 프로젝트를 완수하기 위한 기획, 산정, 예산 책정 및 원가통제에 관련한 활동으로 원가 산정, 원가 예산 책정,

원가 통제 등의 업무를 수행한다. 프로젝트 품질관리는 수행 조직에서 프로젝트의 제반 요구사항이 충족되도록 프로젝트의 품질 방침, 목적, 책임 사항을 결정하는 모든 관리 활동으로 품질기획, 품질 보증 수행, 품질 통제 수행 등의 업무를 수행한다. 프로젝트 인적자원관리는 프로젝트팀을 구성하고 관리·통제하는 활동으로 인적자원 기획, 프로젝트팀 확보, 프로젝트팀 개발, 프로젝트팀 관리 등의 업무를 수행한다. 프로젝트 의사소통관리는 프로젝트의 정보를 시기 적절하게 생성, 수집, 배포, 보관, 수정 및 최종적으로 처분하는 데 필요한 활동으로 의사소통 기획, 정보배포, 성과보고, 이해관계자 관리 등의 업무를 수행한다. 프로젝트 조달관리는 작업을 수행하기 위해 프로젝트팀 외부로부터 필요한 제품, 서비스 또는 결과를 구입하거나 획득하는 활동으로 구매 및 획득 계획, 계약 체결 계획, 판매자 응답 요청, 판매자 선정, 계약 관리, 계약 종료 등의 업무를 수행한다. 프로젝트 위험관리는 프로젝트에서 발생할 수 있는 위험요소에 대한 식별, 분석, 대응 및 감시와 통제의 수행과 관련된 활동으로 위험 관리 기획, 위험 식별, 위험 분석, 위험 대응 기획, 위험 감시 및 통제 등의 업무를 수행한다.

▶▶ 표 6-1 프로젝트 관리 주요 업무 영역별 정의

주요 업무	자체 연구개발
프로젝트 통합관리	프로젝트관리 활동을 식별, 정의, 결합, 통합 및 조정하는 데 필요한 활동
프로젝트 범위관리	성공적으로 프로젝트를 완료하기 위해 프로젝트에 필요한 모든 작업이 포함되었는지, 필수 작업만이 포함되었는지 확인하는 활동
프로젝트 시간관리	프로젝트를 시기 적절하게 완료하는 데 필요한 활동
프로젝트 원가관리	승인된 예산 안에서 프로젝트를 완수하기 위한 기획, 산정, 예산 책정 및 원가통제에 관련한 활동
프로젝트 품질관리	수행 조직에서 프로젝트의 제반 요구사항이 충족되도록 프로젝트의 품질 방침, 목적, 책임 사항을 결정하는 모든 관리 활동
프로젝트 인적자원관리	프로젝트팀을 구성하고 관리·통제하는 활동
프로젝트 의사소통관리	프로젝트의 정보를 시기 적절하게 생성, 수집, 배포, 보관, 수정 및 최종적으로 처분하는 데 필요한 활동
프로젝트 조달관리	작업을 수행하기 위해 프로젝트팀 외부로부터 필요한 제품, 서비스 또는 결과를 구입하거나 획득하는 활동
프로젝트 위험관리	프로젝트에서 발생할 수 있는 위험요소에 대한 식별, 분석, 대응 및 감시와 통제의 수행과 관련된 활동

[출처: Project Management Institute]

1-3 연구개발 프로젝트 관리의 개념

(1) 연구개발 프로젝트 관리의 의미

연구개발 프로젝트는 기관 내부에서 새로운 기술을 획득하기 위한 목적으로 수행하는 프로젝트의 관리 활동으로 정의할 수 있으며 이는 연구개발 관련 조직에서 기술 및 지식의 획득을 위해 수행하는 기획, 선정, 목표 수립, 과제 추진 및 평가 등의 전략적 활동을 의미한다. 연구개발 프로젝트 관리는 '1-2. 프로젝트 관리의 내용' 단원에서 일반적으로 지칭하는 프로젝트 관리의 하부 개념으로 이해할 수 있다. 일반적인 프로젝트 관리에서 다루는 프로젝트의 대상이 연구개발을 위한 프로젝트로 한정되는 경우가 연구개발 프로젝트인 것이다.

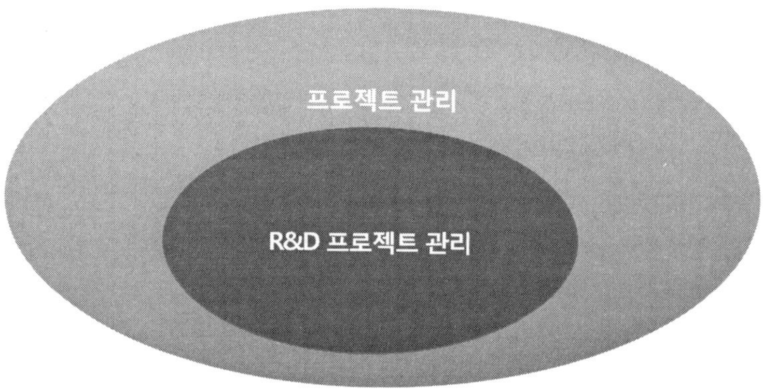

▶▶ 그림 6-2 프로젝트 관리와 연구개발 프로젝트 관리의 관계

(2) 연구개발 프로젝트 관리의 범위

연구개발 프로젝트에서는 무형의 기술개발을 목적으로 함에 따라 일반적인 프로젝트 관리에서 주요하게 다루는 9가지의 주요 업무와는 달리 연구개발 과제의 효율적인 수행 측면에서 필요한 명확한 목표의 제시와 개발 과정의 점검, 소요되는 자원의 관리 및 기술적 성과물의 평가 측면이 강조된다. 따라서 연구개발 프로젝트 관리의 주요 요소는 자원관리, 진도관리, 성과관리, 효과관리가 주요한 관리 영역으로 구분된다. 9개의 일반적인 프로젝트 관리 업무 내용은 연구개발 프로젝트의 주요 관리 업무인 자원관리, 진도관리, 성과관리, 효과관리와 연관성을 가지고 있으며 이는 [그림 6-3]과 같이 표현된다. 프로젝트 통합관리는 연구개발의 전반적인 통제 활동의 관점에서 자원관리, 진도관리, 성과관리, 효과관리와 관련이 있으며, 프로젝트 범위관리는 연구개발

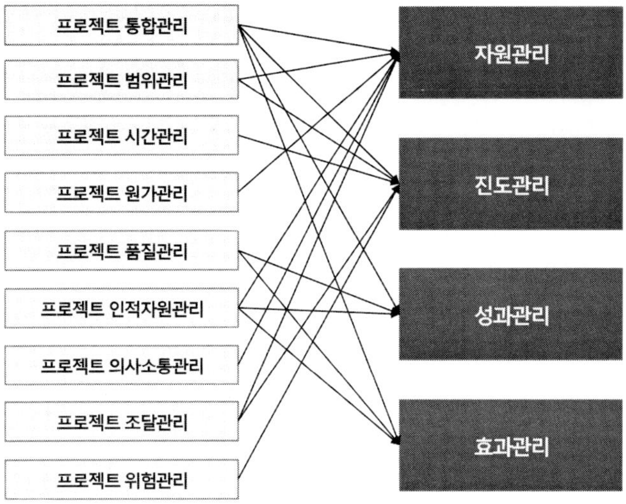

▸▸ 그림 6-3 프로젝트 관리와 연구개발 프로젝트 관리의 주요 영역별 관계

프로젝트에 동원되는 인력과 비용의 한정 및 연구개발 내용의 정의 관점에서 자원관리 및 진도관리와 관련이 있다. 프로젝트 시간관리는 프로젝트를 제 시간에 완료하기 위한 관점에서 진도관리와 관련이 있으며, 프로젝트 원가관리는 연구개발을 위한 예산을 결정하고 이의 올바른 사용에 대한 관점에서 자원관리와 관련이 있다. 프로젝트 품질관리는 산출물의 요구사항이 충족 되었는지의 판단하는 관점에서 성과관리 및 효과관리와 관련이 있으며, 프로젝트 인적자원관리는 연구개발 활동을 위해 필요한 연구원의 편성 및 업적평가 관점에서 자원관리, 성과관리, 효과관리와 관련이 있다. 프로젝트 의사소통관리는 연구원간 연구개발 활동 보고 및 처리 관점에서 적절한 프로젝트 팀원의 구성 관점에서 자원관리와 관련이 있으며, 프로젝트 조달관리는 연구개발에 필요한 외부 인적, 물적 자원의 획득 및 이를 통한 일정 준수 관점에서 자원관리 및 진도관리와 관련이 있다. 마지막으로 프로젝트 위험관리는 연구개발에서 발생하는 문제로 인해 일정이 지연되는 것을 방지하는 관점에서 진도관리와 관련이 있다.

(3) 연구개발 프로젝트 프로세스

연구개발 프로젝트는 크게 연구개발 착수, 진행, 성과평가, 추적의 단계를 거쳐 수행된다. 이는 계획을 수립하고, 계획을 바탕으로 작업을 수행한 뒤, 그 결과를 점검하여 차후의 새로운 계획의 수립에 반영하는 작업의 일반적인 진행 절차인 Plan-Do-Check의 개념을 따른다. 다시 말해 기관이 목적하는 기술을 확보하기 위하여 연구개발 프로젝트를 기획하고 선정하여 이에 필요한 자원을 편성하는 계획(plan) 단계,

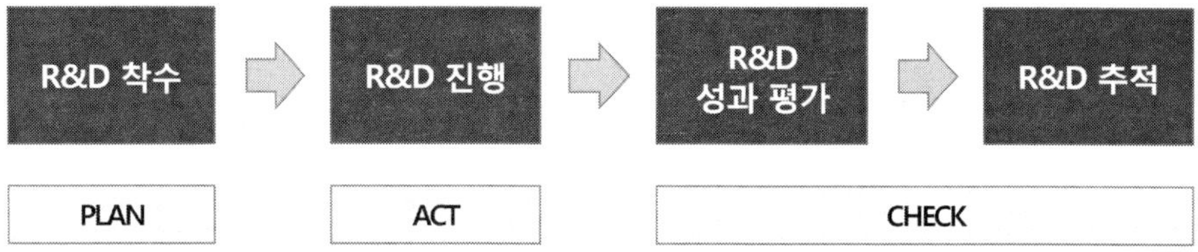

►► 그림 6-4 연구개발 프로젝트 수행 단계(연구개발 프로젝트 프로세스)

실제적인 기술을 획득하기 위해 연구개발 활동을 수행하는 실행(act) 단계, 그리고 연구개발을 통해 확보한 산출물의 성과 및 기술적 영향을 파악하는 점검(check) 단계로 설명할 수 있다. 연구개발 프로젝트의 프로세스를 Plan-Do-Check 개념으로 도식화하면 [그림 6-4]와 같다.

이 연구개발 프로젝트 프로세스 내에서의 연구개발 프로젝트 관리의 의미는 [그림 6-5]와 같다. 협의의 연구개발 프로젝트 관리는 연구개발 프로젝트 수행 단계 중 두 번째 '연구개발 프로젝트 진행' 단계의 주요 업무인 진도관리로 이해할 수 있다. 이는 실제적인 연구개발 활동을 수행하는 연구개발 프로젝트 진행 단계에서 목표한 기술을 확보하기 위한 관리 작업이 이루어지기 때문이다. 하지만 많은 경우 연구개발 프로젝트 관리는 프로젝트의 착수부터 그 결과물의 점검까지를 포괄하기 때문에 광의의 연구개발 프로젝트 관리의 개념으로 설명한다. 광의의 연구개발 프로젝트 관리는 연구개발 프로젝트 프로세스의 착수, 진행, 성과평가, 추적의 단계의 주요 업무인 자원관리, 진도관리, 성과관리, 효과관리 전체를 의미한다.

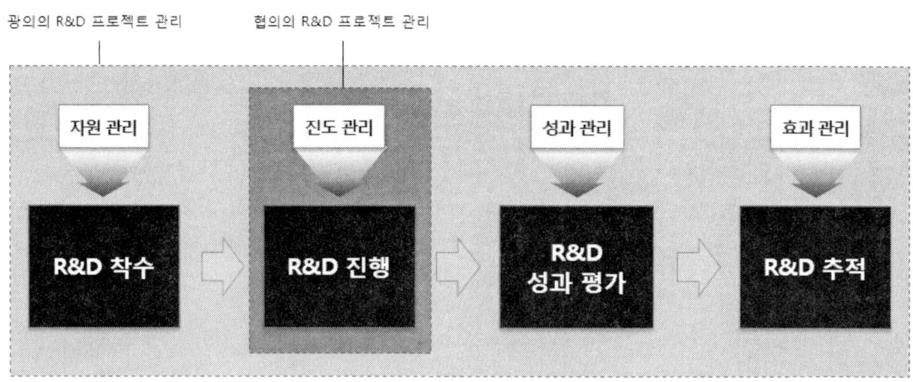

►► 그림 6-5 연구개발 프로젝트 프로세스 내에서의 R&D 프로젝트 관리

1-4 사례 연구: 국가 대형연구개발 사업

대형연구개발사업은 일반 연구개발사업과 비교하여 상대적으로 장기간에 걸쳐 매우 큰 연구비용을 투입하여 진행되는 연구개발 사업을 의미한다. 대형연구개발사업은 산업자원부(2000)에 따르면, 관련 기술을 개발하기 위하여 총 연구기간 동안 약 100억원 이상의 자금이 소요되는 과제로 정의하고 있고, OECD(1995)에 따르면 인건비와 운영비용을 제외한 순수 초기 건설비용(construction cost)이 미화 5천만 달러 이상인 과제로 정의하고 있다. 따라서 대형연구개발사업은 그 수행 기간이 장기적인 것뿐만 아니라 연구개발에 투입되는 비용 규모가 막대한 경우를 의미한다.

일반적으로 대형연구개발사업은 특정한 기술을 획득하기 위한 세부 프로젝트를 수행하는 것에 초점을 맞추기 보다는 광범위한 과학정책에 따라 여러 개의 연관된 세부 프로젝트를 수행하는 사업이라고 볼 수 있다. 이러한 특징 때문에 보통 국가에서 국가 산업의 경쟁력 강화를 위한 산업구조의 고도화 및 자원 효율의 극대화를 목적으로 수행하는 경우가 많으며, 이러한 국가 차원에서의 장기적인 계획 하에 기술을 확보하기 위하여 대규모의 인력, 장비 자원이 소요되는 다수의 세부 프로젝트들로 구성된다. 세부 프로젝트간에는 상호 의존적인 기초과학 및 응용 기술개발 내용으로 구성되어 있으며, 정부의 주도하에 민간기업, 연구소, 대학교의 공동 참여로 수행되는 경우가 많다.

대형연구개발사업은 기술적, 경제적으로 유망한 기술로 평가되지만 일반 기업에서는 높은 투자비용과 투자대비 매우 높은 위험으로 인해 투자하기가 어려운 기술 영역에 대해 수행되는 것이 일반적이다. 또한 그 기술 내용이 공공성을 가지는 경우 사회적 기반을 다지기 위한 목적으로 수행되기도 하며, 범국가적 차원에서 취약한 기술 또는 장래성이 높은 기술을 선별하여 이에 집중투자하는 경향이 있다. 이러한 관점에서 우리나라에서는 원천적인 기술개발뿐만 아니라 국제적 연구자 양성, 인문분야 연구개발 사업 등을 수행한다. 한국연구재단은 전 학문분야를 아우르는 국가 기초연구 지원 및 선진화와 관련 인력의 양성을 위한 위한 목적으로 대형연구개발을 관리하는 국가 대표의 연구관리 전문기관으로, 한국연구재단에서 관리하고 있는 주요 대형연구개발 사업의 현황은 다음과 같다.

한국연구재단에서 2012년 현재 수행하고 있는 주요 대형연구개발 사업은 7개로, 모두 10여 년의 장기적 기간 동안 수행되는 사업이다. 첫 번째 사업은 새로운 지식창출과 창조적 인력양성을 통해 국가 경쟁력의 근본 원천인 기초과학을 확립하기 위한 목적으로 수행하는 '이공분야 기초연구사업'으로, 기초연구실 육성사업, 선도연구센터 지원사업, 중견연구자 지원사업 등 10개의 세부 사업으로 구성되어 있다. 둘째로, 미래 성장잠재력 확보 및 국민의 삶의 질 향상에 기여하는 바이오, 나노, 에너지·환경 및 융합기술 등 미래유망 분야 핵심원천기술의 전략적 개발을 목적으로 하는 '원천기술개발사업'이 있으며, 21세기 프론티어 연구개발사업, 바이오·의료기술 개발사업, 나노융합2020사업 등14개의 세부 사업으로 구성되어 있다. 셋째로, 미래 국가에너지 안보 및 국민생활 향상을 위한 원자력기술 개발을 수행하는 '원자력연구개발사업'이 있으며, 방사선 기술개발사업, 연구로 기술개발사업, 원자력 기술개발사업 등 8개의 세부 사업으로 구성되어 있다. 넷째로, 독자적 우주개발능력 확보, 지속가능한 국가 신에너지 확보, 기후변화 대응 기초·원천연구 추진 및 연구기반 구축을 위해 우주, 핵융합, 미래 신성장 동력 관련 연구개발을 수행하는 '거대과학연구개발사업'이 있으며, 과학기술위성 개발사업, 국제핵융합실험로(ITER) 공동개발사업, 기후변화대응 기술개발사업 등 10개 세부 사업으로 구성글로벌 협력전략으로 해외 우수 연구자원의 효율적 활용을 통해 국가 연구개발 효율성 제고 및 국가 과학기술 역량이 강화되어 있다. 다섯째 사업은, 글로벌 협력 전략으로 해외 우수 연구자원의 효율적 활용을 통해 국가 연구개발 효율성 제고 및 국가 과학기술 역량 강화를 위한 '국제협력사업'으로 개도국 Post-Doc 지원사업, 국제공동연구사업, 국제연구거점 교류사업 등 10개의 세부 사업으로 구성되어 있다. 여섯째는 인문사회 기초연구지원을 통해 연구의 저변확대 및 연구토대 구축을 목적으로 하는 '학술·인문사회사업'으로 개인연구군, 국제교류군, 성과확산군, 집단연구군, 학술활동 및 연구윤리 활동의 5개 세부 사업으로 구성되어 있다. 마지막으로, 대학 학부교육의 질과 경쟁력 제고, 대학원의 우수 연구인력 양성 및 글로벌 연구역량 강화 및 수요자 중심의 산·학·연 협력 활성화를 위한 '교육·인력양성사업'이 있으며, 2단계 연구중심대학(BK21) 육성사업, 기초연구성과 활용지원사업, 산학연계형 인력양성사업, 여성과기인지원사업 등 25개 세부 사업으로 구성되어 있다.

국가 대형연구개발 사업을 통해 민간에서 선뜻 수행하기 힘든 고비용, 고위험 연구개발 프로젝트를 수행하여 성공한 사례는 신재생에너지 기술개발사업이 있다. 신재생에너지 기술개발사업은 지식경제부가 시행하고 에너지관리공단이 전담기관으로 지정되어 1988년부터 현재까지 시행중인 대형 연구 사업으로, 태양에너지, 바이오에너지, 풍력, 수력, 연료전지 등의 대체에너지 기술 개발에 관련한 사업이다. 기술 영역이 광범위하고, 투자비용이 높은 특성으로 인해 국가차원에서 연구개발을 수행하고 관리하고 있으며, 신재생에너지관련하여 선진국 기술수준 대열에 진입과 동시에 전략핵심기술의 확보를 목적으로 하고 있다.

신재생에너지 기술개발사업은 1988년부터 2007년까지 정부지원금 5,597억 원, 민간 부담금 3,581억 원이 투입되어 기술적인 측면뿐만 아니라 경제적, 사회적으로도 우수한 성과를 거둔 연구개발사업이다. 기술적인 측면에서는 국내외 논문 1,900여 편, 특허 440여 건을 출원 및 등록하며 선진국 대비 신재생 에너지 분야 기술 격차를 약 3.36년 단축하는 쾌거를 이루었으며, 경제적 측면에서는 개발된 기술에 대해 43건의 사업화 및 제품화를 수행하여 2조 8천억 원 가량 매출 실적을 달성하였다. 사회적인 측면에서는 신재생 에너지 분야 석·박사급 인력 1,700여 명을 양성하며 향후 지속적인 연구 역량을 이끌어 낼 수 있는 성과를 거두었다.

Chapter

02 연구개발 프로젝트의 착수관리

연구개발 프로젝트의 착수 단계는 프로젝트에 투입될 자원의 규모를 산정하고 배분하는 것을 고려하여 프로젝트를 기획하고 선정하는 것을 말한다. 여기서 프로젝트의 기획은 전반적인 수행체계 및 계획을 수립하는 것을 의미하며, 프로젝트의 선정은 기획한 여러 개의 프로젝트 후보 중에 실제로 기업에서 추진할 프로젝트를 선정하는 것을 의미한다. 이 연구개발 프로젝트의 착수 단계에 적용되는 연구개발 프로젝트 관리를 연구개발 프로젝트 착수관리라고 지칭하며, 착수관리에서 주로 수행하는 업무 내용은 자원관리이다. 자원관리는 연구개발 기획 단계에서 프로젝트에 투입될 인력 및 예산 계획을 수립하는 것을 의미한다. 연구개발 프로젝트 기획, 선정, 그리고 자원 관리에 대한 자세한 내용은 이어지는 단원들에서 다루도록 한다.

2-1 연구개발 프로젝트 기획

(1) 연구개발 프로젝트 기획의 개념

연구개발 프로젝트 기획은 목표한 기술을 확보하기 위해 연구개발을 수행하기 이전에 착수, 진행, 성과평가, 추적의 연구개발 프로젝트 프로세스에 대한 전반적이고 개략적인 내용을 설계하여 프로젝트 후보를 도출하는 것을 의미한다. 연구개발 프로젝트 기획에서 다루는 내용은 크게 연구개발의 목표를 수립하고 연구개발 수행을 위한 개략적인 추진 방법을 세우는 것, 연구개발의 수행 결과를 기업에서 어떻게 활용할 것인지에 대한 간략한 활용 방안을 검토하는 것, 그리고 이러한 작업들을 위해 투입될 인적·물적 자원의 편성 및 확보 계획을 수립하는 것으로 구성되어 있다. 연구개발 프로젝트 기획은 주로 기업의 경영진에서의 전사적 경영 방침에서 출발하는 하향식(top-down) 기획과 실무진에서의 실제 연구활동에서 발생한 아이디어에서 출발하는 상향식(bottom-up) 기획의 형태로 진행된다. 하향식 기획은 본사 경영자 혹은 중앙 연구소의 상위 관리자가 주도적으로 연구 테마 및 기술 개발 방향을 설정하여, 이를 기반으로 연구개발 프로젝트를 기획하는 방식을 말한다. 하향식 기획은 경영진 차원에서 해당 산업분야의 기술 동향을 파악하여, 향후 기업이 확보해야 할 장래성 있는 기술을 개발할 수 있도록 연구개발 프로젝트를 기획할 수 있으며, 현장으로부터 발견하기 어려운 거시적 관점에서의 기술 혁신 기회를 발견할 수 있다. 반면에 상향식 기획은 연구개발의 실제 업무를 수행하는 연구원 혹은 중간 관리자가 주도적으로 실무에 필요한 기술 개발 내용을 기획하는 방식을 말한다. 상향식 기획은 실무진이 연구개발을 수행하면서 발생한 아이디어, 혹은 시장이나 기업 내 생산 활동에서 창출된 기술혁신의 가능성을 바탕으로 연구개발 프로젝트를 기획할 수 있다.

(2) 연구개발 프로젝트 기획 시 고려사항

기업에서 연구개발 프로젝트를 기획할 때에는 다음의 네 가지 내용을 포함하여야 하며, 이때 고려해야 할 사항을 간략하게 소개한다. 첫째로, 연구개발 프로젝트의 기획안은 해당 연구개발 기술 및 시장에 대한 사전 정보를 담고 있을 필요가 있다. 기업에서 확보하고자 하는 기술이 현재 어떠한 수준에 이르렀는지, 그 특징은 어떠한지, 그리고 목표한 기술을 적용하여 출시할 제품의 시장 상황은 어떠한지 등을 파악해야 기업에서 필요한 기술을 확보할 수 있다. 둘째로, 연구개발 목표, 수행 내용, 방법에 대한 내용을 담고 있어야 한다. 연구개발을 기획하고 이를 수행하는 데 있어 가장 중요한 것 중 하나가 바로 명확한 목표를 세우는 것이다. 기술 개발은 그 형태가 모호한 경우가 많아, 분명한 목표를 설정하여야만이 연구원들에게 올바른 연구개발 수행 방향을 제시하고 연구개발 성과를 측정할 수 있기 때문이다. 이렇게 설정한 목표를 달성하기 위해 연구개발 프로젝트 기획안은 연구개발 방식, 형태, 수행 주체, 세부 연구 내용 등을 포함시켜야 한다. 셋째로, 연구개발 프로젝트를 통한 결과의 활용 방안을 기술할 필요가 있다. 연구개발을 통해 확보한 기술은 그 자체로 의미를 가지는 것이 아니라, 그 기술을 통해 기업이 어떠한 것을 성취할 때 의미를 가진다. 따라서 연구개발 프로젝트 결과의 사업화 및 기업화 가능성 여부의 검토, 개발한 기술의 기술적, 재무적 관점에서의 기대효과 검토 등이 중요한 내용 중 하나이다. 넷째로, 연구개발 활동에 필요한 예산 및 필요 인력 수준을 포함해야 한다. 연구개발 프로젝트를 수행할 때에는 이에 투입되는 주요 자원(예산, 인력)을 파악하여야 계획한 자원을 바탕으로 프로젝트가 운영이 될 수 있다. 따라서 연구개발 프로젝트 기획 시 연도별 혹은 세부 연구내용별로 필요한 예산 및 인력 규모 수준을 추정하고 연구 인력의 확보 방안을 마련하는 것이 필요하다.

2-2 연구개발 프로젝트 선정

(1) 연구개발 프로젝트 선정의 개념

연구개발 프로젝트 선정은 기획된 연구개발 프로젝트 중 프로젝트의 기대효과 및 제약조건을 바탕으로 실제 추진할 연구개발 프로젝트를 결정하거나 혹은 수행 우선순위를 도출하는 과정을 의미한다. 기업이 연구개발 프로젝트 선정 과정을 수행하는 목적은 기업이 수행하고 있는 사업분야 및 연구개발 수행 전략에 부합하는 프로젝트를 선정함으로써 기업의 제한된 자원을 효율적으로 활용하여 연구개발 성과를 극대화 시키기 위함이다. 연구개발 프로젝트의 선정 과정에서 필요한 기본 요소는 선정 기준 및 가중치(criteria and weight), 선정 결정 모형(decision model), 선정 결정자(decision maker)이다. 기획단계에서 도출된 여러 연구개발 프로젝트 후보군 중에 일부를 선정함에 있어 경영자나 관리자의 직관에 의해 선택할 수도 있으나, 일반적으로 합리적인 선정을 위하여 기업에서는 선정을 위한 기준 또는 항목을 마련하고 각 기준에 대한 가중치를 설정하여 이를 바탕으로 프로젝트를 선정한다. 또한 여러 기준들로 프로젝트 선정 의사결정을 내리기 위한 결정 모형을 수립하여 분석하는 과정을 거친다. 그 결과로 도출된 정보를 토대로 경영진 혹은 중·상위 관리자과 같은 의사결정자들이 기업에서 수행할 프로젝트를 최종적으로 선정하게 된다.

(2) 연구개발 프로젝트 선정 절차

위의 기본 요소(선정 기준 및 가중치, 선정 결정 모형, 선정 결정자)를 토대로 구성된 절차를 통해 연구개발 프로젝트를 선정할 수 있다. 일반적인 연구개발 프로젝트의 선정 절차는 [그림 6-6]과 같다.

첫 번째 단계에서는 연구개발 프로젝트의 기획 단계를 거쳐 도출한 프로젝트를 발의한다. 발의한 프로젝트는 실제적으로 기업에서 수행할 연구개발 프로젝트의 심의 후보가 되며, 이 단계에서는 발의한 여러 개의 프로젝트를평가할 심의자를 결정하고 전반적인 심의 절차를 구상한다. 두 번째 단계에서는 프로젝트의 선정 평가 기준 및 모형을 개발한다. 발의된 프로젝트들이 기업에게 필요한 것인지, 그리고 그 기획이 올바르게 이루어졌는지 등을 여러 관점에서 파악하여 합리적인 의사결정을 하기 위해 프로젝트의 선정 기준 항목과, 항목별 가중치를 선정한다. 세 번째 단계에서는 두 번째 단계에서 개발한 프로젝트 선정 모형을 바탕으로 심의 후보 프로젝트들을 검토한다. 이 단계에서는 후보 연구개발 프로젝트들의 타당성 및 제약 조건 등을 파악하여

프로젝트 발의	▪ 심의할 후보 R&D 프로젝트를 제출 ▪ 심의자, 심의 절차 선정
프로젝트 평가 기준 및 모형 개발	▪ R&D 프로젝트 선정 모형 개발 및 선택 ▪ 선정 기준, 가중치 개발 및 선택
프로젝트 검토	▪ 선정된 평가 기준 및 모형을 기반으로 후보 R&D 프로젝트의 타당성 및 제약조건 검토
프로젝트 의사결정	▪ 검토 결과를 바탕으로 프로젝트 수행 우선순위 도출

▸▸ 그림 6-6 연구개발 프로젝트의 선정 절차

프로젝트의 목표, 수행 절차, 결과의 활용 방안 등이 올바르게 계획 되었는지를 검토한다. 이 단계를 통해 프로젝트의 필요성 및 성공 가능성을 가늠한다. 마지막 단계에서는 세 번째 단계에서의 후보 연구개발 프로젝트 검토 결과를 토대로 프로젝트의 수행 여부 혹은 수행 시 우선순위를 도출한다.

(3) 연구개발 프로젝트 선정 방법 유형

연구개발 프로젝트를 선정하기 위해서는 기업에서 필요로 하는 기술의 목표를 잘 반영할 수 있는 평가 방법을 선택하는 것이 선행되어야 한다. 프로젝트를 평가하는 관점은 크게 평가 접근방식을 의미하는 평가 종류와 평가 시 사용하는 평가기법을 나타내는 평가 방법으로 분류할 수 있으며, 기업에서는 적절한 평가 종류 및 방법을 선택하여 프로젝트를 심의할 필요가 있다. 연구개발 프로젝트의 선정을 위한 평가 관점은 [표 6-2]와 같이 분류할 수 있다.

평가 종류 측면에서는 성격, 범위, 시점 관점으로 분류할 수 있다. 성격은 연구개발 프로젝트를 평가의 주관성 여부에 따라 정량 평가와 정성 평가로 구분된다. 정량 평가는 평가하고자 하는 항목을 수치화하여 비교할 수 있는 기준이 명확하여 그 기준에 대비하여 평가하는 것을 의미한다. 이는 평가 항목에 대하여 객관적인 자료를 근거로 산정되기 때문에 평가자의 주관성을 배제하고 평가를 하는 것이 가능하다. 정성 평가는 정량 평가와 달리 계량화하기 어려운 부문에 대해 평가자의 주관에 따라 평가하는 것을 의미한다. 따라서 추상적인 부분까지 평가할 수 있다는 장점이 있으나 이를 객관화

▶▶ 표 6-2 연구개발 프로젝트 선정 평가 관점별 분류

분류 구분	평가 관점	평가 및 분석 항목
평가 종류에 따른 분류	성격	• 정량 평가 • 정성 평가
	범위	• 과학 및 기술 • 경제 • 사회
	시점	• 사전 평가 • 사후 평가
평가 방법에 따른 분류	가중치 · 순위 분석	• 평점 분석 • 계층화 분석 • 자료포락 분석
	수익 · 기여도 분석	• 비용/수익 분석 • 경제효과 분석 • 의사결정나무 분석

[출처: 홍대근 외(2010)]

시키기 어려운 한계점이 있다. 범위는 연구개발 프로젝트를 통해 산출되는 성과물을 바라보는 관점에 따라 과학 및 기술, 경제, 사회로 구분된다. 과학 및 기술은 연구개발 프로젝트의 기술적인 결과의 측면에서, 경제는 연구개발 프로젝트가 기업에 미칠 경제적 효과 측면에서, 사회는 연구개발 프로젝트의 결과물이 공공사회에 미칠 영향 측면에서 평가하는 것을 의미한다. 시점은 연구개발 프로젝트의 평가 시점에 따라 사전 평가와 사후 평가로 구분된다. 사전 평가는 연구개발 프로젝트가 시작하기 이전에 미리 수행하여 타당성을 검토하는 것을 의미하며, 사후 평가는 연구개발 프로젝트를 통해 산출된 결과물이 미칠 영향을 평가하는 것을 의미한다.

평가 방법 측면에서는 가중치 · 순위 분석과 수익 · 기여도 분석 관점으로 분류할 수 있다. 가중치 · 순위 분석은 평가 항목의 가중치를 기반으로 연구개발 프로젝트의 성과를 절대적 또는 상대적으로 순위화하여 프로젝트를 평가하는 것을 의미하며, 그 방법으로는 평점 분석, 계층화 분석, 자료포락 분석이 있다. 평점 분석(scoring method)은 일반적으로 각 평가 항목별로 프로젝트의 점수를 매기고 이를 가중합계하여 도출된 총점을 바탕으로 프로젝트를 평가하는 방법이며, 계층화 분석(AHP: Analytic Hierarchy Process)은 평가 항목들 간의 상대적인 가중치를 부여하여 프로젝트의 중요도 우선순위를 도출하는 평가 방법이다. 자료포락 분석(DEA: Data Envelopment Analysis)은 효율성에 초점을 두고 투입자원을 기준 항목으로 고정하여 나타나는 성

과의 비교를 통해 프로젝트를 평가하는 방법이다. 수익·기여도 분석은 연구개발 프로젝트의 수행 과정 및 결과를 비용으로 환산하여 프로젝트를 평가하는 것을 의미하며, 그 방법으로는 비용/수익 분석, 경제효과 분석, 의사결정나무 분석이 있다. 비용/수익 분석은 연구개발 프로젝트의 투자 대비 수익 관점에서 프로젝트의 성과를 분석하여 평가하는 방법이며, 경제효과 분석은 연구개발 프로젝트를 통해 발생할 것으로 예상되는 경제적인 효과들을 비용으로 추정하여 프로젝트를 평가하는 방법이다. 의사결정나무 분석은 연구개발 프로젝트를 수행할 시 가능한 경우의 수 별로 기업이 얻을 수 있는 경제적 이익의 기대값(payoff)을 계산하여 이를 바탕으로 프로젝트를 평가하는 방법이다.

2-3 연구개발 프로젝트 자원관리

연구개발 프로젝트에서 일컫는 자원은 일반적으로 인력과 예산을 의미한다. 연구개발 활동은 기업이 보유한 지식을 집약시켜 새로운 지식 또는 기술을 창출해 내는 것인 만큼 연구개발 인력은 지식 창출의 주체로서 매우 중요한 자원 중 하나이다. 또한 이러한 연구개발 활동의 결과는 단기적으로 바로 발생하지 않기 때문에 지속적으로 연구개발 비용을 투자하여야 목표한 성과를 달성할 수 있다. 이러한 속성으로 인해 많은 비용이 소모가 되는 연구개발에는 자본력 역시 지식 창출의 기반으로서 매우 중요한 자원 중 하나이다. 따라서 연구개발 프로젝트 자원관리에서는 주로 인력과 예산을 대상으로 관리한다.

(1) 인력 관리

연구개발 프로젝트 자원관리에서의 인력 관리는 연구개발을 수행할 연구인력의 확보에서 시작된다. 연구인력을 확보할 때에는 여러 프로젝트들의 중요도와 연구원별로 보유한 기술 역량을 고려하여 연구원들이 각 프로젝트 팀에 적절히 배치될 수 있도록 전략적으로 접근하는 것이 필요하다. 적절한 기술개발 인력 배치를 위한 방법으로는 기술중요도-자사기술력 매트릭스와 기술-인력 매트릭스가 있다([그림 6-7]). 기술중요도-자사기술력 매트릭스는 기업 내 여러 프로젝트들에 필요한 기술개발 인력의 확보 방향을 제시하며 기술-인력 매트릭스는 각 프로젝트 팀의 멤버로 기업 전체 연구원을 적절히 배치하여 구성하기 위한 방법을 제시한다.

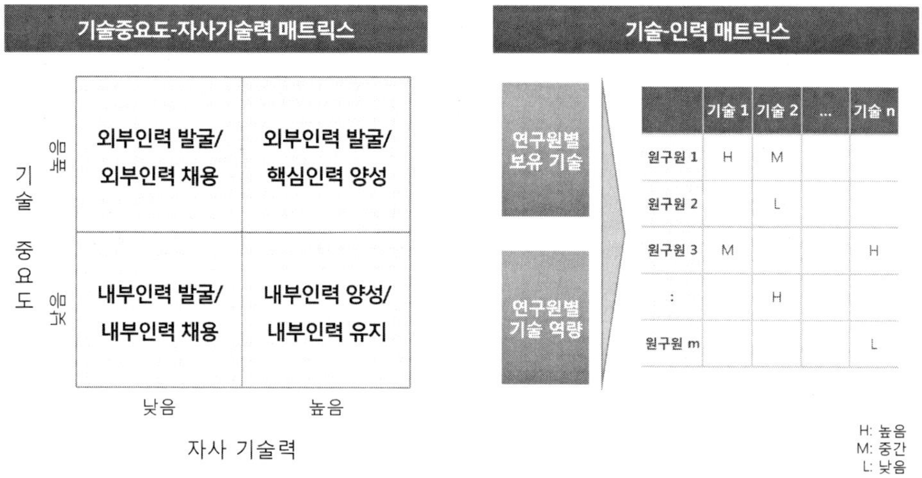

[출처: 정원일 외(2007)]

▶▶ 그림 6-7 기술개발 인력 확보 전략 (예시)

연구개발의 수월한 운영을 위해서는 우수한 리더쉽 역량을 보유한 프로젝트 리더가 필요하다. 기술개발 인력의 확보 이후에는 프로젝트 팀 리더가 기술개발 인력을 원활하게 관리하여 연구개발을 성공적으로 마칠 수 있도록 리더로서의 역할을 충실히 수행하여야 한다. 따라서 프로젝트 팀 리더의 선정 및 리더의 역할을 공고히 하는 것이 인력 관리에 있어 매우 중요한 사항이다. 프로젝트 팀 리더는 프로젝트 관리자로서, 기술 전문가로서, 프로젝트 대표로서의 역할을 충실히 이행할 필요가 있다. 프로젝트의 관리자로서 프로젝트 리더는 프로젝트의 뚜렷한 목표 비전을 연구원들에게 제시하고, 목표달성을 위해 구체적인 연구 수행 내용을 전달하며, 일정 준수를 위한 업무의 적절한 배분 및 일정 계획을 수립하고, 팀 구성원들의 프로젝트에 대한 동기를 부여해 주어야 한다. 기술적 전문가로서 프로젝트 리더는 신규 아이디어의 제안과 기존 아이디어의 보완·수정을 하고, 연구원들의 연구개발 활동에 대해 피드백을 주어 기술 개발 방향 제시해 주어야 한다. 또한 프로젝트 수행의 대표자로서 프로젝트 리더는 외부의 관련기술 정보를 확보하고, 프로젝트 실행을 위한 자원을 확보하며, 관련 부서와의 협조체제의 구축 및 홍보를 통해 원활한 프로젝트 수행이 이루어 질 수 있도록 해야한다.

(2) 예산 관리

연구개발 프로젝트에서 인적 자원과 더불어 가장 중요한 자원은 예산으로, 이는 실질적으로 프로젝트를 운용하기 위한 기반이 된다. 프로젝트의 기획 단계에서 예산이

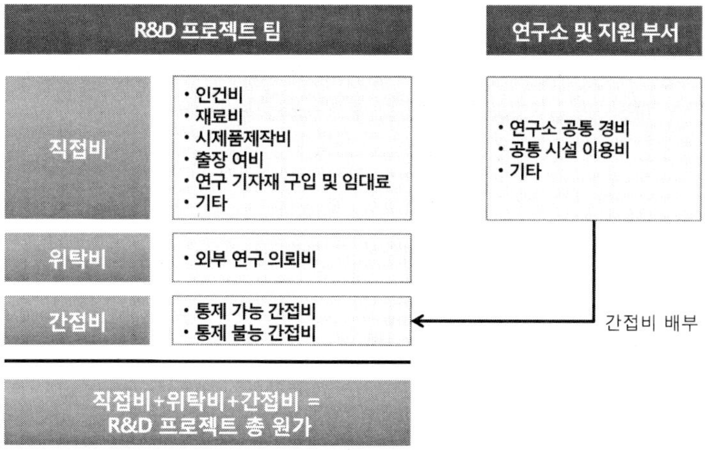

[출처: 정원일 외(2007)]

▸▸ 그림 6-8 프로젝트의 원가 산정

잘못 편성되고, 또한 프로젝트의 진행 중 예산 범위를 초과하여 사용하게 되는 경우 목표한 기술을 개발해 내는데 차질을 겪을 수 있다. 따라서 연구개발을 위한 프로젝트의 원가를 바르게 산정하고 정해진 예산 범위 내에서 사용하는 것이 예산 관리에서 중요한 요인이 된다. 연구개발을 위한 프로젝트의 원가를 바르게 산정하기 위해서는 연구비 항목에 대해 이해하는 것이 우선적으로 필요하다. 일반적으로 연구비는 [그림 6-8]과 같이 구성된다.

연구개발 프로젝트의 예산은 크게 직접비, 위탁비, 간접비의 항목으로 구성되어 있으며, 이들의 합산 금액이 해당 프로젝트 팀에게 배정되는 프로젝트 원가이다. 직접비는 프로젝트 팀에서 연구개발을 위해 소요되는 연구원의 인건비, 재료비, 시제품 제작비, 출장 여비, 연구 기자재 구입 혹은 임대료 등 예산 비용을 추적하여 배분할 수 있는 비용을 의미한다. 간접비는 직접적인 예산 비용의 인과관계를 추적하기 어려워 합리적인 기준에 의해 간접적으로 배부하는 비용을 의미하며, 예를 들어 연구소 공동 시설의 사용 비용 등 여러 주체가 공통적으로 사용함에 따라 정확한 사용 내역을 추정할 수 없는 경우의 비용을 간접비로 편성한다. 위탁비는 연구개발의 수행 주체가 프로젝트 팀이 아닌 외부의 연구인력을 활용할 때 소요되는 비용을 의미한다.

연구개발 프로젝트 예산을 편성한 이후 프로젝트를 운용함에 있어 예산이 초과되는 것을 방지하는 것이 예산 관리에서 매우 중요한 요소 중 하나이다. 프로젝트의 예산이 초과하는 현상은 크게 초기의 프로젝트 기획 단계에서 예산의 편성을 올바르게 하지 못하였을 때 혹은 프로젝트를 진행하는 단계에서 예산의 잘못된 사용을 할 때 주로 나타난다. 프로젝트 기획 단계에서는 프로젝트 팀의 연구개발 역량과 소요될 항목을 조목조목 따져 예산을 편성하여 이를 운용하여야 하는데, 잘못된 평가를 바탕으로 예산이 적게 편성된 경우 예산이 초과되는 현상이 발생할 수 있다. 예를 들어, 프로젝트 팀의 연구개발 능력 및 여건을 과대평가하여 예산이 적게 편성되거나 프로젝트 기간을 짧게 선정하는 경우, 혹은 프로젝트에 필수적으로 소요되는 예산 항목이 누락되는 경우 예산이 초과하는 현상이 나타나게 된다. 또한 프로젝트 진행 단계에서는 예상치 못한 요인이나 외압이 발생하는 경우 예산이 초과되는 현상이 발생할 수 있다. 예를 들어, 당초 기획 단계에서 예상하지 못한 기술적 애로 요인이 발생하여 연구를 다시 수행하게 되는 경우, 인플레이션 등의 외부 환경 변화로 인해 인건비, 재료비 등의 직접비가 인상되는 경우, 혹은 경영진 측에서 조급하게 연구결과를 요구하거나 당초 계획과 다른 방향으로 프로젝트를 수행하도록 요구하는 경우에 예산이 초과되는 현상이 나타나게 된다. 따라서 올바른 예산 편성이 선행되고 예산이 초과하지 않는 범위 내에서 연구개발을 수행하는 것이 연구개발의 성공에 필요한 주요 과제이며 예산관리에서 주안점을 둘 부분이다.

2-4 사례 연구: KISTEP선정 10대 미래유망기술

한국과학기술기획평가원(KISTEP: Korea Institute of Science and Technology Evaluation and Planning)에서는 다양한 관점과 시각에서 주요 미래 기술을 분석, 예측함으로써 경제적 부가가치의 창출에 기여하고 사회적 기회비용을 줄이기 위한 목적으로 10대 미래 유망기술을 선정하고 있다. 2009년 첫 10대 미래유망기술 선정을 시작으로 2012년에 네 번째 선정을 맞이하고 있다.

세계의 급격한 기술 변화의 환경 속에서 국가 및 기업은 한정된 자원을 효율적으로 사용하여 지속적인 성장을 이루어야 할 필요성이 증대되고 있다. 이를 위해서는 유망한 기술을 예측하여 국가 및 기업의 핵심 역량으로 확보하는 것이 중요한데, 이러한 미래기술 관련 정보에 대한 관심과 중요성에도 불구하고 기업과 국가 기관에서는 미래기술 발굴에 대한 작업을 적극적으로 수행하지 못하는 여건에 처하여 있는 것이 현실이다. 그래서 현재에는 외국의 기관에서 분석한 자료에 의존하고 있다. 또한 기존의 미래 기술도출 분석을 수행함에 있어서도 그 대상 분야가 한정적이거나 기술적 파급효과 측면에서의 고려가 부족하였다는 한계가 있었다. 따라서 KISTEP에서는 전 기술분야를 대상으로 향후 10년 내 우리나라의 사정에 맞는 경제, 사회, 기술적 파급효과가 클 것으로 예측되는 미래 유망기술을 선정함으로써 미래 유망 기술을 발굴하고자 이와 같은 분석을 수행하고 있다.

KISTEP에서 10대 미래유망기술을 선정하는 절차는 [그림 6-9]와 같다. 2012년의 선정 방식은 과학기술 전문가들을 대상으로 인터뷰를 진행하여 현재 연구중인 기술이 향후 불러올 수 있는 경제적 파급효과를 우선적으로 고려해 선정하였다. 이를 위해 정부출연연구기관의 기술전문가와 정부 연구개발 프로젝트 참여 연구진 431명을 대상으로 인터뷰 및 설문을 통해 예상 후보 기술을 도출하였고, 이후 기술의 진보성, 실현 가능성 등을 추가로 고려하여 최종 후보 기술을 선별하였다. 또한 기술의 사회적 수용성이나 시장성을 위하여 일반인 100명의 설문조사 결과도 반영하여 최종적으로 10개의 미래유망기술을 선정하였다.

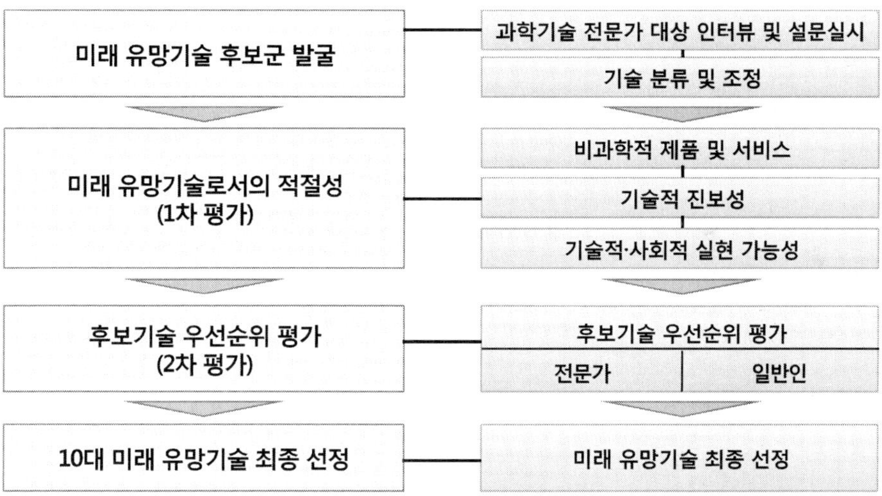

[출처: KISTEP(2012)]

▸▸ 그림 6-9 KISTEP 선정 10대 미래 유망기술 선정 절차

위와 같은 방법을 통해 선정된 2012년 10대 미래유망기술은 [표 6-3]과 같다. 이렇게 선정된 미래유망기술은 각 연구개발 주체가 연구개발 수행 시 기획단계에서부터 고려할 수 있는 자료로 활용이 가능하다. 또한 도출된 기술을 시급히 개발하여야할 것으로 우선순위를 설정하여 국가적 차원 또는 기업 차원에서 우선적으로 연구개발 자원을 배분함으로써 연구개발 효율성을 높이는 것이 가능할 것이다.

▶▶ 표 6-3 KISTEP 선정 10대 미래유망기술

기술명	세부 내용
 암 바이오 마커 분석기술	• 암의 존재여부, 암의 종류, 암의 발병경로, 암의 진행상황 등에 대한 정보를 제공하기 위해 임상샘플로부터 다양한 암의 대표적인 특징을 나타내는 바이오마커들을 분석하는 기술 • 암 바이오 마커기술을 이용한 다중암 진단키트가 다수 개발되어 임상에 쓰이게 된다면, 암의 발생률과 암으로 인한 사망률을 낮추어 암으로 인해 발생하는 사회적, 경제적 손실을 크게 줄이는데 기여 예상
 실시간 음성자동통역기술	• 구어체 자동번역(MT: Machine Translation)은 문서번역과 달리 주어의 생략, 도치, 중의성 등 음성언어의 특성을 고려한 자동번역기술개발이 추진 • 자동통역은 상황/문맥정보를 이용한 음성언어이해 기술이 음성인식과 자동번역의 입출력 차이를 줄이는 매우 중요한 기술
 스핀 트랜지스터	• 전자의 전하에 의한 특성뿐만 아니라 양자역학적인 스핀 물리현상을동시에 이용 하는 새로운 형태의 전자공학 기술 • 스핀의 고유특성인 비휘발성(non-volatility) 뿐만 아니라 초고속, 초저전력 등의 특성을 가지고 있음 • 기존 전자소자의 기술적 한계를 극복할 수 있는 차세대 전자 소자로써 차세대 고밀도·대용량 정보처리 및 정보저장 부문에 광범위한 적용이 가능
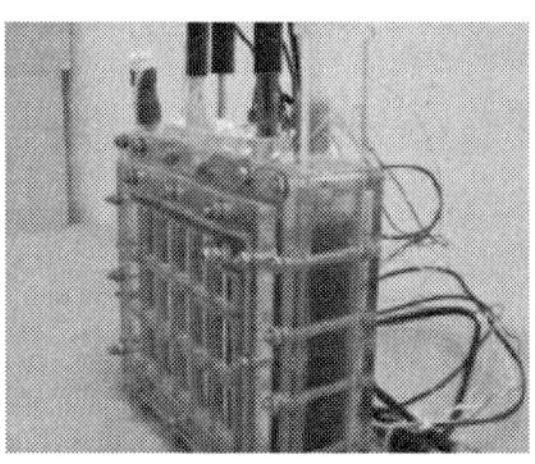 미생물연료전지(MFC)	• 미생물연료전지는 유기물에 함유된 화학에너지를 미생물의 촉매작용을 활용하여 전기에너지로 직접 전환시키는 생물전기화학 장치 • 이를 이용하여 하폐수 또는 폐기물을 처리하게 된다면 유기성 오염 물질들은 전기에너지를 생산할 수 있는 지속가능한 원료로 활용이 가능 • 하폐수 처리를 위한 비용 절감과 동시에 전기에너지의 생산에 따른경제적 이득이 가능
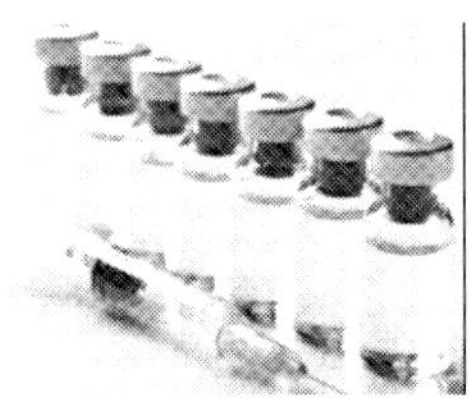 슈퍼독감백신 (Universal flu vaccine)	• 다양한 항원성을 나타내며 진화해가는 인플루엔자를 효과적으로 광범위하게 예방할 수 있는 슈퍼독감 백신기술의 개발은 매년 독감으로 고통 받는 인간의 삶의 질을 향상 가능 • 범용 슈퍼독감백신관련 기술은 진화과정속에서도 변하지 않고 상당히잘 보존된 항원성 부위들 중 실질적으로 광범위하게 작용할 수 있는것을 찾아, 이 부위의 항원성을 최적화하는 방향으로 개발 필요

▸▸ 표 6-3 KISTEP 선정 10대 미래유망기술(계속)

기술명	세부 내용
 초전도 송전기술	• 초전도 송전기술은 고온초전도 도체를 사용한 대용량, 고효율 및 친환경 전력수송이 가능한 초전도케이블을 이용하여 대도시의 전력공급문제를 해결할 수 있는 녹색에너지 전략에 적합한 기술 • 초전도 송전기술은 21세기 전력공급망에서 중추적인 역할을 담당할 것으로 기대되고 있으며, 국가 간의 전력전송과 대륙 간 대용량 전기에너지 수송을 담당하는 Global Power Network의 구축으로 세계의 에너지문제를 해결하는 획기적인 기술로 발전할 것으로 전망
 디지털 홀로그래피 기술	• 홀로그래피는 실사로부터 반사 또는 회절 되어 전파되는 빛의 분포를 기록 및 재현하는 기술로써, 공간상에 실사에 대한 상을 완벽하게 재현하며 관찰자에게 실사 관찰과 같은 입체감을 제공하는 기술 • 디지털 홀로그래피는 전자기기 및 광전자기기를 이용하여 구현하고, 광정보처리를 통해 홀로그래픽 데이터를 처리하는 기술로써, 홀로그래픽 기술을 폭넓은 산업에 활용 및 응용할 수 있는 핵심 기반 기술임 (활용분야: 문화, 예술, 디스플레이, 측정산업, 의료 등)
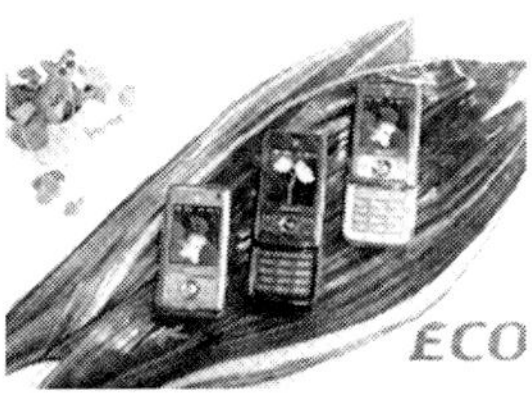 바이오 플라스틱	• 바이오 플라스틱은 합성수지의 기능을 모두 갖추고 있으면서 땅 속에 묻히거나 빛을 오래 쬐면 자연히 분해되는 신물질이지만 아직 제조원가가 비싸고 합성 수지와 같이 광범위한 용도로 쓰이기에는 물질이 다양하지 못함 • 바이오플라스틱 기술의 개발은 환경적 문제를 해결해 줄 뿐만 아니라 경제적으로도 막대한 도움을 줄 수 있으며, 사회적인 환경변화를 이끌어 바이오 경제로 나아가는 데 큰 도움이 될 것으로 기대
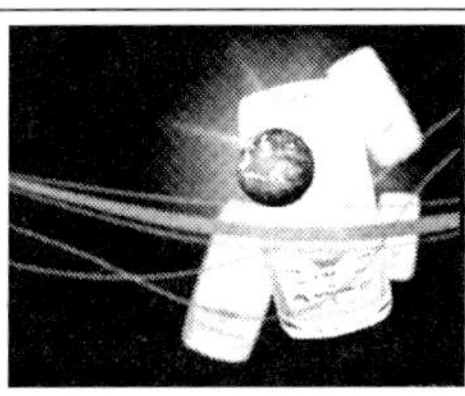 4G+ 이동통신 기술	• 고품질모바일 멀티미디어 서비스와 사물지능통신 및 단말 간 직접 통신 서비스를 포함한 다양한 미래 서비스를 효율적으로 제공하고, 시·공간적트래픽 변동을 유연하게 수용하여, 4세대 이동통신 대비 수배~수십배 이상의 전송용량을 제공하는 차세대 이동통신 기술 모바일 기반의 의료, 교육, 스마트워크, 공공안전, 헬스 등의 산업간연계를 통한 국민복지 향상에 기여 가능
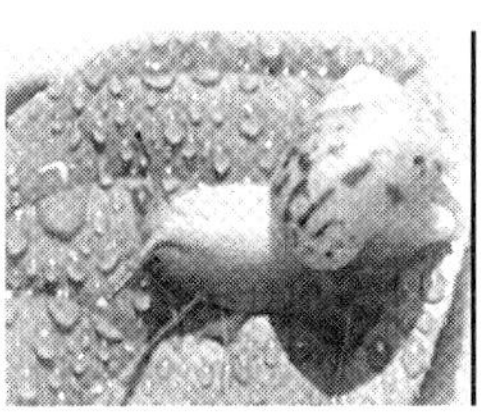 친환경 천연물 농약	• 화학농약으로 인한 환경오염 및 건강 문제로 인해 지속가능한 작물생산이 불가능한 실정에 와 있음 • 작물병 및 해충제어 효과가 검증된 천연원료(식물추출물, 기타 천연물)를 추출 혹은 정제하고 여러 종류를 기술적으로 합하여 화학농약의 성능에 가까운 각 병충별 천연물농약 개발 필요 • 자연 속에서 생분해되므로 인축이나 환경에 부작용이 전혀 없고, 소비자들은 화학물질이 잔류되지 않은 안전한 농산물 섭취가 가능하므로, 인류건강 증진에 크게 기여

[출처: KISTEP(2012)]

Chapter 03

연구개발 프로젝트의 진행관리

연구개발 프로젝트의 진행관리는 프로젝트가 착수되면, 목표한 기술을 획득하기 위한 실제적인 연구개발 활동에서 프로젝트의 목표를 설정하고 일정을 관리하는 것을 말한다. 여기서 프로젝트의 목표 설정은 원하는 기술을 확보하기 위해 구체적으로 명시된 형태의, 그리고 관리가 가능한 형태의 목표를 수립하는 것을 의미하며, 프로젝트의 일정관리는 목표한 시일 내에 프로젝트가 완수될 수 있도록 프로젝트의 일정을 관리하는 것을 의미한다. 이 연구개발 프로젝트의 진행 단계에서 적용되는 연구개발 프로젝트 관리를 진행관리라고 지칭하며, 진행관리에서 주로 수행하는 업무 내용은 진도관리이다. 진도관리는 계획된 일정을 준수하기 위해 지원되는 작업을 의미하기 때문에 진도관리 업무를 수행하면 일정관리가 만족되는 관계에 있다. 따라서 진도관리와 일정관리는 동일한 개념으로 해석하여 이해할 수 있다. 연구개발 프로젝트 목표 설정 및 진도관리에 대한 자세한 내용은 이어지는 단원들에서 다루도록 한다.

3-1 연구개발 프로젝트 목표관리

(1) 연구개발 프로젝트 목표 설정의 원칙

연구개발 프로젝트에서 올바른 목표의 수립은 매우 중요하다. 기업에서는 기술의 획들을 위해 여러 가지의 연구개발 프로젝트를 수행하게 되는데, 이 때 많은 프로젝트들이 실패를 하기도 한다. 프로젝트의 실패 원인은 사전 기획 단계의 정보 부족, 불충분한 경영층의 지원, 요구사항의 변경 등 다양하게 존재하나, 특히 잘못된 목표의 수립으로 인해 실패하는 경우가 많다. 즉, 프로젝트의 성패를 결정하는 주된 요인은 올바른 목표의 설정이라고 할 수 있다. 올바른 목표는 획득하고자 하는 기술의 방향과 일치해야 하며, 연구원들이 목표 달성을 위한 업무를 수행할 수 있도록 명확하게 표현되어야 하는 것을 만족해야 한다. 기술의 방향 측면에서 프로젝트의 초기의 잘못된 목표는잦은 목표 변경을 가져오기 때문에 주어진 시간 내 기술 개발과 원하는 목표기술의 확보를 어렵게 만들며, 명확함 측면에서 잘못된 목표는 연구개발 활동 결과 당초의 계획과 상이한 결과물을 이끌어 낼 수 있기 때문에, 프로젝트의 목표는 SMART 원칙을 따라 수립하는 것이 바람직하다.

SMART 원칙이란 프로젝트의 목표를 수립할 때 고려해야 하는 Specific, Measureable, Action-based, Realistic, Timely의 5가지 원칙의 앞 글자를 따온 것이다. 프로젝트의 목표는 구체적이고 명확한 형태로 세워야 하며(specific), 정량적으로 측정이 가능한 형태로 세워야 한다(measureable). 또한 추상적인 개념이 아닌 행동이 가능한 형태로 세워야 하며(action-based), 현실적으로 실천이 가능한 목표로 세워야 한다(realistic). 마지막으로 시간을 적절히 배정하여 즉시 시행할 수 있는 목표로 세워야 한다(timely).

(2) 연구개발 프로젝트 목표의 충족 요건

연구개발 프로젝트의 목표는 단순히 기술적인 관점에서 목표를 충족 시키는 것뿐만 아니라 경제적, 전략적, 관리적 관점의 목표를 충족시키는 것이 필요하다. 기술적인 관점에서 프로젝트의 목표는 연구개발을 통한 결과물이 구체적인 기술적 사양을 의미하며, 기술적 사양의 형태로 목표가 수립되어야 개발된 기술이 자사 혹은 타 기관에 이관되어 기술이 적용될 수 있다. 경제적인 관점에서 프로젝트의 목표란 연구개발을 통한 결과물이 가져다 주는 경제적인 이익을 충족하는 것을 의미하며, 기업에서의 기술 개발의 일차적인 목표는 기술 개발을 통해 기업의 이익을 증진시키는 것이기 때문에 경제적인 목표를 달성하는 것이 중요하다. 따라서 프로젝트의 목표는 기술의 사업화를 통해 기대되는 가치의 형태로 표현되는 것이 바람직하다. 전략적인 관점에서 프로젝트의 목표란 결과물이 가져다 주는 기대효과를 의미하며, 기술을 통해 얻을 수 있는 경제적인 수익 측면뿐만이 아닌 비경제적인 활용 방안까지 기술하는 것이 바람직하다. 마지막으로 관리적인 관점에서 프로젝트의 목표는 프로젝트의 원활한 진행을 위한 시간 및 자원 관리 기준을 의미하며, 프로젝트의 관리 용이성을 위하여 단계적으로 점검할 수 있도록 목표를 수립하는 것이 필요하다. 이를 통해 프로젝트의 일정을 준수하고 투입 비용이 적절하게 활용되고 있는지의 여부가 고려되어야 한다.

3-2 연구개발 프로젝트 진도관리

(1) 연구개발 프로젝트 진도관리의 개념

연구개발 프로젝트 진도관리는 프로젝트가 계획된 일정 및 시간에 맞게 완료될 수 있도록 지원하는 작업으로 정의되며, 크게 프로젝트의 지연 방지, 프로젝트의 진행사항 검토, 프로젝트의 일정 변경의 목적을 달성하기 위해 수행한다. 연구개발 활동을 수행하다 보면 다양한 변수들로 인해 당초 계획과는 달리 일정이 지연되는 경우가 발생하기도 한다. 기술은 다른 기술과의 융합이 될 수 있는 상호 복합적인 속성이 있기 때문에 다른 기술개발 일정과 맞추어야 하는 측면과, 기업간 경쟁체제에서 기술을 적기에 개발하여 사업화를 하는 것 측면에서 연구개발의 일정이 지연되는 것은 기업의 입장에서 매우 바람직하지 않은 상황이다. 따라서 진도관리의 최우선적인 목적은 프로젝트 일정의 지연을 방지하는 것이다. 또 다른 진도관리의 목적은 프로젝트의 원활한 진행을 위해서 프로젝트의 일정을 현실성 있게 작성하고, 일정대로 프로젝트가 진행되는 지를 검증하는 것이다. 그리고 현재 계획된 프로젝트의 일정 내에 기술을 개발하는 것에 무리가 있거나 한계가 있을 경우, 필요에 따라 프로젝트의 일정을 변경하는 것 역시 진도관리의 목적에 해당된다.

만일 프로젝트의 일정이 지연된다면 그것이 기업에 미치는 영향은 다음과 같다. 프로젝트 일정이 늘어나게 되면 그만큼 프로젝트 내에 추가적으로 인적, 물적 자원이 투입되어야 하므로 경제적인 손실이 발생하게 된다. 반대로 일정이 지연되거나 변경되는 경우 사용하지 못하는 불용 및 재고 자원이 발생하기 때문에 경제적인 손실이 발생하기도 한다. 일정의 지연은 경제적인 손실뿐만 아니라 연구원들의 사기가 저하되어 프로젝트 수행 효율에 악영향을 미칠 수 있으며, 차기 연구개발 프로젝트의 착수 시기에 까지 영향을 미쳐 전체적인 기술 개발 로드맵에도 영향을 미칠 수 있다. 이러한 영향들을 방지하기 위한 목적으로 연구개발 프로젝트 관리에서 진도관리는 매우 중요한 영역 중 하나이다.

(2) 연구개발 프로젝트 진도관리 절차

연구개발 프로젝트의 진도관리의 수행은 일반적으로 [그림 6-10]과 같이 제품 구성 구조를 전개하고 작업을 분할한 뒤 연구개발 업무의 순서를 정하고 업무 역할을 분배하는 과정 순서로 진행된다. 프로젝트의 일정을 관리하기 위해서는 먼저 연구개발 프로젝트의 기본적인 구조를 파악하는 것이 선행되어야 한다. 그 중 첫 번째 단계가

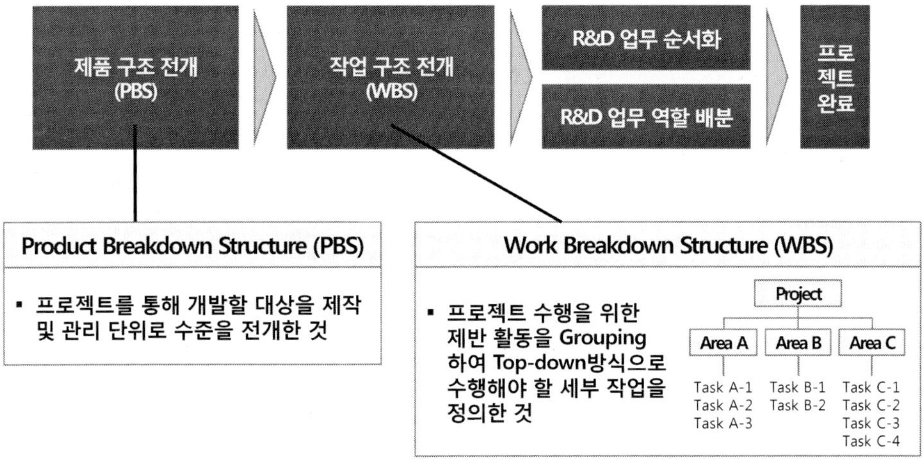

▸▸ 그림 6-10 연구개발 프로젝트 진도관리 절차

프로젝트를 통해 개발할 대상을 제작 또는 관리할 수 있는 단위로 수준을 전개하는 제품 구조 전개(PBS: Product Breakdown Structure)이다. 제품 구조 전개는 프로젝트를 통해 개발할 제품이나 기술 사양의 구조를 계층으로 구분하여 표현함으로써 개발 대상에 대한 연구개발 범위와 수준을 명확히하여 준다. 또한 경쟁 기술과의 비교 기준 및 관련 연구개발을 통해 산출된 데이터의 축적 기준을 제시하여 줄 수 있다. 두 번째 단계는 프로젝트 수행을 위한 제반 활동을 집단화 하여 하향식 방식으로 수행해야 할 세부 작업을 정의하는 작업 구조 전개(WBS: Work Breakdown Structure)이다. 작업 구조 전개에서는 제품 구조 전개에서 분류한 항목을 참조하여 해당 프로젝트의 활동 영역 및 작업을 계층 형태로 구분하여 프로젝트 팀원에게 할당할 수 있는 형태로 나눈다. 작업 구조 전개를 통해 각 수준에서의 작업 단위와 프로젝트 전체와의 관계를 명확히 할 수 있으며, 이를 바탕으로 진도의 보고 체계를 구축할 수 있다. 작업 구조 전개시에는 단순히 프로젝트 리더의 기준에 따라 업무를 구분하는 것이 아니라 프로젝트에 관련된 사람들간의 논의를 통해 수행되어 하며, 중간 점검이 가능한 형태로 업무 내용을 명확히 하는 것이 중요하다.

(3) 연구개발 프로젝트 진도관리 기법

간트 차트(Gantt chart)

간트 차트는 1919년 미국의 헨리간트(H. L. Gantt)가 작업의 진도를 통제하기 위한 목적으로 창안한 막대그래프 모형의 차트이다. 간트 차트는 [그림 6-11]과 같이 시간의

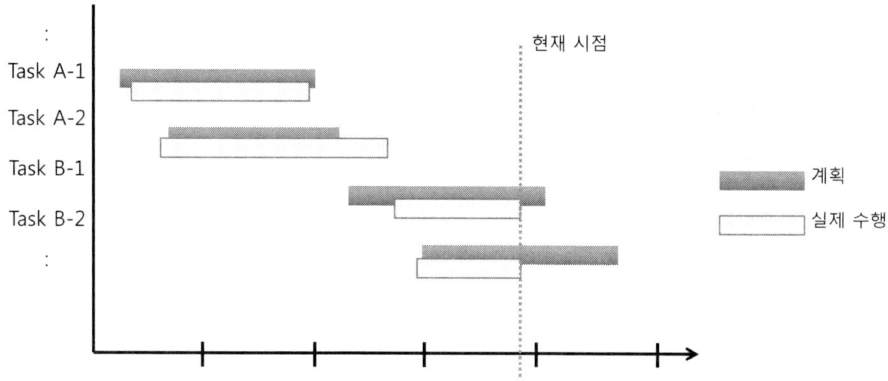

▸▸ 그림 6-11 간트 차트 (예시)

흐름을 가로축, 작업 목록을 세로축으로 구성하여 각 작업의 일정을 막대형태로 도식화하여 표현한다. 간트 차트는 각종 프로젝트의 진도 관리의 목적뿐만 아니라 제품의 생산관리, 재고관리, 원가관리 등에도 응용되어 작업 실적의 기록, 기계나 작업자별로 계획 작업량과 실제 작업량의 관계를 표시함으로써 기계의 유휴 상태의 파악, 능력활용을 위한 작업 부하 확인 등의 목적으로 활용되기도 한다.

간트 차트는 [그림 6-11]의 예제와 같이 설정한 단위 기간에 걸쳐 수행해야 하는 작업의 계획을 표현하는 것뿐만 아니라 실제 수행하는데 걸린 시간까지 함께 표현할 수 있어 세부 프로젝트 작업별로 그 진도 사항을 한눈에 확인할 수 있다. 이와 같이 간트 차트는 한눈에 작업 진행 현황을 확인할 수 있다는 장점이 있으며, 또한 자원 및 인력 자원의 배치, 프로젝트 계획 대비 작업의 진척도로 활용할 수 있다는 장점이 있다. 하지만 작업들간의 관계성을 표현할 수 없으며 프로젝트 작업 자체에 대한 중요도와 같은 정보를 담고 있지 않고 있다는 단점이 있다. 한눈에 일정을 관리할 수 있다는 장점으로 간트 차트는 1950년까지 간단한 프로젝트나 생산 계획에 널리 사용되었으나 현대식의 다양한 일정관리 도구가 개발됨에 따라 그 용도가 차츰 줄어들고 있는 추세에 있다.

PERT/CPM

PERT/CPM은 본래 1956년 미국 해군의 미사일 개발 프로젝트의 일정관리 도구인 프로그램 평가 및 검토 기법(PERT: Project Evaluation and Review Technique)과 1957년 듀퐁(Dupont)사와 레잉톤-랜드(Remington-Rand)사가 합동으로 개발한 임계경로 기법(CPM: Critical Path Model)이 합쳐서 일컫는 단어로, 각기 독립적으로

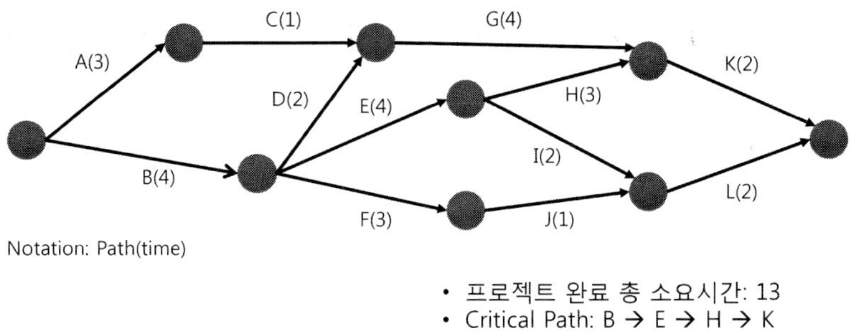

▸▸ 그림 6-12 예시

개발된 기법이나 이후 서로 종합적으로 사용이 되면서 현재는 PERT/CPM으로 일반화되어 사용되고 있다.

PERT/CPM 기법은 [그림 6-12]의 예시와 같이, 수행해야 할 작업을 원형의 노드로 표하고, 수행에 걸리는 예상 시간을 화살표 경로에 표시하여 작업 순서 및 예상 완료 시간을 표현한다. PERT/CPM 기법은 각각의 세부 작업간의 상호관계, 예상소요시간을 파악하는 것이 매우 중요하며, PERT/CPM 기법을 통해 최종 목표를 달성하기 위해 시간이 가장 많이 소요되는 경로를 파악할 수 있다. [그림 6-12]의 예시와 같은 경우 모든 경로에 대해 최종 작업이 수행되는 시간을 파악하여 보면 B, E, H, K를 거치는 경로가 단위 소요시간 13으로 다른 작업 경로보다 오래 걸리는 것을 알 수 있다. 이렇듯 PERT/CPM 기법을 통해 도출된 임계 경로(Critical Path)를 집중 관리하여 전체 업무의 소요 일정을 효율적으로 단축시킬 수 있다.

PERT/CPM 기법은 복수의 세부 작업 간의 선행 관계를 표현하며 임계 경로를 계산하여 집중적인 관리 및 임계 경로에 속한 작업에의 자원 우선투입 등의 작업 효율화가 가능하며, 간트 차트에 비해 복잡한 작업에도 활용할 수 있다는 장점이 있으며, 또한 네트워크 형태로 작성하여 일정을 관리하기 때문에 작업의 추가나 변경에 따른 계획 수정이 용이하다. 하지만 PERT/CPM 기법은 간트 차트에 비해 복잡하고 어려워, 이를 통해 일정을 관리하는데 전문 인력을 투입해야 하고 많은 시간이 걸린다는 단점이 있다.

3-3 사례 연구: 21세기 프론티어 연구개발사업의 나노소재기술개발사업단

21세기 프론티어 연구개발사업은 교육과학기술부(구, 과학기술부)의 주관으로 선진국과 경쟁이 가능한 전략기술을 선택하고 이를 집중 개발하여 2010년대 초반까지 전략기술분야에서 세계 정상급 기술력 확보와 부가가치 신산업 창출 기반을 마련하는 것을 목표로 수행하고 있는 국가 대형연구개발사업 중 하나이다. 21세기 프론티어 연구개발사업의 목적은 기술 부문에 있어 원천기술의 확보를 통해 국가경쟁력을 획기적으로 향상시켜 선진경제로 진입하는 것과 선진국 수준으로 생활수준을 향상시키고, 기술혁신의 성과를 사회기반 전 분야로 확산하는 것이다. 사업기간은 1999년부터 2012년까지이며, 하부 사업은 사업기간 내에 약 10년에 걸쳐 이루어진다. 하부 사업별로 지원규모는 연간 80억~100억원 내외이다. 하부 사업으로는 생명공학기술(BT: Bio Technology, 8개), 나노기술(NT: Nano Technology, 3개), 환경기술(ET: Environment Technology, 5개) 분야에 걸친 16개 사업이 진행되고 있으며, 그 중 하나가 나노기술 분야에 속해있는 나노소재기술개발사업단이다.

나노소재기술개발사업단은 나노기술 응용 신재료, 고기능 재료 개발을 목적으로 하며, 연구 기간은 2002년부터 2012년까지이다. 구조용 소재, 환경·에너지 나노 소재, IT 응용 나노소재를 주요 개발 내용으로 하고 있으며, 나노소재 관련 기술확립을 기반으로 하여 한국의 부품산업의 활력과 새로운 사업을 창출하여 국민들의 삶의 질을 향상시키기 위한 목적으로 연구개발을 수행하고 있다. 나노소재기술개발사업의 경우도 연구개발의 효율성 증대와 일정 지연 방지, 프로젝트의 올바른 개발 방향 확보를 위한 진도 평가의 일환으로써 연구 진행에 따라 각 단계별로 평가를 수행하고 있으며, 총 연구기간 10년 동안의 연차 평가도 병행하여 수행하고 있다.

나노소재기술개발사업단의 연차평가는 평가위원이 각 성과항목을 상, 중, 하로 평가하는 동시에 추가 의견을 기재하는 방식으로 진행되고 있다. 성과항목은 [표 6-4]와 같이 당해 연도 연구계획 대비 달성도, 단계 연구목표 달성 가능성, 당해 연도 연구성과의 세계일류 기술대비 수준, 연구 성과의 장차 실용화 가능성, 연구 목표 또는 전략의 수정 필요성으로 구성되어 있다. 나노소재기술개발사업단의 단계평가는 70점의 연구개발성과와 30점의 사업성 평가로 구분되며, 단계평가의 총점은 100점이다. 평가는 각 성과항목에 대해 전문평가위원이 S, A, B, C, D 다섯 등급으로 평가하고 평가된 등급을 점수로 환산하는 방식으로 수행되고 있다. 성과항목은 [표 6-5]와 같이 현단계 연구개발 목표 달성도 및 기술의 우수성, 특허 전략의 우수성, 학술 논문의 우수성, 사업화 및 기술이전 실적으로 구성되어 있다.

▶▶ 표 6-4 나노소재기술개발사업단 연차평가

<table>
<tr><th>항목</th><th>평가등급</th><th>비고</th></tr>
<tr><td rowspan="3">가. 당해 연도 연구계획 대비 달성도와 現단계 연구목표 달성 가능성</td><td>높음</td><td rowspan="3"></td></tr>
<tr><td>보통</td></tr>
<tr><td>낮음</td></tr>
<tr><td rowspan="3">나. 당해 연도 연구 성과의 세계 일류 기술 대비 수준(%)</td><td>100 이상</td><td rowspan="3"></td></tr>
<tr><td>50～100</td></tr>
<tr><td>50 이하</td></tr>
<tr><td rowspan="3">다. 연구 성과의 장차 실용화 가능성</td><td>높음</td><td rowspan="3"></td></tr>
<tr><td>보통</td></tr>
<tr><td>낮음</td></tr>
<tr><td rowspan="3">라. 연구 목표 또는 전략의 수정 필요성</td><td>없음</td><td rowspan="3"></td></tr>
<tr><td>약간</td></tr>
<tr><td>대폭</td></tr>
</table>

▶▶ 표 6-5 나노소재기술개발사업단 단계평가

<table>
<tr><th colspan="2" rowspan="2">평가항목</th><th colspan="2">가중치</th><th colspan="5">평가등급</th><th rowspan="2">평점
(가중치×
평가등급)</th><th rowspan="2">평가척도</th><th rowspan="2">비고</th></tr>
<tr><th>A형</th><th>B형</th><th>S
(5)</th><th>A
(4)</th><th>B
(3)</th><th>C
(2)</th><th>D
(1)</th></tr>
<tr><td colspan="2">現단계 연구개발 목표 달성도 및 기술의 우수성</td><td colspan="2">5</td><td></td><td></td><td></td><td></td><td></td><td></td><td>목표대비 실적 및 기술수준</td><td>발표·패널평가</td></tr>
<tr><td rowspan="6">연구 개발 성과의 우수성</td><td rowspan="2">특허(또는 기술개발) 전략의 우수성</td><td colspan="2">2</td><td></td><td></td><td></td><td></td><td></td><td></td><td>특허의 우수성</td><td>발표·패널평가</td></tr>
<tr><td colspan="2">1</td><td></td><td></td><td></td><td></td><td></td><td></td><td>특허의 등록, 출원 수</td><td>서면평가(사업단)</td></tr>
<tr><td rowspan="2">학술논문의 우수성</td><td>3</td><td>0.5</td><td></td><td></td><td></td><td></td><td></td><td></td><td>학술지의 JCR 순위 및 지수</td><td>서면평가(사업단)</td></tr>
<tr><td>2</td><td>0.5</td><td></td><td></td><td></td><td></td><td></td><td></td><td>논문의 우수성</td><td>발표·패널평가</td></tr>
<tr><td rowspan="2">사업화 및 기술이전 실적</td><td>0.5</td><td>3</td><td></td><td></td><td></td><td></td><td></td><td></td><td>기술료 및 매출액</td><td>서면평가(사업단)</td></tr>
<tr><td>0.5</td><td>2</td><td></td><td></td><td></td><td></td><td></td><td></td><td>기술의 우수성</td><td>발표·패널평가</td></tr>
<tr><td colspan="9">소 계(70점 만점)</td><td></td><td colspan="2">-</td></tr>
</table>

Chapter 04

연구개발 프로젝트의 성과 · 추적관리

연구개발 프로젝트의 성과 및 추적 관리는 프로젝트의 진행 단계 중간 혹은 완료 후 산출된 결과물을 평가하고 이의 활용 여부를 관리하는 것을 말한다. 여기서 프로젝트의 성과 평가는 프로젝트의 성과를 바탕으로 올바르게 프로젝트가 진행되고 있는지의 여부를 검토하여 프로젝트의 진행 방향에 대한 피드백(feedback)을 주는 것을 의미하며, 이러한 관리 활동을 성과관리라 지칭한다. 또한 프로젝트의 추적은 프로젝트가 종료되어 기술이전 및 사업화가 진행된 이후 프로젝트의 성과물의 성공 여부와 이들이 기업이나 사회에 미친 파급 효과를 추적하여 향후 이어질 프로젝트의 기획에 대한 피드백을 주는것을 의미하며, 이러한 관리 활동을 효과관리라 지칭한다. 연구개발 프로젝트의 성과관리 및 효과관리에 대한 자세한 내용은 이어지는 단원들에서 다루도록 한다.

4-1 연구개발 프로젝트 성과관리

(1) 연구개발 프로젝트 성과관리의 개념

연구개발 프로젝트 성과관리는 프로젝트의 방향성 및 진행상황 평가 및 기술적 성공 여부를 검토하는 작업으로 정의된다. 성과관리는 크게 중간 평가와 완료 평가로 그 유형을 나눌 수 있는데, 중간 평가는 프로젝트의 진행 단계별 또는 프로젝트 수행 중 일정 기간별로 해당 단계 및 시점에서의 프로젝트 성과를 평가하는 것을 의미한다. 이는 진도 관리의 개념과 연계하여 설명할 수 있다. 프로젝트 내 세부 작업에 대해 일정을 알맞게 수행하고 있는 지 여부를 파악하기 위해서는 일정 중간에 연구개발 활동으로 인해 발생한 성과를 측정하여 평가하는 것이 필요한데, 이 과정이 성과관리의 중간 평가가 된다. 또한 완료 평가는 프로젝트의 최종 결과물에 대한 평가를 의미하며, 이는 이는 목표관리의 개념과 연계하여 설명할 수 있다. 최종 결과물이 당초 계획한 최종 목표 산출물을 충족시키는지 여부를 평가하는 것이 필요한데, 이 과정이 성과관리의 완료 평가가 된다. 따라서 성과관리는 평가하는 시점이 프로젝트의 진행 시점인지 프로젝트의 완료 시점인지에 따라 그 의미가 다르다. 프로젝트의 중간 결과물을 평가하는 작업으로서 성과 관리는 프로젝트가 올바로 진행되고 있는지 그 방향성 및 진도에 대한 피드백을 주는 역할을 하며, 프로젝트의 최종 결과물을 평가하는 작업으로서 성과관리는 프로젝트의 성공 여부를 검토하여 차후 이어질 신규 프로젝트의 기획 방향에 대한 피드백을 주는 역할을 한다.

(2) 연구개발 프로젝트 성과관리의 중요성

프로젝트의 성과관리는 결과 활용의 측면과 관리적 측면에서 프로젝트에 중요한 부분을 차지하며 각 측면에서의 중요성은 다음과 같다. 결과 활용의 측면에서는 성과평가 결과가 향후 유사한 프로젝트 기획의 기초 자료로 활용될 수 있고, 우수한 성과를 거둔 연구원이나 프로젝트 팀에게 수여할 보상 기준을 제공하여 연구개발활동의 동기를 부여할 수 있는 정책을 마련할 수 있으며, 프로젝트의 올바른 진행 방향을 제시하여 줄 수 있다는 면에서 중요하다. 관리적 측면에서는 성과관리를 통해 효율적이고 효과적으로 연구개발 프로젝트를 수행할 수 있게 지원하고, 프로젝트 결과물의 가시성을 확보할 수 있으며, 진도관리와 결합되어 프로젝트의 원활한 진행 및 일정 준수에 도움을 줄 수 있다.

(3) 연구개발 프로젝트의 성과관리 절차

연구개발 프로젝트의 성과관리는 일반적으로 성과 목표 설정, 성과 지표 설정, 성과 모형 개발, 성과 분석의 절차를 따라 진행된다. 프로젝트의 성과관리를 위해서 먼저 첫 번째 단계에서는 해당 프로젝트의 산출물에 대한 성과 목표를 설정한다. 성과 목표는 연구개발 프로젝트의 목표와 동일시되도록 구성하는 것이 바람직하다. 두 번째 단계에서는 성과 목표를 고려하여 실제적으로 측정이 가능한 형태의 성과 지표를 설정한다. 성과 지표는 성과 목표에 부합하도록 개발하는 것이 중요하며, 성과 지표별로 목표치를 설정하여야 성과 달성 정도를 파악하는 것이 용이해진다. 세 번째 단계에서는 성과 지표를 종합하여 프로젝트의 성공 여부를 도출할 수 있는 성과 모형을 개발한다. 각 성과 지표들은 프로젝트의 목적에 따라 그 중요성이 상이할 수 있는데, 이를 반영하기 위하여 성과 모형 개발 단계에서는 일반적으로 성과 지표들 간의 가중치를 설정하며 이들을 종합하기 위한 방법론을 정의한다. 마지막 네 번째 단계에서는 앞서 개발한 성과 지표 및 모형을 바탕으로 성과를 분석한다. 각 성과 지표별로 프로젝트에서 도출된 산출물 관련 데이터를 수합하여 이를 성과 모형에 적용한다. 성과 모형의 지표별 가중치를 바탕으로 프로젝트의 기술적인 성공 여부를 평가하거나 프로젝트의 방향에 대한 피드백을 도출한다.

(4) 연구개발 프로젝트 성과관리 고려 사항

연구개발 프로젝트 성과관리는 성과의 목표를 제대로 설정하는 것과 성과 지표의 유형들을 고려하여 성과 모형을 설정해야 하는 점을 유의해야 한다. 성과의 목표는 연구개발 프로젝트에서 궁극적으로 달성하고자 하는 것이 잘 평가될 수 있도록 프로젝트의 목표와 부합되는 성과 목표로 설정하는 것이 중요하다. 성과 목표는 프로젝트의 목표를 반영한다는 관점에서 성과 목표 역시 프로젝트의 목표 설정 시 따르는 원칙과 같이 구체적이고 명확하며 측정이 가능하도록 수립하는 것이 바람직하다. 또한 성과의 목표는 관리의 용이성을 증대시키기 위해 성과 목표는 성과 지표들을 포함하는 개념이 되는 것이 필요하다. 그리고 성과 모형은 프로젝트의 성격에 맞는 성과 지표를 선정하는 것이 필요하다. 성과 지표가 프로젝트에서 추구하고자 하는 목적을 제대로 반영하여 주지 못한다면, 이는 그릇된 평가 결과를 가져오기 때문이다. 성과 지표 자체의 설정뿐만 아니라 성과 지표에 부여되는 가중치의 설정도 중요하다. 가중치의 크기에 따라 최종 평가 결과값이 크게 변화할 수 있기 때문이다. 또한 같은 성과 지표에 대해서도 가중치가 프로젝트의 성격에 따라 달라질 수 있으므로 신중히 설정하여 활용하는 것이 필요하다. 마지막으로 성과 모형을 통해 도출된 결과는 명확한 형태로 제공이 되어야 한다. 프로젝트의 성패 여부는 프로젝트 자체의 목표 달성 여부로 판별하는 방법도 있지만, 타 프로젝트와의 비교를 통해 상대적인 성패 여부를 판단하는 것도 매우 큰 의미가 있다. 따라서 성과 평가 결과는 구체적으로 제시가 되어 타 프로젝트와의 비교가 가능하여야 한다.

성과관리에서 성과 지표는 프로젝트의 직접적인 평가 기준이 되므로 신중하게 선택하여 사용해야 한다. 이를 위해서는 성과 지표의 유형을 파악 할 필요가 있다. 성과 지표는 크게 지표의 정량성과 적용 대상에 따라 정량지표와 정성지표, 공통지표와 고유지표로 그 유형을 분류할 수 있다. 먼저 정량성 측면에서 성과 지표는 정량지표와 정성지표가 있다. 정량지표는 평가하고자 하는 내용이 수치화되어 표현될 수 있는 지표를 의미하며 정성지표는 평가자의 주관에 따라 평가되는 지표를 의미한다. 일반적으로 많은 기관에서 평가의 객관성을 높이기 위하여 정량지표를 프로젝트의 성과 지표로 활용하려고 노력하지만, 연구개발 활동에서는 정성지표로써만 측정할 수 있는 요소들이 많이 존재한다. 따라서 정량지표와 정성지표가 골고루 배합되어 성과 지표를 설정하는 것이 중요하다. 또한 적용 대상 측면에서 성과 지표는 공통지표와 고유지표가 있다. 공통지표는 다수의 프로젝트에 공통적으로 적용할 수 있는 지표를 의미하며, 고유지표는 특정 프로젝트의 특수한 목적성으로 인해 별도로 성과 달성 여부를 고려해야 하는 지표를 의미한다. 공통지표를 활용하는 것이 전체 프로젝트에 대해 공통의 기준에서 비교평가가 가능하다는 이점이 있지만, 현실적으로 모든 프로젝트가 공통적인 내용으로만 평가될 수 없기 때문에 프로젝트별 특수성을 감안하여 고유지표를 적절히 활용하는 것도 좋다.

4-2 연구개발 프로젝트 효과관리

(1) 연구개발 프로젝트 효과관리의 개념

연구개발 프로젝트 효과관리는 프로젝트의 결과인 실제 기술과 기술을 활용한 사업의 기여도 평가를 통해 프로젝트의 성패를 판단하고 그 요인을 파악하는 작업으로 정의한다. 즉, 프로젝트의 성과물의 성공 여부 및 파급효과를 관리하는 것을 의미한다. 효과관리는 연구개발 프로젝트가 효과를 미치는 대상에 따라 주요 관점이 기술적 성과, 경제적 성과, 사회적 성과로 구분되어 나타난다. 기술적 성과는 논문, 지식 재산권 등을 통한 과학 지식과 기술의 진보와 연관된 효과를, 경제적 성과는 기술이전, 사업화를 통한 연구 개발의 부가가치 창출과 잠재적 경제이익과 관련된 효과를, 사회적 성과는 인력 양성 및 국제 교류 등의 지식의 파급이나 대중에게 미치는 긍정적인 영향에 관련된 효과를 의미한다.

효과관리는 프로젝트의 산출물의 결과를 평가한다는 점에서 성과관리와 유사성이 있지만, 실제적으로는 평가의 시점 및 결과물의 속성 관점에서 차이가 있다. 성과관리는 연구개발 프로젝트 진행 중간 혹은 종료 직후의 산출물에 대한 평가를 지칭하는 것에 반해, 효과관리는 연구개발 프로젝트 종료 후 장기적인 시간이 흐른 이후 기업이나 사회 전반에 미친 파급 효과에 대한 평가를 지칭하는 것에서 차이가 있다. 다시 말해, 시점 관점에서 성과관리는 프로젝트 종료 직후의 단기적인 결과물에 대한 평가이며 효과관리는 프로젝트 종료 이후 중·장기적인 결과물에 대한 평가인 것이다. 결과물의 속성 관점에서 성과관리는 연구개발 프로젝트 직후에 산출되는 산출물(output)을 통해 평가하며, 효과관리는 일정 시간의 흐른 이후 도출되는 영향(impact)를 통해 평가한다는 차이가 있다. 연구개발 프로젝트의 산출물 및 영향의 개념 및 예시는 [그림 6-13]를 통해 이해할 수 있다. 연구개발 프로젝트에 예산, 인력, 자재 등 투입물(input)이 적용되면 연구개발 활동을 통해 논문, 특허, 기술이전 건수, 기술료 수입액, 등 단기적으로 측정이 가능한 산출물이 도출된다. 이러한 산출물의 평가를 바탕으로 한 작업이 연구개발 프로젝트의 성과관리가 된다. 이후 일정 시간이 흐른 뒤 도출되는

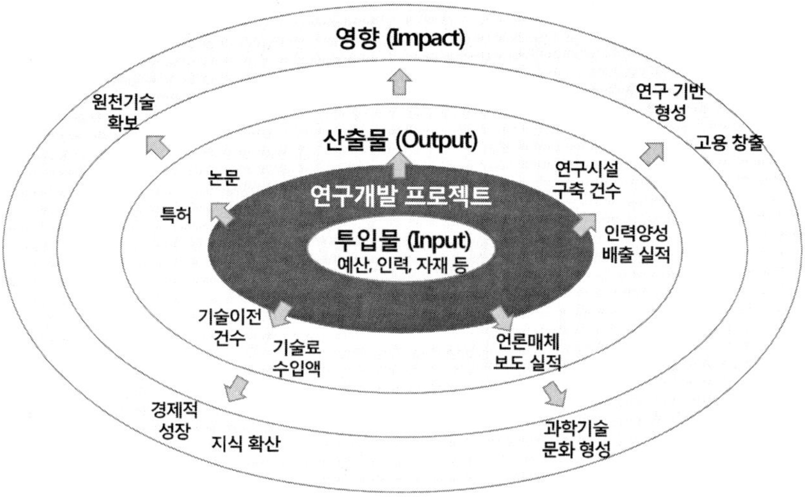

▸▸ 그림 6-13 연구개발 프로젝트의 산출물 및 영향 (예시)

원천기술 확보 정도, 경제적 성장 및 지식 확산, 고용 창출 등 장기적이고 궁극적인 목표를 의미하는 영향이 도출된다. 이러한 영향의 평가를 바탕으로 한 작업이 연구개발 프로젝트의 효과관리가 된다.

(2) 연구개발 프로젝트 효과관리의 중요성

프로젝트의 효과관리는 파급효과의 극대화 측면과 관리적 측면에서 프로젝트에 중요한 부분을 차지하며 각 측면에서의 중요성은 다음과 같다. 파급효과의 극대화 측면에서 효과관리는 기관에서의 연구개발 투자 비용이 지속적으로 확대됨에 따라 필요로 하는 투자의 효율성을 제고하는 역할을 하며, 개발된 기술의 사장 혹은 방치를 방지하고, 개발 기술의 사업화를 통하여 새로운 비즈니스를 수행할 수 있는 기회를 제공할 수 있다. 또한 효과관리는 연구개발을 수행한 주체 기관의 성장에서 더 나아가 범 기업, 혹은 국가차원에서의 성장 기틀을 마련한다는 점에서 중요하다. 관리적 측면에서는 향후 프로젝트의 선정 기준을 마련하는데 도움이 되며, 프로젝트의 단기적인 결과를 측정하는 것에서 더 나아가 프로젝트를 통해 달성할 수 있는 잠재적인 성과까지 측정할 수 있다는 점에서 중요하다.

(3) 연구개발 프로젝트 효과관리 절차

연구개발 프로젝트 효과관리는 효과관리를 수행할 기관의 성격에 따라 매우 다양하게 존재를 한다. 본 단원에서는 일본의 신에너지산업기술개발기구(NEDO: New

사전준비	▪ 대상: 모든 R&D 실시자 ▪ 프로젝트 종료 후 담당자, 사업화 목표 및 예정 등을 파악
제 1단계: 간이추적조사	▪ 대상: 모든 R&D 실시자 ▪ 기간: 5년간 ▪ 빈도: 매년 ▪ 방법: 우편 or Web ▪ 조사 내용: 제품화 유무 / 특허·논문 / 파급기술의 유무 등
제 2단계: 상세추적조사	▪ 대상: 제품화 또는 사업화 중단 사례 ▪ 방법: 앙케트 조사 / 청문회 ▪ 조사 내용: 매출, 파급효과 / 중단의 이유 등
제 3단계: 추적평가	▪ 대상: 제품화 성공 사례 ▪ 방법: 위원회 평가 ▪ 관점: 운영관리의 재검토 / 기술개발전략에의 반영

▸▸ 그림 6-14 NEDO의 추적조사 절차 사례

Energy and Industrial Technology Development Organization)의 추적평가 예시를 통해 효과관리 절차를 살펴보고자 한다. 에너지산업기술개발기구는 1980년에 특수법인으로 설립되어 2003년에 독립행정법인으로 변경된 산업기술과 에너지 분야의 연구개발 촉진 및 평가기관이다. 신에너지산업기술개발기구는 계획과 비교한 목표의 달성도, 요소기술 성과의 의의, 성과의 보급 및 홍보, 성과의 공공성 등을 살펴보기 위한 목적으로 [그림 6-14]와 같은 절차를 통해 추적평가를 실시하였다. 추적평가를 위해 사전 준비 후 간이추적조사, 상세추적조사, 추적평가의 단계를 거쳤다. 각 단계별로 제품화 유무, 파급기술의 유무, 사업화 중단의 이유 등 조사한 내용을 바탕으로 성공사례에 대한 해부를 통해 일본의 기술개발전략 수립에 반영하는 피드백 체계를 운영하였다.

4-3 Case Study: 21세기 프론티어 연구개발사업 사업단 성과평가

21세기 프론티어 연구개발사업은 앞선 3.3의 사례연구에서 소개한 바와 같이 1999년부터 2012년까지수행되는 연구개발사업이며, 시작 년도에 따라 일부 사업단은 2010년에 종료가 되어 사업 성과평가가 시행되었다. 기존 대형연구개발사업의 성과평가에서 성과분석 지표 관점에서는 국가주도의 대형연구개발사업의 특성을 충분히 고려하지 못하였으며 정성적인 평가 지표를 활용하여 객관적이고 계량적인 측면에서의 부족한 점을 가지고 있었다. 또한 기존의 성과분석 모형은 연구단계 및 연구 영역 등 해당 사업단의 특성을 반영이 미비하였으며 연구성과를 점수 및 경제적 가치 등으로 환산한 정량화된 형태로의 분석이 부족하였다는 한계점이 있었다. 따라서 21세기 프론티어 연구개발사업 사업단의 성과평가에서는 대형연구개발사업의 연구 단계 및 영역별 특성을 반영한 정량화된 모형을 개발하여 평가를 수행하고자 하였으며, 이 때 사용되는 성과지표 역시 정량화 가능한 지표를 최대한 반영하였으며, 성과분석에 동일하게 적용 가능한 공통지표뿐만 아니라, 사업단의 특성에 맞는 고유지표를 개발하여 반영하였다.

성과 분석 절차는 성과분석 지표를 개발한 후 연구성과를 점수화 할 수 있는 성과모형을 개발하여 결과를 도출하는 형태로 진행되었다. 먼저, 성과 분석 지표는 [표 6-6]과 같이 사업단에 상관없이 모두 공통적으로 적용되는 공통지표 15개, 사업단별로 활용되는 고유지표 24개로 구성되었다. 의사결정의 단계를 계층형태로 분류한 뒤 쌍대비교를 통해 대안들간 상대적인 중요도를 도출하는 기법인 계층화 분석법(AHP:

▶▶ 표 6-6 21세기 프론티어 연구개발사업 사업단 성과 분석 지표

구분	지표 분류	성과 지표
공통지표(15개)	학술적 성과	• 학술지 게재 논문 건수 • 학술지IF • 학술회의 발표 논문 건수 • SCI급 학술지 게재 논문 건수
	기술적 성과	• 특허등록 건수 • 특허출원 건수
	기술선진화	• 기술격차 축소
	기술이전	• 기술이전 건수 • 기술료 수입액
	물적인프라	• 연구시설 구축 건수 • 장비 구축 건수
	인적인프라	• 인력양성 배출 실적 • 연구개발인력 역량 향상
	과학기술발전에 따른 파생성과	• 의료환경 개선 및 치료율 향상, 온실가스 저감기여도, 자원확보 기여도 중 택일
	연구성과 확산노력	• 언론매체 보도 실적
고유지표(24개)		• 미생물 기탁 건수, 임상 건수, 줄기세포주 수립 건수, 화합물 기탁 건수 외 20개

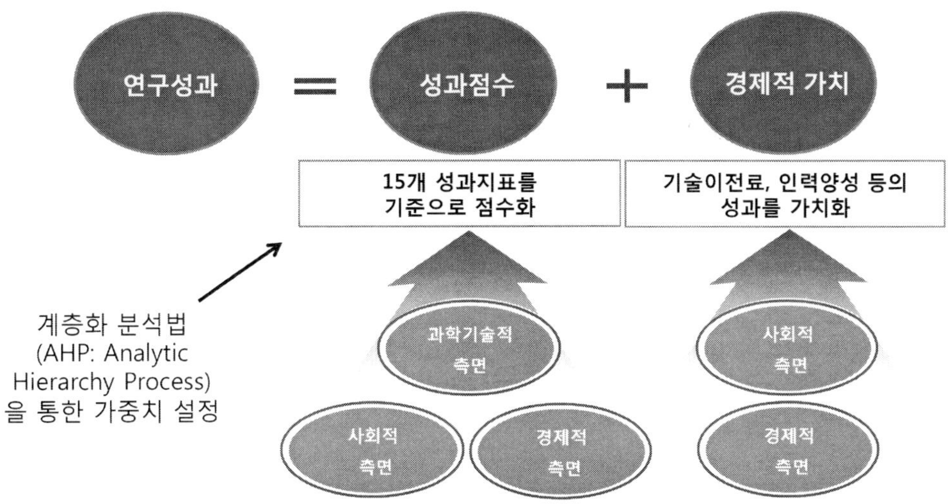

▸▸ 그림 6-15 21세기 프론티어 연구개발사업 사업단 성과 분석 모형

Analytic Hierarchy Process)을 통하여 성과지표들 간의 가중치를 도출하고, 기술이전료, 인력양성등의 성과를 경제적 가치로 환산하여 이 둘의 점수 합산을 통해 [그림 6-15]와 같이 연구 성과를 도출하는 성과 분석 모형을 개발하였다. 이 때 성과 점수는 과학기술, 사회, 경제적인 측면이 모두 고려되었으며, 경제적 가치에는 사회, 경제적 측면이 고려되었다. 이러한 성과 분석 모형을 바탕으로 사업단의 성과를 평가하였으며, 이를 통해 [그림 6-16]과 같이 특정 사업단의 어떠한 측면이 우수한지, 어느 연구 영역에 편중되어 있는지, 어떠한 방면으로 연구개발을 진행해야 하는지 등의 시사점을 도출하였다.

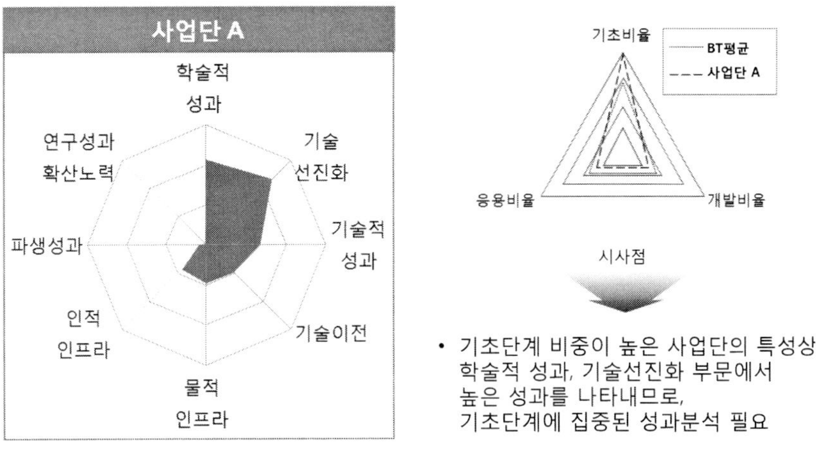

▸▸ 그림 6-16 21세기 프론티어 연구개발사업 사업단 성과 분석 결과 (예시)

주요 단어

프로젝트(project)

프로젝트 관리(project management)

연구개발 프로젝트 프로세스(R&D project process)

자원관리

진도관리

성과관리

효과관리

연구개발 착수

연구개발 진행

연구개발 성과 평가

연구개발 추적

대형연구개발 사업

SMART 원칙

제품 구조 전개(product breakdown structure)

작업 구조 전개(work breakdown structure)

간트 차트(Gantt Chart)

PERT/CPM

투입물(input)

산출물(output)

영향(impact)

성과 지표

성과 모형

토의 과제

001 플랜트 건설 프로젝트 관리와 연구개발 프로젝트 관리의 공통점과 차이점을 비교하여라.

002 기업의 경영진이 연구개발 프로젝트를 선정할 때 고려해야 하는 요인들로는 무엇들이 있을까? 그 중 가장 중요한 요인은 무엇이라고 생각하며 그 이유는 무엇인지 설명하여라.

003 연구개발 프로젝트 목표 설정의 원칙인 SMART 원칙에 따라 가상의 연구개발 프로젝트의 목표 혹은 자신의 학업 목표를 수립하여라.

004 연구개발 프로젝트 성과관리와 효과관리의 공통점과 차이점을 예를 들어 설명하여라.

005 기업에서 수행하는 민간 연구개발사업과 국가에서 수행하는 국가 연구개발사업의 일반적인 특징 및 차이점을 비교하여 설명하여라.

006 한국과학기술기획평가원에서 선정한 10대 미래 유망기술은 2009년 시작하여 2012년까지 발표를 하였는데, 각 발표마다 선정된 유망기술은 무엇인지 조사하여 보고, 결과가 다르다면 그 이유는 무엇일지 생각해보자.

007 대표적인 정성평가와 정량평가 방법론을 찾아보고 그 장단점을 설명하여라.

008 연구개발 프로젝트의 성과지표는 정성지표와 정량지표가 있는데, 어느 지표를 활용하는 것이 더 바람직할까? 그 이유는 무엇인지 설명하여라.

참고 문헌

1. OECD(1995), Cost/Benefit analysis of large scale S&T projects: Note on some methodological issue, mega science: the OECD forum, OECD working papers, Paris. 3, 52,
2. Project Management Institute(2004) 프로젝트관리 지식체계 지침서, 3판, http://www.pmi.org.
3. 산업자원부(2000), 국내외 기술기획 방법론 조사연구
4. 정원일(2007) 연구기획평가 실무자를 위한 R&D 프로젝트 관리, 한국산업기술진흥협회
5. 프론티어연구성과지원센(2009a), 대형연구개발사업 성과분석모델개발 및 성과측정 연구
6. 프론티어연구성과지원센터(2009b), 프론티어연구성과 추적조사 기획 및 시범적용
7. 한국과학기술기획평가원(2012), 2012년 KISTEP 선정 10대 미래유망기술
8. 현병환, 최종인, 김명관(2007), 연구기획평가 실무자를 위한 R&D 기획, 한국산업기술진흥협회
9. 홍대근, 서의호, 민현경(2010), 연구개발사업 평가에 관한 문헌 연구, 2010 추계한국경영과학회 논문집, 264-273
10. 한국연구재단, http://nrf.re.kr.

MEMO

BUSI
NESS

PART 07

기술과 기술혁신

Chapter 01

기술과 기술혁신

기업이 새로운 기술을 개발하거나 기존의 기술을 개선시키기 위해서는 기술혁신의 과정을 거쳐야 한다. 기술혁신은 기업이 시장에서 도태되지 않고 지속 가능한 경쟁우위를 확보하기 위한 활동으로서 매우 중요한 의미를 가진다. 특히 현대 시장에서 기술이 매우 고도화되고 기술의 수명과 교체 주기가 짧아짐에 따라 참신하고 소비자의 요구에 맞는 기술을 빠른 속도로 시장에 출시하는 것이 경쟁에서 승리하기 위해 필수적인 조건이 되었다. 본 장에서는 이러한 기술혁신을 가능하게 하는 원천과 기술혁신의 유형에 대해 학습한다. 또한 기술이 발생하여 소멸되기까지의 기술의 발전 과정을 살펴보는 기술수명주기와 변화하는 현대의 기술혁신 환경에 따라 발생한 개념인 개방형 혁신에 대하여 소개한다.

1-1 기술혁신의 개념

(1) 기술혁신의 정의

'혁신(innovation)'은 현대 사회의 어느 분야에서나 흔히 접할 수 있는 단어로 수많은 기업들이 차세대 경영방침으로 앞다투어 내걸고 있는 구호 중 하나이다. 혁신이란 개념의 중요성을 처음 주장한 학자는 미국의 경제학자 슘페터(Schumpeter)로 그는 혁신을 공정, 시장, 재료, 조직 등의 생산수단을 새로운 방식으로 결합하여 신제품이나 서비스를 생산 및 판매하는 일련의 현상으로 정의하였다.

'기술혁신(technological innovation)'이란, 이러한 혁신의 개념을 '기술'에 접목시킨 것으로 경제협력개발기구(OECD: Organisation for Economic Co-operation and Development)에서는 이를 기존의 기술 및 지식의 변화를 통하여 제품 및 공정을 개선하거나 새로운 제품 및 공정을 창조하는 활동으로 정의하고 있다. 한편, 판매 시장에 초점을 맞추어, 기술혁신을 발명 또는 기존 기술의 개량 등을 통해 생산성 및 효율성을 향상시키고 기존의 시장을 더욱 확대하거나 새로운 시장을 창출하는 과정이라고 해석하기도 한다.

따라서 기술혁신은 신기술을 개발하거나 기존 기술의 괄목할 만한 개선을 통해 새로운 제품 및 공정을 창조하거나 기존의 제품 및 공정을 개선하는 지식 활동으로 정의될 수 있다.

(2) 기술혁신과 관련된 용어

다양한 용어들이 기술혁신과 유사한 의미를 갖거나 깊은 관련을 갖고 있다. 발명, 발견, 개발은 기술혁신과 의미가 혼동되기 쉬운 유의어로서 각각 다음과 같은 뜻을 가진다. 발명(invention)이란, 창의적으로 지식을 이용하여 특수한 재화 또는 공정을 창조하는 활동으로 기술혁신과는 달리 결과의 실용화 여부와는 무관하다. 발견(discovery)은 존재하지만 세상에 알려져 있지 않은 물질이나 현상을 최초로 찾아내는 것을 의미한다. 개발(development)이란, 발명을 통해 창조된 결과물을 실용화하는 과정으로 개발을 거친 발명은 기술혁신이라고 말할 수 있다.

한편, 기술기획, 기술평가, 기술변화, 기술개선, 기술이전, 기술확산은 기술혁신에 따르는 부가적인 활동을 뜻하는 단어로 기술혁신과 밀접한 연관을 갖는다.기술기획은 기술의 개발을 위한 투자에 앞서 기준을 세워 대상 기술을 선정하고 그에 맞는 전략을 수립하는 과정이다. 기술평가란 특정 기술의 이전 또는 사업화에 앞서 타당성 분석을 위하여 해당 기술의 시장성, 기술성, 수익성 등의 항목을 평가하는 과정이다. 기술변화는 공정을 혁신하거나 경영전략을 개선함으로써 기술을 발전시키는 것을 의미하고, 기술개선은 특정 기술이 기존에 미흡했던 부분을 보완하거나 성능을 높이는 활동을 가리킨다. 기술이전이란 개발된 기술을 다른 조직에 제도적으로 이행하는 활동을 지칭하고, 기술확산이란 혁신의 결과인 신기술이 산업 전반에 걸쳐 확대 보급되는 과정을 의미한다.

1-2 기술혁신의 중요성

기술혁신의 중요성은 기업, 산업, 학문의 관점에서 살펴볼 수 있다. 기업은 기술혁신을 경쟁우위를 획득하기 위한 수단으로 이용할 수 있다. 기업은 신제품을 개발하고 기존의 제품을 개선함으로써 기업의 이윤을 유지하고 시장에서의 점유율을 확보할 수 있다. 이와 동시에 기업은 공정을 혁신함으로써 제품 생산에 투입되는 비용을 감소시키고 생산 비용의 감소는 제품의 가격 경쟁력을 향상시킨다. 한편, 기업의 기술혁신은 기업이 해당 기술의 개발과 발전 과정을 선도할 수 있게 하여 산업 및 시장 내에서 기업이 기술적으로 우수한 위치를 확보할 수 있도록 기여한다.

기술혁신은 혁신의 주체가 되는 기업의 경쟁력을 높일 뿐만 아니라 기술이 이용되는 산업의 발전을 도모하고 촉진시킨다. 한 번 발생한 기술혁신은 특정 산업 내에서 연쇄적인 혁신의 기반으로써 작용하며 산업의 발전을 가속화한다. 이와 동시에 기술혁신은 산업 내의 새로운 사업 영역을 개척하거나 다른 산업의 사업 영역을 흡수하며 기존 산업의 범위를 더 넓게 확장시킨다. 또한 이전에 없던 새로운 기술을 개발하거나 기존의 기술을 개선하여 다른 분야에 적용함으로써 해당 산업과 관련된 새로운 산업의 발생에 일조하기도 한다.

기술을 이용하여 이윤을 창출하는 기업과 기술이 활용되는 산업과 함께 학문 분야에서도 기술혁신은 큰 중요성을 갖는다. 학문 관점에서의 기술혁신은 특정한 하나의 학문 분야에 국한된 것이 아닌 여러 학문 분야를 아우르는 지식활동의 응집된 결과물로 그 기술혁신의 성과는 다양한 학문 분야에 걸쳐 광범위한 영향을 미치며 새로운 연구 주제를 제시하고 학문 분야 간의 융합과 새로운 학문 분야의 창출을 도모한다. 기술혁신은 개선된 기술 성과를 탐구하는 지식활동인 동시에 그 결과물의 실용화를 중시한다는 점에서 연구 동기를 고취시키고 연구 결과의 실제적 적용을 장려함으로써 학문의 발전에 기여한다.

1-3 기술혁신의 특징

(1) 누적적 활동

기술 또한 지식의 한 종류로서 기술혁신이 반복됨에 따라 결과물 및 경험적 지식이 축적되게 된다. 소규모의 기술혁신은 점차적으로 누적되어 대규모 혁신을 유발하게 된다. 혁신이 계속되면서 대상 기술의 복잡성 또한 증가하고 다음 혁신을 위한 학습량이 늘어나게 된다. 이와 동시에 혁신 주체의 기술에 대한 이해도 및 응용능력도 증가하여 대규모의 기술 개발 및 개선 활동을 가능하게 한다.

기술혁신 활동의 누적성을 보여주는 예로는 액정표시장치(LCD: Liquid Crystal Display)의 개발이 있다. LCD는 1968년에 최초로 시험제작 되었는데, 이는 수많은 액정소자로 이루어진 패널에 후방에서 조명을 비추어 각 액정소자를 화소(pixel)화하는 원리를 이용한 것이다. 이러한 LCD의 개발은 소규모의 기술 혁신이 누적되어 이루어진 결과로서, 1988년 오스트리아의 생물학자 라이니처(Reinitzer)가 2단계의 녹는점을 갖는 물질을 발견한 것에서 시작된다. 이 물질에 주목한 독일의 물리학자 레만(Lehmann)이 1904년 액체와 결정의 성질을 함께 갖는 물질의 존재를 밝혀내며 이를 '액정'이라고 명명한다. 이후 러시아의 물리학자 프레데릭스(Frederiks)가 1927년에 액정의 분자 배열을 변화할 수 있는 방법을 발견해내고 1962년 미국의 전자업체 RCA의 연구원인 윌리엄스(Williams)가 액정 물질을 얇게 입힌 패널이 갖는 광학적 효과를 밝혀낸다. 같은 RCA의 헤일마이어(Heilmeier)가 이 원리를 이용하여 액정을 통해 흑백화면을 표시하는 것이 가능하다는 것을 증명해내었고 마침내 1968년 최초의 LCD를 제작하게 된다. 이와 같이 기술혁신은 작은 규모의 혁신 활동이 모여 큰 혁신을 일으키는 누적적인 활동인 것이다.

(2) 연속적 활동

기술혁신은 설계, 재설계, 소규모 개선 및 변경 등 일련의 행위로 구성된 활동으로 대상 기술을 혁신함으로써 한 상태에 정태적으로 머무르게 하는 것이 아니라 시시각각 변화하고 개선되게 하는 동태적 활동이다.

컴퓨터 메모리인 DRAM(Dynamic Random Access Memory)의 용량이 변화하는 추세를 살펴보면 기술혁신이 연속적으로 일어나는 활동임을 파악할 수 있다. DRAM은 가장 대표적인 메모리 소자로 1971년 무렵 1킬로비트(kilobit) 제품이 출시된 이후 그 용량이 대략 3년에 4배의 비율로 끊임없이 대용량화되는 혁신을 보이고 있다.

(3) 불균형적 활동

모든 기술혁신은 기존의 기술이 구축해놓은 체계를 파괴하는 활동으로 끊임없는 기술혁신은 특정 분야의 기술이 균형상태에 머무르지 못하고 계속해서 다음 형태로 이동하는 양상을 보인다.

예를 들어 예전에는 카세트 테이프와 레코드판이 유일한 음악 저장 수단이었지만 CD(Compact Disc)가 출현함에 따라 기존 음악 저장 매체가 구축한 균형을 파괴하였다. CD는 급속히 카세트 테이프와 레코드판의 역할을 수행하였고 PC에 CD 기기가 장착되었으며, CD 플레이어가 휴대용 카세트 레코더를 대체하고 자동차에 CD 플레이어가 장착되는 등의 주변 기기의 발달로 이루어져 급속히 새로운 균형을 구축하였다. 이러한 CD의 등장으로 이루어진 체계는 이후 오디오 데이터를 압축한 형태인 MP3

(MPEG-1 Audio Layer-3) 파일 및 MP3 플레이어의 등장으로 균형상태를 유지하지 못하고 다시 다음 체계로 이동하게 된다.

(4) 제도적 활동

기술혁신에는 직접적인 기술개발자 이외에도 여러 주체들이 참여하게 된다. 이러한 관련 주체 간에는 일정한 관행 또는 문화 등의 제도적 요인이 존재할 뿐만 아니라, 기술혁신이 발생하는 국가의 정책 또한 기술혁신에 중요한 영향을 미치게 된다.

예를 들어, 대한민국은 1975년 4월 20일자로 핵확산금지조약(NPT: Nuclear Non-proliferation Treaty)에 가입되어 있다. 이 조약은 핵 확산을 막기 위하여 핵무기 비보유 국가가 신규 핵무기를 보유하는 것과 핵무기를 보유하고 있는 국가가 비보유 국가에게 핵무기를 넘겨주는 것을 금하는 것이다. 대한민국이 이 조약의 가입국으로 속해있기 때문에 한국 내에서는 핵무기로 발전 가능한 연구개발 활동이 모두 제한되게 된다.

1-4 사례연구: 3M의 혁신문화

사무용품과 주방용품부터 자동차용품까지 우리 생활 거의 모든 곳에서 쓰리엠(3M)의 제품을 찾아볼 수 있다. 셀로판 테이프인 '스카치 테이프'와 접착식 메모지인 '포스트 잇'은 누구나 한 번쯤 들어봤을 법한 3M의 대표 제품이다. 3M은 미네소타 채광 제조회사를 뜻하는 'Minnesota Mining and Manufacturing company'의 세 개의 M을 따서 지은 이름으로, 1902년 본래 강옥을 채취하는 채광 회사로서 미국 미네소타주에서 창립되었다. 그러나 부가가치가 적은 사장암의 높은 비율로 인해 회사는 도산 위기를 맞게 되었다. 3M은 사장암을 이용하여 연마재를 생산하면서 재기하였고, 현재는 접착제, 연마재, 단열재, 자동차용품 등 55,000 종류 이상의 제품을 생산하고 회사의 글로벌 매출액이 연 300억 달러 수준에 달하는 세계적 기업으로 성장하였다.

3M의 세계적 성공 뒤에는 몇 가지 혁신 정책이 존재한다. 대표적인 혁신 정책으로는 10%의 원칙, 30%의 원칙, 15%의 원칙, 부트레깅(bootlegging) 정책 등이 있다. 10%의 원칙, 30%의 원칙은 전체 매출에 있어서 신제품이 차지하는 비율에 관한 원칙으로, 10%의 원칙은 전체 매출의 10%가 최근 1년 이내에 개발된 신제품으로 창출되어야 한다는 내용이고, 30%의 원칙은 전체 매출의 30%가 최근 4년 이내에 개발된 신제

품으로 창출되어야 한다는 것이다. 이러한 목표적 성격을 띠는 10%의 원칙과 30%의 원칙을 달성하기 위하여 위해 존재하는 15%의 원칙은 근무 시간의 15%를 회사의 업무와 직접적인 상관 여부와 관계없이 개인의 관심 분야 연구에 투자하도록 장려하는 정책이다. 이와 함께 3M에는 부트레깅 정책이 있는데 이는 상사가 중지한 연구일지라도 개인이 관심을 갖고 연구하고 싶어하는 경우 회사의 설비를 이용하여 계속 진행할 수 있도록 보장하는 제도이다.부트레깅이라는 단어는 1930년대에 미국에 금주법이 시행되던 시절 몰래 술을 제조해 판매하던 것에서 유래된 것으로, 술병을 장화(boot)의 목(leg) 부분에 숨겨서 몰래 운반한다라는 뜻을 담고 있다.

이와 같은 혁신을 위한 정책 이외에도 3M에는 연구개발을 위한 다양한 지원 및 보상 제도가 존재한다. 신제품의 아이디어를 창안한 직원은 프로덕트 챔피언(Product champion)이라는 칭호를 얻게 되며 신제품이 출시되어 성공할 경우 그 개발팀은 골든 스태프(Golden staff) 상을 수여하게 된다. 또한, 특별 연구자금인 제네시스 그랜트(Genesis grant)는 사업부 중심으로 구성되어 신규 프로젝트의 수행을 지원한다. 3M에는 신제품 개발의 주축인 기술직에 대한 보상도 잘 갖추어져 있다. 훌륭한 성과를 낸 기술직 직원들은 칼튼 소사이어티(Carlton society)라는 명예로운 모임의 회원이 될 수 있는 자격을 얻게 되며 기술직이 관리직과 승진에 있어서 다른 대우를 받지 않도록 기술직의 특성을 고려하여 관리직 승진경로와는 차별화된 듀얼래더 시스템(Dual ladder system)을 운영한다. 이 외에도 3M은 주기적으로 연구개발 인력 모임인 테크포럼(Tech forum)을 개최하여 6개의 주요 사업영역 내의 정보와 아이디어를 공유하고 학습하는 장을 마련하고 있다.

3M은 매년 총 매출 대비 5%, 12억 달러 이상을 연구개발비로 투입하고 있고([그림 7-1]), 끊임없이 혁신적인 신제품을 개발하며 연 세계 매출 300억 달러에 달하는 성장가도를 달리고 있다([그림 7-2]).

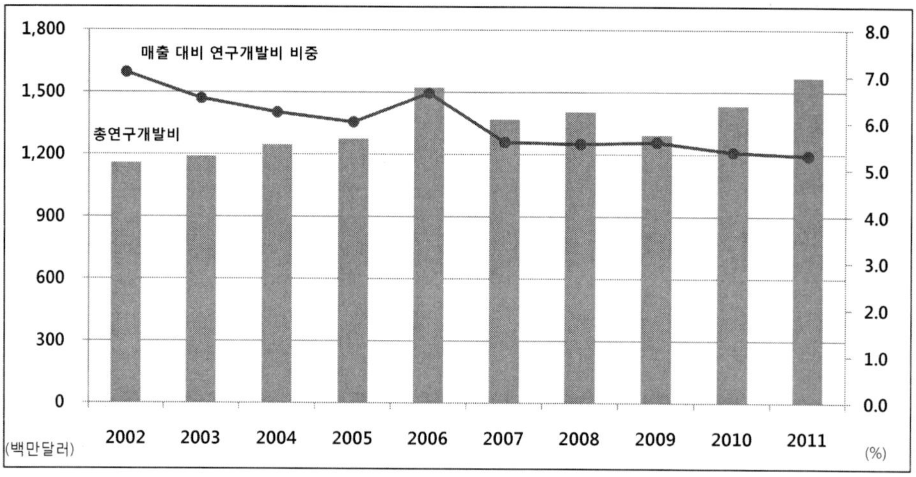

[출처: 3M(2002-2011)]

▸▸ 그림 7-1 3M의 연구개발비 현황

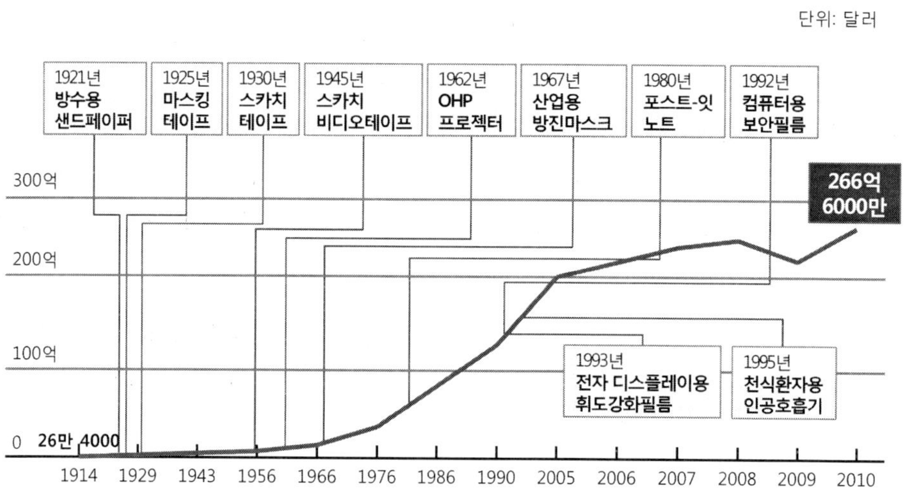

[출처: 이석호(2011)]

▸▸ 그림 7-2 3M의 혁신제품 및 매출 변화 추이

Chapter 02

기술혁신의 원천 및 유형

2-1 기술혁신의 원천

(1) 기술 관점

기술 관점에서의 기술혁신의 원천은 과학기술 자체의 발달이 혁신을 가져온다는 기술주도(technology push) 가설과 소비자의 요구와 시장의 수요가 기술 혁신을 유도한다는 수요견인(demand pull) 가설, 기술의 발달과 시장의 수요가 결합되어 혁신을 유발한다는 상호작용(interactive model) 가설로 분류된다.

기술주도 가설은 과학 또는 기술 자체의 발달이 기존에 없던 혁신을 유발하며 새롭게 개발되거나 개선된 기초 과학 연구의 결과물이 엔지니어링과 제조 과정을 거쳐 최종 소비자에게 제공된다고 말한다([그림 7-3]). 그러나 기술주도 가설은 기술이나 지식은 존재하지만 그것에 대한 혁신은 발생하지 않은 상황이나 시장이나 소비자의 필요에 의해 도출된 기술의 개발에 대해서는 설명해주지 못한다는 한계점을 갖는다.

기초 과학 → 엔지니어링 → 제조 → 마케팅/판매

▸▸ 그림 7-3 기술주도 모형

기술 자체의 발달로 인해 혁신이 일어난 예로는 엑스선(X-ray)의 발견 및 활용이 있다. 엑스선은 1985년 독일의 물리학자 뢴트겐(Roentgen)이 기체의 방전 현상을 연구하던 도중 우연히 새로운 방사선의 존재를 추측함으로써 발견되었다. 이와 같이 순수 과학 연구 과정에서 발견된 엑스선은 이후 약 50년간 인체 내부 촬영에 이용되며 의학 부문의 혁신을 일으켰다.

수요견인 가설에서는 소비자 또는 시장이 느끼는 필요성에 의한 수요가 새로운 혁신을 유발하며 시장에서 발생한 수요가 그에 필요한 기술 개발을 촉진시키고 이에 따라 개발된 기술이 제조의 과정을 거쳐 시장에 판매된다고 설명한다([그림 7-4]).그러나 수요견인 가설의 경우 시장에는 분명한 필요성이 있지만 적합한 기술이 도출되지 않은

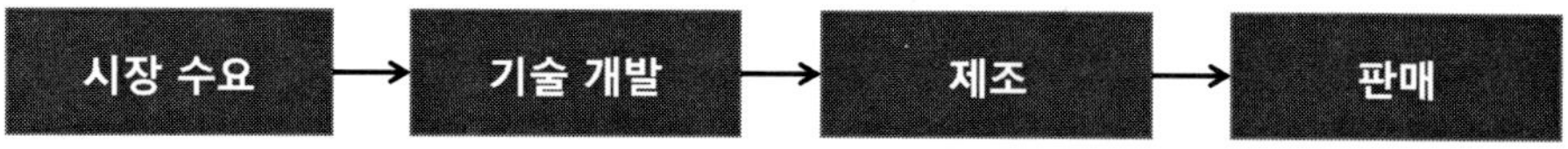

►► 그림 7-4 수요 견인 모형

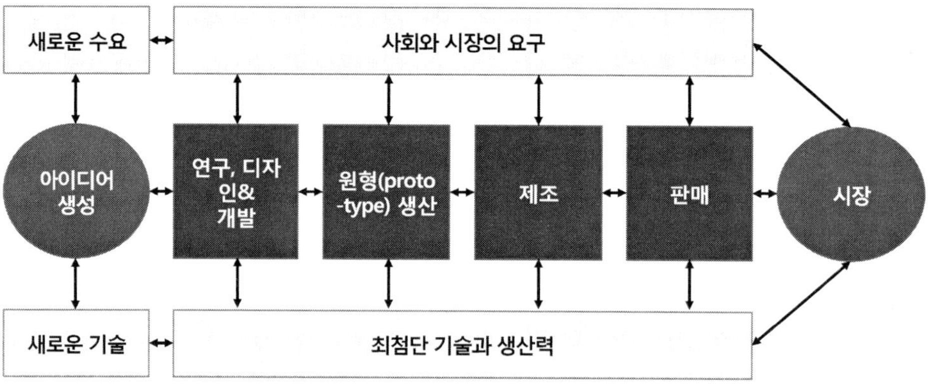

►► 그림 7-5 상호작용 모형

상황과 시장 수요를 충족시키기 위해 개발된 기술은 핵심기술인 경우보다 주변적인 기술의 개발로 인한 혁신인 경우가 많다는 점 등을 설명하기 어렵다.

소비자 또는 시장의 필요성으로 인해 기술혁신이 일어난 예시로는 전화의 발명을 들 수 있다. 꾸준히 있어왔던 소리를 물리적으로 전달하고자 하는 사람의 욕구에 따른 관련 기술 연구개발은 계속되어 왔다. 1837년 미국의 페이지(Page)가 전류를 통한 음성 전달 방식 원리를 발견한 후 1849년 이탈리아의 무치(Meucci)가 최초의 전화기를 발명한다. 이 후 1976년 미국의 벨(Bell)이 현재 안정화된 전화기 모델을 고안하며 비로소 소리 전달의 욕구를 충족시키기 위한 기술 혁신이 발생하게 되었다.

상호작용 가설은 앞서 설명한 기술주도 가설과 수요견인 가설의 결합된 것으로 기술혁신은 기술 자체의 발달과 시장에서의 수요가 함께 작용하여 유발된다. 상호작용 모형에서는 새로운 수요와 새로운 기술이 끊임없이 시장과 기술개발인력과 소통하며 혁신을 유발한다고 설명한다([그림 7-5]).상호작용 가설에서는 연구자, 생산기술자, 시장전문가, 고객 등으로 이루어진 혁신 관계자 간의 수직적 소통과 다양한 분야의 과학기술 전문가의 수평적 소통을 혁신이 혁신의 원천이라고 해석한다.

기술개발자와 소비자의 소통을 통한 기술혁신의 예로는 삼성의 스마트폰 시리즈의 개발이 있다. 삼성에서는 2008년 11월 윈도 모바일 6.1 프로페셔널을 운영체제로 탑재한 옴니아를 출시하지만 시장은 옴니아에 대해 끊임없는 운영체제 및 그에 따른 어플리케이션에 대한 불만을 표시하게 된다. 이에 삼성은 2010년 6월 안드로이드버전 2.1 이클레어를 운영체제로 탑재한 갤럭시S를 출시하게 되고 갤럭시S는 2011년 1월 기준 누적 판매대수 1,000만 대를 돌파하며 큰 성공을 이루게 된다.

(2) 기업규모 관점

기업 규모 관점에서의 기술혁신 원천에 대한 주장은 대기업이 중소기업보다 빠르게 새로운 기술혁신을 이룬다는 대기업 가설과 중소기업의 기술혁신 속도가 대기업보다 빠르다는 중소기업 가설로 나뉜다.

대기업의 큰 규모와 풍부한 자본이 혁신의 원천으로 작용한다는 대기업 가설에서는 대기업의 기술 혁신의 경우 전문 경영인에 의해 수립된 체계적인 전략 아래서 진행되기 때문에 중소기업에 비하여 그 속도가 빠르다고 설명한다. 또한 대기업은 풍부한 재원을 갖추고 있고 새로운 기술이 개발될 경우 그 기술이 실제로 상품화되어 이윤을 내기까지의 지원이 용이하며 해당 기술에 대한 정부 규제에 대해 적응 및 대응 능력을 갖추고 있고 지식재산권을 더욱 효과적으로 보호할 수 있기 때문에 대기업에서의 기술혁신이 더욱 빠르게 유발된다고 주장한다. 대기업 가설을 뒷받침하는 예로는 대기업이 직접 운영하는 자체연구소를 들 수 있다. 삼성종합기술원의 경우 국내 최대 규모의 민간기업연구소로 다양한 핵심 원천기술을 개발 및 보유하고 있다.

중소기업의 유연한 문화와 체계가 혁신을 유발한다는 중소기업 가설은 대기업이 중소기업보다 빠른 기술혁신을 촉진한다는 대한 주장의 반박으로 중소기업의 비관료주의적인 조직 문화가 더욱 자유롭고 다양한 혁신을 유발한다고 설명한다. 중소기업 내의 빠른 의사결정체계와 유기적인 운영 방침, 신속하고 자유로운 내부 및 외부와의 의사소통 또한 혁신의 원천으로 작용하며 중소기업이 주도하는 기술혁신의 경우 혁신에 투자되는 자원의 규모가 상대적으로 작다는 것에서 중소기업이 작은 규모의 기술혁신을 빠르게 유발할 수 있다고 주장한다. 중소기업 가설을 뒷받침하는 예로는 매년 중소기업이 함께 신기술을 공유하고 학습하는 중소기업 기술혁신대전을 들 수 있다. 실제로 2012 중소기업 기술혁신대전에서는 포항에 위치한 중소기업인 한동 R&C가 개발한 상온재생아스콘이 소개되며 친환경 차세대 도로포장재로 각광받기도 했다.

(3) 시장구조 관점

시장구조 관점에서 바라본 기술혁신의 원천에 대한 가설에는 독점 시장구조 가설과 경쟁 시장구조 가설이 있다.

독점 시장구조 내에서 지배력을 갖고 있는 기업이 주도적으로 기술혁신을 유발한다는 독점 시장구조 가설은 독점력을 갖는 기업의 경우 연구개발에 대한 투자에 따르는 위험을 감수할 수 있는 자원적 뒷받침이 가능하고 기술혁신을 통해 발생하는 이윤 역시 시장 구조에 의해 독점적으로 확보할 수 있으며 경쟁 기업으로부터의 혁신 결과물 모방의 위협이 적기 때문에 더욱 많은 기술혁신을 일으킬 수 있다고 주장한다.독점 시장구조 가설은 주로 앞서 설명한 대기업 가설과 함께 지지되며 그 예로는 국내 정유산업 내의 기술혁신을 들 수 있다. 국내 정유산업의 경우 SK 이노베이션, GS 칼텍스, 에쓰오일, 현대 오일뱅크의 4개 정유사에 의한 독점체재를 가지고 있고, 이에 각 정유사는 중질유를 경질유로 분해하는 고도의 기술을 개발하는 등 정유사업을 위한 기술혁신에 많은 공을 들이고 있다.

경쟁 시장구조의 경쟁 그 자체가 기술혁신을 촉진시킨다는 경쟁 시장구조 가설은 독점 시장구조 가설이 펼치는 주장에 대한 반박으로, 독점 시장구조 내 독점력을 갖는 기업이 기술혁신을 유발하지 않는 이유를 설명한다. 시장 내에서 독점권을 가지고 있는 기업일지라도 연구개발에 대한 투자에 따르는 위험은 그대로 존재하며 오히려 독점 시장 내에서의 주요 진입장벽은 기술력이 아닌 광고, 규모의 경제, 자본력 등이기 때문에 기술혁신이 유발되지 않는다. 또한, 독점권을 가진 기업 내부의 비효율성이 오히려 기술혁신을 저해한다고 설명한다. 경쟁 시장구조 가설은 주로 중소기업 가설과 함께 지지된다. LG전자가 삼성전자와의 스마트TV 경쟁에서 우위를 점하기 위해 개발하여 제품에 적용한 기술들은 경쟁 시장구조로부터 유발된 기술혁신의 좋은 예시이다. LG전자는 경쟁기업인 삼성전자와의 치열한 경쟁구도 속에서 스마트TV 시장의 우위를 점하기 위하여 삼성전자의 제품과의 차별화를 위하여 다양한 기술을 개발하였다. TV의 테두리 부분을 최소화하는 초슬림 베젤(bezel) 구현 기술, 필름 편광 방식(FPR: Film-type Patterned Retarder) 입체 영상 구현 기술을 개발하여 제품에 도입함으로써 LG전자는 TV 산업 내의 새로운 기술 혁신을 이루게 된다.

(4) 사회적 관점

미국의 경영학자드러커(Drucker) 회사 또는 산업 내부, 회사 밖의 사회적 · 지적 환경에 존재하는 7가지의 혁신 원천을 제시하였다. 회사 또는 산업 내에 존재하는 혁신의 기회에는 예상 못한 사건(unexpected occurrences), 양립할 수 없는 부조화(incongruities), 프로세스상의 필요(process needs), 산업 및 시장의 변화(industry &market changes)가 있으며 회사 밖의 사회적 · 지적 환경에 존재하는 혁신의 기회로서 인구통계학적 변화(demographic changes), 인식의 변화(changes in perception), 새로운 지식(new knowledge)을 제시하고 있다.

예상 못한 사건을 통해 혁신이 이루어진 예로는 3M의 접착성 메모지 '포스트 잇'의 개발을 들 수 있다. 이 제품은 접착제를 개발하던 도중 직원이 실수로 원료 배합을 잘못하여 접착력이 약한 풀을 제조하게 되었고 이것을 활용하여 개발된 제품이다. 양립할 수 없는 부조화에서 혁신이 발생한 예로는 백내장 수술에서 인대 분해 효소를 이용한 수술 방식의 개발이 있다. 안과의 백내장 수술은 인대 절단 시술을 수반하게 되는데 이 시술은 다른 안과 시술과는 절차가 매우 달라 안과 의사들이 부담을 느끼고 있었다. 이에 기존에 개발되어 있던 인대 분해 효소의 저장수명을 늘려 안과 백내장 수술에 이용하는 혁신이 일어나게 된다. 프로세스 상의 필요에 의해 이루어진 기술혁신의 예로는 도로에 설치되는 반사경이 있다. 반사경은 다른 자동차가 접근하는 방향을 파악함으로써 교통을 원활하게 하고 사고를 방지하기 위해 개발되었다. 산업 및 시장의 변화에서 유발된 혁신의 예로는 투자중개회사의 출현을 이야기할 수 있다. 금융산업구조가 기관투자자 중심으로 변화하면서 기관투자자의 투자를 알선하고 돕는 투자중개회사가 생기게 된다. 대표적인 투자중개회사로는 1960년에 설립된 수수료 협상 분야의 선두주자인 DL&J사가 있다.

인구통계학적 변화에 따른 기술혁신의 예로서 일본의 첨단 로봇공학의 발전을 들 수 있다. 일본은 지속적으로 출산율 감소를 겪고 꾸준히 국민의 교육 수준이 증가함에 따라 단순 노동 인력이 감소하는 인구통계학적 변화를 겪게 된다. 이에 인간의 단순 노동을 대신 수행할 로봇의 개발에 박차를 가하게 된다. 인식의 변화에 의한 혁신 사례로는 건강 관련 산업의 기술 발달이 있다. 사람들의 건강에 대한 관심이 증가함에 따라 건강보조식품, 운동기구, 친환경 농산물 재배 등의 건강 증진과 관련된 기술혁신이 증가하고 있다. 새로운 지식으로부터 기술혁신이 발생한 예로는 컴퓨터가 있다. 컴퓨터는 6개 이상의 독립된 지식 요소를 결합한 것으로 계산기, 펀치 카드, 진공관 튜브 및 전자 스위치, 기호 논리, 프로그래밍과 피드백에 대한 지식들로서 이루어진 기술혁신의 결과이다.

2-2 기술혁신의 유형

(1) 급진적 혁신과 점진적 혁신

급진적 혁신(radical innovation)은 혁신의 정도가 매우 크고 그 속도 또한 매우 빠른 혁신으로 보통 이미 존재하던 기술이나 방법과는 매우 다른 혁신 결과를 가져오고 이러한 결과는 산업 내의 경쟁 기반을 바꾸기도 한다. 예를 들어 1948년 미국 벨 연구소에서 개발된 전기 신호를 증폭시키는 반도체 소자 트랜지스터는 이전에 음향기기에 널리 쓰이던 진공관을 빠르게 대체하며 제품군의 변화를 가져왔고, 그로인하여 음향제품이 급격히 소형화되기 시작했다. 트랜지스터의 발명은 음향기기뿐만 아니라 전자회로가 이용되는 전자 산업 전반에 큰 영향을 미치며 혁신적 변화를 이끌어, 전자산업을 매우 빠르게 변화시키게 된다.

점진적 혁신(incremental innovation)은 급진적 혁신과 상반되는 개념으로 혁신의 정도가 작고 그 속도 또한 느린 혁신을 의미한다. 점진적 혁신은 주로 기존의 기술이나 방법을 개선 또는 변경하는 방향으로 일어나는데, 1995년 개발된 펜티엄 프로를 시작으로 1997년 출시된 펜티엄 II, 1998년 출시된 펜티엄 III, 2003년 출시된 펜티엄 M 등으로 연속적으로 출시된 인텔의 마이크로프로세서 제품은 새로운 시리즈의 제품의 개발이 거듭됨에 따라 점차적으로 컴퓨터의 명령 처리 속도의 향상을 가져왔다.

(2) 공정 혁신과 제품 혁신

공정 혁신(process innovation)은 단어 그대로 혁신의 대상이 공정이 되는 것으로 기존 공정을 개선하거나 새로운 공정을 개발하는 활동이 포함된다. 제품이나 서비스를 생산하는 공정이나 마케팅 공정 등이 대상이 될 수 있는데, 기업이 사업 내의 업무의 흐름 및 문서 관리 체계의 개선을 위한 혁신인 전사적 자원관리(ERP: Enterprise Resource Planning) 시스템을 도입하는 것은 공정 혁신의 한 가지 예가 될 수 있다.

제품 혁신(product innovation)은 제품 또는 서비스 등의 생산물을 대상으로 하는 혁신으로 기존의 제품 또는 서비스의 개선이나 새로운 제품 또는 서비스의 개발을 의미한다. 한 산업의 제품 혁신은 흔히 다른 산업에서의 공정 혁신으로 연결되며 휴대전화와 개인휴대단말기(PDA: Personal Digital Assistants)의 장점을 결합하여 개발된 스마트폰이 제품 혁신의 예가 될 수 있다.

(3) 부품 혁신과 구조 혁신

부품 혁신(component innovation)은 전체 설계에는 크게 영향을 미치지 않는 부품을 변화시킴으로써 일어나는 혁신이다. 자전거에 장착하는 겔(gel)소재의 안장은 안장의 내부를 겔제로 충전하여 충격의 흡수 및 완화를 용이하게 한 것으로 자전거 내의 교체 가능한 부품인 안장만을 변화시킨 부품 혁신의 예시이다.

구조 혁신(architectural innovation)은 전체 설계와 시스템 또는 부품 간의 연결성을 변화시켜 제품의 전반을 변화시키는 혁신으로 대부분의 구조 혁신은 부품 혁신을 수반하게 된다. 앞바퀴가 매우 큰 형태인 하이휠러(high wheeler)자전거에서 지금은 평범한 자전거로 널리 사용되고 있는 안전 자전거(safety bicycle)로의 변화는 자전거의 전체 설계 구조를 변경한 구조 혁신의 예이다.

(4) 역량 강화 혁신과 역량 파괴 혁신

역량 강화 혁신(competence-enhancing innovation)은 기존의 지식을 기반으로 기존 기술이 강조하는 역량을 개선하는 혁신활동이다. 점진적 혁신의 예로 언급한 인텔의 마이크로프로세서 시리즈는 기존 제품이 갖고 있던 역량을 개선하여 새로운 혁신을 가져온 역량 강화 혁신의 예시이다.

역량 파괴 혁신(competence-destroying innovation)은 기존의 역량을 파괴하며 새로운 역량 기반을 가져오는 혁신활동이다. 1970년대에 등장한 전자 계산기는 개발사인 Keuffel&Esser사가 가지고 있던 역량인 기존에 계산을 위해 사용되던 계산자(slide rule)에 대한 지식을 파괴하는 역량 파괴 혁신의 결과물이다.

2-3 사례연구: 드러커(Drucker)의 혁신 원천

(1) 양립할 수 없는 부조화

철강 산업에서의 종합제철공장은 너무 큰 규모에서 오는 비효율성을 지니고 있었다. 철강에 대한 수요가 증가함에 따라 철강 회사들은 생산 능력을 증대하는 것이 절대적으로 필요하였으나 생산 능력을 늘리는 것에는 매우 큰 자본이 투입될 뿐만 아니라 대규모 설비인 고로를 가동하게 되면 연산 300만 톤 이상의 철강을 생산하게 되어 전시와 같은 특수한 상황을 제외하고는 공급 과잉이 불가피했다. 또한 종합제철공장의 철강생산 프로세스는 가열과 냉각을 네 번 반복해야 하고 고열의 중량물을운반하는 절차를 수반하는 등의 비경제적인 구조로 이루어져 있었다. 이에 수요 증가에 대한 철강회사의 대응이 오히려 회사에 적자를 가져오게 되는 부조화가 존재하였다.

이와 같은 기존 종합제철공장의 비효율성에 따른 부조화를 해결하고자 소규모 철강생산 시설인 미니밀(minimill)이 개발되게 된다. 미니밀은 고로가 아닌 전기로를 이용하여 고철을 용해함으로써 철강재를 생산하는 시설로 연산 10만 톤 이하의 소규모 설비이다. 따라서 미니밀은 소규모 철강 증설에 경제적으로 이용 가능할 뿐만 아니라 가열 후 냉각 과정 없이 프로세스에 연속적인 이용이 가능하다. 또한 기존 종합제철공장에서 이용하는 철광석 대신 고철을 사용하여 바로 제품 생산이 가능할 뿐만 아니라 자동화가 용이하여 종합제철 프로세스의 절반의 비용으로 철강재를 생산할 수 있다. 미니밀의 개발은 수익을 위한 종합제철공장의 가동이 오히려 적자를 유발하는 철강산업 내의 부조화에서 비롯된 기술혁신의 결과물이다.

(2) 프로세스 상의 필요

1870년대 사진 촬영에는 사진 원판으로서 유리판이 사용되었는데 이 유리판은 무게가 무겁고 잘 부서져서 운반이 어렵고 많은 주의를 요했다. 촬영에도 많은 노력과 시간이 소요되어 간편한 사진 촬영을 위한 프로세스 상의 필요가 존재했다.

이에 1880년대 중반 세계적인 사진 및 영상장비 제조업체인 코닥의 창립자인 이스트먼(Eastman)이 셀룰로이드 필름을 개발하게 된다. 셀룰로이드 필름은 가벼울 뿐만 아니라 손상의 위험도 적기 때문에 유리판에 비해 사진 원판으로서 훨씬 이용이 용이했다. 코닥은 1888년 개발된 셀룰로이드 필름을 사용하는 가벼운 사진기를 개발하며 사진 업계의 선두주자 자리를 거머쥐게 되었다.

Chapter 03

기술수명주기와 개방형 혁신

3-1 기술수명주기

(1) 기술수명주기의 개념

기술수명주기(technology life cycle)란, 기술이 생성되어 시장에서 소멸되기까지의 시간을 의미한다. 일반적으로 기술의 성과는 기술수명주기 내에서 시간에 따라 느린 속도로 증가하다 급격하게 증가한 뒤 성과가 일정 수준에 도달하면 증가의 속도가 더뎌지다 성과가 감소하는 양상을 보이는데, 이를 그래프로 표현하면 알파벳의 S 형태와 같은 패턴을 보인다([그림 7-6]).

기술수명주기는 성장의 특징에 따라 크게 도입기(embryonic period), 성장기(growth period), 성숙기(mature period), 쇠퇴기(declining period)의 네 단계로 구분된다. 도입기는 새로운 기술의 개발이 생성되는 단계로 신생된 기술이 느린 속도로 성장을 시작한다. 도입기를 지나 성장기에 접어든 기술은 빠른 개선과 발전을 겪으며 그 성과 또한 급격한 속도로 증가한다. 기술이 생성된 뒤 일정 시간이 흘러 기술 성과가 일정 수준에 도달하면 기술의 발전 속도가 급격히 떨어지는 성숙기를 맞게 된다. 성숙기에서 기술의 발전 수준 및 성과는 상한선에 도달하며 성장 속도와 그 폭이 둔화

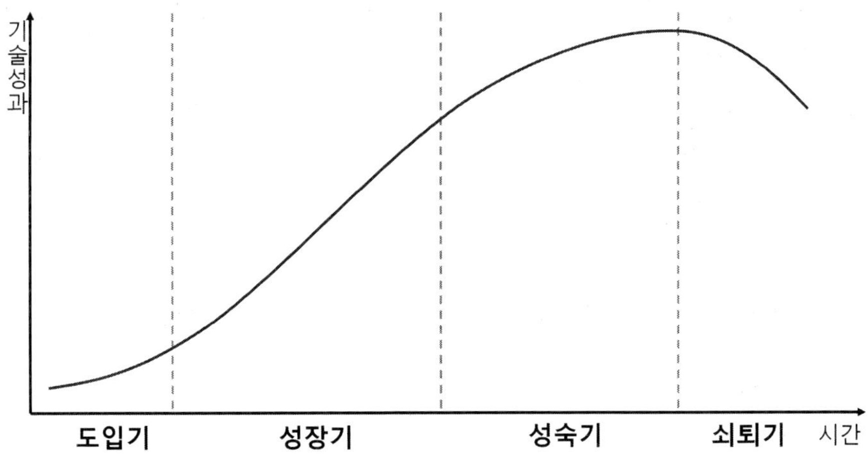

▶▶ 그림 7-6 기술수명주기

되게 되는데, 이 상한선을 자연적 한계(natural limit)라고 한다. 기술이 성숙기를 지나면 쇠퇴기에 접어들며 발전과 개선을 멈추게 된다.쇠퇴기에 접어든 기술은 기술 성과가 감소하는 양상을 보이며 대체 가능한 기술이 등장하면 그 기술은 시장에서 소멸하게 된다.

(2) 기술수명주기별 특징

기술은 기술수명주기 상의 위치에 따라 기술성과의 불확실성, 기술의 활용 영역, 기술 개발 투자 정도, 경쟁력에 대한 영향, 상업화까지의 기간, 기술에 대한 명칭, 기술 및 기업 전략 등에 대하여 다른 특징을 보인다([표 7-1]).

도입기에 위치하는 기술은 기술의 신생 및 시작 단계이기 때문에 기술 그 자체의 발전가능성이나 향후 이용 가능성에 대해 알려진 점이 적어 성과에 대한 불확실성이 매우 높다. 그러나 성장기, 성숙기, 쇠퇴기의 기술수명주기를 거치며 기술이 발전하고 해당 기술의 특성을 파악할수록 개발에 대한 기술성과의 불확실성은 점차 낮아진다.

마찬가지로 도입기의 기술은 일반적으로 활용될 수 있는 영역이 비교적 적고 파악하기 어렵지만, 기술이 성장기에 접어들며 기술에 대한 이해도가 높아짐에 따라 활용 가능한 영역이 점차 증가하게 되고, 성숙기에 도달하면 기술은 안정적인 활용 영역을 확보하게 된다. 그러나 기술이 성숙기를 지나 쇠퇴기에 접어들게 되면 해당 기술을 활용할 수 있는 영역은 다시 점차 감소하다 대체 기술이 출현하면 시장에서 소멸되게 된다.

▸▸ 표 7-1 기술수명주기별 주요 특징

주요 특징	도입기	성장기	성숙기	쇠퇴기
기술성과의 불확실성	높음	중간	낮음	아주 낮음
기술의 활용영역	잘 모름	증가	안정적	감소
기술개발 투자 정도	중간	높음	낮음	아주 낮음
경쟁력에 대한 영향	매우 낮음	중간	매우 높음	감소 시작
상업화까지의 기간	장기	중기	단기	단기
기술에 대한 명칭	신흥기술	선도기술 핵심기술	기반기술	기술대체
기술전략	제품혁신	제품혁신 공정혁신	공정혁신	기술대체
경쟁전략	차별화	차별화 수직통합	원가우위	사업축소

도입기의 기술은 구체적인 기술개발의 방향이 정해지지 않은 단계이기 때문에 여러 가지 실험적 대안에 대한 시행착오를 겪게 되고, 이에 따라 상당한 규모의 투자 자원이 요구된다. 기술이 성장기에 접어들게 되면 본격적인 기술개발과 부수적인 개발 및 활용 방안 마련을 위하여 많은 자원이 소요된다. 하지만 성숙기 이후의 기술은 기술이 성공적으로 개발되어 일정 수준 안정적인 궤도에 오른 상태이기 때문에 필요한 투자 자원의 양이 점차적으로 감소된다.

기술의 수명주기 상의 위치에 따라 기술이 갖는 경쟁력에 대한 영향도 달라지게 된다. 도입기의 기술은 아직 미숙한 상태이고 기술 자체에 대한 이해나 활용 영역에 대한 파악이 미흡한 상태이기 때문에 경쟁력에 대한 직접적인 영향력이 매우 적지만, 기술이 성장기에 접어들면 기술 획득 시기에 따라 기업 간의 기술적 격차가 빠르게 벌어지기 때문에 기술의 경쟁력에 대한 영향이 급격하게 증가하게 된다. 이후 기술이 성숙기에 다다르면 기술은 기업 간의 경쟁에 있어서 핵심적인 요소가 되어 매우 큰 영향력을 갖게 되지만, 기술이 성숙기를 지나 쇠퇴기에 진입함에 따라 그 영향력은 점차 감소한다.

기술수명주기가 진행됨에 따라 기술을 상업화하기까지 필요한 기간은 점차 감소하게 되는데 그 구체적인 기간은 기술과 기술이 활용되는 특성에 따라 다르다. 그러나 일반적으로 도입기의 기술은 상업화까지 약 7년에서 10년의 장기간이 소요되며, 성장기의 기술은 약 4년에서 7년, 성숙기 이후의 기술은 약 1년에서 4년의 기간이 소요된다.

기술수명주기에 따라 기술이 갖는 영향력 및 보급 정도가 달라지고 이에 따라 기술을 부르는 명칭도 달라지게 된다. 도입기의 기술은 신흥기술로써, 출현한지 얼마 되지 않아 그 영향력이 작고 소수의 기업만이 보유하고 있다. 성장기 초반의 기술은 선도기술로 불리며 급격한 성장 직전에 본격적인 발전을 시작하는 단계에 위치한다. 성장기 후반의 기술은 그 성장속도가 매우 빠르고 시장 내에서 기술의 영향력이 급격히 커지지만 아직 많은 기업이 기술을 보유한 상태는 아니기 때문에 핵심기술로 여겨진다. 성장기를 지나 기술이 성숙기에 도달하면 대부분의 기업이 해당 기술을 획득하였기 때문에 기술은 기반기술로 불리고,이 후 기술이 쇠퇴기에 접어들면 기술의 역할은 점차 줄어들고 해당 기술은 다음 기술을 찾아 기술의 대체를 수행해야 하는 대상으로 여겨지게 된다.

기술의 수명주기 상의 위치에 따라 기업이 기술에 대해 취할 기술전략 또한 달라지는데 이 시기는 크게 지배적 디자인(dominant design)의 등장 전과 후로 나뉜다. 지배적 디자인이 등장하기 전에 기업은 기술을 이용한 제품을 혁신하는 데 초점을 맞추어 자사의 제품이 지배적 디자인으로서의 위치를 갖도록 전략을 펼쳐야 하고, 지배적 디자인이 형성된 후에는 공정 혁신에 초점을 맞추어 효율적인 제품 생산을 위해 노력해야 한다. 지배적 디자인은 일반적으로 성장기 중에 형성되며, 이를 통해 기술의 수명주기 상의 위치에 따라 요구되는 기술전략을 구분할 수 있다. 도입기에는 제품혁신을 중심으로 기술 전략을 펼쳐야 하고, 기술의 성장기에는 지배적 디자인의 형성 여부에 따라 제품혁신이나 공정혁신에 초점을 맞춘 전략을 구사해야 한다. 기술이 성숙기에 접어들면 공정혁신을 위한 전략을 적극적으로 활용하여야 하며, 쇠퇴기의 기술에 대해서는 다음 기술로의 대체를 위한 전략을 수행해야 한다.

기업의 기술전략뿐만 아니라 경쟁전략도 수명주기에 따라 달라지게 된다. 기술의 도입기에는 차별화 전략(differentiation)을 통하여 제품혁신을 중심으로 한 전략을 수행해야 하고, 기술의 성장기에는 제품의 경쟁력 획득을 위한 차별화 전략과 함께 수직통합(vertical integration) 전략을 활용하여 기술이 이용되는 생산 영역을 확장하여야 한다. 기술이 성숙기에 접어들면 기업은 공정혁신을 기반으로 한 원가우위 전략(cost leadership)을 펼쳐야 하며, 기술이 성장기를 지나 그 성과가 점차 감소하는 쇠퇴기에 진입하면 제품 축소전략(retrenchment strategy)을 통해 기술이 활용되던 사업의 규모를 축소시키며 기술 대체를 준비하여야 한다.

(3) 기술수명주기 분석

기술수명주기가 중요한 이유는 기업이 기술수명주기에 대한 이해를 바탕으로 기술수명주기의 흐름과 보유한 기술의 수명주기 상의 위치를 파악함으로써 산업 내의 경쟁유형 및 기술의 향후 발전 양상을 파악할 수 있기 때문이다.

도입기에 위치한 기술의 경우 경쟁은 제품혁신 중심으로 일어나게 되며 아직 신흥기술의 단계에 있기 때문에, 기술 그 자체는 경쟁에 있어서 큰 영향력을 갖지 않는다. 하지만 신흥기술이 기술혁신을 통해 창출할 수 있는 부가가치의 잠재력은 매우 크기 때문에, 기업은 장기적인 관점에서 신흥기술의 잠재적 중요도를 파악해야 한다.

기술이 성장기 초기에 위치하면 경쟁은 제품과 서비스의 시장 규모의 확대를 중심으로 일어나게 되고, 기술은 산업 내에서 선도기술의 위치를 차지하며 영향력이 점차 커지게 된다. 기술이 성장기 후반에 접어들면서 기업들은 산업표준(industry standard)과 지배적 디자인으로서의 위치를 획득하기 위해 경쟁하게 되고, 기술은 산업의 핵심기술로 진화하게 된다.

성숙기에 진입한 기술은 기술 그 자체로서의 역할은 점차 감소하게 되고, 대부분의 경쟁 기업이 보유한 기반기술로 변모하게 된다. 이에 따라 경쟁은 기술의 개선 및 발전을 통한 제품혁신에서 생산 효율성 증대를 위한 공정혁신으로 옮겨가게 되고 경쟁의 초점은 가격과 품질로 맞춰지게 된다.

기술이 쇠퇴기에 접어들면 산업 내의 모든 기업이 해당 기술을 확보하며, 기술 보유에 따른 경쟁력은 실질적으로 사라지게 된다. 이 시기에서 기업은 해당 기술에 대한 경쟁에 대한 자원 투입을 감소시키고 기술대체 전략을 고려함으로써 다음 기술로의 이동을 꾀해야 한다.

기술수명주기의 분석은 기업으로 하여금 기술의 진화 단계에 따른 경쟁 유형을 이해하고 그에 따라 전략의 방향을 설정할 수 있도록 할 뿐 만 아니라 기업이 기존 기술과 새로운 기술 간의 기술의 단절성(technology discontinuity)을 파악할 수 있도록 한다. 기술의 단절은 새로운 기술이 출현하며 기존의 기술을 대체할 때 발생하는데 이는 기존 제품의 수명주기의 끝과 새 제품의 수명주기의 시작이 겹쳐지는 지점이다([그림 7-7]).

일반적으로 기존 기술이 성장 상한선에 도달할 때 새로운 기술이 등장하게 된다. 신기술은 기존 기술에 비해 상당한 규모의 초기 투자를 필요로 하지만 대체적으로 신기술의 초기 성과는 매우 낮다. 그리고 기존 기술이 성장의 한계에 도달하였더라도 일정 기간 동안은 많은 수익을 창출하기 때문에, 기업이 선뜻 성과가 낮은 신기술에 자원을

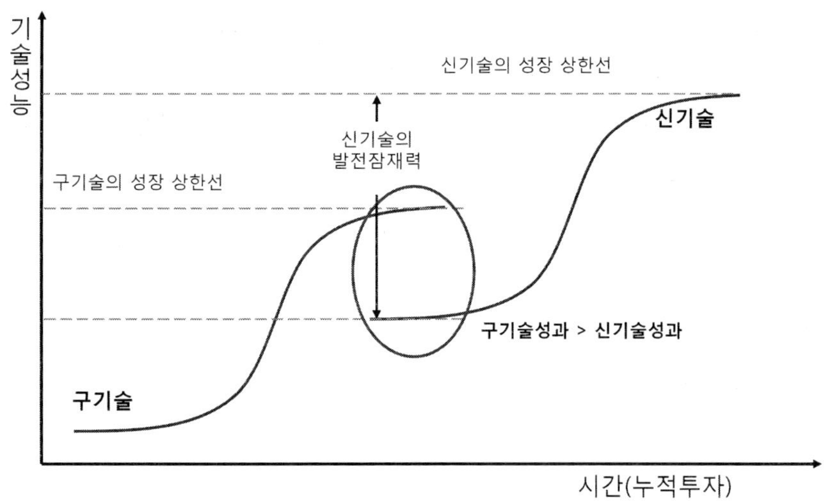

►► 그림 7-7 기술의 단절성

투자하기에는 어려움이 따른다. 하지만 많은 경우 신기술은 높은 잠재적인 발전 가능성을 가지고 있기 때문에, 기업은 장기적인 관점에서의 경쟁우위 확보를 위해 신기술에 대한 투자를 감행하여야 한다. 기업이 성장 상한선에 도달한 기존 기술이 창출하는 수익과 신기술에 대한 불확실성으로 인해 신기술에 대한 투자를 지체할 경우, 경쟁기업이 신기술의 획득 및 발전을 바탕으로 진입장벽을 극복하거나 높일 수 있는 여지를 제공하게 된다.

기업은 여러 가지 원인에 의해 단절성을 보이는 신기술에 대한 투자에 어려움을 갖고 투자를 지체할 수 있다. 일반적으로 기존 기술의 성과가 새로운 기술의 초기 성과보다 높기 때문에, 기업이 당장의 가시적 성과에만 초점을 맞출 경우 기술이 갖는 잠재적 성과를 배제할 수 있다. 이러한 현상은 기존의 주력 기술에 대한 과대평가로 이어지며 신기술에 대한 투자의 걸림돌로 작용하게 된다. 기업이 매출액을 기준으로 기술에 대한 투자예산을 책정하는 정책을 갖고 있는 경우에도 신기술에 대한 투자에는 어려움이 따르게 된다. 매출액을 기준으로 한 개발비 책정은 기업이 매출의 증가가 용이한 단기 개발과제에 집중하게 하고 새롭게 기술을 개발하여 발전시키는 장기 과제는 소홀히 여기게 하기 때문에, 기업이 신기술에 대해 투자를 하는 것을 방해하게 된다. 뿐만 아니라 기존 기술에 대해서는 시장의 반응이 명확하지만 새로운 기술에 대한 시장 반응은 불확실한 경우 일반적이기 때문에, 이러한 시장의 반응을 기존 기술에 대한 높은 선호도라고 왜곡하여 해석할 경우 신기술에 대한 투자가 지연될 수 있다. 기존에 기업이 획득하고 있는 경쟁우위도 신기술에 대한 투자의 방해물로 작용할 수 있다. 선도 기업의 경우 이미 획득한 점유율과 현재의 수익을 유지하기 위하여 새로운 혁신의 필요성을 인지하고는 있지만 기존 제품의 성능 개선에만 집중하는 경직된 기술전략을 펼칠 수 있는데, 이 때 후발 기업이 혁신적인 새로운 기술을 시장에 내놓을 경우 기존 선도기업의 시장 지배력은 잠식당하게 된다. 이와 같은 현상을 혁신자의 딜레마(innovator's dilemma)라고 칭한다.

이와 같이 기술수명주기 분석은 기술의 수명주기 상의 위치에 따른 경쟁 유형과 기술의 단절성을 파악하는 것을 도움으로써 다양한 관점에서 활용될 수 있다. 기업은 기술수명주기 분석을 통하여 기술도입시기에 대한 전략의 방향성을 설정하고 선도전략과 추종전략 중에 기업이 취해야 할 전략을 수립할 수 있다. 이와 함께 기술수명주기를 분석하여 기존 기술의 한계와 새로운 기술의 잠재적 가능성을 가시적으로 표현할 수 있다. 이는 신기술의 개발과 확보 사업을 위한 투자의 당위성을 제고시켜 신기술을 위해 투입될 자원을 효과적으로 확보할 수 있도록 한다. 뿐만 아니라 기술수명주기를 분석함으로써 상업적인 성과의 진행을 기술 중심으로 표현할 수 있고 이를 통해 기술

정보와 산업 정보를 통합하여 전략의 수립에 활용하여 포괄적인 관점의 전략경영을 수행할 수 있다.

그러나 기술수명주기 분석은 다음과 같은 한계점을 가지고 있다. 기술이 이용되는 산업의 특성에 따라 같은 기술일지라도 다른 수명주기를 가지기 때문에 일반적인 기술수명주기의 적용이 어려운 경우가 많다. 그리고 기술수명주기는 기술의 특이성을 반영하지 않고 단계를 구분할 수 있는 명확한 기준을 갖고 있지 않기 때문에, 기술에 따라 수명주기를 파악하고 활용하는 것에 어려움이 따른다. 뿐만 아니라 기술수명주기 분석에서는 신기술의 중요성을 과도하게 강조하고 일반적으로 새로운 기술의 초기 성과는 기존 기술의 성과보다 낮다는 점을 가정한다. 그리고 기술수명주기 분석은 기술성과의 흐름을 이론적인 관점에서 서술할 뿐 성과에 영향을 미치는 구체적인 요소에 대한 설명과 해석이 부족하다. 또한, 기술수명주기 분석을 통해 기존 기술에서 새로운 기술로 전이하는 최적의 시점을 파악하는 것은 매우 어려우며, 경쟁우위의 획득에 있어 기술성과의 중요성을 과도하게 강조한다는 한계점이 있다.

3-2 개방형 혁신

(1) 폐쇄형 혁신과 개방형 혁신

폐쇄형 혁신(closed innovation)이란, 기업내부의 연구개발을 중심으로 한 기술혁신으로 기업들이 독자적으로 기술을 개발하는 기존의 혁신 방식을 의미한다. 반면에 개방형 혁신(open innovation)은 외부의 자원을 다양한 기술 원천으로서 활용하는 혁신 방식으로 폐쇄형 혁신과 상반되는 개념이며 폐쇄형 혁신보다 효과적이고 효율적인 수행을 지향한다. 일반적으로 폐쇄형 혁신은 기업의 경계 내에서 연구와 개발이 진행되는 일방향성의 아이디어 흐름을 수반하는데 반해 개방형 혁신은 기업의 경계를 허무는 다방향성의 아이디어 흐름을 갖는다([그림 7-8]).

폐쇄형 혁신과 개방형 혁신은 여러 관점에서 서로 상반되는 특징을 가진다([표 7-2]). 폐쇄형 혁신은 외부와 단절된 상태에서 연구개발을 수행하여 기술의 개발부터 제품화, 시장으로의 공급의 모든 과정을 기업 내부에서 자체적으로 수행함으로써 가치를 창출한다. 이에 반해 개방형 혁신은 외부와 내부의 연구개발을 모두 활용하여 가치를 창출한다. 폐쇄형 혁신에서는 자체적으로 수행한 기술혁신의 성과를 빠르게 제품화하는 것이 중요한 것에 반해, 개방형 혁신에서는 우수한 사업 모델을 내·외부에서

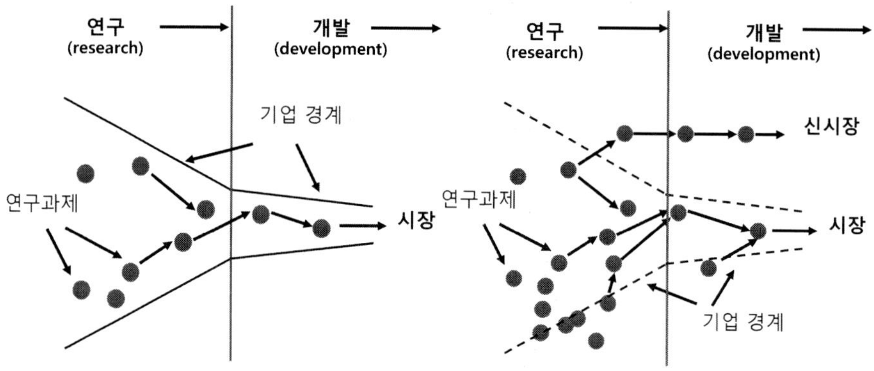

[출처: Chesbrough(2003)]

▸▸ 그림 7-8 폐쇄형 혁신(좌)과 개방형 혁신(우)의 아이디어 흐름

▸▸ 표 7-2 폐쇄형 혁신과 개방형 혁신의 특징 비교

구분	폐쇄형 혁신	개방형 혁신
R&D 형태	외부와 단절된 내부 R&D	외부 자원을 적극 활용하는 R&D
가치창출 방법	R&D 수익을 위해서 발견, 제품화, 공급의 모든 과정을 스스로 수행해야 함	외부 R&D를 이용한 가치 창출 내부의 R&D를 통해 소유권을 확보하여 외부기술과의 연계를 통해 가치 창출
주안점	기술혁신 성과의 빠른 제품화가 중요	우수한 사업 모델이 빠른 시장진입보다 중요
성공요인	산업 내에서 가장 많고 우수한 아이디어를 내는 것	내·외부의 아이디어를 잘 활용하는 것
혁신구조	혁신의 선순환 구조 추구 (R&D 투자, 인재 확보 → 시장선점/지적재산권 통제 → 수익창출, 경쟁배재 → 재투자)	혁신의 선순환 구조 추구가 어려워짐 개방형 기술 설계 구조 구축을 통한 비용절감 및 추가수익 창출 추구
핵심 요소	내부 연구 인력의 역량이 중요	사업모델의 우수성 중요
지식재산권 이용	지식재산권은 방어와 지식 유통의 수단	보다 적극적인 지식재산권의 이용 (수익 창출)

획득하여 빠르게 시장에 진입하는 것이 중요하다. 기업이 폐쇄형 혁신을 성공하기 위해서는 산업 내에서 가장 많고 우수한 아이디어를 기업 스스로 창조해내는 것이 중요한 요소로 작용하지만, 성공적인 개방형 혁신을 위해서는 내부와 외부의 아이디어를 적절히 활용하는 것이 성공을 좌우하는 요소가 된다. 폐쇄형 혁신을 통해서 기업은 연구개발에 자원을 투자하여 연구개발 인력을 확보하고 이를 통해 시장에서의 우위를

선점하고 지식재산권에 대한 통제력을 획득함으로써 수익을 창출하고 경쟁기업을 견제하며 결과적으로 연구개발의 결과물에서 얻어진 수익을 연구개발에 재투자하는 혁신의 선순환 구조를 추구한다. 이에 반해 개방형 혁신은 다양한 외부 주체와의 협력을 수반하기 때문에 폐쇄형 혁신과 같이 혁신의 선순환 구조를 추구하기 보다는 개방형 기술 설계 구조의 구축을 통하여 연구개발 비용을 절감하고 추가적인 수익 모델의 창출을 추구한다. 폐쇄형 혁신에서는 내부 연구개발 인력의 역량이 핵심 요소인 것에 반해 개방형 혁신에서는 자체 연구개발의 인력의 우수성보다는 사업 모델의 우수성이 매우 중요하다. 폐쇄형 혁신을 수행하는 기업은 지식재산권을 자체 연구개발의 결과물을 방어하고 지식을 유통하는 수단이라고 여기지만, 개방형 혁신 모델에서는 지식재산권 자체를 수익 창출 도구로 여겨 지식재산권의 적극적 활용을 통하여 추가적인 이윤 창출을 도모한다.

(2) 개방형 혁신의 배경

개방형 혁신은 글로벌화, 가속화, 지능화, 융·복합화, 집단지성화 등의 다양한 사회적 변화로 인해 등장하게 되었다.글로벌화로 인해 국가 간의 경계가 허물어짐에 따라 많은 국가의 소비자가 특정 산업 내에서 유사한 요구 사항을 갖게 되고 세계 지역 시장 간의 연결성이 증가하게 되었다. 또한, 혁신 공간의 범위가 세계로 확장되면서 더욱 많은 혁신의 기회와 함께 더욱 많은 잠재적 경쟁자가 나타나게 되었다. 이러한 혁신 범위의 증가는 제품의 수명의 주기가 단축되는 혁신의 가속화로 이어졌고, 빠른 혁신의 연속은 IT 기술의 급격한 발전에 많은 기여를 하였다. IT 기술의 발달은 IT를 기반으로 한 지식원천의 확산을 가속화시켰고 풍부해진 지식 자원 속에서 기술혁신은 모방의 형태에서 창조적인 형태로 전환되어 갔다. 또한, 여러 분야의 기술을 결합하여 활용하여 기술간의 상호 시너지 효과를 생성하는 융·복합화 추세는 기술이 이용될 수 있는 분야의 범위를 확장시키며 기술의 개발 및 이용의 중요성을 증대시켰다. 융·복합화 현상은 기존에는 존재하지 않던 분야를 생성하거나 기존 분야에 새로운 특성을 더함으로써 새로운 부가가치를 창출할 수 있는 기회를 마련하였다. 분야의 확장과 IT 기술의 발달은 지식을 갖고 있는 인력의 유동성을 증가시켰고, 이에 기술을 공유함으로써 상생을 꾀하는 집단 지성화 현상이 일어나게 되었다. 집단 지성화의 일반적인 예로는 산학연 협동 연구개발이 있다. 이와 같은 다섯 가지 현상은 외부의 기술 자원을 적극 활용하여 혁신을 발생시키는 개방형 혁신의 도입 배경이 되었다.

위와 같은 유기적인 사회적 현상에 의해 도입된 개방형 혁신은 여러 원인들로 인해 그 개방성이 증대되게 된다. 우선, 대학과 같은 교육기관의 지식 생산 역량이 강화되고 해외 인력이 활발하게 유입되기 시작하면서 지식의 원천이 한층 다양해졌다. 이와 같은 원천의 다양화로 인해 새로운 지식이 등장하고 기술 지식의 거래를 중개하는 기술 중개자(innomediary)가 등장하게 된다. 또한, 다양한 원천에서 발생한 지식을 활용하는 벤처기업이 발달함에 따라 인력의 유동성이 증가하고 벤처기업을 지원하는 벤처 캐피탈이 발달하게 된다. 이에 한 기업의 기술독점은 다양한 지식 원천을 모두 소화하기에는 한계에 도달하게 되고 혁신의 개방을 촉진하게 된다. 또한, 지식의 규모가 대형화되면서 지식 기반이 단일 기업이 포괄하기에는 어려운 수준으로 커지게 된다. 또한 기술이 융·복합화되는 경향은 다양한 분야의 공동 연구의 필요성을 증가시켰다. 뿐만 아니라 IT의 발달로 인해 협력 주체간의 소통이 편리해지고 집단지성(collective intelligence), 사용자 혁신, 기술 중개인 등의 개념이 등장하면서 지식 규모를 더욱 증가시켰다. 이에 혁신의 무대가 세계로 커지면서 국제 분업화 현상이 등장하게 되고, 이와 같은 지식 규모의 대형화는 더욱 개방적인 혁신의 필요를 증대시켰다. 이와 같이 연구개발의 범위와 규모가 증가함에 따라 연구개발에 수반되는 개발비용도 급속히 증가하게 되고, 혁신공간이 전세계로 확대됨에 따라 그 수요가 다양해지고 이로 인해 제품수명주기가 감소하게 된다. 이에 따라 새로운 지식이 창출되기까지의 기간이 단축되고 혁신의 속도가 증가하는 지식창출의 가속화가 일어나게 되며, 이와 같은 현상은 혁신이 외부 자원을 이용하여 가속화에 대응할 수 있는 개방성을 가질 것을 요구하게 된다.

(3) 개방형 혁신의 효과

개방형 혁신에는 많은 기대효과가 따른다. 우선 내부 자원을 다양한 외부 대안들과 비교하여 경제적인 대안을 선택할 수 있기 때문에 기업의 혁신을 위한 비용을 절감할 수 있다. 또한 라이선스, 분사, 매각 등을 통해 사장될 수 있었던 내부의 기술자원을 활용함으로써 추가적이고 다각적인 수익원을 확보할 수 있다. 한편 기업은 개방형 혁신을 통해 기업의 내부 관점을 벗어나 객관적인 관점을 유지하며 시장 지향적인 시각에서 사업모델 중심으로 가치를 평가할 수 있다. 또한 개방형 혁신을 통한 기술의 활용은 개발된 기술이 사장되지 않고 다른 기업이나 산업에서 활용되어 수익을 창출하는 원천이 된다는 자부심을 부여함으로써 연구개발 인력의 동기부여 및 사기진작에 긍정적인 영향을 미친다. 뿐만 아니라 개방을 위해서는 철저한 역량 분석을 통한 핵심역량의 파악이 반드시 수반되어야 하기 때문에 기업 내에서 핵심 역량을 파악하여 공유하고 그것에 집중하게 되는 계기를 마련하게 된다.

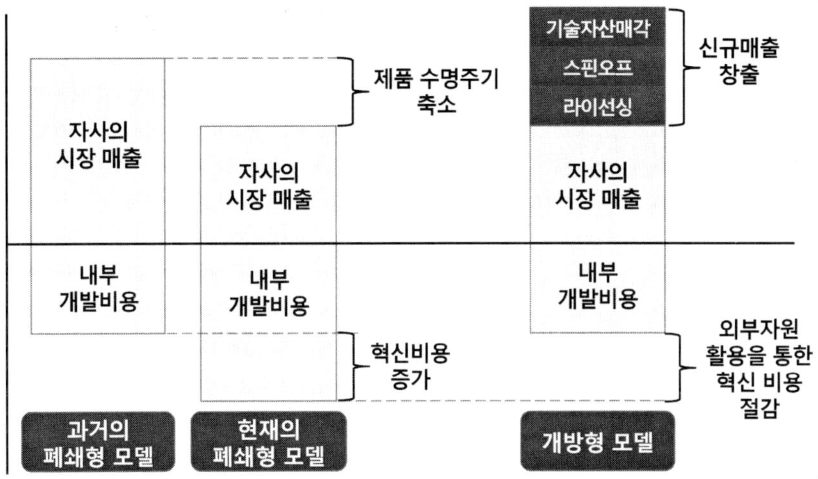

[출처: Chesbrough(2006)]

►► 그림 7-9 개방형 혁신으로서 획득 가능한 가치

과거의 폐쇄형 모델에 비해 현재의 폐쇄형 혁신 모델은 지식 원천이 다양화되고 그 규모 또한 거대해짐에 따라 내부 개발비용은 증가하였으나 개발된 제품의 수명주기가 축소되어 그에 따른 매출은 감소하는 양상을 보인다. 이러한 상황에서 개방형 혁신을 이용함으로써 기업은 외부자원을 활용하여 혁신 비용을 절감하는 동시에 개발된 기술을 기술자산매각, 스핀오프(spin-off), 라이선싱 등의 다양한 방식으로 이용함으로써 새로운 범주의 매출을 창출할 수 있게 된다([그림 7-9]).

(4) 개방형 혁신의 위험성

개방형 혁신은 현대 사회에서의 기업 경쟁에서 많은 기대효과를 가져다 주는 동시에 몇 가지 위험성 또한 지니고 있다. 개방형 혁신이 체계적으로 추진되지 않을 경우 혁신을 함께 수행하는 협력 파트너에게 핵심역량을 노출시켜 핵심역량이 모방될 수 있는 가능성이 존재한다. 또한 개방형 혁신은 협력 파트너와의 협력 및 협상 문제와 함께 참가자들의 업무를 조정하고 조화하는 등의 다양한 인사적 문제를 가지고 있고 이를 효과적으로 수행하지 못할 경우 체계적 경영의 실패로 이어질 수 있다. 한편 외부 협력 파트너와 함께하는 활동이기 때문에 내부 혁신활동에 비해서 본사의 관리가 체계적이지 않기 때문에 업무가 태만해질 수 있고, 협력 파트너 또한 혁신 주체 기업을 잠재적인 경쟁사로 여겨 고의로 협력을 소홀이 할 가능성을 지닌다. 뿐만 아니라 개방형 혁신에 대해서 내부 혁신활동과의 차별적 대우 또는 자원적 불이익을 줄 가능성이 있으며 이런 현상이 발생할 경우 참가자들의 사기 저하를 초래하여 혁신 활동이 실패할 수 있다.

(5) 개방형 혁신의 성공 방안

앞서 설명한 개방형 혁신의 위험성을 극복하고 성공적인 혁신 활동을 수행하기 위해서는 몇 가지 요소가 수반되어야 한다. 우선 최고경영층이 적극적으로 개방형 혁신에 관심을 보이고 참여함으로써 구성원을 장려하고 외부 및 내부 구성원의 시너지 효과 창출을 적극적으로 후원해야 한다. 이와 동시에 모든 구성원의 역량과 네트워크를 활용하고 기업 외부 및 내부에 존재하는 다양한 지식을 확보하고 공유하려는 전사적 수준의 혁신이 도모되어야 한다. 또한, 개방형 혁신을 조직 관행으로 정착시킴으로써 외부 지식을 비판하고 수용을 거부하는 문화를 배격해야 하며 구성원의 적극적인 참여를 유도하여야 한다. 뿐만 아니라 전체를 포괄하는 네트워크를 구축하고 이를 이용하여 외부지식을 내부에서 활용하고 내부지식을 외부에서 활용하는 활동을 지원해야 한다.

3-3 사례연구: 창의적 혁신원리

모든 분야에서 혁신의 개념이 등장하면서 혁신의 기반이 되는 다양한 원리들이 연구되고 소개되고 있다. 골덴버그(Goldenberg)는 간단하지만 창의적이고 효과적인 다섯 가지 혁신 패턴을 소개한다.

첫 번째는 제거(subtraction)로 기존의 제품에서 특정한 부품이나 기능을 제거함으로써 이루어지는 혁신을 의미한다. 필립스사의 DVD 플레이어의 경우 기존 제품의 본체에 포함되어 있던 알림 화면과 조작 버튼을 제거하고, 리모컨을 이용하여 조작하도록 함으로써 얇고 세련된 본체 디자인을 구현하였다.두 번째는 기존의 제품에 특정 부품을 추가하는 중첩(multiplication)이다. 질레트사는 기존의 단날 면도기에 다른 각도로 면도날을 하나 더 추가하여 이중날 면도기를 개발하였다. 이 다른 각도의 칼날은 더욱 깨끗한 면도를 돕는다. 세 번째는 분리(division)로, 하나의 제품을 여러 부품으로 분리한 혁신 패턴이다. 분리는 물리적 분리(physical division), 기능적 분리(functional division), 보존적 분리(preserving division)로 나뉘는데, 기존의 오디오 컴포넌트를 스피커, 라디오, 카세트테이프로 분리하여 개별적으로 사용하거나 함께 연결하여 사용할 수 있게 한 것은 기능적 분리의 예시이다. 네 번째는 기존 제품에 새로운 기능이나 다른 요소를 추가하여 혁신을 수행하는 통합(task unification)이다. 자동차의 바람막이 창에 서리 제거를 위한 필라멘트를 삽입하여 라디오 수신의 기능까지 수행하게 함으로써 기존의 자동차에 부착되어 있던 안테나 부분을 제거할 수 있었다. 다섯 번째 혁신 패턴은 기존의 제품의 속성과 차별화된 특성을 추가하여 제품이 사용되는 환경을 변화시키는 특성 변경(attribute dependency change)이다. 기존의 햇빛을 감지하여 자동으로 렌즈가 변색되는 기능을 추가하여 선글라스와 안경이 이중으로 필요한 불편함을 제거한 사례와 기존에는 여름에 잔디에 물을 주는 용도로만 사용되던 스프링 쿨러를 실내용으로 개발하여 사계절 내내 실내 화재 소화 용도로 사용하는 사례가 특성 변경을 이용한 혁신이다.

또 다른 창의적 혁신 원리로는 러시아의 알츠슐러(Altshuller)가 개발한 TRIZ가 있다. TRIZ는 '창의적인 문제 해결 이론'을 뜻하는 러시아어 'Teoriya Resheniya Izobretatelskikh Zadatch'의 앞글자를 딴 단어로 200만 건 이상의 특허를 분석하여 개발된 40가지의 발명 원리, 76가지의 표준 해결책, 문제해결 프로세스를 뜻한다. 이 중 40가지의 발명 원리는 여러 분야에서 문제 해결을 위한 시발점으로 흔히 이용된다([표 7-3]).

TRIZ를 이용한 혁신 사례로는 삼성이 개발한 냉장고 안전 홈바(home bar)를 들 수 있다. 기존 홈바의 문은 문을 지탱하는 접이식 이음쇠가 외부에 부착되어 있어 외관상 보기 좋지 않을 뿐만 아니라 이음쇠에 손이 끼는 등의 안전 상의 위험이 존재했다. 이와 동시에 경쟁사가 비슷한 내용의 특허를 가지고 있어 이를 침해할 우려도 가지고 있었다. 삼성은 이러한 홈바 구조의 문제를 TRIZ의 '셀프서비스' 원리를 이용하여 해결하였다. 기존의 이음쇠가 담당하던 홈바 문 지지 역할을 홈바 문을 냉장고 내부로 늘려 홈바 스스로 지탱 가능하도록 하고 냉장고 안쪽에 걸쇠를 설치하여 문의 개폐를 도왔다. 이를 통해 삼성은 디자인과 안전성이 개선 된 안전 홈바를 개발할 수 있었다([그림 7-10]).

TRIZ의 원리는 기술 혁신뿐만 아니라 경영 방면에서도 적용되는데 마이크로소프트는 경영목표 간의 모순을 해결하기 위해 TRIZ를 사용하였다. 마이크로소프트는 경쟁력 강화를 위해 비용 절감과 시장점유율 확대라는 경영목표를 수립하였으나, 시장점유율 확대를 위해서는 직원의 추가 채용이 필수적이고 직원을 더 채용할 경우 비용은 증가될 수 밖에 없다는 어려움에 빠지게 되었다. 이에 TRIZ의 '폐기 및 재생' 원리를

▸▸ 표 7-3 TRIZ의 40가지 발명 원리

01. 분할(segmentation)	21. 고속처리(hurrying)
02. 추출(extraction)	22. 전화위복(convert harmful to useful)
03. 국소적 성질(local quality)	23. 피드백(feedback)
04. 비대칭(asymmetry)	24. 매개체(intermediate)
05. 통합(consolidation)	25. 셀프서비스(self-service)
06. 다용도(multifunction)	26. 복제(copy)
07. 포개기(nesting)	27. 일회용품(cheap short life)
08. 평형추(counter weight)	28. 기계시스템 대체 (replacing mechanical system)
09. 선행 반대 조치 (preliminary counter action)	29. 공가식/수압식 (pneumatics and hydraulics)
10. 선행 조치(preliminary action)	30. 유연한 막과 얇은 필름 (flexible shell and thin film)
11. 사전 예방(preliminary compensation)	31. 다공질(porous material)
12. 높이 맞추기(equipotential)	32. 색깔 변경(optical property change)
13. 반대로 하기(do it reverse)	33. 동질성(homogeneity)
14. 구형화(curvature increase)	34. 폐기 및 재생(discarding and recovering)
15. 역동성(dynamicity)	35. 속성 변환(parameter change)
16. 과부족 조치(partial or excessive)	36. 상전이(phase transition)
17. 차원 변경(dimension change)	37. 열팽창(thermal expansion)
18. 진동(vibration)	38. 산화가속(strong oxidants)
19. 주기적 작동(periodic action)	39. 불활성 환경(inert atmosphere)
20. 유익한 작용의 지속 (continuity of useful action)	40. 복합재료(composite material)

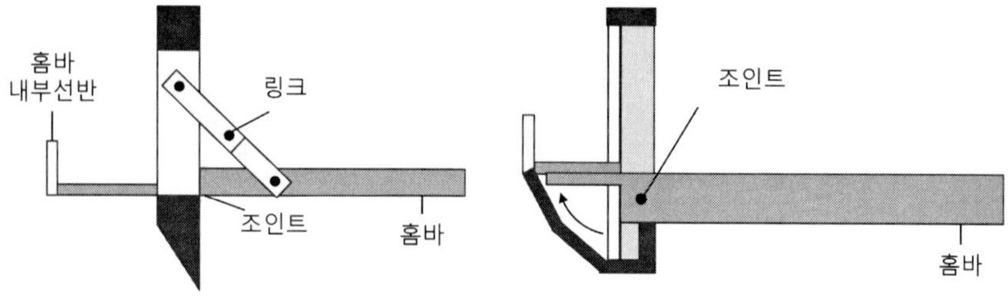

▸▸ 그림 7-10 기존의 홈바(좌)와 안전 홈바(우)

이용하여 직원들을 프로젝트 단위로 고용하여 프로젝트가 종료되면 계약이 만료되고 새 프로젝트가 시작되면 직원들을 다시 고용하는 인사 정책을 펼침으로써 이 모순을 해결할 수 있었다.

주요 단어

개방형 혁신(open innovation)
경쟁 시장구조 가설
공정 혁신(process innovation)
구조 혁신(architectural innovation)
급진적 혁신(radical innovation)
기술수명주기(technology life cycle)
기술수명주기 분석
기술의 단절성(technology discontinuity)
기술주도(technology push)
기술혁신(technological innovation)
기술혁신의 원천
기술혁신의 유형
대기업 가설
독점 시장구조 가설
부품 혁신(component innovation)
상호작용(interactive model)
수요견인(demand pull)
역량 강화 혁신(competence-enhancing innovation)
역량 파괴 혁신(competence-destroying innovation)
점진적 혁신(incremental innovation)
제품 혁신(product innovation)
중소기업 가설
트리즈(TRIZ)
폐쇄형 혁신(closed innovation)
혁신(innovation)

토의 과제

001 현대사회에서 기업의 끊임없는 기술 혁신 활동의 중요성이 커지게 된 요인에는 어떠한 것들이 있을까? 경쟁 환경 측면, 제품의 수명 주기 측면, 시장의 요구 측면에서 생각해보자.

002 기업에게 있어서 지속적인 혁신 활동이 필수불가결한 전략 중 하나로 강조되면서 많은 기업이 새로운 혁신에 상당한 투자를 하고 있다. 이와 같은 혁신 활동의 성과를 측정할 수 있는 지표로는 어떠한 것들이 활용될 수 있을까?

003 급진적 혁신과 점진적 혁신, 부품 혁신과 구조 혁신, 역량 강화 혁신과 역량 파괴 혁신은 서로 상반되는 장·단점을 가진다. 각 유형의 혁신이 가지는 장점과 단점을 생각해보고, 그 중에 하나를 골라 예시를 들어라.

004 소개된 기술혁신의 원천은 기술혁신이 유발되는 시작점을 각기 다른 관점에서 살펴본 것이다. 새로운 관점을 추가하여 추가된 관점에서 가능한 기술혁신의 원천을 제안하고 제안된 것이 기술혁신을 유발할 수 있는 근거를 제시하여라.

005 소개된 기술혁신의 유형은 특정한 기준에서 기술혁신을 상반되는 두 개의 집단으로 분류한 것이다. 새로운 기준을 추가하여 추가된 기준에서 나뉠 수 있는 기술혁신의 유형을 제안하고 각 유형에 속하는 기술혁신의 예시를 들어라.

006 3M과 같은 기업의 혁신 문화를 위해 적극적으로 전략을 펼칠 경우 실패하지 않고 성공적으로 생산성 있는 기업 문화를 구축하기 위하여 기업이 고려해야 할 점에는 어떤 것들이 있을까?

007 드러커가 제시한 사회적 관점에서의 7가지 혁신 원천으로 설명하기 어려운 혁신의 예시를 찾고 그 혁신이 유발된 원천을 생각하여 추가해보자.

008 일상생활에서 흔히 접할 수 있는 제품에 트리즈의 발명 원리 중 하나 또는 여러 개를 적용하여 개선시킬 수 있는 방안을 제시하여라.

참고 문헌

1. Chesborough, H W.(2006), Open Innovation: researching a new paradigm, Oxford University Press.
2. Chesbrough, H. W.(2003), Open Innovation: The New Imperative for Creating and Profiting from Technology, Harvard Business School Press.
3. Christenson, C. M.(2000), The Innovator's Dilemma, HarperBusiness.
4. Drucker, P. F.(1998), The Discipline of Innovation, Harvard Business Review, 80, pp.95-102.
5. Goldenberg, Jacob, Roni Horowitz, AmnonLevav, and David Mazursky (2003), Finding Your Innovation Sweet Spot, Harvard Business Review, 81, pp.120-129.
6. OECD(2005), The Measurement of Scientific and Technological Activities, Oslo Manual: Guidelines for Collecting and Interpreting Innovation Data.
7. Schumpeter, J.A.(1961), The Theory of Economic Development, Oxford University Press.
8. 신승춘과 성조환(2006), 기술혁신의 변화와 혁신 클러스터 전략, 한국정책학회 추계학술대회.
9. 이석호(2011), 진화하는 최고 비전기업 다시 100년을 향한 혁신, 조선비즈 Weekly Biz, 2011.09.30.
10. 3M, http://www.3m.com.

PART 08

기술이전 및 사업화

Chapter 01

기술평가

기술을 어떻게 활용하느냐에 따라 기업의 성공과 실패가 결정될 정도로 기업에게 기술의 활용은 중요한 이슈이다. 기업은 기술을 효과적으로 활용하기 위해서 기술을 이전하거나 사업화를 수행해야 하고, 최종적으로는 이를 통해 가치를 창출해야 한다. 하지만 기술이전과 기술사업화를 수행하기에 앞서 기술 평가를 통해 기술의 등급 혹은 가치를 파악하는 것이 필요하다. 기술평가는 기술이전과 기술사업화 추진 여부의 가이드라인을 제공하기 때문이다. 따라서 본 장에서는 기술이전과 기술사업화의 기본이 되는 기술평가를 소개하고, 기술이전과 기술사업화, 나아가 기술이전과 기술사업화의 관계에 대해 살펴보고자 한다.

1-1 기술평가의 개념과 유형

(1) 기술평가의 정의

기술신용보증기금법에서는 광의의 기술평가를 "해당 기술과 관련된 기술성, 시장성, 사업성 등을 종합적으로 평가하여 금액, 등급, 의견 또는 점수 등으로 표시하는 것"이라 정의하였다. 기술평가를 통해 무형자산인 기술의 영향력 혹은 가치를 가시적으로 표현할 수 있으며, 이를 현실에서 활용할 수 있음을 시사한다. 또한, 기술이전 · 사업화 백서에서는 광의의 기술평가를 "신기술을 실제 적용할 때 예상되는 결과와 이들 결과가 사회에 미치는 영향을 분석하는 과정으로, 사회, 문화, 정치, 경제, 그리고 환경 측면의 영향들을 체계적으로 판별, 분석, 평가하는 절차"라 정의하고 있다. 반면 기술의 이전 및 사업화 촉진에 관한 법률은 협의의 기술평가를 "사업화를 통하여 발생할 수 있는 기술의 경제적 가치를 가액 · 등급 또는 점수 등으로 표현하는 것"으로 정의하고 있다. 법률의 정의를 살펴보면 기술평가는 기술사업화에 초점을 맞추어 기술의 사업화를 추진 할 것인가 여부를 결정하는 의사결정 기준을 제공하는 수단으로 활용할 수 있음을 알 수 있다. 이처럼 다양한 기술평가의 정의를 바탕으로 기술평가(technology assessment)를 기술이전 및 기술사업화 타당성 분석을 위해 해당 기술 관련 시장성, 기술성, 사업성을 평가하는 것이라 정의한다.

(2) 기술평가의 역할

무형자산인 기술은 형체가 없기 때문에, 이를 평가하는 것은 어려운 작업이라 할 수 있다. 하지만, 기술의 평가가 올바르게 이루어지지 않는다면 기술을 효과적으로 활용할 수 없음을 의미하며, 이는 곧 실패의 지름길이 될 수 있기 때문에, 기술평가는 기업에게 반드시 필요한 작업이라 할 수 있다. 이러한 기술평가는 기업의 역량 강화 측면에서 다양한 역할을 수행하는데, 이를 크게 네 가지로 분류할 수 있다.

첫째, 기술평가는 기술이전 시 합리적 기준을 제공해준다. 기술이전을 수행할 때 기술이 갖는 영향력 혹은 가치가 어느 정도인지 알 수 없다면, 기술을 이전하고자 하는 조직은 해당 기술을 제공 혹은 도입하는데 어려움을 겪을 수 있다. 즉, 기술평가는 기술 도입자 혹은 기술 공급자가 기술의 가치를 산출하고, 이를 이전하는데 있어 합리적인 기준을 제공하여 원활한 기술이전을 가능하게 한다.

둘째, 기술평가는 기업의 기술사업화 의사결정을 지원한다. 기업이 기술사업화를 성공적으로 수행한다면 많은 수익을 얻을 수 있으나, 실패한다면 투자한 자원을 모두 잃을 수도 있기 때문에 기술사업화 추진 전에 기술사업화의 성공 가능성을 검토하는 작업이 필요하다. 기업은 기술평가를 통해 해당 기술의 등급 혹은 가치를 산출할 수 있기 때문에 해당 기술을 사업화할 것인지 여부를 판단할 수 있다. 즉, 기술평가는 기술사업화의 추진 여부를 결정하는 수단으로써 중요한 역할을 수행한다.

셋째, 기술평가는 연구개발 성과 분석을 지원한다. 기업에서 연구개발을 통해 신기술을 개발하였다면, 해당 개발이 성공인지 실패인지, 나아가 어느 정도 성과를 올렸는지 구체적으로 파악하는 일은 자원을 투입하였기 때문에 기업차원에서 중요한 업무라 할 수 있다. 기술평가는 이러한 연구개발 성과를 평가하는데 사용되어 기업의 연구개발 방향을 제시하는 역할을 수행한다.

넷째, 기술평가는 기술 포트폴리오 작성을 용이하게 한다. 기업은 기술 포트폴리오를 바탕으로 어떠한 기술에 투자할 것이며, 얼마만큼 투자할 것인지를 결정한다. 이러한 기술 포트폴리오를 작성하는데 필요한 요소는 특허정보분석, 최고기술경영자(CTO: Chief Technology Officer)의 의사결정 등이 있으나 이 중 핵심적인 역할을 수행하는 것이 바로 기술평가이다. 기술평가는 기업이 단기 및 중장기 관점에서 "어떠한 기술을 바탕으로 경쟁력을 향상시킬 것인가?"에 대한 해답을 찾는데 도움을 준다고 할 수 있다.

(3) 기술평가의 유형

일반적으로 평가는 크게 정성평가와 정량평가로 구분된다. 정성평가란 수치적 혹은 계량화하기 어려울 때 사용되는 방법으로써, 사람의 주관에 의한 평가 방법이다. 예를 들어, 대학교 학생들의 강의 평가의 경우, 학생들은 매우 만족하는 경우 5점, 만족 4점, 보통 3점, 불만족 2점, 매우 불만족 1점을 부여하는 방식과 같이 주관적인 평가를 수행한다. 반면 정량평가란 명확한 기준을 사용하는객관적인 평가 방법이다. 예를 들어, 대학 교수가 학생들에게 성적을 부여할 때, 학생들의 시험, 과제, 출석 등의 점수를 산출한 뒤, 90점 이상에게만 A학점을 부여하는 경우, 90점 이상이라는 객관적인 기준에 의해 평가를 수행하였으므로 정량평가라고 할 수 있다.

기술평가 역시 마찬가지로 정성평가와 정량평가로 구분되며, 다양한 기술평가가 존재한다. 대표적인 정성적 기술평가로는 기술등급평가가, 정량적 기술평가로는 기술가치평가가 있다([그림 8-1]). 기술등급평가를 수행할 때 사용하는 평가 방법은 평점 모형, 체크리스트 모형, 델파이 기법 등이 있으며, 기술가치평가를 수행할 때 사용하는 평가 방법은 수익접근법, 비용접근법, 시장접근법이 있다. 두 평가는 서로 장・단점이 있기 때문에 자원의 여유가 있다면 동시에 두 종류의 평가를 통해 기술을 평가하는 것이 가장 바람직하다고 할 수 있다.

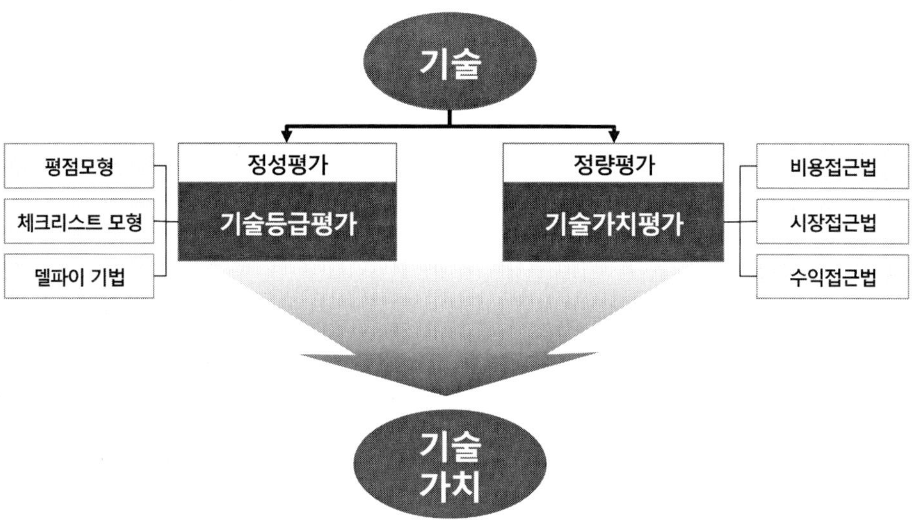

▸▸ 그림 8-1 기술평가 유형

1-2 기술등급평가

(1) 기술등급평가의 개념

기술등급평가란 일정한 평가지표를 바탕으로 기술의 등급을 매기거나 점수화 하는 정성적 평가 방법이다. 평가 부문 및 부문별 평가 지표는 평가 목적 혹은 시점에 따라 달라질 수 있으나, 일반적으로 시장성, 기술성, 사업성, 수익성을 평가 부문으로 설정하여 기술을 평가한다. 기술등급평가는 절대적인 기술의 가치를 산출하는 것이 아니라, 상대적인 가치를 평가하는 것이기 때문에 정량적 기술평가인 기술가치평가보다 수월하게 평가할 수 있다는 이점이 있다. 또한 다양한 측면을 균형적으로 고려할 수 있으며, 다양한 평가 지표를 선정함에 따라 세밀한 부문까지 평가가 가능하다. 하지만 기술의 가치를 정확한 금액으로 산출할 수 없으며, 평가를 수행하는 전문가들의 선정이 어려울 뿐만 아니라 이들의 주관적인 요소가 크게 작용한다는 단점이 있다.

(2) 기술등급평가법 비교

기술등급평가에는 다양한 평가 방법이 적용될 수 있으나, 대표적으로 사용되는 평가 방법으로는 평점 모형, 체크리스트 모형, 델파이 기법이 있다.

평점 모형은 기술 평가 시 평가 부문별 점수를 부여하고, 부문별 가중치에 맞게 점수를 가중합하는 방식이다. 이렇게 점수를 바탕으로 평가를 수행하는 경우 방법이 간단하여 해당 방법을 수행하기 위한 추가적인 교육이 필요하지 않으며, 평가 부문 별 강·약점 파악이 용이하다는 이점이 있다. 예를 들어, 기술의 평가 부문이 시장성, 기술성, 경제성으로 나뉘고, 각 부문별 5개의 평가지표로 구성되어 있는 경우, 시장성의 중요도를 30%, 기술성 40%, 경제성 30%로 평가 부문의 가중치를 선정하고, 각 평가 부문을 구성하고 있는 5개의 평가 지표별 점수를 측정한 뒤 가중합하여 기술의 최종 등급을 선정한다.

체크리스트 모형은 기술의 부문별 평가 시 단순히 옳고 그름을 표시하는 평가 방법이다. 해당 방법 또한 평가 방법이 간단하며, 소요 시간이 적게 걸린다는 이점이 있다. 그러나 평가 결과가 단순히 옳고 그름만을 표시하여 많은 정보를 제공하지 못하다는 한계점을 지니고 있다. 예를 들어, "해당 기술의 추가 응용성이 높은가?"라는 평가 지표가 있는 경우, 체크리스트 모형을 사용한다면 '그렇다' 혹은 '아니다' 여부만을 체크하고, 최종적으로 '그렇다'와 '아니다'의 수를 고려하여 기술의 등급을 산정한다.

델파이 기법은 전문가들의 의견을 종합하여 문제를 해결하는데 사용하는 평가 방법이다. 해당 방법은 정성 평가에 속하지만 다른 정성 평가 방법에 비해 문제를 냉정하고 객관적으로 검토할 수 있다는 이점을 지니고 있다. 하지만 시간이 많이 소요되고, 전문가들 사이에서의 권위 의식 등으로 인해 의견 수정이 어렵다는 단점이 있다. 델파이 기법을 사용하여 기술을 평가하는 경우, 전문가들의 의견을 종합하여 어떠한 평가 지표에서 우수 혹은 불리한지를 파악하고, 종합 결과를 전문가들에게 보여준 뒤, 다시 의견을 종합한다. 전문가 모두 동의하여 결과가 마무리 될 때까지 이러한 작업을 반복하며, 최종 결론을 통해 기술의 등급을 산정한다.

(3) 기술등급평가 절차

기술등급평가는 [그림 8-2]와 같이 크게 다섯 단계로 진행된다.

▸▸ 그림 8-2 기술등급평가 절차

첫 번째 단계에서는 대상 기술을 선정한다. 기술등급평가를 왜 수행하는지, 어떠한 기술을 평가할 것인지 등 일반적인 사항을 고려하는 단계이다. 주로 이 단계에서는 기술포트폴리오, 기업 정책 등을 고려하여 기술의 우선순위에 따라 기술의 평가 순서를 선정하게 된다.

두 번째 단계에서는 평가 부문과 평가 지표를 선정한다. 어떠한 부문으로 나누어 기술을 평가할 것인지, 나아가 각 평가 부문을 어떠한 평가 지표로 구성할 것인지를 결정하는 단계이다. 일반적으로 평가 부문은 기술의 시장성, 기술성, 사업성, 수익성으로 설정되며, 각 평가 부문별로 평가 지표는 다양하게 구성될 수 있다. 예를 들어, 시장성 평가부문의 평가 지표로는 시장 환경 요인, 상품 및 산업 특성, 시장 특성 등이 있을 수 있다. 하지만 기업의 상황에 따라 평가 부문과 평가 지표는 변경될 수 있음을 유의해야 한다.

세 번째 단계에서는 평가 지표별 가중치를 선정한다. 이는 곧, 평가 지표로 구성되어 있는 평가 부문의 가중치를 선정하는 것과 같은 의미를 지닌다. 기술등급평가 시 가장 중요한 평가 지표는 무엇이며, 가장 덜 중요한 평가 지표는 무엇인지 전문가 토의를 통해 선정한다.

두 번째 단계와 세 번째 단계에서 선정하는 평가 부문과 평가 지표는 [표 8-1]과 같이 구성될 수 있다. 해당 예에서는 평가 부문을 시장성, 기술성, 사업성, 수익성으로 분류하였고, 각 부문 별 가중치는 35%, 30%, 25%, 15%로 설정하였다. 시장성의 평가 지표는 시장 환경 요인, 상품 및 산업 특성, 시장 특성, 경쟁 특성, 기술성의 평가 지표는 기술의 혁신성, 기술의 환경성, 기술의 사회성을, 사업성의 평가 지표는 전략 요인, 기술 개발력, 재무 구조, 수익성의 평가 지표는 수익 및 비용 구조, 수익의 속성으로 선정하였다.

▶▶ 표 8-1 기술등급평가 평가 부문 및 평가 지표 예시

평가 부문	평가 지표	평가 내용	가중치(%)
시장성	시장 환경 요인	정치, 경제, 사회 등 시장 외적 문제	10
	상품 및 산업 특성	상품 산업 등 공급자 특성	5
	시장 특성	수요측 요인	10
	경쟁 특성	산업과 시장에서의 경쟁 특성	10
기술성	기술의 혁신성	기술 자체의 특성	15
	기술의 환경성	다른 기술 및 인프라와의 관계	10
	기술의 사회성	기술 관련 법, 사회, 문화적 문제	5
사업성	전략 요인	다른 기술, 상품, 사업 보완 여부	10
	기술 개발력	기술인력, 조직과 능력	5
	재무 구조	자본구조, 일반 재무구조	10
수익성	수익 및 비용 구조	수익 구조, 비용 구조	10
	수익의 속성	수익의 성장성, 안정성	5
종합			100

[출처: 설성수, 이기호(2002)]

네 번째 단계에서는 평가 방법을 선정한다. 일반적으로 사용되는 평가 방법으로는 평점 모형, 체크리스트 모형, 델파이 기법이 있다. 앞에서 설명했듯이 각 평가 방법마다 장·단점이 존재하기 때문에, 기술등급평가의 총책임자 및 관련 전문가의 토의를 바탕으로 어떠한 평가 방법을 사용할지 결정한다.

마지막 다섯 번째 단계에서는 평가를 수행하여 최종 기술 등급을 산정한다. 네 번째 단계에서 선정한 평가 방법을 바탕으로 기술등급평가를 수행하였을 때, 평점 모형의 경우 기술의 최종 점수가, 체크리스트 모형의 경우 '그렇다' 혹은 '아니다'의 체크 수가, 델파이 기법의 경우 기술에 대한 전문가 의견이 도출된다. 이러한 평가 결과를 바탕으로 최종 회의를 거쳐 등급으로 환산하는 과정이 필요하다. 나아가 기술 거래 시 해당 기술이 평가 결과보다 비약적으로 높은 등급으로 책정되는 일을 방지하기 위해, 일반적으로 기업은 최종 등급뿐만 아니라 평가 결과를 함께 공개한다.

1-3 기술가치평가

(1) 기술가치평가의 개념

기술가치평가는 기술의 가치를 금전적으로 환산하는 정량적 기술 평가 방법이다. 기술등급평가의 경우 정성적인 평가 방법으로, 사람의 주관에 의해 수행되는 반면 기술가치평가는 객관적인 평가 결과를 요구하는 이들에게 적합한 평가 방법이라 할 수 있다. 기술이전, 기술사업화, 기술담보대출, 인수합병 등에 사용될 수 있는 기술가치평가는 객관적인 평가 결과를 제공한다는 큰 이점을 지니고 있으나, 추정치를 사용하게 때문에 평가에 한계가 있으며, 기술성, 시장성 등 다양한 측면 대비 수익성에 다소 편향되어 있다는 한계점이 존재한다. 기술가치평가는 크게 수익접근법, 비용접근법, 시장접근법으로 분류되며, 상황에 맞는 평가 방법을 선정해야 함을 유의해야 한다.

(2) 기술가치평가법 비교

기술가치평가를 구성하고 있는 수익접근법, 비용접근법, 시장접근법의 간략한 내용, 장점 및 단점은 [표 8-2]와 같다.

▶▶ 표 8-2 기술가치평가법 비교

구분	수익접근법	비용접근법	시장접근법
내용	• 해당기술을 활용해서 장래에 얻을 수 있는 가치 산정	• 해당기술의 개발에 소요된 비용의 가치 산정	• 시장에서 유사한 거래의 금액을 비교하여 가치 산정
장점	• 미래에 예상되는 수익의 예측 및 이의 현가화를 통한 가치 산정	• 기술 창출을 위한 투입비용 도출 • 측정이 비교적 수월	• 시장기능 이용 및 수급원리에 의한 비교가격 도출 • 거래에 의해 실제 유통될 수 있는 가격 산출
단점	• 미래가치의 예측, 기술기여도 산출 등에서 오차 가능성 존재	• 과거 비용에 국한된 평가로 인한 평가의 한계 존재(미래 수익을 고려하지 않음)	• 기술시장이 존재해야 사용할 수 있음 • 신뢰성 있는 자료를 구하기 어려움

수익접근법은 미래가치를 현재가치로 환산하여 현재의 가치를 산출하는 방식으로써, 미래 수익을 예측하고, 이를 현가화 한다는데 장점이 있다. 하지만 미래가치를 예측하는 것이기 때문에 자의성 및 오차의 가능성이 존재한다는 한계점이 있다.

비용접근법의 경우 내부에서 개발하거나 외부로부터 도입하는데 드는 모든 비용을 고려하여 기술의 가치를 평가하는 방법으로, 사용한 비용을 도출하여 측정하기 때문에 다른 방법에 비해 평가 방법이 수월하다는 장점을 지니고 있다. 반면 비용접근법이 시장 상황, 기술 자체의 완성도 등 다른 영향 요인을 고려하긴 하지만 미래 수익을 고려하지 않고, 과거 비용에 지나치게 국한된 평가로 인한 편향성이 존재한다는 한계점이 있다.

시장접근법은 시장에서 유사한 기술의 거래 내역을 바탕으로 해당 기술의 가치를 추정하는 평가 방법이다. 시장에서의 거래 사례가 존재할 경우 비교 가격을 도출하기 용이하며, 실제로 유통된 사례를 바탕으로 추정하기 때문에 현실성이 반영된 가격임이 입증된 셈이며, 이에 따라 평가 결과의 신뢰성이 높다고 할 수 있다. 하지만 기술시장이 존재하지 않는 신기술을 개발한 경우 혹은 신기술이 아니더라도 유사한 기술의 거래 사례가 존재하지 않는 경우에는 기술평가를 수행하는데 어려움이 있다.

일반적으로, 어떠한 기술가치평가법을 사용해야 하는가는 기술의 성숙도에 결정된다([그림 8-3]). 기술의 성숙도가 낮은 도입기의 경우, 초기단계로 불안정한 상황이기 때문에 기업은 사업화를 목적으로 하기 보다는 기술의 확보를 목적으로 한다. 이러한 시기에 기술의 가치를 측정하기 위해서는 수익을 고려한 수익접근법이나 거래 사례를 기반으로 한 시장접근법 보다는 비용접근법을 사용하여 기술을 평가하는 것이 적절

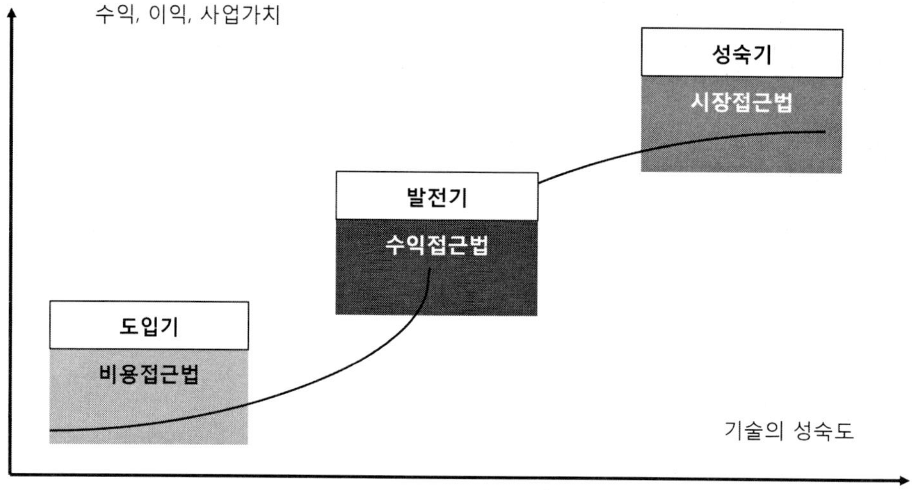

[출처: 손수현 외(2006)]

▸▸ 그림 8-3 기술 성숙도에 따른 기술가치평가법 사용

하다. 기술의 성숙도가 발전기에 접어들면 가치가 급격히 상승하는데, 이 시기에 기업은 기술의 사업화를 통해 확보할 수 있는 이익에 지대한 관심을 보인다. 따라서 미래 수익을 추정하여 기술의 가치를 평가하는 수익접근법이 가장 적절한 평가 방법이라 할 수 있다. 하지만 기술의 성숙도가 성숙기에 접어들면, 더 이상 사업 이익을 기대하기 힘들기 때문에 기업은 기술을 이전(판매)하는데 주력한다. 해당 시기에 접어들면, 다수의 유사 기술 거래 사례가 존재할 확률이 높다. 즉, 기술의 성숙도가 성숙기에 위치할 때에는 시장접근법을 이용하여 기술의 가치를 측정하는 것이 바람직하다.

(3) 기술가치평가 절차

기술가치평가 수행 절차는 [그림 8-4]와 같다.

먼저, 대상 기술을 선정한다. 기술가치평가의 목적을 규명하고, 목적에 맞는 기술을 선택해야 한다. 본 단계는 기술등급평가의 첫 번째 단계와 유사하며, 기술가치평가 책임자뿐만 아니라 기업의 정책, 기술포트폴리오를 고려하여 기술가치평가를 수행하기 위한 기술을 결정한다.

두 번째 단계에서는 기업의 현황을 분석한다. 기술가치평가의 기초 자료로 활용될 수 있는 시장성, 기술성 분석을 수행하며, 이를 통해 매출액 및 기술 수명을 선정한다. 매출액 및 기술 수명은 수익접근법에서만 직접적으로 이용되나, 비용접근법과 시장접근법을 수행할 때에도 매출액 및 기술 수명을 도출하는 것이 바람직하다. 왜냐하면

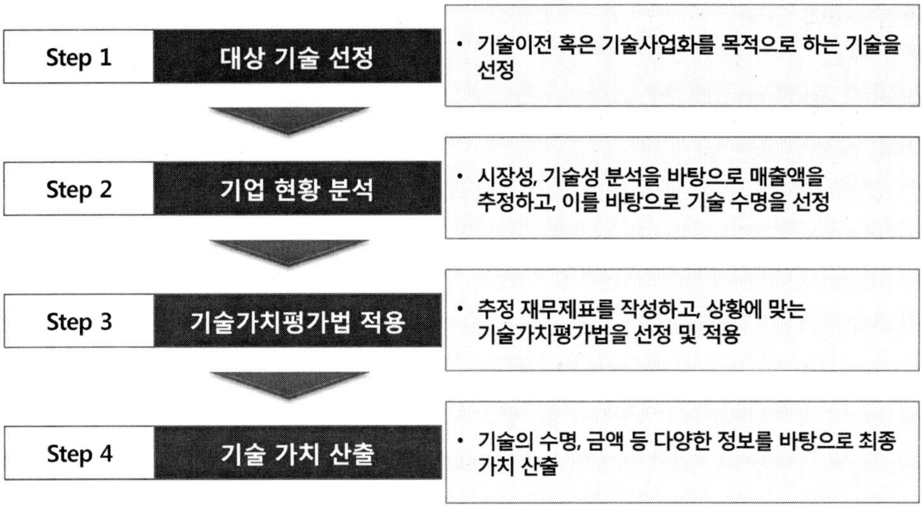

▸▸ 그림 8-4 기술가치평가 절차

이들이 기업 관점에서, 기술가치평가를 수행해야 할 것인가에 대한 의사결정을 지원하며, 앞으로의 기업 정책 방향을 결정하는데 도움을 주는 필수적인 요소이기 때문이다.

세 번째 단계에서는 기술가치평가법을 적용한다. 수익접근법, 비용접근법, 시장접근법 중 어떠한 방법을 사용하여 기술가치를 평가할 것인지 결정하며, 이에 맞게 추정 재무제표를 작성한다.

마지막 네 번째 단계에서는 기술가치를 산출한다. 앞에서 도출한 시장성, 기술성 분석 결과 및 매출액, 기술 수명과 기술가치평가법을 적용하여 도출한 결과를 바탕으로 기술의 최종 가치를 산출하는 단계이다. 일반적으로, 상황에 맞는 기술가치평가법을 적용하여 기술의 가치를 산출하지만 세 가지 평가법을 모두 적용하고, 도출된 기술 가치 중 최저 금액과 최고 금액을 기술 가치의 범위로 설정하는 것이 가장 바람직하다. 기업이 기술 사업화를 수행할 때에는 기술가치평가의 최저 금액을 최저 이익으로, 최고 금액을 최고 이익으로 생각하여야 하고, 기술 도입 혹은 판매 시에도 마찬가지로 최저 금액을 최저 비용 혹은 이익, 최고 금액을 최고 비용 혹은 이익으로 생각하여 추진 여부를 결정해야 한다.

(4) 수익접근법

수익접근법(income approach)은 모든 수익과 비용에 대한 미래현금흐름을 추정하고, 이에 따른 순수익에 대한 현재가치의 합으로 표현하는 기술가치평가방법이다. 미래 위험요소를 고려하여 할인율을 설정하고, 해당 할인율을 이용하여 미래수익을 현가화하는 것이다. 수익접근법에는 할인현금흐름법(discounted cash flow method), 수익자본화방법(yield capitalization method), 기술요소법(technology factor method) 등 다양한 방법이 존재하나 보편적으로 기술요소법을 가장 많이 사용한다. 기술요소법을 사용한 수익접근법 산출 식은 [그림 8-5]와 같다.

기술가치 = 사업가치(NPV) × 기술기여도(TF)

$$NPV = \frac{\sum_{i=1}^{n} CF_i}{(1+r)^i}$$

CF_i : I연도의 Cash Flow
r : 할인율
n : 사업기간

▶▶ 그림 8-5 기술기여도 수익접근법을 이용한 기술가치 산출식

일반적으로 사업의 가치를 나타내는 척도로 사용되는 순현재가치(NPV: Net Present Value)란 최초 투자 시기부터 사업이 끝나는 시기까지의 연도별 현재 가치의 합으로 나타낼 수 있다. 이러한 NPV는 할인율 r, 사업기간 n과 미래의 현금 흐름(CF: Cash Flow)을 바탕으로 산출한다. NPV를 산출한 뒤, 기술의 특성을 반영할 수 있는 기술기여도(TF: Technology Factor)를 곱하여 최종 기술 가치를 산출한다. 이러한 수익접근법은 소득접근법, 이익접근법 등 다양한 용어와 혼용되어 사용되며, 기술의 성숙도가 발전기에 위치하여 기업이 사업화를 통한 이익 창출에 관심이 높을 때 주로 사용된다.

사업기간은 해당 기술의 예상 수익기간을 고려하여 선정한다. 할인율의 경우, 일반적으로 가중평균자본비용(WACC: Weighted Average Cost of Capital)에 의해 계산된다. 가중평균자본비용이란 사용되는 자본에 따라 부담해야 하는 최저수익률로써, 투자를 통해서 얻어야 하는 최소한의 수익률을 뜻한다. 가중평균자본비용을 구하는 식은 [그림 8-6]과 같다.

WACC =
(타인자본비용 × 타인자본비용구성비) + (자기자본비용 × 자기자본구성비)

▶▶ 그림 8-6 가중평균자본비용 산출식

기술기여도란 평가 대상 기술을 사용할 때 발생하는 추가적인 현금흐름의 현재가치 중 기술 자체가 기여한 정도를 뜻하는 말로써, 기술의 특성을 고려한 금액 측정을 위해 NPV를 보정해주는 요소라고 생각할 수 있다. 이러한 기술기여도는 기술의 유용성(utility), 경쟁성(competitiveness), 산업요소(industry factor)를 바탕으로 산출한다. 기술의 유용성이란 사업화 소요기간, 사업부에 대한 유용성, 소비자의 구매 의향, 유효 경제 수명 등을 평가하기 위한 지표이며, 경쟁성의 경우 대체 기술 여부, 차별화, 기술의 복잡성, 기술의 대체 가능성 등을 고려하기 위해 설정하는 지표이다. 즉, 기술의 현실적인 가치를 산출하기 위해서는 기술 자체의 미래 가치뿐만 아니라 기술의 다양한 특성을 고려해야 한다는 것이다. 더불어, 기술무형자산이 기업 또는 기술 제품의 사업가치에 공헌할 수 있는 최대 비율을 의미하는 산업기술요소 또한 고려해야 한다. 산업기술요소란 '산업별 최대 실현 무형자산 가치 비율'과 '산업별 평균 기술자산 비율'의 곱으로써 산출되며, 유용성, 경쟁성, 산업기술요소를 고려한 기술기여도의 최종 산출 식은 [그림 8-7]과 같다.

$$\text{기술기여도} = \{\alpha \times \text{유용성점수} + (1-\alpha) \times \text{경쟁성점수}\} \times \text{산업기술요소}$$

$$\alpha : \text{가중치}(0 \leq \alpha \leq 1)$$

▶▶ 그림 8-7 기술기여도 산출식

하지만 유용성 및 경쟁성이 아닌 다른 항목을 바탕으로 기술기여도를 산출하는 기업 또한 존재한다. 같은 맥락으로 유용성 및 경쟁성으로 산출한다 할지라도, 유용성과 경쟁성을 책정하는 항목이 기업 별로 차이를 보이는 경우 또한 존재한다. 따라서, 기술을 도입하거나 제공할 때 자신들의 사용한 항목과 상대방이 사용한 항목을 서로 잘 확인해야 하며, 이러한 항목에서 차이를 보이는 경우, 같은 기준을 통해 기술 가치를 산출한 것이 아니기 때문에 협상 시 많은 논의를 거쳐야 한다.

(5) 비용접근법

비용접근법(cost approach)은 연구개발에 투입되는 총 비용을 바탕으로 기술가치를 평가하는 기법이다. 산출식은 [그림 8-8]과 같으며, 초기 단계의 기술이나 아직 시장에 형성되지 않은 기술의 가치를 평가할 때 사용된다. 총비용 산정 시 상대방이 해당 기술을 확보하는데 소요되는 기술개발 투자비와 기술이 확보되는 시점까지 관련 사업을 전개하지 못하여 잃게 되는 기회비용등까지 모두 고려해야 한다. 그러나, 비용접근법은 미래수익을 산출하지 못하는 한계점을 지니고 있어, 해당 기술이 미래에 얼마만큼의 수익을 낼 것인가에 대한 해답을 얻기에는 적절하지 못하다. 따라서, 비용접근법은 일반적으로 기술의 성숙기가 도입기에 위치할 때, 즉, 기술 확보가 주된 목적일 때 사용된다.

기술가치 = 기술개발 총비용 − 가치하락요소

▸▸ 그림 8-8 비용접근법을 이용한 기술가치 산출식

비용접근법을 사용할 때 고려하는 비용을 구체적으로 살펴보면 다음과 같다. 일단, 기본적으로 재료비(material cost), 노무비(labor cost), 경비(overhead), 기회비용(opportunity cost) 등이 포함되며, 상황에 따라 고려해야 하는 비용의 항목은 변경될 수 있다. 또한 고려해야 할 중요한 비용이 있는데, 바로 감가상각비(depreciation cost)이다. 감가상각은 자산의 사용에 따른 진부화, 생산 능력의 감소, 마모 등을 회계적으로 인식하는 것으로써, 비용접근법에서 감가상각을 고려하는 이유는 기술의 효용가치가 시간에 따라 감소한다는 것을 반영하여 기술의 가치를 측정하기 위함이다.

(6) 시장접근법

시장접근법(market approach)은 최근 유사시장에서 이루어진 유사 기술의 거래 정보를 바탕으로 해당 기술의 가치를 산정하는 방법이다. 실제로 거래가 성사된 가격을 바탕으로 비용을 산정하기 때문에 가장 합리적인 방법이라는 의견도 존재한다. 하지만 신기술 혹은 인기가 없는 기술 등 다양한 이유로 인해 거래하려고 하는 기술의 시장이 제대로 형성되어 있지 않거나, 시장은 형성되어 있으나 필요한 시장 자료를 확보하지 못하는 경우에는 시장접근법을 수행하는데 있어 어려움이 존재한다는 한계점을 지니고 있다. 필요한 자료를 구했다 할지라도 신뢰성이 있는 거래 자료여야만 해당 거래 자료를 바탕으로 기술의 가치를 산정할 수 있음을 유의해야 한다. 시장접근법을 통한 기술가치 산출식은 [그림 8-9]와 같다.

기술가치 = 매매사례가격 × 변동요인

▸▸ 그림 8-9 시장접근법을 이용한 기술가치 산출식

매매사례가격에 변동요인을 곱해주는데, 이는 거래가격 형성시점의 시장성과 가격수준, 기술의 사용 가능 잔여기간, 시장점유율, 대체신기술 개발가능 여부, 유사 또는 동일 기술과의 우열관계 등 다양한 요인을 고려하여 기술의 가치를 보정하기 위함이다. 과거에 일천만 원에 거래되던 기술과 유사하다고 해서 해당 기술의 가치가 일천만 원으로 산정되는 것이 아님을 다시 한번 유의해야 한다.

1-4 사례연구: 핸드폰용 키패드 기술가치평가

한국과학기술정보연구원(KISTI: Korea Institute of Science and Technology Information)은 국가 과학기술 발전을 위해 설립된 과학기술 분야 정부출연연구기관이다. KISTI는 실용화가 가능한 기술에 대해서 다양한 관점을 바탕으로 해당 기술의 숨은 가치를 발견하고, 동시에 학제적 접근 방식을 통한 기술경쟁력을 강화하며, 과학기술의 발전을 선도하기 위해 기술가치평가연구를 포함한 다양한 연구를 수행하여 왔다. 기술가치평가 분석 사례에 대한 접근이 매우 어려웠던 2005년 당시, 국가 경쟁력 강화를 목표로 하던 KISTI는 이러한 사례 공유의 필요성을 인지하게 되었다. 이에 따라, 기술가치평가 사례 확산을 목적으로 발간한 보고서들 중, 핸드폰용 전기 발광(EL: Electro Luminescence) 키패드의 기술가치평가 보고서를 활용하여 기술가치평가 사례에 대해 소개하려 한다.

해당 보고서에서 사용된 평가 대상 기술인 EL 기술과 EL 기술을 사용한 제품의 배경은 [표 8-3]과 같다.

▸▸ 표 8-3 EL 기술 및 제품 배경

구분	특징
내환경성	동작온도: -40℃ ~ 80℃
소비전력	• 기존 전광(형광, 네온)에 비해 70% 에너지 절감 효과 • 전류 밀도 0.1 mA 이하 • LED 소비전력의 1/7 이하
가시성	단파장 빛의 방출로 가시성 우수
내구성	무게, 충격에 강함
다양한 색상	14가지 기본 색상으로 다양한 색상 조합 가능
유연성	원하는 형태로 제작 가능
박막 고체 발광소자	• 설치 공간 최소화 • 얇고 가벼움 • 다양한 형태의 display 시장 진입 가능
비발열	LCD와 접촉하여 사용 가능

[출처: 한국과학기술정보연구원(2005)]

KISTI는 기술가치평가를 위해 먼저, 회사의 현황 파악, 권리성 분석, 기술성 분석, 시장성 분석 등의 기초 자료를 수집하였다. 이러한 기초 자료를 바탕으로 매출액을 추정하고, 수익기간을 분석하였으며, 할인율 및 잔존가치를 추정하였다. 다음으로, 사업가치와 기술기여도를 추정하였으며, 이를 바탕으로 소득접근법을 이용하여 최종 기술가치를 산정하였다. 위와 같은 절차를 바탕으로 KISTI가 제시한 기술가치평가표는 [표 8-4]와 같다.

▸▸ 표 8-4 EL 기술가치평가표

구분	2005	2006	2007	2008	2009
키패드 시장규모	259,520	280,800	303,820	328,740	355,685
EL 키패드 대체율	10%	30%	44%	63%	91%
EL 키패드 시장규모	25,952	84,240	132,162	207,353	323,673
매출액 추정					
매출 원가	20,243	65,707	103,086	161,735	252,465
판관비	779	2,527	3,965	6,221	9,710
영업이익	4,931	16,006	25,111	39,397	61,498
법인세	1,381	4,482	7,031	11,031	17,219
세후영업이익(+)	3,550	11,524	18,080	28,366	44,278
감가상각비(+)	4,857	4,857	4,857	4,857	4,857
순운전자본(-)	4,334	9,734	8,003	12,557	34,628
자본지출(-)	24,284				
순현금흐름	-20,211	6,647	14,934	20,666	83,763
할인율	0.892857	0.797194	0.711780	0.635518	0.567427
현재가치	-18,046	5,299	10,629	13,134	47,530
5년간 사업가치	58,546				
기술기여도	58%				
기술가치	33,956				

[출처: 한국과학기술정보연구원(2005)]

먼저, 영업이익은 순수하게 영업을 통해 얻은 이익으로써, 추정된 매출액에서 매출원과와판관비를 제외한 금액을 뜻한다. 영업이익에서 법인세를 빼면 세후영업이익을 도출할 수 있으며, 자본지출을 사업기간으로 나누어 산출한 감가상각비를 세후영업이익에 더하고, 순운전자본을 뺀 금액이 순현금흐름이다. 단, 2005년의 경우 자본지출액이 있기 때문에 2005년의 순현금흐름 산출 시 이를 고려한다. 마지막으로 할인율을 도출하고 NPV를 계산하여 5년 간의 사업가치를 산출하였다.

KISTI의 경우 소득접근법 중에서도 기술요소법을 사용하였는데, 해당 사업이 속하는 통신기기 및 방송장비 제조업의 경우 최대 무형자산비율은 98.01%, 기술비중은 99.84%로, 이들의 곱으로써 산출되는 2005년 해당 산업의 산업기술요소는 97.85%임을 알 수 있다. 또한 기술의 경쟁력을 법적인 보호 강도 40점 만점, 상업적 우위성 60점 만점으로 구성하여 개별기술강도를 산출하였다. 개별기술강도 총점은 법적인 보호 강도 20점, 상업적 우위성 39점, 총 59점으로, 산업기술요소와 기술의 경쟁력의 곱으로 도출되는 기술기여도는 58%가 되어, 33,956백만 원이라는 기술가치가 도출되었다.

Chapter

02 기술이전

2-1 기술이전의 개념

(1) 기술이전의 정의

기술이전이라는 용어는 학자 혹은 기관마다 다양한 의미로 사용되어 왔다. 브룩스(Brooks)는 기술이전을 "국가, 기업, 개인이 인간의 활동을 통하여 과학과 기술을 확산시키는 과정"이라 정의하였다. 또한 기술의 이전 및 사업화 촉진에 관한 법률에서 기술이전은 "기술이 양도, 실시권 허락, 기술지도, 공동연구, 합작투자 또는 인수합병 등의 방법을 통하여 기술보유자로부터 그 외의 자에게 이전되는 것"이라 정의된다. 반면, 기술이전・사업화 백서에서의 기술이전은 "무형재인 기술과 지식요소를 외부로부터 부분 또는 전체를 도입하여 유형재인 제품으로 전환할 목적으로 당사자가 계약 혹은 협상하는데 필요한 모든 제도상의 공식 행위"로 정의되며, 앞서 설명한 기술이전과는 달리 사업화를 목적으로 기술을 도입하는 경우만을 기술이전으로 다루고 있다. 하지만 사업화를 목적으로 기술을 이전하는 경우가 대부분일지라도 국가 경쟁력을 강화하기 위해 기술을 이전(도입)하는 경우도 존재하므로, 기술이전을 기술을 보유하고 있는 자로부터 그 이외의 자에게 기술 및 지식 요소가 이전되는 것이라 정의하기로 한다.

(2) 기술이전의 중요성

기술을 스스로 개발하는 연구개발 활동도 중요하지만 실제로 자체 연구개발만을 수행하는 기업은 없다고 할 수 있을 정도로 기술이전을 중요시하는 기업의 수가 많아지고 있다. 기술이전의 중요성은 국가, 기업, 기술의 관점에서 살펴볼 수 있다.

먼저, 국가 차원에서 기술이전이 중요한 이유는 기술이전이 국가 경제 발전의 촉매 역할을 수행하기 때문이다. 선진국의 경우 기술을 개발하였을 때, 해당 기술을 국내에서 사용하는 것뿐만 아니라 해당 기술을 필요로 하는 다른 국가에게 기술 판매 혹은 기술 라이선싱을 실시하여 더 많은 수익을 창출할 수 있다. 반대로 개발도상국의 경우, 선진국으로부터 기술을 도입한다면 국가 경제 발전의 초석을 세우는 데 한걸음 나아갈 수 있을 것이다.

기업의 경우, 기술이전을 통해 기업의 기술 경쟁력을 강화할 수 있다. 기업의 기술 역량이 부족한 경우, 기업은 스스로 기술을 개발하거나 외부로부터 기술을 도입해야 한다. 하지만, 기술 역량이 부족한 기업이 스스로 뛰어난 기술을 개발하기란 쉬운 일이 아니다. 이러한 기업에게 기술 구매, 기술 라이선싱 등의 기술이전은 매력적인 제안이 아닐 수 없다. 반대로, 뛰어난 기술을 제공하는 기업이라 할지라도 어느 누구도 해당 기업이 이 기술을 100% 활용할 수 있다고 보장할 수 없다. 따라서, 뛰어난 기술을 보유한 기업은 기술이전을 통해 추가적인 이윤을 확보하는 것이 필요하다. 또한, 기술이전은 기업의 연구개발 활동에서 발생하는 위험도를 감소시켜준다. 일반적으로 연구개발은 시간이 오래 소요되며, 투자 위험이 높다. 이로 인해 기업은 큰 위험 부담을 지니고 연구개발 활동을 수행해야 한다. 이러한 기업에게 기술이전은 신속하면서 위험도가 낮은 기술 획득 방안이라 할 수 있다. 또한 기술의 융·복합화의 중요성이 증대되고 있는 요즘, 모든 기술을 자체적으로 개발하는 데에는 한계가 있다. 이러한 측면을 고려하였을 때에도 역시, 기술이전은 중요하다고 할 수 있겠다.

마지막으로 기술 자체의 관점에서 기술이전의 중요성을 살펴본다. 기술은 개발된 이후 사용되다가 새로운 기술이 개발되면 기존 기술은 언젠가 사장되기 마련이다. 즉, 기술은 끊임없이 발전하며, 지속적으로 대체 기술이 등장하기 때문에 환영 받는 동안 충분히 활용할 필요가 있다. 기술을 개발한 기관은 언제 수요가 없어질지 모르기 때문에, 기술을 원하는 기관이 존재한다면 기술이전을 수행하고, 이로 인해 얻는 추가 이윤을 확보할 필요가 있다. 추가 이윤은 곧 개발비 회수 및 새로운 기술의 개발비에 재투자를 의미하며, 최종적으로 기술 유통의 선순환 구조를 구축하게 된다.

2-2 기술이전의 유형

기술이전은 [그림 8-10]과 같이 지역간 이동에 따른 이전, 방향성에 따른 이전, 거래 형태에 따른 이전, 거래 방법에 따른 이전으로 분류될 수 있다.

(1) 지역간 이동에 따른 이전

지역간 이동에 따른 이전은 기술을 보유하고 있는 자로부터 다른 지역에 존재하고 있는 자에게 기술이 이전되는 것을 의미한다. 지역간 이동에 따른 이전은 국가간 이전과 국내 기관간 이전의 두 가지 유형으로 분류된다. 국가간 이전이란 국가 간에 발생

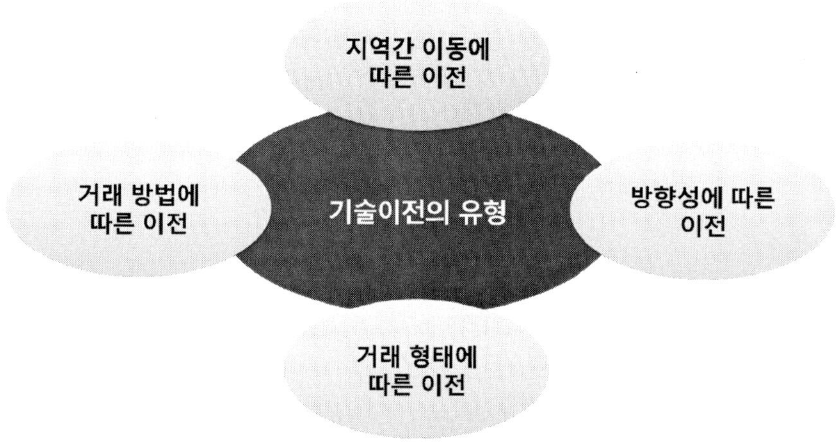

[출처: 기술이전 · 사업화 백서(2011)]

▸▸ 그림 8-10 기술이전의 유형

하는 기술이전으로 일반적으로 선진국에서 개발도상국으로 발생한다. 선진국에서 개발도상국으로의 기술이전은 추가 수익 확보와 인건비 등의 간접비 감소 등을 목적으로 하며, 성숙기가 지난 기술을 대상으로 수행하는 것이 일반적이다. 예를 들어, 중동 지역 및 아프리카 지역의 국가들은 물부족으로 인해 국가 차원의 어려움을 겪고 있으며, 이들은 문제 해결을 위해 해수담수화 기술을 보유하고 있는 선진국에게 기술이전을 요청하게 된다. 이 경우 선진국에서 해당 국가에게 프로젝트를 수주하여 해수담수화 플랜트를 건설한다면, 국가간 기술이전이 발생했다고 할 수 있다. 지역간 이동에 따른 이전의 두 번째 유형은 한 국가 내 기업, 대학, 연구기관들 사이에서 발생하는 기술이전이다. 예를 들어, 기업이 학술적으로 증명된 연구개발의 성과평가 모형이 필요하여 대학과 산학협력 프로젝트를 수행한다고 가정하자.이러한 경우 대학이 성과평가 모형을 개발하여 기업에게 이전한다면 국내 기관간 이전이 발생하였다고 할 수 있다.

(2) 방향성에 따른 이전

방향성에 따른 이전은 종적 이전과 횡적 이전으로 분류되는데, 종적 이전이란 기술이 제품화 방향으로 진전하는 형태로 이전되는 것을 의미한다. 즉, 기술의 흐름이 기초 연구, 응용 연구, 기술 개발, 제품화 단계로 진행되는 경우, 해당 기술은 종적 이전이 발생하였다고 할 수 있다. 예를 들어, 터치스크린(touch screen) 기술은 점차 발전하면서 기술 자체로써 인정받아오다가 요즘 시대에 필수적인 스마트폰에 사용되면서 종적 이전의 모습을 보인다고 할 수 있다. 반면 횡적 이전이란 다른 조직이나 지역으로 이전되어 활용 주체가 바뀌는 경우 발생하는 이전이라 할 수 있다. 우리 주변에서 흔히 발생하는 대부분의 경우는 이러한 횡적 이전이라고 할 수 있다. 예를 들어, 러시아 기술을 바탕으로 한나로호를 제작한 경우와 천연 화장품 기술을 개발한 기업이 사업화를 원하는 다른 기업에게 이전하는 경우 횡적 이전이 발생하였다고 할 수 있다.

(3) 거래 형태에 따른 이전

거래 형태에 따른 이전은 실물(material) 이전, 설계(design) 이전, 능력(capacity) 이전으로 분류된다. 실물 이전이란 재료, 플랜트, 기계 등 실물이 보유자로부터 그 이외의 사람에게 이전되는 것을 의미한다. 예를 들어, 석유 시추를 위해 외부업체로부터 해양 플랜트 건설을 의뢰하여 해양 플랜트를 수주하였다면 실물 이전이 발생했다고 할 수 있다. 설계 이전이란 설계도, 청사진 등의 설계가 이전되는 형태를 의미한다. 국내 엔지니어링 기업의 경우 FEED (Front End Engineering Design) 부문의 경쟁력은 해외 우수 기업에 비해 부족한 실정이다. 이에 따라 많은 경우, FEED 부문은 해외 업체에게 의뢰하여 기본설계와 상세설계를 지원받는다. 이러한 과정에서 해외 업체는 설계도나 청사진을 의뢰 업체에게 제공하는데, 해당 시점에서 설계 이전이 발생하였다고 할 수 있다. 마지막으로 능력 이전이란 인력 등이 이전되는 경우를 뜻한다. 예를 들어, 기업 종사자가 학문적으로 더 많은 경험을 쌓기를 원하여 대학교에서 위탁교육을 수행하는 경우, 기업 내의 인력이 대학교로 이전되었기 때문에, 능력 이전이 발생하였다고 할 수 있다.

(4) 거래 방법에 따른 이전

거래 방법에 따른 이전은 직접 이전과 간접 이전으로 분류된다. 직접 이전이란 계약, 공동연구사업 추진 등의 직접적인 방법을 바탕으로 발생하는 기술 이전을 뜻하는데, 벤처 기업에서 개발한 신기술을 대기업에게 계약을 통해 판매하는 행위가 직접 이전의 예가 될 수 있다. 간접 이전이란 리버스엔지니어링, 비공식 회합, 워크샵 등의 간접적인 방법을 통해 발생하는 기술이전으로써, 핸드폰을 해체하여 어떠한 부품을 사용하였는지 알아보는 등의 리버스엔지니어링을 통해 정보를 획득하는 행위가 하나의 간접 이전 예라고 볼 수 있다.

2-3 기술이전 절차

	기술 공급자	기술 도입자
기술이전 목적 검토	· 기술이전(판매) 필요성 분석 · 이전기술의 우선 순위 도출 · 기술평가 수행	· 기술이전(도입) 필요성 분석 · 시급한 기술 목록 작성
기술이전 전략 수립	· 기술 도입자 탐색	· 기술 공급자 탐색 · 기술도입 조건 검토
기술이전 마케팅	· 기술 전시회, 기술 설명회	· 기술평가 수행
기술이전 조건 협상	· 기술의 장점 부각 · 비밀 유지 검토	· 기술의 지식재산권 여부 검토
기술이전 계약 체결	· 기술이전을 위한 서류 제공 · 금전적 수입 확보	· 기술료 지급
기술이전 사후 관리	· 기술료 확인 · 매출액 확인	· 기술료 지급 · 기타 보고사항 의무 이행

[출처: 특허청(2007)]

▸▸ 그림 8-11 기술이전 수행 절차

기술이전의 수행 절차는 [그림 8-11]과 같다. 크게 보면, 기술이전의 절차는 기술이전의 목적을 검토한 뒤 전략을 수립하고, 기술 마케팅을 수행하며, 기술을 거래할 상대방을 발견할 경우 협상을 진행하고, 계약 한 뒤 사후 관리를 수행함으로써 마무리 된다. 하지만 기술 공급자와 기술 도입자의 경우 절차별 수행 업무에 다소 차이가 있다.

기술 공급자의 경우, 기술이전의 목적을 검토할 때에는 기술 판매의 필요성과 어떠한 기술을 우선적으로 판매할 것인지 분석해야 한다. 또한 기술평가를 수행하여 기술의 가치를 산출해야 한다. 다음으로는 기술을 구매하려는 상대방이 있는지 검토를 수행하며, 기술을 구매하고자 하는 상대방이 존재할 경우, 기술 전시회나 기술 설명회 등에 참석하여 기술에 대한 홍보를 수행해야 한다. 적절한 기술이전 상대방을 발견한 뒤에는 기술평가 결과를 바탕으로 이전 조건을 협상한다. 협상 시 상대방에게 기술의 장점을 지속적으로 부각시킴과 동시에 협상이 결렬 될 경우를 대비하여 비밀유지계약서를 작성하는 것을 잊지 말아야 한다. 협상이 완료되면 계약 체결을 위해 기술이전 계약서에 서명을 하여 계약을 마무리한다. 마지막으로 기술료와 매출액이 제대로 지급되고 있는지 확인하여, 문제가 발생할 경우 법적인 조치를 취해야 한다.

기술 도입자의 경우, 첫 번째 단계에서 기술도입의 필요성을 검토함과 동시에 도입이 시급한 기술이 무엇인지 분석한다. 도입할 기술을 선정하였다면 다음으로는 이를 제공하는 기술 제공자가 존재하는지 살펴봐야 한다. 기술 제공자가 존재한다면 어떠한 조건으로 기술을 제공하는지 검토해야 하며, 기술을 도입할지 여부를 판단하기 위해 해당 기술에 대해 기술평가를 수행해야 한다. 일반적으로 기술이전 시 기술 공급자와 기술 도입자 모두 기술평가를 수행하는데, 그 이유는 기술평가는 누가 하느냐에 따라 결과가 상이하기 때문에, 한 쪽에서 일방적으로 수행한 결과를 바탕으로 기술의 가격을 책정하는 것은 불합리할 수 있기 때문이다. 기술평가 후 기술 공급자가 결정되면 기술의 지식재산권 소유 여부에 대한 조건을 협상해야 한다. 협상 후 계약을 체결하고 기술료를 지급하며, 기타 보고사항에 대한 의무를 이행한다.

2-4 사례연구: 두산중공업

두산중공업은 1962년에 설립된 두산 그룹의 자회사로써, 경상남도 창원시에 본사를 두고 있다. 두산중공업의 매출액은 2011년 기준 약 8조 5천억 원으로 'Global Leader in Power & Water'라는 비전을 가지고 발전 및 담수 분야에서 강세를 보이고 있다. 발전플랜트, 발전설비, 플랜트 성능개선 및 서비스 등의 발전 사업, 해수 담수화 플랜트, 수처리 설비 등의 물산업, 발전 소재, 선박 소재, 제철 소재 등의 주조 및 단조 사업, 플랜트, 각종 토목 및 건축 등의 건설 사업, 컨테이너 취급 설비, 원료 이송 설비, 특수 크레인 등의 운반 설비 사업을 주요 사업으로 삼고 있는 두산중공업은 2012년에 접어 들어 물산업의 해수담수화 플랜트에 큰 강세를 보이고 있다.

두산이 보유하고 있는 해수담수화 기술은 총 세 가지로, 다단증발법(MSF: Multi-Stage Flash), 다중효용증발법(MED: Multi-Effect Distillation), 역삼투압법(RO: Reverse Osmosis)이 있다. 다단증발법이란 해수를 가열시켜 수증기를 만들고, 이를 응축시키는 과정을 여러 번 반복하여 담수를 만드는 방식이다. 세계 담수 생산량의 약 50%가 해당 방식을 사용하고 있으며, 주로 대용량의 담수화 설비에 많이 사용된다. 다중효용증발법이란 다단증발법과 비슷한 방식으로 담수를 생성하나, 높은 온도의 증기가 통과하는 튜브 위로 바닷물을 뿌려 증기를 발생시킨다는 차이를 지니고 있다. 역삼투압법은 반투막을 이용하여 압력이 가해진 해수에서 물을 기타 물질과 분리하는 방식이다.

두산중공업은 세계적인 해수담수화 기술을 보유하여 다양한 국가, 기관들과 해수담수화 플랜트 프로젝트를 수행해 왔다. 두산중공업은 중동 지역에서 총 27개의 플랜트 수주를 달성하였으며, 특히 2012년 11월 14일 사우디아라비아 해수담수청으로부터 1조 1천억 원 규모의 대형 프로젝트를 수주하게 되었다.

많은 사막 지역을 보유하고 있는 사우디아라비아는 물부족 국가로서, 국가적 차원에서 많은 어려움을 겪고 있는 나라 중 하나이다. 이들은 문제를 해결하기 위해서 해수담수화 기술의 필요성을 자각하게 되었고, 세계적 기술을 보유하고 있는 두산중공업에게 해수담수화 플랜트 건설을 의뢰하게 되었다. 즉, 사우디아라비아는 사업화가 목적이 아닌 국가 차원에서의 문제를 해결하기 위하여 두산중공업에게 기술이전을 요청한 것이다. 해당 프로젝트는 사우디아라비아의 산업도시인 얀부 지역에 다단증발방식을 사용할 것으로 예정되어 있으며, 얀부 및 인근 메디나 지역에 물공급을 목적으로 한다([그림 8-12]).

해당 기술이전에서는 지역간 이동에 따른 이전 측면에서는 대한민국에서 사우디아라비아로의 국가간 이전이, 방향성에 따른 이전 측면에서 기술의 사용자가 바뀌었기 때문에 횡적 이전이, 거래 형태에 따른 이전에서는 실물 이전이, 거래 방법에 따른 이전에서는 직접 이전이 발생하였다고 할 수 있다.

[출처: doosanheavy.com]

▸▸ 그림 8-12 두산중공업의 사우디아라비아 해수담수화 프로젝트 지역

기술사업화

3-1 기술사업화의 개념

(1) 기술사업화의 정의

사업화란 생산과 영리를 목적으로 하는 지속적인 경제활동을 하는 것으로써, 기술사업화는 이러한 사업화의 정의를 기술에 초점을 맞춘 형태라 생각할 수 있다. 기술의 이전 및 사업화 촉진에 관한 법률에서 기술사업화란 “기술을 이용하여 제품의 개발·생산 및 판매를 하거나 그 과정의 관련 기술을 향상시키는 것”이라 정의된다. 기술이전·사업화 백서는 “기술 또는 지식 등의 무형자산을 기반으로 생산과 영리목적의 경제활동을 할 수 있도록 하는 제반 활동”으로 기술사업화를 정의한다. 박종복은 기술사업화를 “개발된 기술의 이전, 거래, 확산과 적용을 통해 부가가치를 창출하는 제반 활동과 그 과정”으로 정의한다. 이러한 정의들을 바탕으로 기술사업화는 “기술 및 지식 등의 무형자산을 바탕으로 제품의 개발 및 판매 등과 같은 경제활동을 수행하는 것”이라 정의할 수 있다.

(2) 기술사업화의 중요성

기업에게 있어 가장 중요한 목표 중 하나는 바로 이윤의 창출이다. 이러한 이윤 창출을 위해서 필요한 것은 가치의 실현이다. 기술사업화는 이러한 가치 실현을 위해 필수불가결한 요소로써, 기업의 가치 실현을 돕는다. 이런 면에서 기술사업화는 기업의 최종 목표라고도 할 수 있다. 또한 기업은 기술사업화를 바탕으로 신시장을 창출할 수 있다. 기업이 신기술을 바탕으로 신제품을 출시할 경우 신시장에 진출할 수 있게 되는데, 이러한 경우 새로운 수익 구조를 확보하게 되며, 이를 바탕으로 경쟁력을 강화할 수 있게 된다. 또한 기술사업화를 통해 수익을 창출하게 되는 경우, 수익을 바탕으로 연구개발을 지원하여 최종적으로 연구개발 지원, 신제품 출시, 가치 실현의 선순환 구조를 구축할 수 있다.

3-2 기술사업화의 유형

기술사업화는 [그림 8-13]과 같이 크게 공공 부문과 민간 부문으로 분류되며, 공공 부문은 공공기술 이전 · 사업화, 공공기술 개발자 창업으로, 민간 부문은 자체 기술사업화, 이전 기술사업화로 구성된다.

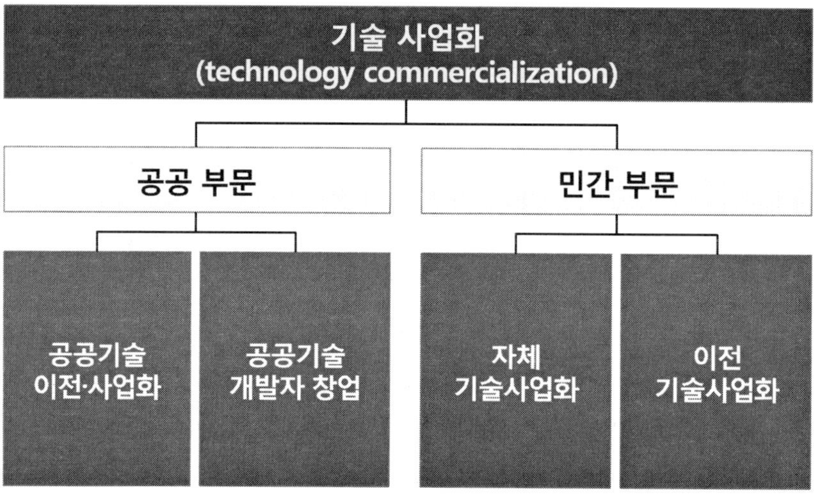

[출처: 한국산업은행(2003)]

▶▶ 그림 8–13 기술사업화의 유형

(3) 공공기술 이전 · 사업화

공공기술 이전 · 사업화란 공공연구기관 혹은 대학이 정부 자금을 바탕으로 기술을 개발하며, 민간기업에게 이를 이전하고 사업화하는 것을 의미한다. 해당 사업화에서 거래되는 기술은 민간기업이 필요로 하나 해당 기술이 원천 기술, 선도 기술 등 기업이 스스로 개발하기 어려운 기술에 해당한다. 이러한 경우 원천기반 기술 및 선도 기술 연구에 적합한 공공연구기관 및 대학이 정부 기관으로부터 프로젝트를 수주하여 기술을 개발하는 것으로부터 시작한다. 정부는 국가 연구개발의 효율성과 경제적 효과를 높이기 위하여 이를 민간기업으로 이전하고, 민간기업은 이를 사업화한다.

(4) 공공기술 개발자 창업

공공기술 개발자 창업이란 공공연구기관 혹은 대학에서 정부 자금을 바탕으로 기술을 개발하고, 이를 직접 창업하는 것을 의미한다. 공공연구기관의 연구원이나 대학의 교수는 자신들이 직접 개발한 기술을 사업화하는 것이기 때문에, 추후 연구를 보다 용이하게 할 수 있다. 그러나 민간기업에서 사업화를 수행하는 것이 아니기 때문에 마케팅, 투자 유치 등에 애로사항이 존재하게 되어 경영상에 어려움이 존재할 수 있다는 단점이 있다.

(5) 자체 기술사업화

자체 기술사업화란 민간기업에서 연구개발을 통하여 자체 개발하거나 공동으로 개발한 기술을 직접 사업화하는 것을 의미한다. 민간기업에게 연구개발 역량은 가장 중요한 핵심 요소 중 하나라고 봐도 무방하며, 민간기업 내 자체 개발을 통한 사업화는 기술사업화 중 가장 보편적인 형태의 사업화로 알려져 있다.

(6) 이전 기술사업화

이전 기술사업화란 기술을 개발한 민간기업이 기술 공급자로서 다른 민간기업에게 이를 이전하고, 기술을 도입한 민간기업이 해당 기술을 활용하여 사업화하는 것을 의미한다. 민간기업은 기술이전을 자체 연구개발의 위험도를 낮출 수 있는 전략적 방안으로 활용할 수 있으며, 자신들의 기술 역량이 낮은 경우 기술이전을 통해 단숨에 기술 역량을 향상시킬 수 있다.

3-3 기술사업화 절차

일반적인 기술사업화는 [그림 8-14]와 같이 네 단계로 나뉘어 진행된다.

첫 번째 단계에서는 대상 기술을 선정한다. 현재 자신이 보유하고 있는 기술 혹은 외부로부터 도입할 수 있는 기술 중 기술사업화가 필요한 기술이 무엇인지 탐색하며, 기술사업화를 위한 구체적인 목적과 목표를 수립한다. 일반적으로 CTO의 정책과 기술포트폴리오를 활용하여 기술사업화의 우선순위를 도출하고, 이를 바탕으로 사업화 대상 기술을 선정한다.

두 번째 단계에서는 기술평가를 수행한다. 선정한 기술을 바탕으로 기술의 시장성, 기술성, 사업성, 수익성 등을 고려하여 기술가치평가 혹은 기술등급평가를 수행한다.

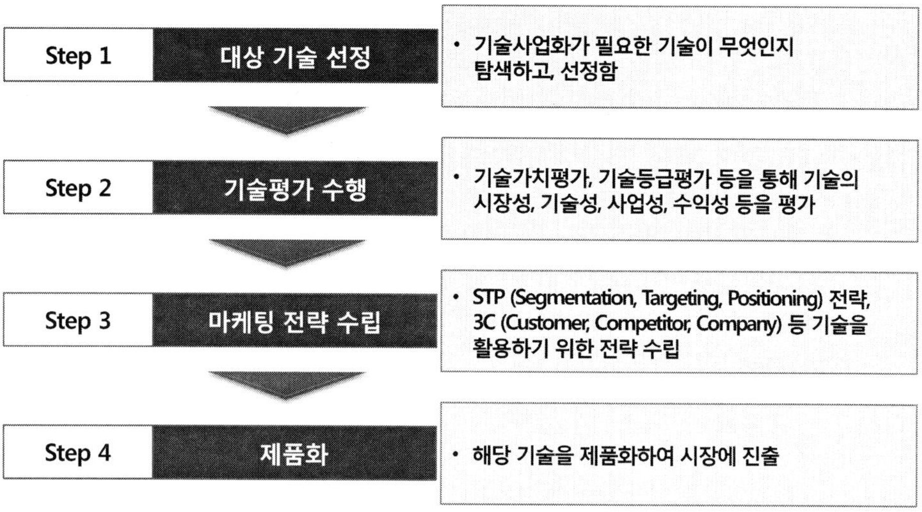

▸▸ 그림 8-14 기술사업화 절차

기술평가는 일반적으로 많은 시간과 노력이 필요하나, 여유가 있다면 둘 다 수행하여 계약 시 유리한 고지를 점하는 것도 하나의 방편이 될 수 있다. 기술가치평가로 산출한 가격과 기술등급평가로 도출한 기술의 가치를 모두 고려할 경우 정량적 평가 방법과 정성적 평가 방법이 갖는 한계점을 서로 보완해줄 수 있으며, 두 평가 결과는 객관적인 증거로써 활용될 수 있다. 또한 본 단계에서 기술사업화를 추진할 것인지 여부를 결정한다. CTO 혹은 기술 평가 책임자는 평가 결과를 바탕으로 해당 기술의 사업화 가능성을 검토한다. 만약 기술사업화를 추진하기에 적절하다고 판단된다면 다음 단계로 진행한다.

세 번째 단계에서는 마케팅 전략을 수립한다. 기술사업화를 추진하겠다고 결정하였기 때문에, 해당 기술을 활용한 제품을 어떻게 판매할 것인지 고려해야 한다. 주로 사용하는 마케팅 전략으로써는 STP (Segmentation, Targeting, Positioning) 전략과 3C (Customer, Competitor, Company) 전략이 있다. STP 전략에서 Segmentation이란 나이, 소득, 성별, 선호도 등을 기준으로 고객의 층을 나누는 것을 의미하며, Targeting이란 자사 제품에 알맞은 Segmentation을 선택하는 것, Positioning이란 Targeting한 Segmentation에 자사 제품을 어떠한 이미지로 남길 것인가를 결정하는 것을 의미한다. 3C 전략의 경우, Customer란 고객에게 원하는 제품을 제공하기 위해 대상 시장을 명확히 하고, 고객의 요구 사항을 정확히 파악하는 단계로써, 고객을 중심으로 한 전략이 중요함을 시사하며, Company는 자사의 강·약점을 파악함으로써 자사가 나아가야 할 방향을 설정하는 단계이다. 마지막으로 Competitor는 해당 제품 시장에 존재하는 경쟁 세력들의 위치를 파악하여 어떠한 전략적 방향을 취해야지만 승리할 수 있을지를 규명하는 단계이다.

3-4 사례연구: 바이오스펙트럼

바이오스펙트럼은 LG, 녹십자, 태평양 등의 국내 대기업 출신 연구원들과, 포항공과대학교(POSTECH: Pohang University of Science and Technology) 출신 연구원 등이 주축이 되어 2000년에 설립된 생명공학 전문 벤처사이다. 해당 기업은 피부를 대상으로 한 특화된 연구개발을 수행하며, 피부와 관련된 다양한 질병과 노화에 따라 발생하는 여러 가지 생리, 생화학적인 문제를 주요 연구 분야로 삼는다. 더불어, 아토피, 여드름, 건선, 지루 등과 같은 만성적이고 고질적인 피부 질병을 타깃으로 한 기초연구와 응용 제품도 개발하고 있다.

바이오스펙트럼은 가려움증과 염증 억제에 효과가 있는 식물추출물을 나노(nano) 크기의 미세한 성분으로 제조할 수 있는 기술을 보유하고 있다. 해당 기술은 바이오스펙트럼의 핵심기술로써, 피부를 자극하지 않고 빠르게 흡수되는 특징을 지니고 있다. 이러한 바이오스펙트럼은 단순 기술이전에 그치지 않고 기술사업화의 가능성을 극대화시키기 위해 POSTECH, 서울대, 서울산업대 등의 연구진과 공동 연구개발을 수행하고 있다.

LG, 녹십자, 태평양, 보령, 미샤, 탈스 등 국내 화장품 대형 업체들은 보다 많은 이익을 창출하고, 피부 관련 질병 방지를 원하는 소비자의 요구사항을 만족시키기 위해 천연 소재 활용 기술의 사업화를 원하였고, 이에 따라 바이오스펙트럼과 기술이전 계약을 체결하였다. 즉, 바이오스펙트럼은 기술사업화를 직접 수행했다기 보다는 기술사업화를 원하는 다른 기업을 위해 기술을 이전하였고, 해당 기술을 원하는 기업들은 이를 도입하여 제품화한 것이다. 바이오스펙트럼의 기술을 활용한 대표적인 사업화 예는 탈스(TALS)의 화장품 '탈스'이다. 이 화장품은 탈스가 바이오스펙트럼과의 공동 연구를 수행한 후, 이를 이전 받아 제품화하여 탄생한 것이다. 탈스의 화장품 '탈스'는 순식물성으로 피부를 자극하지 않으며 흡수가 빠르다는 장점을 지니고 있다.

Chapter

04 기술이전과 기술사업화

4-1 기술이전과 기술사업화 비교

많은 기업들이 기술사업화를 목적으로 기술이전을 수행하기 때문에, 기술사업화를 기술이전에 포함시켜 기술이전이 더 큰 개념이라고 주장하는 의견이 있다. 반대로 기술이전은 기업의 궁극적 목표인 기술사업화를 수행하기 위한 하나의 수단일 뿐이라며, 기술사업화가 더 큰 개념이라 주장하는 의견 또한 존재한다. 또한 이러한 기술이전과 기술사업화의 복잡한 관계 때문에 기술이전・사업화라고 함께 부르는 경우도 적지 않게 존재한다.

이에 따라 본 절에서 기술이전과 기술사업화의 차이를 규명하고, 둘 사이의 관계에 대해 살펴보고자 한다. 2절과 3절에서 설명한 기술이전과 기술사업화의 정의, 유형, 특징을 정리하면 [표 8-5]와 같다.

▸▸ 표 8-5 기술이전과 기술사업화 비교

구분	기술이전	기술사업화
정의	기술을 보유하고 있는 자로부터 그 이외의 자에게 기술 및 지식 요소가 이전되는 것	기술 및 지식 등의 무형자산을 바탕으로 제품의 개발 및 판매 등과 같은 경제활동을 수행하는 것
유형	• 지역간 이동에 따른 이전 • 거래 방법에 따른 이전 • 방향성에 따른 이전 • 거래 형태에 따른 이전	• 공공기술 이전사업화 • 민간기술 이전사업화 • 공공기술 개발자 창업 • 자체 기술사업화
특징	• 기술 구매, 기술 판매, 기술 라이선싱, 인수합병 등 • 기술사업화의 이전 단계로 생각할 수 있음	• 기술이전 혹은 기술개발을 바탕으로 기술을 확보한 뒤의 과정 • 시장에 진출할 제품을 개발하기 위한 작업

살펴보아야 할 점은 기술이전은 독립적으로 발생하거나, 기술사업화를 위해 발생한다는 점이다. 예를 들어, 정부가 국가 차원의 기술 경쟁력 강화를 위해 기술을 도입하는 경우와 기업이 기술사업화를 목적으로 기술을 도입하는 경우가 있을 수 있다. 기술

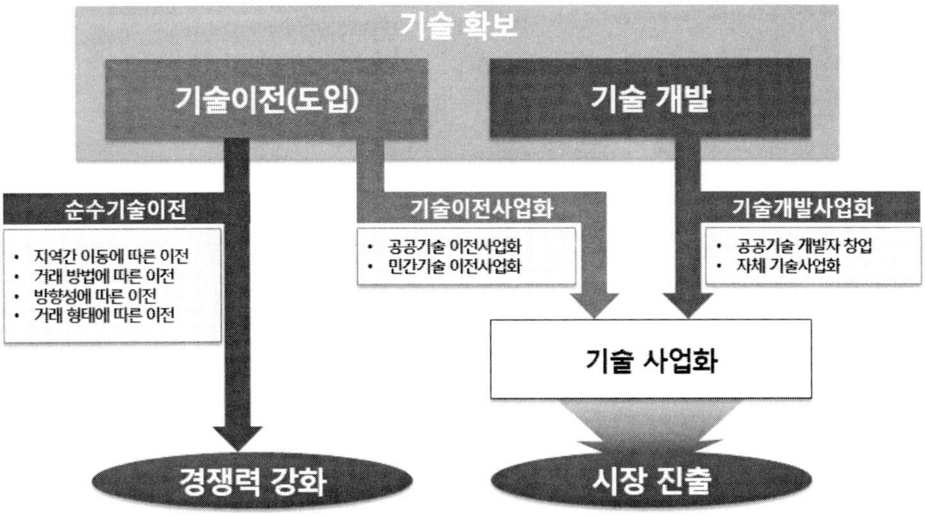

►► 그림 8-15 기술이전과 기술사업화의 관계

사업화의 경우도 이와 유사하다. 기술 도입 후에 기술사업화가 발생할 수도 있으나, 자체적으로 기술을 개발하여 기술사업화가 발생하는 경우도 존재하다. 이를 도식화하여 살펴보면 [그림 8-15]와 같다.

기술을 도입하는 관점에서 설명하면, 기술이전은 경쟁력 강화를 위해 도입하는 경우와 사업화를 목적으로 도입하는 경우가 존재한다. 이를 구분하기 위해, 경쟁력 강화를 위한 기술이전을 '순수 기술이전'이라 정의한다. 기술사업화의 경우, 기술 도입을 통해 사업화를 수행하는 경우와 자체 개발한 기술을 바탕으로 사업화를 수행하는 경우가 존재한다. 마찬가지로 이를 구분하기 위해, 기술이전을 바탕으로 기술사업화를 수행하는 경우 '기술이전사업화', 자체 개발한 기술을 바탕으로 기술사업화를 수행하는 경우 '기술개발사업화'라 정의한다. 기술이전사업화는 공공기술 이전사업화와 민간기술 이전사업화로 구성되며, 기술개발사업화는 공공기술 개발자 창업과 자체 기술사업화로 구성된다. 즉, 기술이전과 기술사업화는 같은 의미를 지닌 용어는 아니지만 밀접한 관계를 지닌 용어라고 할 수 있겠다.

(1) 기술이전사업화

기술이전사업화는 사업화를 목적으로 기술이전(도입)을 수행하고, 이를 사업화하는 형태로써, 기술이전 단계에서 기술평가를 수행하여 사업화의 타당성을 평가한다는 점을 특징으로 한다([그림 8-16]). 즉, 이미 기술사업화를 추진할 생각이 있기 때문에 기술이전을 수행한 뒤에 기술평가를 수행하여 사업의 타당성을 살펴보는 것은 비효율적이며, 위험도가 높다고 할 수 있겠다. 도입 시점에 기술평가를 수행하여 사업화하기에 적절한지 여부를 미리 살펴보고, 적절하다면 해당 기술을 도입하고 사업화를 추진하는 방식인 것이다. 이는 새로운 기술을 자체적으로 개발하지 않고, 이미 존재하고 있는 기술을 도입하여 사업화하기 때문에 실패 위험도를 줄일 수 있다는 장점이 있다. 하지만, 다양한 공급자가 제공하는 기술을 면밀히 살펴보아야 하기 때문에 많은 비용과 시간을 투자해야 한다는 단점이 있다.

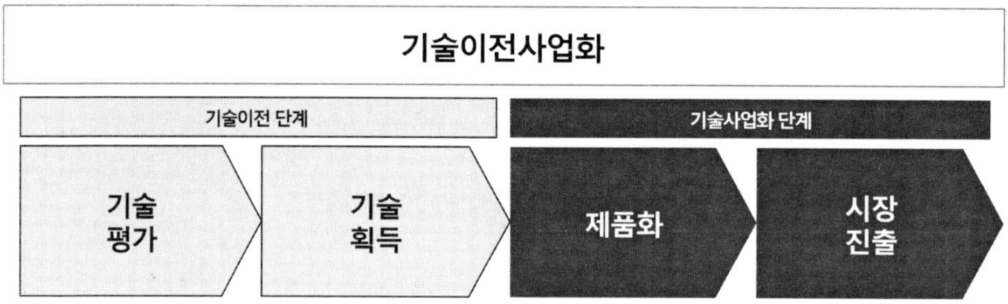

▶▶ 그림 8-16 기술이전사업화 단계

(2) 기술개발사업화

기술개발사업화는 사업화를 목적으로 연구개발을 수행하고, 이를 사업화하는 형태이다. 연구개발 단계를 거쳐 획득한 기술을 바탕으로 기술평가를 수행하여 사업의 타당성을 평가한다([그림 8-17]). 기술개발사업화의 경우 기술이전사업화와는 다르게 기술을 확보한 뒤에 기술평가를 수행한다. 새로운 기술 개발이라는 점에서 사업화 위험도가 높다고 할 수 있으나, 남들이 보유하지 않은 기술을 사업화하기 때문에 성공 시 막대한 양의 이익을 보장한다는 이점을 지니고 있다.

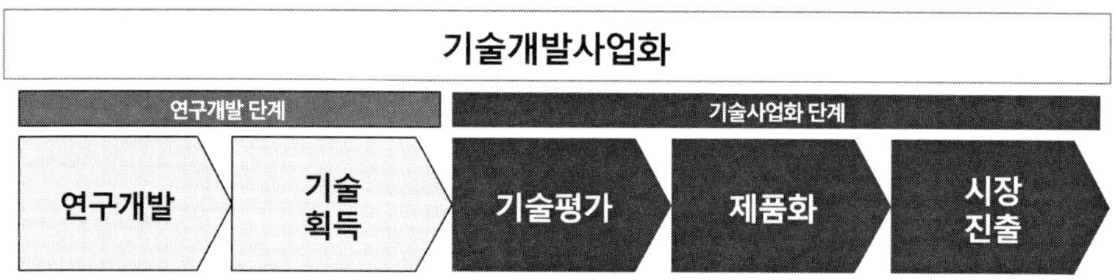

▶▶ 그림 8-17 기술개발사업화 단계

4-2 사례연구: 두산중공업과 바이오스펙트럼

본 절에서는 2절에서 소개된 사례 '두산중공업'과 3절에서 소개된 '바이오스펙트럼' 사례를 바탕으로 해당 사례가 순수기술이전, 기술이전사업화, 기술개발사업화 중 어떠한 것에 해당되는지 살펴본다([표 8-6]).

▸▸ 표 8-6 두산중공업 사례 vs. 바이오스펙트럼 사례

구분	두산중공업 사례	바이오스펙트럼 사례
도입자	• 사우디아라비아 해수담수청	• 탈스, LG, 녹십자, 태평양, 콜마, 보령, 미샤 등
목적	• 담수화 기술 도입을 바탕으로 물부족으로 인해 발생하는 국가 차원의 문제 해결	• 천연 재료 제조 기술 도입을 통한 사업화
내용	• 사우디아라비아 해수담수청은 두산중공업으로부터 해수담수화 기술이전을 요청 • 1조 1천억 원 규모의 프로젝트 계약 (2012. 11. 14.)	• 탈스를 비롯한 다양한 기업은 사업화를목적으로 바이오스펙트럼의 천연화장품 제조 기술을 이전 받음
분류	• 순수기술이전	• 기술이전사업화

두산중공업 사례의 경우 사우디아라비아 해수담수청은 국가 차원에서의 물부족 문제를 해결하기 위해 두산중공업으로부터 해수담수화 기술을 도입하였다. 이는 사업화를 목적으로 수행된 기술이전이 아니므로, 순수기술이전이라 볼 수 있다. 반면에 바이오스펙트럼의 사례에서 탈스, LG, 녹십자 등의 기업은 사업화를 목적으로 바이오스펙트럼의 천연 재료 제조 기술을 도입하였고, 탈스의 경우 화장품 '탈스'를 출시하기도 하였다. 즉, 해당 기업들은 단순 역량 강화를 위하여 기술을 도입한 것이 아니라 기술사업화를 목적으로 기술을 도입하였으므로, 기술이전사업화라 할 수 있다.

주요 단어

기술평가
기술가치평가
기술등급평가
시장접근법
소득접근법
기술요소법
비용접근법
기술이전
기술사업화
순수기술이전
기술개발사업화
기술이전사업화

토의 과제

001 기술등급평가 혹은 기술가치평가의 사례를 조사하고, 어떠한 방법을 사용하여 기술을 평가하였는지 설명하라.

002 기술등급평가의 평가 부문 및 평가 지표를 설명하는 [표 8-1]를 참조하여, 새로운 평가 부문과 평가 지표를 제시하고, 그 근거를 들어라.

003 기술가치평가를 수행하는 단체를 소개하고, 단체별 사용하고 있는 기술가치평가법을 조사하여라.

004 소개된 기술이전의 유형은 지역간 이동에 따른 이전, 방향성에 따른 이전, 형태에 따른 이전, 거래방법에 따른 이전이다. 기술이전을 분류할 수 있는 새로운 기준을 제시하고, 각 기준별 사례를 들어라.

005 책에서 소개된 기술이전 사례가 아닌 기술이전의 사례를 조사하여라.

006 일반적으로 기술도입의 추진 여부를 결정할 때 기술평가 결과를 고려한다. 추가적으로 고려해야 하는 사항에는 어떠한 것들이 있는지 설명하고, 그 이유를 제시하여라.

007 기술사업화의 성공 혹은 실패 사례를 조사하고, 성공 사례의 경우 성공 요인을, 실패 사례의 경우 실패 요인을 설명하라.

008 기술이전과 기술사업화 사례를 조사하고, 각 사례를 순수기술이전, 기술이전사업화, 기술개발사업화로 분류한 뒤 그 이유를 설명하여라.

참고 문헌

1. Brooks, H.(1966), National Science Policy and Technology Transfer, Proceedings of a Conference on Technology Transfer.
2. 기술신용보증기금법(2012).
3. 기술의 이전 및 사업화 촉진에 관한 법률(2012).
4. 박종복(2008), 한국 기술사업화의 실태와 발전과제 - 공공기술을 중심으로 -.
5. 설성수, 이기호(2002), 기술시장분석 체크리스트, 기술혁신학회지 제5권 제3호 pp.277-292.
6. 손수현, 이성룡, 정세호(2006), 연구기획평가실무자를 위한 기술사업화, 한국산업기술진흥협회.
7. 지식경제부, 한국산업기술진흥원(2011), 기술이전・사업화 백서.
8. 특허청(2007), 중소기업 특허경영 매뉴얼.
9. 한국과학기술정보연구원(2005), 핸드폰용 기패드 기술가치평가.
10. 한국산업은행(2003), KDB 테크노리포트 28호 - 국내외 기술거래, 평가현황 및 발전 방향.
11. 두산 중공업, http://www.doosanheavy.com.
12. 바이오스펙트럼, http://www.biospectrum.co.kr.

MEMO

PART 09

지식재산권

Chapter 01

지식재산권 개요

법에 의해 보장되는 지식재산권은 기업이 보유하고 있는 핵심기술을 보호하는데 가장 효과적인 방법이다. 나아가 기업의 해당 기술 관련 추후 연구개발을 용이하게 한다. 하지만, 이러한 이유로 경쟁 기업에서는 지식재산권을 이용한 전략을 통해 지식재산권을 무효화 시키거나 자사의 연구개발, 상업화를 견제하기도 한다. 이 장에서는 먼저, 지식재산권에 대해 간략히 소개한 다음, 지식재산권에서 가장 많은 부분을 차지하는 특허를 중심으로, 추후 연구개발의 방향 설정 및 특허활용전략 개발 등에 사용될 수 있는 특허정보조사와 특허정보분석에 대해 살펴본다. 마지막으로, 기업이 시장에서 경쟁력을 강화하기 위해 사용할 수 있는 특허활용전략에 대해 소개한다.

1-1 지식재산권의 개념

(1) 지식재산권의 정의

'지식재산(intellectual property)'이란 인간의 창조적 활동이나 경험 등에 의해서 창출되거나 발견되는 지식, 정보, 기술, 사상이나 감정의 표현, 영업이나 물건, 생물의 품종이나 유전자원, 그 밖에 무형적인 것으로써 재산적 가치가 실현될 수 있는 것을 의미한다. '지식재산권(intellectual property right)'이란 법령 혹은 조항에 따라 인간의 창조적 활동 또는 경험 등에 의하여 창출되거나, 발견된 지식, 기술 등과 같이 재산적 가치로 실현될 수 있는 것들에 대한 보호 권리를 뜻한다. 즉, 법에 의해 보호받는 지식재산권은 기업의 경쟁 우위가 될 수 있는 핵심기술이나 노하우 등을 타 기업의 모방, 침해 등으로부터 지켜주기 때문에, 기업이 현대 사회에서 살아남는데 필수적인 요소라 할 수 있다.

(2) 지식재산권의 필요성

지식재산권은 크게 네 가지 필요성을 갖는다. 첫째, 지식재산권은 기업이 독점적 지위를 확보하는 것에 도움을 준다. 기업이 지식재산의 보호 권리를 획득하게 되면, 지식재산권을 바탕으로 시장에서의 신용을 창출할 수 있으며, 소비자의 신뢰도를 향상시키고, 타 기업에게 기술을 판매하여 로열티 등의 수입을 창출할 수 있다. 둘째, 지식재산권은 분쟁을 예방해준다. 자신이 발명하고 개발한 기술을 법으로 보호받기 때문에, 타인이 이를 무단으로 사용할 경우 법적 대응이 가능하다. 즉, 지식재산권은 분쟁을 예방하는데 있어 중요한 역할을 수행한다고 할 수 있다. 셋째, 연구개발 투자비 회수에 있어 지식재산권은 핵심 역할을 수행한다. 기업이 연구개발을 통해 기술을 개발하여 이를 활용할 경우, 지식재산권이라는 법적 보호 아래 막대한 연구개발 투자비를 회수할 수 있다. 넷째, 지식재산권을 통해 정부로부터 혜택을 받을 수 있다. 기업이 지식재산권을 보유하게 된다면, 특허기술사업화 자금지원, 우수발명품 및 시작품 제작 지원, 세제 지원 등 정부로부터 다양한 혜택을 제공받을 수 있다. 국내 지식재산권의 창출을 장려하기 위하여 정부가 국내에서 지식재산권을 창출하는 기업에게 다양한 혜택을 제공하는 것이다.

1-2 지식재산권의 유형

지식재산권은 [그림 9-1]과 같이 크게 산업재산권, 저작권, 신지식재산권으로 분류된다.

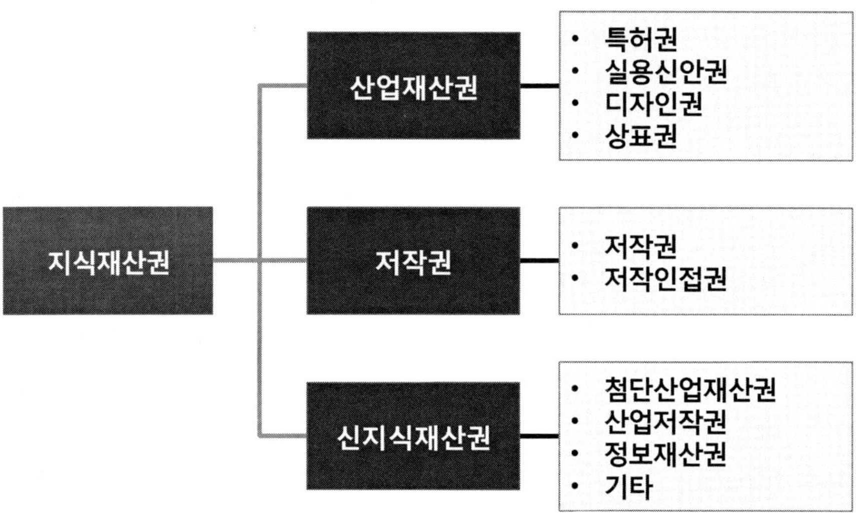

▸▸ 그림 9-1 지식재산권의 유형

(1) 산업재산권

산업재산권이란 [표 9-1]과 같이 특허권, 실용신안권, 디자인권, 상표권으로 분류되며, 특허청에 출원하여 등록 받음으로써 배타적 독점권이 부여된 권리를 의미한다.

▶▶ 표 9-1 산업재산권 유형별 정의 및 내용

구분	특허	실용신안	디자인	상표
정의	물건 혹은 방법을 최초로 발명한 것 (대발명)	기존 물품 혹은 방법을 개량하여 보다 편리하고 유용하게 한 것 (소발명)	물품의 형상, 모양이나 색체 또는 이들을 결합한 것으로서 아름다운 느낌을 가질 수 있도록 하는 것	타인과 구분하기 위한 기호, 문자, 도형, 입체적 형상 등
목적	발명의 보호 및 장려	고안의 보호 및 장려	창작 활동 장려	업무상 신용 유지 및 질서 유지
존속 기간	설정등록일로부터, 출원일 후 20년까지	설정등록일로부터, 출원일 후 10년까지	설정등록일로부터, 15년까지	설정등록일로부터, 10년까지

[출처: 특허청(2012a)]

산업재산권을 자동차에 비유하여 살펴보면, 엔진 시스템, 브레이크 시스템, 변속기 시스템 등의 원천 및 핵심기술은 특허라 할 수 있다. 또한 사이드 미러, 컵 홀더, 자동차 문 등의 짧은 기술수명주기를 가진 주변 개량 기술은 실용신안으로, 차체의 외형이나 의자의 형상 등과 같은 물품의 외관은 디자인으로, 자동차의 명칭이나 제작사의 명칭 등은 상표로 볼 수 있다.

'지식재산 = 특허'라는 말이 있을 정도로 지식재산권에서 특허가 차지하는 비중은 상당히 크다. 정부는 이러한 특허 출원에 있어 분쟁이나 애로 사항을 해결하기 위하여, 권리주의, 심사주의, 선출원주의, 등록주의 총 네 가지 기본 원리를 채택하고 있다. 첫째, 권리주의란 물건 혹은 방법을 발명한 자는 특허를 받을 수 있는 권리를 가진다는 것을 의미한다. 이는 특허요건을 구비한 발명의 특허를 국가 재량으로 거부할 수 없다는 것을 뜻한다. 둘째, 심사주의란 특허청이 형식적 및 실체적 특허요건을 심사하여 등록 여부를 결정한다는 것을 의미한다. 국가에 따라서는 형식적 특허요건만 심사하고 특허를 받아들이는 무심사주의를 채택하기도 하나, 우리나라는 형식적 및 실체적 특허요건을 모두 심사하고, 이에 통과되는 특허만 등록하는 심사주의를 채택하고 있다. 셋째 선출원주의란 동시에 2개 이상의 출원이 경합하는 경우, 최선 발명자가 아니라 최선 출원인에게 특허를 인정한다는 것을 의미한다. 발명자의 보호 측면에서는 최선의 발명자에게 특허를 인정해야 하나, 안정성 측면에서는 최선의 출원인에게 특허를 인정하는 것이 바람직하다. 넷째, 등록주의란 특허출원이 결정되었다 하더라도 정식 등록 절차를 거치지 않으면 특허권이 인정되지 않음을 뜻한다. 특허권은 발명의 완성과 동시에 자동적으로 발생하는 것이 아님을 주의하고, 등록을 위해서는 반드시 정식 등록 절차를 밟아야 한다.

특허를 등록하기 위해서는 신규성, 산업상 이용 가능성, 진보성을 모두 만족해야 한다. 신규성이란 발명의 내용이 일반사회에 공개되지 않은 새로운 것이어야 함을 의미한다. 즉 종래 발명과 동일한 발명의 경우, 특허권이 인정되지 않는다. 산업상 이용 가능성이란 특허법의 목적이 산업발전에 이바지하는데 있기 때문에 이에 적합해야 하며, 동일 결과를 반복실시 할 수 있는 가능성이 있어야 한다는 것을 뜻한다. 즉, 산업에 포함되지 않은 의료업 등에 관련된 발명이나, 업으로 이용할 수 없는 발명, 또는 현실적으로 명백하게 실시할 수 없는 발명의 경우 산업상 이용 가능성을 위반하게 되어 특허권을 부여 받지 못한다. 마지막 세 번째, 특허를 등록하기 위해서는 진보성을 충족시켜야 한다. 진보성이란 종래 발명으로부터 해당 기술 분야에서 통상의 지식을 가진 자가 용이하게 발명할 수 없을 정도로 난이도가 있어야 함을 의미한다. 신규성, 산업상 이용 가능성, 진보성 셋 중 하나라도 충족시키기 못하면 특허를 등록할 수 없음을 유의해야 한다.

(2) 저작권

저작권이란 인간의 사상 또는 감정 등을 독창적으로 표현한 창작물인 저작물에 대하여 창작자가 가지는 독점・배타적인 권리를 의미한다. 저작권과 저작인접권을 총칭하여 저작권이라 하며([표 9-2]), 산업재산권과 다르게 창작과 동시에 보호를 받고, 보호를 받기 위한 별도의 절차가 없는 것을 특징으로 한다.

(3) 신지식재산권

신지식재산권이란 전통적인 산업재산권과 저작권에 속하지 않는 지식재산권을 의미하며, 경제의 발전과 변화로 인해 생겨난 지식재산권을 분류하기 위해 생겨났다. 이러한 신지식재산권은 첨단산업재산권, 산업저작권, 정보재산권, 기타로 분류된다. 첨단산업재산권은 반도체설계, 생명공학을 포함하고 산업저작권은 컴퓨터 프로그램과 소프트웨어를 포함하며 정보재산권은 데이터베이스, 영업비밀, 뉴미디어를 포함하고 기타는 캐릭터, 인터넷 도메인 네임 등의 분야를 포함한다.

▶▶ 표 9-2 저작권과 저작인접권

구분	저작권	저작인접권
정의	• 사람의 생각이나 감정을 표현한 결과물에 대하여, 이를 표현한 사람에게 주는 권리	• 저작권과 유사한 권리로써 배우, 가수, 연주자 등의 실연자와 음반제작자 및 방송사업자에게 해당되는 권리
존속 기간	• 사람이 저작자인 경우 - 창작 시기부터 저작자가 살아있는 동안과 죽은 다음 50년간 • 법인이나 단체가 저작자인 경우 - 공표한 다음 해부터 50년간	• 실연의 경우 - 실연을 할 때부터 50년간 • 음반의 경우 - 음악을 최초로 음반에 고정한 때로부터 50년간 • 방송의 경우 - 방송을 한 때부터 50년간
예시	• 소설가의 소설작품 창작 시 - 원고의 복제 및 배포권 - 영화 등 다른 형태로 저작할 수 있는 2차 저작물 작성권 등	• 실연자 - 실연의 녹음, 녹화, 사진 촬영 권리 • 음반제작자 - 음반 복제 및 배포 권리 • 방송사업자 - 방송의 녹음, 녹화 등을 통한 복제 권리

[출처: 특허청(2012a)]

1-3 지식재산권의 활용

(1) 지식재산권 권리 행사

지식재산권을 보유하고 있는 자는 지식재산권으로 보호 받고 있는 물품에 대해 타인으로부터 침해를 받지 않을 권리를 가지고 있다. 이에 따라 지식재산권을 보유하고 있는 기업은 다양한 방법을 통해 지식재산의 권리를 행사할 수 있다. 첫째 권리 행사 방법은 침해 금지 조치로 만약, 지식재산권으로 보호 받는 물품을 생산하거나 판매하는 자가 존재하는 경우, 해당 물품의 생산 또는 판매를 금지하도록 권리를 행사할 수 있다. 둘째 권리 행사 방법은 라이선스를 허락하고 부여하는 것이다. 지식재산권으로 보호 받는 기술이나 물품을 침해하는 자 혹은 사용을 원하는 자에게 로열티(royalty) 징수를 목적으로, 사용을 허락하도록 권리를 행사할 수 있다. 셋째, 지식재산권을 매각하여 권리를 행사한다. 지식재산권으로 보호받는 기술 혹은 물품을 침해하는 자 혹은 매입을 원하는 자에게 지식재산권의 가치를 산정하고 이를 적정 가격에 매각하여 권리를 양도할 수 있다. 마지막으로 지식재산권을 분쟁 대응 수단으로써 활용하는 방법이 있다. 타기업으로부터 지식재산권 분쟁을 제기 당한 경우에 이에 대응하는 수단으로 자사의 지식재산권을 활용하여 분쟁을 해결하거나 피해를 최소화시킬 수 있다.

(2) 지식재산권 분쟁 예방 방안

기업이 연구개발을 통해 기술을 개발하거나 새로운 발명에 대해 사업화를 추진하고자 할 때, 해당 기술 혹은 제품에 대한 지식재산권이 이미 존재하는 경우, 막대한 양의 자본을 투자했음에도 불구하고, 이를 실현하지 못하여 큰 손해를 입을 수 있다. 또한 한 기업이 핵심기술에 대한 지식재산권을 바탕으로 특정 시장을 선점하는 경우, 타기업은 해당 시장에서 큰 수익을 올리기 어렵다고 할 수 있다. 이에 따라, 핵심기술에 대한 지식재산권을 보유하고 있지 못한 기업은 기존 지식재산권에 대해 합리적인 증거를 바탕으로 분쟁을 일으키기도 한다. 따라서 지식재산권을 보유한 기업은 분쟁을 예방하기 위한 방안을 사전에 수립하는 것이 필요하다. 이러한 분쟁 예방 방안은 권리범위 회피, 보증 획득, 라이선스 획득, 지식재산권의 등록 저지, 지식재산권 무효화 또는 취소로 총 다섯 가지가 존재한다. 권리 범위 회피란 자사의 제품 또는 개발 방향이 문제 되는 지식재산권 권리 범위에 속하는지 정밀 검토하며, 벗어날 수 있는 방안을 수립하는 것을 뜻한다. 보증 획득이란 자사 제품에서 사용되는 부품이 지식재산권 침해 문제에 결부되지 않도록 부품 공급자와의 지식재산권 보증 계약을 수행해야 함을 의미한다. 라이선스 획득은 문제 되는 지식재산권을 회피하기 어렵거나 회피 효용성이 없을 경우, 해당 지식재산권자와 라이선스를 수행하여 분쟁을 예방할 수 있다는 것을 뜻한다. 지식재산권의 등록 저지란 출원된 지식재산권의 등록 전에 그 출원이 거절되어야 할 사유를 발견하여 사전에 분쟁을 예방하는 방법이며, 지식재산권 무효화 또는 취소는 등록된 지식재산권에 대하여 그 등록에 무효 또는 취소 사유를 발견하여 등록을 무효 또는 취소시키는 방법이다.

1-4 사례연구: 코카콜라 디자인권

코카콜라 컴퍼니(Coca-Cola Company)는 아사 캔들러(Asa Candler)가 약사 존 펨버턴(John Pemberton)이 1886년 개발한 코카콜라를 사들여 1892년 미국 조지아주 애틀란타에서 창립한 회사로, 음료 및 시럽을 제조・유통하는 미국의 대기업이다. 코카콜라, 스프라이트, 환타, 미닛메이드, 파워에이드, 비타민 워터 등 다양한 음료를 제조하고 있으며, 전세계에 걸쳐 146,200개 지점을 보유하고 있다.

이러한 코카콜라 컴퍼니는 디자인권에 대해 유명한 두 개의 일화를 보유하고 있다. 첫 번째 일화는 '코카콜라 병'의 디자인권에 관한 것이다. 1905년, 코카콜라 컴퍼니 창립자 아사 캔들러는 마케팅 전략의 일환으로써 "병의 모양이 이쁘고, 젖어도 잘 미끄러지지 않으며, 콜라의 양이 보기보다 적어야 함"이라는 광고 문구를 바탕으로 한 코카콜라 병 모양의 디자인을 공모하였다. 상금은 최소 100만 달러에서 최고 1천만 달러였으며, 많은 사람들이 상금을 타기 위해 다양한 디자인을 제출하였다. 당선된 사람은 미국의 루드라는 평범한 청년이었다. 그는 여자친구의 모습을 보고 코카콜라 병 광고에 부합하는 병 모양을 떠올렸고, 이를 디자인하여 코카콜라 컴퍼니에 제출하였으며, 그 결과 그는 600만 달러의 상금을 수여하게 되었다. 루드가 고안한 코카콜라 병은 코카콜라 컴퍼니의 디자인권이 되었으며, 다양한 이슈를 불러일으킨 코카콜라 컴퍼니의 마케팅과 더불어 매력적인 병 모양은 코카콜라가 음료 시장에서 성공하는데 큰 기여를 했다.

두 번째 일화는 '산타클로스'디자인권에 관한 것이다. 코카콜라 컴퍼니는 음료가 상대적으로 적게 팔리는 추운 겨울에도 음료 소비를 늘리기 위한 방안을 모색하였다. 이를 위해 코카콜라 컴퍼니는 미국의 화가 헤든 선드블롬에게 겨울에 맞는 마스코트 개발을 의뢰하였다. 선드블롬은 코카콜라에 사용되는 붉은색과 흰색을 사용하여 할아버지 마스코트를 개발하였다([그림 9-2]). 코카콜라 컴퍼니는 이러한 마스코트를 활용하여 산타클로스 마케팅을 전개하였고, 그 결과 '코카콜라의 마스코트 = 산타 클로스'라는 인식이 자리잡게 되었다. 코카콜라의 디자인이 산타클로스의 이미지가 되면서, 코카콜라의 매출에 큰 영향을 끼쳤고, 이 또한 코카콜라가 음료 시장에서 성공하는데 큰 기여를 한 사례라 볼 수 있다.

▸▸ 그림 9-2 코카콜라의 산타클로스

[출처: coca-colacompany.com]

특허정보조사 · 분석

2-1 특허정보조사

(1) 특허정보조사의 정의 및 유형

특허정보조사는 신기술 개발을 위한 기초 자료 입수, 출원 전 권리 획득 가능성 검토, 분쟁 시 필요한 대처 자료 입수 등을 위해 특허 데이터베이스에 있는 특허를 조사하는 행위로 정의된다. 이러한 특허정보조사는 목적에 따라 서지사항 조사, 무효자료 조사, 특정기술 조사, 계속 조사, 특허성 조사, 권리 조사로 분류될 수 있다.

서지사항 조사란 심사청구여부, 법적 상태 파악을 위해 출원번호, 공개번호, 등록번호 등의 서지사항을 조사하는 것을 의미한다. 무효자료 조사란 특허권자의 권리주장에 대하여 특허를 무효화 시킬 수 있는 선행 자료를 조사하는 것을 뜻한다. 특정기술 조사란 효과적이고 전략적인 연구개발 추진을 위하여 특정 기술분야에 대한 개괄적 조사를 의미한다. 계속 조사란 검색되지 않은 특허기술이 그 이후에 공개되거나 등록될 가능성이 있기 때문에 일정기간 동안 지속적으로 수행하는 조사로, 감시 조사라고도 한다. 특허성 조사는 특허출원 전에 특정 발명이 특허를 받을 수 있는 신규성, 진보성을 구비하고 있는지 판단하기 위한 선행 조사이며, 권리 조사란 등록특허에 대한 진정한 권리가 누구인지 파악하고, 연차료 미납에 의한 권리소멸 여부를 조사하는 것을 의미한다.

(2) 특허정보조사 수행 절차

특허정보조사는 크게 세 단계를 거쳐 수행된다. 첫 번째 단계에서는 조사하고자 하는 바를 분명하게 이해해야 작업이 필요하다. 본 단계에서 조사 대상은 특허문헌이며 이는 각 국에서 발행하기 때문에, 각 국가에서 발행하는 특허 문헌의 성격과 특징, 구조 등을 정확히 파악하고 이를 이해해야 한다. 또한 조사하려는 발명의 기술적 내용을 파악해야 한다. 두 번째 단계에서는 키워드, 특허분류, 특허 데이터베이스를 선택한다. 키워드를 바탕으로 한 특허 검색과 특허 분류를 활용한 특허 검색이 존재하는데, 어떠한 방법을 사용할지 선정하며, 특허 문헌의 성격, 특징 등을 고려하여 특허 데이터베이스를 선택한다. 세 번째 단계에서는 두 번째 단계에서 도출한 키워드 및 특허분류를 바탕으로 특허 데이터베이스에서 특허문헌을 검색한다. 도출된 결과는 특허정보 분석에서 사용된다.

(3) 특허정보조사 방법

특허정보조사 방법으로는 키워드 조사와 특허분류 조사가 있으며, 특허 데이터베이스로부터 특허 정보를 획득하는데 사용된다([그림 9-3]). 특허정보조사에서 특허 데이터베이스, 키워드 조사, 특허분류 조사는 핵심 요인으로써, 신뢰성 있는 특허정보조사를 위해서는 각 요인들에 대한 정확한 이해가 필요하다.

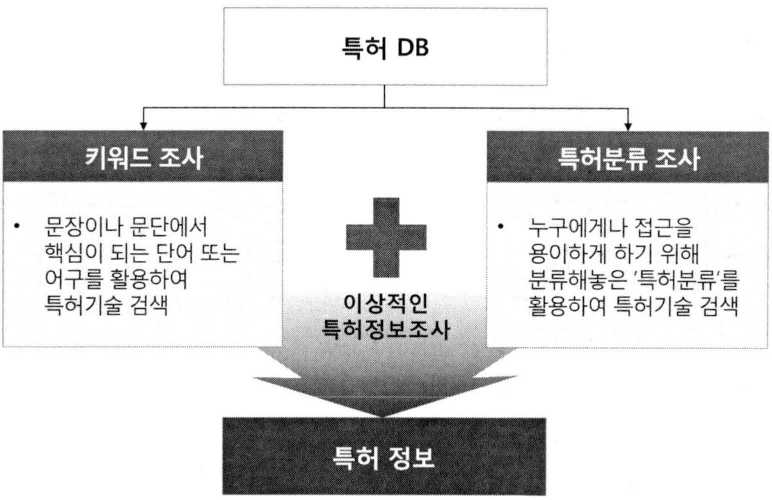

▸▸ 그림 9-3 특허정보조사 방법 개요

일반적으로, 키워드 조사를 사용하면 원하는 키워드를 포함한 특허를 모두 검색할 수 있다는 장점이 있으나, 검색된 특허가 정확한지 검토하는 것에 많은 시간을 투자해야 하는 단점이 있다. 반면 특허분류 조사의 경우 사전에 분류된 체계를 이용하여 검색하기 때문에 효율적이라는 장점이 있으나, 원하는 특허문헌이 다양한 분류체계에 존재하거나, 특정 분류에 속하지 않는 경우 원하는 결과를 얻지 못하는 단점이 있다. 따라서, 키워드 조사와 특허분류 조사를 적절히 섞어 사용하는 것이 가장 바람직하다고 할 수 있다.

(4) 특허 데이터베이스

특허 데이터베이스는 공유를 목적으로 특허문헌을 통합한 데이터 집합체로써, [표 9-3]와 같이 다양한 특허 데이터베이스가 존재한다. 특정 특허 데이터베이스는 유료 서비스이고, 각 특허 데이터베이스에서 제공하는 정보에는 차이가 있기 때문에, 특허 데이터베이스 선정 시 과제의 중요성, 기업이 보유하고 있는 재정 상황, 시간뿐만 아니라 특허문헌의 성격, 특징, 수록 범위 등을 고려해야 한다.

▸▸ 표 9-3 특허 데이터베이스 종류

구분	DB명	주요정보	URL
무료 특허 DB	KIPRIS	한국특허	http://www.kipris.or.kr
	USPTO	미국특허	http://www.uspto.gov/patft
	ESPACENET	세계특허	http://www.epo.org
	IPDL	일본특허	http://www.ipdl.inpit.go.jp
유료 특허 DB	WIPS	한국, 미국, 일본, 유럽, 중국	http://search.wips.co.kr
	DELPHION	미국, 일본, 유럽, 독일	http://www.delphion.com

(5) 키워드 조사

키워드 조사란 특허정보 검색 시 문장이나 문단에서 핵심이 되는 단어 또는 어구를 활용하여 조사하는 방법을 뜻한다. 어떠한 키워드를 사용했느냐에 따라 결과의 정확도가 좌우되기 때문에 키워드를 선정하는 작업이 무엇보다 중요하다. 원하는 결과를 얻기 위해서는 키워드 선정 시 다음 네 가지 사항을 반드시 유의해야 한다.

첫째, 동일한 기술적 사상일지라도 표현하는 관점이나 방식에 따라 다르게 표기될 수 있음을 인지해야 한다. 예를 들어, 핸드폰 관련 기술을 검색하고자 하는 경우, 핸드폰이 아닌 휴대폰, 휴대전화 등으로 등록한 특허는 검색 결과에 포함되지 않는다. 하지만 휴대폰, 휴대전화는 같은 의미를 갖는 단어이기 때문에 원하는 결과에 반드시 포함되어야 하는 내용들이라 할 수 있다. 따라서 핸드폰뿐만 아니라 휴대폰, 휴대전화 등도 검색식에 반드시 추가해야 한다.

둘째, 단어가 두 가지 이상의 의미를 내포하고 있는 경우 원하지 않는 결과를 얻을 수 있음을 유의해야 한다. 예를 들어, '웹(web)'이라는 단어의 경우 그물이라는 뜻뿐만 아니라 통신망이라는 뜻을 동시에 가지고 있다. 따라서, 통신망을 뜻하는 웹이 포함된 특허문헌을 원한다면 그물을 뜻하는 웹이 포함된 특허문헌을 제외하는 작업이 필요하다.

셋째, 특정 단어의 경우 외국어 표기법의 차이로 인해 발생하는 표기상의 유의점을 고려해야 한다. 예를 들어 단어 '센터'의 경우 미국식 표기는 'center'이며, 영국식 표기는 'centre'이다. 두 단어가 의미하는 바는 같기 때문에 원하는 결과를 얻기 위해서는 'center'와 'centre' 모두 검색식에 포함시켜야 한다.

넷째, 기술 분야별 발명 표기법에 차이가 있음을 고려해야 한다. 의미가 같은 발명이라 할지라도 기계 분야의 경우 도면 등을 사용하기 때문에 판별이 비교적 용이하나, 화학 분야의 경우 화학식, 화학조성물의 명칭 등이 다양한 형태로 표현되기 때문에 검색식 작성 전에 이러한 명칭을 모두 조사하는 것이 필요하다.

키워드 검색식 작성 시 효율적인 검색을 위해 연산자를 사용하는 것이 바람직하다. 연산자는 크게 'AND', 'OR', 'NOT', 'ADJ', 'NEAR', '*'가 존재하며, 각각의 설명은 [표 9-4]와 같다.

▸▸ 표 9-4 키워드 검색식 연산자

연산자	예시	설명
AND	핸드폰 AND 배터리	연산자 좌우의 키워드가 반드시 포함되어 있는 자료를 검색 ('핸드폰'과 '배터리'를 반드시 포함한 자료 검색)
OR	핸드폰 OR 휴대폰	좌우의 키워드 중 하나의 키워드라도 포함된 자료를 검색 ('핸드폰' 혹은 '휴대폰'이 포함된 자료 검색)
NOT	핸드폰 NOT 전화기	좌측의 키워드는 포함되나 우측의 키워드는 포함되지 않은 자료를 검색 ('핸드폰'은 포함하나 '전화기'는 포함되지 않은 자료 검색)
ADJ	핸드폰 ADJ 배터리	좌우의 키워드가 순서대로 일정 거리 내에 인접해 있는 자료를 검색 ('핸드폰'과 '배터리'가 순서대로 인접해 있는 자료 검색)
NEAR	핸드폰 NEAR 배터리	좌우의 키워드가 일정 거리 내에 인접해 있는 자료를 검색 ('핸드폰'과 '배터리'가 인접해 있는 자료 검색)
*	Tech*	키워드의 시작 혹은 끝 부분을 임의의 문자로 지정하여 검색 (Technology, Technical, Technological 등 검색)

(6) 특허분류 조사

특허분류 조사란 특허기술 검색 시 누구에게나 접근을 용이하게 하기 위해 사전에 분류해 놓은 '특허분류'를 활용하여 조사하는 방법이다. [표 9-5]와 같이 국가 별로 다양한 특허분류를 보유하고 있기 때문에, 각 국가별 특허분류의 특징을 파악하는 것이 중요하다.

▸▸ 표 9-5 국가별 특허분류

국가	특허분류
한국	국제특허분류(IPC)
미국	미국특허분류(UPC), 국제특허분류(IPC), 유럽특허분류(ECLA)
일본	일본독자분류(FI 및 F-Term), 국제특허분류(IPC)
유럽	유럽특허분류(ECLA), 국제특허분류(IPC)

[표 9-5]에서도 볼 수 있듯이, 국제특허분류(IPC: International Patent Classification)는 한국, 미국, 일본, 유럽 모두 공통으로 보유하고 있는 특허분류이다. IPC는 국제적으로 통일된 특허분류 체계가 필요함에 따라 1968년에 도입되었다. IPC는 특허문헌의 체계적인 정리를 통해 국가간 접근의 용이성을 높이고, 국가에 상관 없이 모든 이용자에게 정보를 선택적으로 보급하며, 주어진 기술분야에서 어떠한 공지기술이 있는지 파악하는 것을 목적으로 한다. 섹션(section), 서브섹션(subsection), 클래스(class), 서브클래스(subclass), 메인그룹(maingroup), 서브그룹(subgroup) 순의 계층 구조를 가지고 있다. IPC 계층 중 상위 계층인 섹션은 [표 9-6]과 같다.

▸▸ 표 9-6 IPC 섹션

섹션	설명
A	생활 필수품
B	처리조작, 운수
C	화학, 야금
D	섬유, 종이
E	고정구조물
F	기계공학, 조명, 가열, 무기, 폭파
G	물리학
H	전기

[출처: patent.go.kr]

IPC를 바탕으로 특허분류 조사를 수행하여 원하는 결과를 얻기 위해서는 섹션뿐만 아니라, 서브섹션, 클래스, 서브클래스, 메인그룹, 서브그룹에 어떠한 기술이 속해있는지 파악해야 한다. 다음으로는, 검색하고자 하는 기술이 속한 섹션을 선택하고, 서브섹션, 클래스, 서브클래스, 메인그룹, 서브그룹을 결정한다. 예를 들어, IPC를 통해 사출성형기에 관련된 특허문헌을 검색하고자 하는 경우, 섹션은 'B(처리조작, 운수)', 서브섹션은 '성형', 클래스는 'B29: 플라스틱의 가공', 서브클래스는 'B29C: 플라스틱의 성형 또는 접합; 가소 상태에 있는 물질의 성형 일반; 성형품의 후처리', 메인그룹은'45/00 사출성형'이 되며, 마지막 서브그룹은 '45/03: 사출성형기'가 된다. 이처럼 사출성형기에 관련된 특허를 사전에 분류해 놓았기 때문에, IPC를 이용하면 조사의 효율성을 높일 수 있다.

2-2 특허정보분석

(1) 특허정보분석의 목적

특허정보조사를 통해 수집한 데이터를 실용적으로 사용하기위해 부석 과정을 거치는데, 이러한 분석 과정을 특허정보분석이라 한다. 특허정보분석은 기술의 동향 파악, 특허분쟁에 대비한 대응 능력 제고, 자신의 특허 등록 가능성 판단, 연구개발 중복 투자 방지를 위하여 수행된다. 이를 정리한 [표 9-7]과 같이 특허정보분석은 새로운 아이디어 확보 및 경쟁적 상황 파악에 유용하다고 할 수 있다.

(2) 특허맵

특허맵이란 특허정보의 서지사항(출원인, 각종 특허번호 등)을 분류 · 정리하고, 기술내용(특허청구범위, 발명의 상세한 설명, 도면의 간단한 설명 등)을 분석 · 가공하여, 다양한 정보를 한눈에 알기 쉽게 파악할 수 있도록 도식화한 것을 의미한다([그림 9-4]).

특허맵을 구성하고 있는 기술정보, 권리정보, 경영정보는 파악하는 정보의 종류와 활용방안에서 차이를 보인다. 일반적으로 기술정보를 획득하기 위해서는 특허맵을 바탕으로 기술개발 동향, 핵심기술, 기술의 분포 등을 파악해야 하며, 도출된 정보는 연구 테마 선정, 기술개발 방향 설정 및 변경, 향후 제품 전략 수립 등에 활용될 수 있다. 권리정보 획득이 목적인 경우 특허맵을 바탕으로 특허 권리 범위, 침해 가능성, 권리

▸▸ 표 9-7 특허정보분석의 유용성

목적	세부 목적	내용
새로운 아이디어 확보	연구테마 및 문제해결 아이디어 확보	특허의 경우 실시 예를 통해 구체적인 실험조건 파악 가능
	개발 기술의 응용분야 아이디어 확보	• 개발된 기술의 응용분야를 반드시 명시하게 되어 있음 (특허 요건) • 모든 기술을 통합하여 검색이 가능하므로, 융합분야나 특정기술의 타분야 응용가능성을 알아보는데 강점을 가짐
경쟁적 상황파악	기술동향 파악 (중복연구방지)	• 인용문헌을 통해서 기술의 흐름을 파악할 수 있음 • 인용 및 피인용을 체계적으로 접근할 수 있음 (원천특허 파악 용이) • IPC 분류 코드를 바탕으로 기술 동향/응용분야를 쉽게 파악할 수 있음
	연구자 및 연구기관 동향 파악	출원인 및 출원기관 조사를 바탕으로 연구자 및 연구기관의 특허 출원 현황을 파악할 수 있음
	독점적 상황 파악	특허청구범위를 통해 권리의 독점범위 및 권리자를 알 수 있음

[출처: 특허청(2007a)]

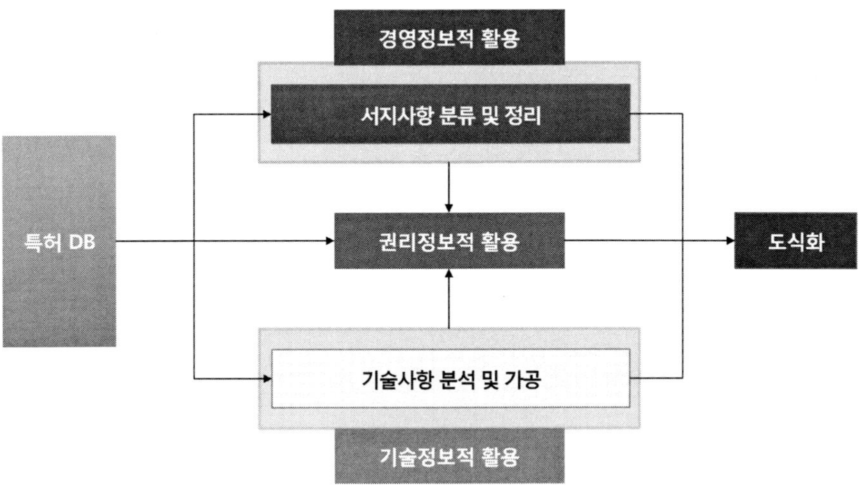

▸▸ 그림 9-4 특허맵

상태 및 기한, 특허권자 정보 등을 파악하고, 이를 통해 기업은 획득한 권리정보를 분쟁 시 대응 방안 작성, 무효자료의 조사 혹은 소송, 매입특허 선정 등에 활용할 수 있다. 또한 특허맵을 통해 경영정보를 획득하고자 하는 경우, 기업의 기술 및 상품 개발 동향,

기업 연구관리 동향, 시장참여 동향, 시장규모 예측에 관한 정보를 파악하고, 연구개발 전략 수립, 특허 관리 방향 설정, 기업협력 및 매수, 특허출원 국가선정 등에 활용한다.

특허맵은 크게 정량분석과 정성분석으로 구분된다. 정량분석이란 데이터를 수량적으로 파악하고 분석하는 방법으로, 특허정보의 서지적 데이터 및 기술적 데이터를 기반으로 한다. 예를 들어, 출원건수, 출원인수, 발명자 수 등의 지표를 바탕으로 통계분석을 수행하는 경우 정량분석이라 할 수 있다. 반면 정성분석이란 데이터를 내용적으로 파악하고 분석하는 기법으로, 서지사항에 관한 정보가 아닌 특허명세서 상에 기재된 기술적인 내용을 바탕으로 한다. 기술간 상관관계 분석, 기술 흐름도 분석 등은 정성분석의 예라 할 수 있다.

정량분석은 수치를 바탕으로 통계 분석을 수행하는 반면, 정성분석은 특허명세서 상에 기재된 내용을 모두 읽어보고 이해해야 하기 때문에, 시간이 많이 걸린다는 단점이 있다. 하지만 해당 기술이 어떠한 형태로 발전해 왔는가 등의 심도 있는 분석이 필요한 경우에는 정성분석의 수행이 불가피하다. 즉, 정량분석과 정성분석의 용도와 장·단점을 파악하고, 목적에 맞는 방법을 선택하는 것이 중요하다. 특허맵은 [표 9-8]과 같이 분류할 수 있다.

[표 9-8]에서 살펴본 특허맵들을 정량분석을 위한 특허맵과 정성분석을 위한 특허맵으로 분류할 수 있으며, 정량분석 특허맵의 종류 및 내용은 [표 9-9]와 같고, 정성분석 특허맵의 종류 및 내용은 [표 9-10]과 같다.

▸▸ 표 9-8 특허맵의 종류

종류	목적	특허맵 예
경영정보적 활용 맵	• 경쟁기업 동향 파악 • 상품개발 흐름 파악 • 시장참여 상황 파악 • 기술적 범위 확인 • 발명자 동향 파악	• 시계열맵 • 점유 맵 • 랭킹 맵 • 신규진입 맵
기술정보적 활용 맵	• 기술개발 동향 파악 • 연구개발 주제 선정 • 틈새 기술 발견 • 기술 파급 상황	• 요지 맵 • 레이더 맵 • 기술흐름 맵 • 매트릭스 맵 • 상관 맵
권리정보적 활용 맵	• 기술적 범위 확인 • 특허취득 가능성 파악 • 특허망 형성	• 구성요건 맵 • 클레임 맵

[출처: 특허청(2007b)]

▶▶ 표 9-9 정량분석 특허맵

특허맵 명칭	내용
랭킹 맵	• 특허정보를 건수의 많고 적은 순서로 배열함으로써 주도하는 특허가 무엇인가를 파악하는 것 • 예를 들면, A사의 기술 분류에 따라 연차마다 특허출원 건수를 많은 순서대로 나열할 수 있음
점유 맵	• 특허정보의 각 분야나 항목이 차지하는 비율, 즉 점유 비율에 따라서 특허 상황을 파악하는 것 • 예를 들면, A사의 기술 분류에 따라 연차마다 특허출원 건수를 점유 비율로 배열할 수 있음
시계열 맵	특허정보의 수량 정보를 시계열적으로 파악하기 위해 사용
레이더 맵	• 시계열분석의 결과를 별 모양이나 구름 형상 등으로 표현한 맵 • 각 요소의 진전 상황을 한눈에 파악하기 위해 사용
매트릭스 맵	각 출원인과 각 기술분류의 매트릭스 등, 2차원이나 3차원으로 복수의 특허정보를 데이터베이스화한 맵
클레임 맵	• 클레임(특허청구범위)을 동일 속성의 클레임 키워드 등으로 분류하여 자사 특허의 강약을 기계적으로 체크하기 위해 작성된 맵 • 예를 들면, 종축에 재료 등의 '동일 속성의 클레임 키워드'를 취하고, 횡축에는 '그 클레임 키워드를 갖는 청구항'을 출원일 순으로 배열함으로써 자사 특허의 강약을 볼 수 있음

[출처: 특허청(2007b)]

▶▶ 표 9-10 정성분석 특허맵

특허맵 명칭	내용
신규진입 맵	시장에 신규로 참가하고 있는 기술 분류, 출원인, 발명자 등에 중점을 두어 신규 참여 실태를 파악하기 위해 이용
상관 맵	• 각 데이터 사이에 어떤 상관관계가 있는가를 분석하기 위해 이용 • ① 분류상관맵, ② 출원인상관맵, ③ 발명자상관맵, ④ 키워드상관맵
요지 맵	특허정보의 기술내용을 한 눈에 용이하게 볼 수 있도록 하기 위해 작성
기술흐름 맵	특허정보를 1개의 기술사상으로 정하여 특허기술의 크기나 흐름(기술발전의 모양)을 보기 위하여 사용
구성요건 맵	제품 부위마다 어느 정도의 특허가 취득되어 있는지를 한 눈에 파악 할 수 있도록 작성된 맵

[출처: 특허청(2007b)]

(3) 특허지표

특허맵을 작성한 뒤 다양한 특허지표를 활용하여 동향, 영향력, 인용지수 등을 살펴볼 수 있다. 대표적인 특허지표로는 특허활동지수, 특허당 인용지수, 기술 영향력 지수, 기술력 지수, 기술혁신 주기, 특허영향 지수가 있다.

특허활동지수(AI: Activity Index)란 특정 연구주체가 전체 특허건수를 대상으로 특정 기술분야에서 차지하는 비율로써, 특허의 활동도 또는 집중도를 나타낸다([그림 9-5]). 'AI = 1'인 경우는 전체 특허에서 특정 분야의 특허가 차지하는 비율과 연구주체의 전체 특허에서 특정 분야의 특허가 차지하는 비율이 같다는 것을 의미하고, 'AI > 1'인 경우는 특정 분야에 대한 특허 집중도가 높다는 것을 의미하며, 'AI < 1'인 경우엔 특정 분야에 대한 특허집중도가 낮다는 것을 의미한다.

$$AI = \frac{\dfrac{\text{특정기술분야에서 특정출원인의 특허출원건수}}{\text{특정기술분야에서 특허출원건수}}}{\dfrac{\text{특정출원인의 전체 특허출원건수}}{\text{전체 특허출원건수}}}$$

[출처: 특허청(2007c)]

▸▸ 그림 9-5 특허활동지수 산출식

특허당 인용지수(CPP: Cites per Patent)란 대상 특허 건이 출원된 시점보다 늦게 출원된 특허가 대상 특허를 어느 정도 인용하였는지 파악하여, 특허의 질과 기술적 영향 및 중요성을 살펴보는 지수이다([그림 9-6]). CPP 값이 높다는 것은 본 특허가 다른 기술에 미치는 영향력이 크다는 것을 의미하며, CPP 값이 높은 특허를 많이 보유한 연구주체는 경쟁 연구주체보다 기술적으로 진보되어 있으며, 가치 있는 특허 포트폴리오를 지니는 것으로 판단할 수 있다.

$$CPP = \frac{\text{인용된 횟수(Forward Citation)}}{\text{전체등록건수}}$$

[출처: 특허청(2007c)]

▸▸ 그림 9-6 특허당 인용지수 산출식

기술 영향력 지수(CII: Current Impact Index)란 해당 특허가 최근 5년간 타 특허로부터 인용된 정도를 나타내는 지표이다([그림 9-7]). CII 값이 클수록 해당 특허가 새로 나타나는 특허에 지속적으로 영향력을 준다고 판단할 수 있다.

$$\text{CII} = \frac{\Sigma(\text{특정연도의 A사의 인용도} \times \text{특정연도 A사의 등록건수})}{\text{연도별 등록건수의 합계}}$$

$$\text{A사의 인용도} = \frac{\text{A사의 평균인용비}}{\text{전체평균인용비}} \qquad \text{전체평균인용비} = \frac{\text{인용횟수}}{\text{전체등록건수}}$$

[출처: 특허청(2007c)]

▶▶ 그림 9-7 기술 영향력 지수 산출식

기술력 지수(TS: Technology Strength)란 특정 국가 또는 기업의 기술적 역량을 살펴보기 위한 지표이다([그림 9-8]). 질적 수준을 강조했던 기술 영향력 지수(CII)를 보완하여, 양적 수준 또한 평가하는 것을 특징으로 한다. TS 값이 클수록 해당 국가의 기술력이 높다는 것을 의미한다.

$$\text{TS} = \text{CII} \times \text{특허건수}$$

[출처: 특허청(2007c)]

▶▶ 그림 9-8 기술력 지수 산출식

기술혁신 주기(TCT: Technical Cycle Time)란 기술의 변화 및 진보속도를 나타내는 지표로써 특정 연구주체의 기술진보가 얼마나 빠르게 진행되고 있는가를 살펴보는 데 사용된다([그림 9-9]). TCT 값이 작을수록 유사한 계통의 기술 개발 속도가 빠르다는 것을 의미한다.

$$\text{TCT} = \text{인용특허의 중간순위 기간 값}$$

[출처: 특허청(2007c)]

▶▶ 그림 9-9 기술혁신 주기 산출식

특허영향 지수(PII: Patent Impact Index)란 특정 국가 또는 기업의 기술혁신 성과의 질적 수준을 평가하기 위해 사용될 수 있는 지표이다([그림 9-10]). 해당 지표는 분석의 대상으로 삼는 연구주체가 해당분야의 평균적인 기술 수준에 비해 어느 정도로 중요한 기술적 성과를 이루어내고 있는가를 파악하는데 사용된다.

$$\text{PII} = \frac{\dfrac{\text{특정 연구주체 특허의 피인용 수}}{\text{특정 연구주체의 특허건수}}}{\dfrac{\text{전체 특허의 피인용 수}}{\text{전체 특허건수}}}$$

[출처: 특허청(2007c)]

▸▸ 그림 9-10 특허영향 지수 산출식

2-3 사례연구: 반도체용 세정기술

반도체와 같은 금속 부품은 오염되기 쉬워, 이를 효과적으로 사용하기 위해서는 오염 물질을 제거하는 기술이 필요하다. 2007년 이후, 반도체 산업은 본격적인 나노 단위에 접어들었고, 이에 따라 전통적인 세정 기술로는 성능 개선이 충분하지 않게 되었다. 또한 전문가들이 반도체 칩의 성능 개선의 60~67%는 재료와 설계혁신을 통해 이루어진다고 할 정도로, 반도체 칩의 세정 기술은 반도체 산업에서 중요한 요인으로 여겨지게 되었다. 이러한 이슈가 대두됨에 따라, 특정 기술에 대해 특허정보조사 및 분석을 수행하는 특허청에서는 반도체 세정 기술의 동향과 향후 어떠한 분야에 주요 특허 출원이 필요한지를 파악하기 위해 다양한 특허맵을 작성하였다. 이러한 특허분석은 크게 특허정보조사 단계와 특허정보분석 단계로 분류할 수 있다.

먼저, 특허정보조사 단계에서는 분석하고자 하는 기술에 대한 이해를 바탕으로 특허 데이터베이스, 분석 데이터의 기간, 분석 국가 등을 선정하고, 키워드를 바탕으로 검색식을 작성하며, 해당 기술이 어느 특허분류에 속하는지 등을 파악해야 한다. 특허청이 반도체용 세정기술 분석을 위해 사용한 특허 데이터베이스는 국내에서 제공하는 WIPS이며, 한국, 미국, 일본, 유럽에서 1987년 1월 1일부터 2007년 4월 30일 사이에 등록된 특허만을 대상으로 분석을 수행하였다. 반도체용 세정기술의 특허검색식을 작성하기 전에 정확한 결과를 얻기 위하여 해당 기술을 세분화 하였다. 반도체용 세정기술은 [표 9-11]과 같이 크게 처리 방식에 따라 습식세정, 복합세정, 건식세정으로 분류되며, 습식세정의 경우 '세정장비 및 공정'과 '세정 용액'으로 재분류된다.

▶▶ 표 9-11 반도체용 세정기술 분류표

대분류	중분류	소분류
습식세정	세정장비 및 공정	매엽식
		배치식
		린스/드라이 방식
		필터/멤브레인 기술
		오염 검출 및 오염 모니터링 기술
		용액 처리 및 recycling 기술
		전송 및 저장장치
		부품
	세정 용액	Si계
		화합물
건식세정	-	-
복합세정	-	-

[출처: 특허청(2007d)]

반도체용 세정기술 특허분석보고서에서는 각 기술 마다 검색식을 작성하여 특허문헌을 분석하였다. 예를 들어, '전송 및 저장장치'에 대한 검색식의 경우, 국문 검색식은 '((semiconduct* or wafer or 반도체 or 웨이퍼) and (clean* or 세정 or 세척 or 크리닝) and (저장 or 전송 or 캐리어 or 케리어 or (storage) or (delivery) or (footprint) or (carrier) or (container))).KEY. AND @AD〉=19870101〈=20070430'이며, 영문 검색식은 '((semiconduct* or wafer) and clean* and ((storage) or (delivery) or (footprint) or (carrier) or (container))).KEY. AND @AD〉=19870101〈=20070430'으로 한국, 미국, 일본, 유럽에서 총 2,611건의 특허를 발견할 수 있었다.

다음으로는 도출된 특허정보를 바탕으로 특허맵을 작성하여 특허정보분석을 수행하였다. 특허정보분석을 통해 전체 특허 동향, 국가별 점유율, 출원인별 점유율 등의 상세 내용 등을 파악할 수 있다.

[그림 9-11]은 전체 특허 동향을 파악하기 위한 시계열 맵이다. 해당 시계열 맵은 출원연도를 가로축, 특허건수를 세로축으로 구성되어 있다. 이를 바탕으로 90년대 후반에 반도체 세정기술 관련 특허 출원이 증가하였다가 점차 줄어드는 모습을 보이고 있음을 알 수 있다.

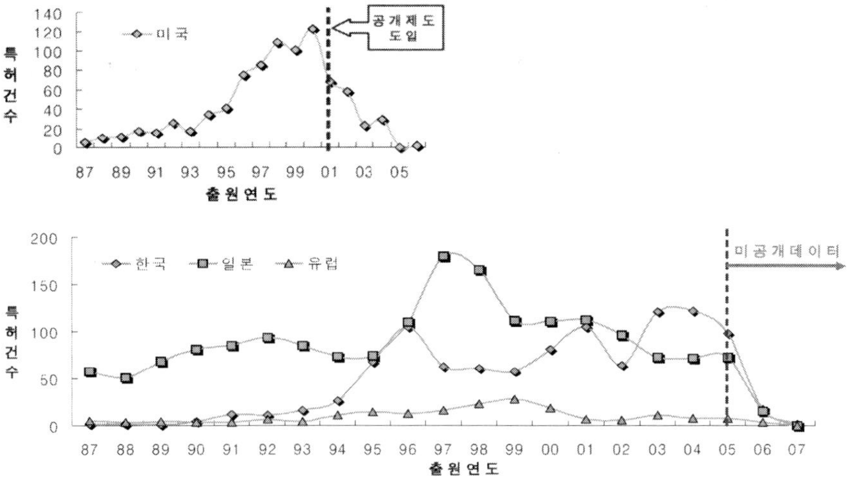

[출처: 특허청(2007d)]

▸▸ 그림 9-11 출원연도, 특허건수를 이용한 국가별 시계열 맵

기술에 따른 국가별 점유율은 [그림 9-12]와 같다. 습식세정, 건식세정, 복합세정의 특허 건수를 이용하여 국가별로 살펴보면(좌측 레이더 맵) 한국, 미국, 유럽, 일본 모두 습식세정의 비율이 건식세정, 복합세정에 비해 압도적으로 높음을 알 수 있다. 또한 기술별 국가 점유율을 파악하기 위한 우측 점유 맵의 분석 결과, 일본의 특허출원 건수가 습식세정 1,606건, 건식세정 155건, 복합세정 34건 총1,795건(46%)으로 강세를 보이고 있음을 알 수 있다.

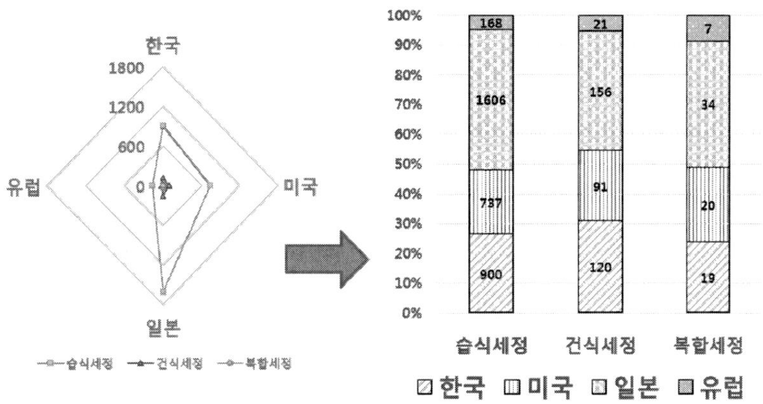

[출처: 특허청(2007d)]

▸▸ 그림 9-12 특허 건수를 이용한 국가별 레이더 맵 및 점유 맵

기술에 따른 출원인별 점유율은 [그림 9-13]과 같다. 매트릭스 맵을 살펴보면, 한국의 삼성(Samsung)과 일본의 도쿄일렉트론(TEL)이 각 두드러진 모습을 보이고 있음을 알 수 있다.

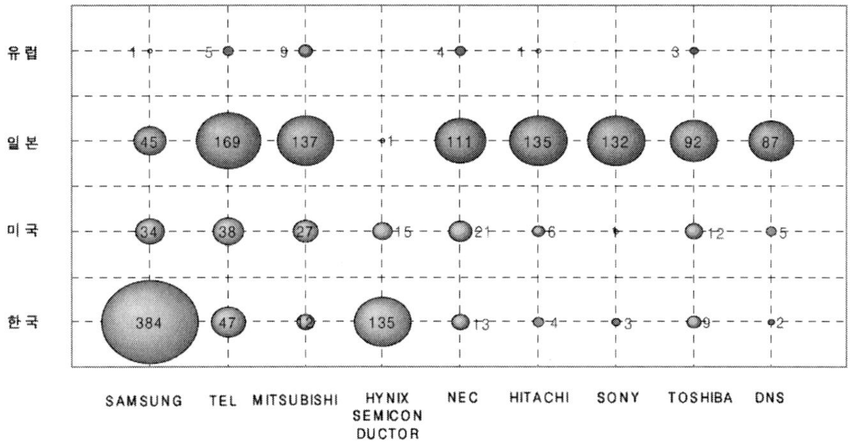

[출처: 특허청(2007d)]

▸▸ 그림 9-13 출원인별 특허건수 매트릭스 맵

Chapter 03

특허활용전략

3-1 특허활용전략 개요

(1) 특허활용전략의 정의 및 필요성

특허활용전략이란 특허를 활용하여 시장 내 자사의 경쟁력 강화를 달성하기 위한 전략으로 정의된다. 특허활용전략은 시장을 독점하고 있는 기업뿐만 아니라 현재 시장의 점유율은 낮지만 점유율 상승을 통한 경쟁력 강화를 원하는 기업 모두에게 중요한 역할을 수행하는데 그 이유는 크게 네 가지로 분류된다. 첫째, 특허활용전략은 경쟁사의 진입을 차단하는데 있어 효과적이다. 경쟁사가 진입하는 경우,이전보다 고객의 유지 및 확보를 위하여 더 많은 자원을 투자해야 하며, 시장에서의 실패 가능성 또한 높아질 수 있다. 이에 따라 경쟁사의 진입을 사전에 차단하는 것은 기업의 생존에 큰 영향을 미치는데, 핵심 특허의 범위를 확장하거나 라이선스 등의 특허활용전략이 이를 가능하게 한다. 둘째, 분쟁이 일어난 경우 퇴로를 확보하는데 도움을 준다. 특허를 활용하여, 분쟁이 발생했을 경우에 대비하여 퇴로를 확보하여 놓는다면, 분쟁이 발생하는 경우에 생길 수 있는 손실을 줄일 수 있다. 셋째, 경쟁사의 상업화를 차단할 수 있다. 경쟁사가 시장에 진입하였을 때, 특허활용전략을 통해 경쟁사의 특허 발전을 견제하는 것이다. 넷째, 경쟁사의 개발을 지연시킬 수 있다. 경쟁사 개발 방향을 예측하고, 그 방향 내에 특허를 등록하는 전략 등을 사용하는 것은 경쟁사의 개발을 지연시킬 뿐만 아니라 자사가 유리한 고지를 점하는데 도움을 준다.

3-2 특허활용전략의 유형

(1) 공격적 특허활용전략

공격적 특허활용전략은 크게 경로 확보 전략, 범위 확장 전략, 라이선스 전략, 무효화 전략이 있으며, 시장에서의 선두주자가 경쟁 기업의 시장 진입을 차단하거나 개발을 지연시키고자 할 때 사용된다.

경로 확보 전략

경로 확보 전략은 [그림 9-14]와 같이 중심이 되는 자사의 특허를 바탕으로, 해당 특허의 발전 경로를 예측한 뒤 그 경로에 특허를 빠르게 출원하여 추후 개발을 용이하게 할 때 사용된다. 만약 경쟁사가 특허 방해 전략을 펼치는 경우, 이를 회피할 경로를 사전에 마련해 놓았기 때문에 손실을 최소화 할 수 있다. 경로 확보 전략은 추후 개발을 용이하게 할 뿐만 아니라 경쟁사의 특허 침해 전략에 사전 대응할 수 있다는 장점을 지니고 있으나, 개발 방향을 예측하는데 있어 많은 시간과 비용이 들며, 필요한 특허의 수가 많다는 단점이 있다.

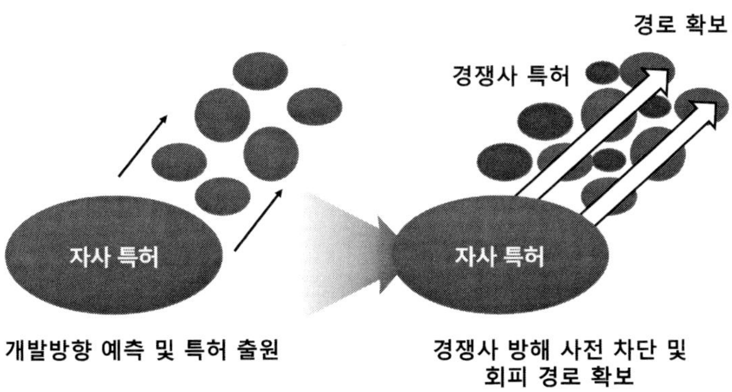

▸▸ 그림 9-14 경로 확보 전략

범위 확장 전략

범위 확장 전략은 특허의 범위를 점차 늘려감으로써 후발주자들의 진입을 사전에 차단하는 전략으로([그림 9-15]), 해당 특허에 대한 지속적인 투자 및 관리가 필수적이다. 더불어 자사의 핵심기술의 청구항 범위를 늘리는 방안은 관련된 특허에 대한 충분한 이해가 뒷받침 되어야 한다.

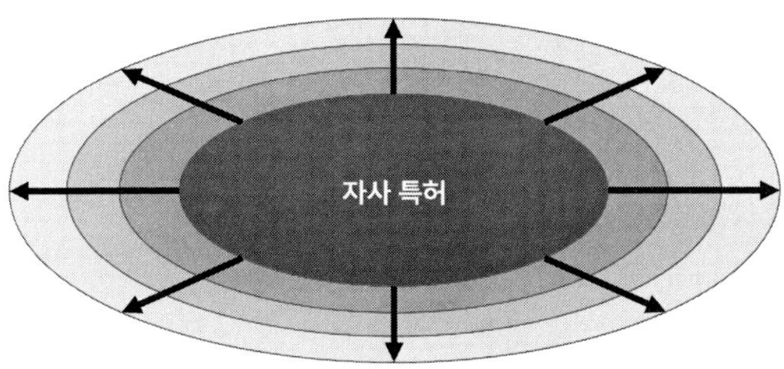

▸▸ 그림 9-15 범위 확장 전략

라이선스 전략

라이선스 전략이란 [그림 9-16]과 같이 다양한 경쟁사들에게 라이선스를 허락하고 부여함에 따라, 경쟁사들의 연구개발을 억제시키고, 이와 동시에 수익을 창출하는 전략이다. 일반적으로 자사가 판단하기에 난이도가 높아 모방의 가능성이 낮으며, 무효화될 가능성이 낮은 특허를 대상으로 한다. 이러한 특허를 경쟁사가 사용하도록 유도하는 것은 경쟁사의 신기술 개발을 억제하고 자사의 수익을 창출할 수 있다는 장점이 있으나, 경쟁사가 해당 특허를 응용하여 다른 특허를 출원하는 것을 막을 수 없다는 단점이 있다.

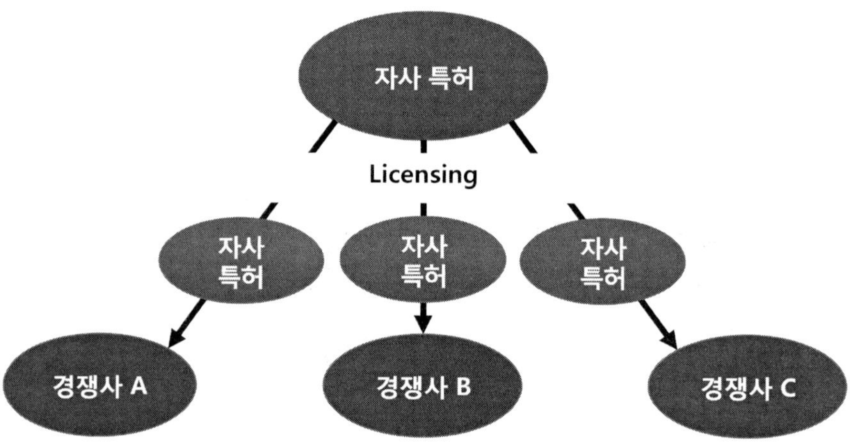

▸▸ 그림 9-16 라이선스 전략

무효화 전략

무효화 전략이란 [그림 9-17]과 같이 경쟁사 특허의 허점을 발견하고, 이를 무효화시킴으로써 경쟁사의 경쟁력을 약화시키고자 할 때 사용된다. 무효화 증거를 찾기 위해서는 경쟁사의 특허에 대한 이해가 필수이며, 많은 시간과 노력을 투자해야 한다. 만약 무효화 증거를 발견한다면 경쟁사의 경쟁력을 크게 약화시킬 수 있다는 장점이 있으나, 많은 투자에도 불구하고 증거를 찾지 못하는 경우 혹은 증거를 찾았음에도 불구하고 증거가 불충분하다는 이유로 무효화에 실패하게 되는 경우에는 자사의 손실이 크게 발생할 수 있다는 단점이 있다.

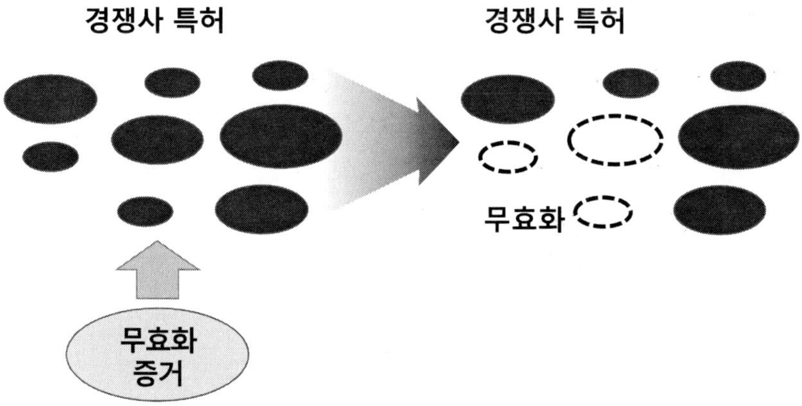

▸▸ 그림 9-17 무효화 전략

(2) 방어적 특허활용전략

울타리 전략

울타리 전략이란 [그림 9-18]과 같이 개량 특허를 다수 출원하여 경쟁사 특허를 울타리처럼 에워싸는 전략으로, 경쟁사의 제품 상업화에 제동을 걸고자 할 때 사용된다. 해당 전략은 경쟁사의 특허를 정확히 파악하는 과정이 필요하며, 울타리에 틈이 생기는 경우 효과가 감소될 수 있음을 주의해야 한다.

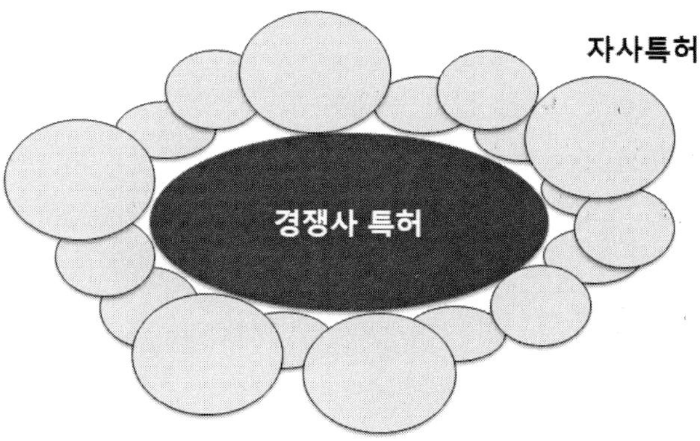

[출처: 특허청(2007d)]

▸▸ 그림 9-18 울타리 전략

특허홍수 전략

특허홍수 전략은 경쟁사가 보유하고 있는 특허를 중심으로, 해당 특허가 변형될 수 있는 특허를 사전에 대량으로 획득하여 경쟁사 특허에 대하여 포위망을 구축하는 전략이다([그림 9-19]). 울타리 전략과는 다르게 경쟁사 특허를 에워싸는 데 있어 빈틈이 많이 존재하고, 특허의 수나 특허가 퍼져 있는 범위가 넓다는 점을 특징으로 한다. 특허홍수 전략은 수 많은 특허를 바탕으로 경쟁사의 발전 경로를 방해하기 때문에, 경쟁사와의 크로스 라이선싱(cross licensing)을 유도할 수 있으며, 상업화에 대한 모든 것을 차단하기 보다는 수적 우세를 통한 경쟁력 확보가 주된 목적이라 할 수 있다.

▸▸ 그림 9-19 특허홍수 전략

지뢰밭 전략

지뢰밭 전략은 [그림 9-20]과 같이 경쟁사 특허를 기준으로 하여 향후 개발 방향을 예측하고, 개발 방향에 관련된 개량 특허들을 획득하여 경쟁사의 개발을 가로막는 것에 사용된다. 지뢰밭 전략은 울타리 전략이나 특허 홍수 전략과는 다르게 많은 특허가 필요하지 않다는 장점이 있으나, 개발 방향을 예측하기 위해 많은 비용과 시간을 투자해야 한다는 단점이 있다.

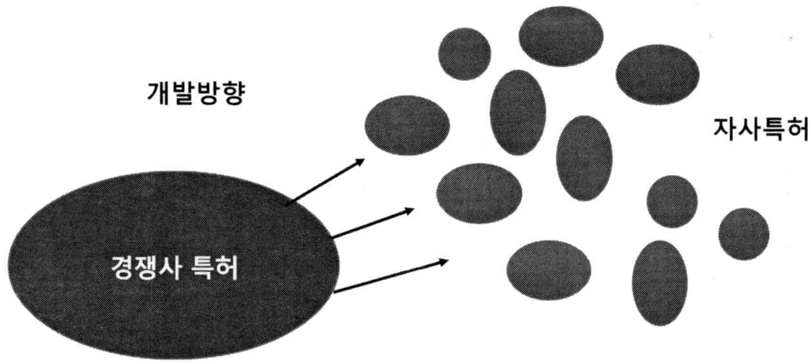

▶▶ 그림 9-20 지뢰밭 전략

3-3 사례 연구: 폴라로이드와 코닥의 특허 분쟁

많은 사람들이 편의상 제품의 고유 이름 대신 특정 상표명을 부르곤 한다. 접착용 테이프(sticky tape)의 경우 '스카치 테이프', 스테이플러(stapler)의 경우 '호치케스'를 예로 들 수 있겠다. 카메라 산업에서도 이러한 현상을 발견할 수 있는데 바로 폴라로이드사의 즉석카메라 '폴라로이드'이다. 폴라로이드는 1937년에 미국에서 설립된 광학 분야 전문 기업으로 즉석 카메라와 디지털 카메라를 제조하는 업체였다. 폴라로이드사는 1948년 즉석카메라를 시장에 선보이면서 선풍적인 인기를 끌었다. 이 때, 즉석카메라에 들어가는 필름을 제공하던 회사는 1889년에 미국에서 설립된 필름, 카메라 제조 업체인 코닥이었다. 1960년대 코닥은 더 많은 이윤을 얻기 위해서 폴라로이드사에 필름을 제공하는 것에 만족하지 않고, 즉석카메라 기술 개발에 열중하였다. 하지만 기술적 어려움으로 인해 코닥은 기술 개발에 실패하게 되었고, 이에 따라 폴라로이드사의 기술을 이용하기 위한 특허 무효화 전략을 사용하였다. 코닥은 폴라로이드사가 보유한 특허 중에 무효화 가능성이 보이는 특허를 선별하였으며, 증거를 확보함과 동시에 해당 기술을 모방하여 즉석카메라를 제작하여 판매하였다. 증거를 내세워 무효화시킨 뒤 제품을 제작하는 경우에는 다른 경쟁 업체의 진입이 있을 수 있기 때문에, 일종의 도박을 한 것이다. 그러나, 폴라로이드사는 철저한 특허 관리를 수행하고 있었으며, 무효화 증거는 무용지물이 되어버려 코닥은 패소하게 되었다. 이에 따라 코닥은 약 9억 달러를 손해배상금으로 지불하였고, 이미 판매된 코닥 즉석카메라를 환불해주는데 약 5억 달러를 사용하였다.

주요 단어

지식재산권
산업재산권
저작권
신지식재산권
특허
특허정보조사
특허정보분석
키워드 조사
특허분류 조사
특허맵
특허지표
특허활용전략

토의 과제

001 산업재산권에서 특허권, 실용신안권, 디자인권, 상표권의 예를 각각 1개씩 찾아 설명하여라.

002 저작권에서 저작권과 저작인접권의 사례를 조사하고, 이를 비교하여라.

003 국내 대표 특허 데이터베이스인 KIPRIS와 WIPS가 제공하는 서비스의 차이를 설명하여라.

004 특정 기술을 선정하고, 키워드 조사를 위한 검색식을 작성하여라.

005 4번에서 선정한 기술의 IPC 분류체계(섹션, 서브섹션, 클래스, 서브클래스, 메인그룹, 서브그룹)를 도출하고, 해당 IPC 분류 코드를 4번에서 도출한 검색식에 추가하여라.

006 e특허나라(http://www.patentmap.or.kr)에서 제공하는 특허분석보고서 중 택일하여 보고서에 나타난 특허맵을 최소 5개 선정하고, 특허맵에서 사용한 지표와 해당 특허맵의 목적을 서술하여라.

007 특허활용전략의 7가지 유형 중 택일하여, 해당 특허활용전략이 사용된 사례를 조사하여라.

008 폴라로이드와 코닥의 특허분쟁과 유사한 사례를 찾아 분석하여라.

참고 문헌

1. 특허청(2007a), 과학기술자를 위한 특허정보 핸드북.
2. 특허청(2007b), 중소기업 특허경영 매뉴얼.
3. 특허청(2007c), 특허와 정보분석 별책부록.
4. 특허청(2007d), 반도체용 세정기술.
5. 특허청(2009a), 사례 중심의 지식재산 경영 매뉴얼 지식재산경영·관리.
6. 특허청(2009b), 사례 중심의 지식재산 경영 매뉴얼 특허경영.
7. 특허청(2012a), 지식재산권의 손쉬운 이용.
8. 특허청(2012b), 이공계를 위한 특허의 이해(1), 박문각.
9. 코닥, http://www.kodak.com.
10. 코카콜라컴퍼니, http://www.coca-colacompany.com.
11. 특허로, http://www.patent.go.kr.
12. 폴라로이드, http://www.polaroid.com.

찾아보기

ㅇ

ㅈ

정가 22,000원

e-기술경영전략

2014년 2월 20일 초판 인쇄
2014년 2월 28일 초판 발행
저　자 : 서의호 · 홍대근
발행자 : 우명찬 · 송　준
발행처 : 홍릉과학출판사
주　소 : 서울시 강북구 인수봉로 50길 10
142-885
등　록 : 1976년 10월 21일 제5-66호
전　화 : (02) 999-2274~5, 903-7037
팩　스 : (02) 905-6729
e-mail: hongpub@hongpub.co.kr
http://www.hongpub.co.kr
ISBN: 979-11-5600-038-9

저자와의
협의하에
인지생략